台湾法学家大系

黄茂荣法学文丛

无因管理与不当得利

债法通则之四

黄茂荣 著

债法通则全面涵盖债之基础问题，原则上采专论的形式，收录法规、令函及判解，写作时注重法学方法的引用，有助于法学方法在债法上的应用，力求在法律价值、观点、论证及实务思潮方面能与法治及法学进步国家的现况接近

厦门大学出版社
XIAMEN UNIVERSITY PRESS
国家一级出版社
全国百佳图书出版单位

图书在版编目(CIP)数据

债法通则.4,无因管理与不当得利/黄茂荣著.—厦门:厦门大学出版社,2014.6
(2019.7 重印)
(黄茂荣法学文丛)
ISBN 978-7-5615-4995-7

Ⅰ.①债… Ⅱ.①黄… Ⅲ.①债权法-研究-中国 Ⅳ.①D923.34

中国版本图书馆 CIP 数据核字(2014)第 120476 号

厦门大学出版社出版发行
(地址:厦门市软件园二期望海路 39 号 邮编:361008)
http://www.xmupress.com
xmup @ xmupress.com
厦门集大印刷厂印刷
2014 年 6 月第 1 版 2019 年 7 月第 2 次印刷
开本:720×1000 1/16 印张:17.5 插页:2
字数:319 千字 印数:3 001～4 000 册
定价:80.00 元

序　言

债法通则将分五册：第一册含导论、债之关系及债之意定的发生原因。意定的发生原因指契约及悬赏广告。关于契约，再就契约之缔结、要式契约、电子商务进一步加以说明。第二册含损害赔偿之债的概论、债务不履行责任及特种侵权行为责任。第三册含债之保全、债权之确保、债之连带、债之移转、债之消灭。第四册含债之法定的发生原因中之无因管理及不当得利。另有一个重要之债的法定发生原因——一般侵权行为将编入第五册，预计一年内出版。以上将大致全面涵盖债之基础问题。

上述题目的体裁，原则上采专论的形式。法规、令函及判解的引用所以及于内容，主要是为节省读者查考的时间及检证的需要，因此篇幅比较长。写作时注重法学方法的引用，希望因此有助于法学方法在应用上的介绍，以及力求在法律价值、观点、论证及实务思潮方面，能和法治与法学进步国家的现况接近。

法律文化因与国情相依，而有不同法系间之差异，但由于人同此心，其基本价值及逻辑方法一般说来并无二异。如何透过比较法的研究，师人之长，缩短法治与法学之真正现代化及本土化的时程，与法律、经济及社会政策所追求之公平、效率及关怀目标的实践成果之高低，至为重要。愿以本书与有志于推动中华法治与法学之真正现代化及本土化的女士们、先生们，互相切磋、努力。

本书厦大简体版之出版，承厦门大学法学院李刚学长之慷慨帮助及厦门大学出版社副社长施高翔博士与责任编辑甘世恒先生之百般费心，十分感谢！

黄茂荣
2014年1月

目　录

第一章

无因管理

一、无因管理之概念

未受委任，并无义务，而为他人管理该他人之事务，构成无因管理。该他人称为本人，管理者称为管理人。[①] 由于事务之管理，势必发生费用，同时视情形，可能对于本人产生管理利益或管理损害。所以，如果没有无因管理的规定，管理利益应依不当得利，管理损害应依侵权行为的规定，处理该利益之返还或损害之赔偿问题。无因管理在补偿责任之体系上的存在意义为，在一定的要件下优先于不当得利或侵权行为受适用：在适法无因管理，管理人得请求返还管理费用，

① 所谓"未受委任，并无义务，而为本人管理事务"，含未受本人及第三人之委任，及对于本人及第三人无义务，为本人处理系争事务。处理事务者基于其与第三人之契约关系而为本人管理事务者，其所为论为对该第三人履行契约债务。这时倘该第三人未受本人委任，并无义务为本人处理该事务，则该第三人才是该无因管理关系的管理人。"最高法院"1996 年度台上字第 2362 号民事判决即采此意旨："按第三人与他人订定契约而负担处理本人事务之义务者，如第三人履行其义务而对于本人为给付，其给付行为并不成立无因管理。本件上诉人与诉外人众城建设公司约定，众城建设公司应另成立被上诉人公司管理系争大楼，为原审确定之事实。倘众城建设公司成立被上诉人公司后，曾与被上诉人订立契约约定由被上诉人管理系争大楼，则被上诉人管理系争大楼系在履行其与众城建设公司所订契约债务，其与上诉人间自不成立无因管理。"另"民法"第 172 条虽仅提及未受委任，其实该要件所涉及者含一切意定的授权关系。盖其他授权关系纵属委任以外之有名的劳务契约，仍不失其为委任之特别类型。是故，无义务之要件所涉及者应系以法律为规范基础之权源。请参考 Larenz, Lehrbuch des Schuldrechts, Band Ⅱ, Halbband 1, Besonderer Teil, 13. Aufl., 1986, S. 436.

本人不得通过拒绝享受管理利益，豁免返还费用的义务[①]；反之，在不适法无因管理，本人得选择是否依无因管理的规定享受管理利益。其选择拒绝享受管理利益者，无费用之返还义务，但已享受管理利益者仍应依不当得利的规定返还所受之利益；其选择享受管理利益者，虽有费用返还义务，但以所受利益为其返还之上限。此与在适法无因管理的情形，纵使费用高于利益，本人亦应返还费用者不同。然这与不当得利又有何不同？其差异首先存在于返还给付之内容：不当得利原则上以返还受领之利益为内容，而无因管理以返还所发生之费用为内容。至于应返还之范围，如管理费用大于管理利益，则两者事实上并无大异，盖在不当得利，义务人所负之返还义务的范围，以其所受利益及权利人所受损害之低者为准。这里所称之所受利益相当于管理利益，所受损害相当于管理费用。然倘管理利益大于管理费用，则依不适法无因管理的规定主张享受管理利益对于本人便比较有利。这在"民法"第 177 条第 2 项修正规定不法管理得准用不适法无因管理之规定后，取得了积极意义。该项规定对于擅自就他人之物或权利为使用收益的情形，有重大的实益。在该修正规定之前，除法律例外另有得以擅用者之不法利益作为损害之计算依据的特别规定外，[以加害人所受利益作为赔偿之范围的计算方法，较早适用于债权人就债务人违反忠实义务之所得的归入权。例如"民法"第 563 条第 1 项(经理人或代办商违反竞业禁止之义务)，"信托法"第 24 条第 3 项(受托人违反将信托财产与其自有财产及其他信托财产分别管理的义务)。而后引用到事业因违反公平交易法之规定，致侵害他人权益的情形。该法第 32 条第 2 项规定："侵害人如因侵害行为受有利益者，被害人得请求专依该项利益计算损害额。"近年则普遍引用到与智慧财产权之侵害有关的损害赔偿上。例如"商标法"第 66 条第 1 项第 2 款规定："商标专用权人，依第六十一条请求损害赔偿时，得就左列各款择一计算其损害：二、依侵害商标专用权者因侵害行为所得之利益。于侵害商标专用权者不能就其成本或必要费用举证时，以销售该项商品全部收入为所得利益。""专利法"第 89 条第 1 项第 2 款规定："依前

---

① "最高法院"1950 年度台上字第 1553 号民事判决："上诉人如确曾就契约外增加修理机件，而其修理之机件又确有利于被上诉人，并不违反被上诉人明示或可得推知之意思者，则上诉人为被上诉人支出之有益费用依'民法'第一百七十六条第一项之规定即非不得请求偿还。"然在该判决所示情形，当事人间原有委任或承揽关系存在，故如无急迫情事，纵使增加修理机件可提高其安全性或减少其将来必须修理之费用，受任人或承揽人在契约外增加修理机件，是否不违反本人明示或可得推知之意思，即非无疑问。这亦是"民法"第 546 条所以规定，委任人应偿还受任人因处理委任事务支出之必要费用，而未及于有益费用的道理。盖只要是委任事务之范围所及，其处理费用即是必要费用；反之，即属越权。其越权管理事务，因违反本人明示的意思，应论为不适法无因管理。此为针对个别契约之相对意义下的必要费用。

条请求损害赔偿时，得就下列各款择一计算其损害：二、依侵害人因侵害行为所得之利益。于侵害人不能就其成本或必要费用举证时，以销售该项物品全部收入为所得利益。”“著作权法”第88条第2项第2款规定：“前项损害赔偿，被害人得依下列规定择一请求：二、请求侵害人因侵害行为所得之利益。但侵害人不能证明其成本或必要费用时，以其侵害行为所得之全部收入，为其所得利益。”“集成电路布局保护法”第30条规定：“依前条请求损害赔偿时，得就左列各款择一计算其损害：二、侵害电路布局权者，因侵害所得之利益。侵害者不能就其成本或必要费用举证时，以贩卖该电路布局或含该电路布局之集成电路之全部收入为所得利益。”“营业秘密法”第13条第1项第2款规定：“依前条请求损害赔偿时，被害人得依左列各款规定择一请求：二、请求侵害人因侵害行为所得之利益。但侵害人不能证明其成本或必要费用时，以其侵害行为所得之全部收入，为其所得利益。”以上可谓是归入权的特别规定。而修正后之“民法”第177条第2项则为归入权之一般规定。德国法上的规定情形，请参考 Soergel-Mühl, Kommentar zum BGB, 11. Aufl., 1980, § 687 Rz 7—10.]此种问题通常必须借助于不当得利或侵权行为的规定，依该等规定，真正权利人并不得请求分享他人因擅用而取得的管理利益。在“民法”第177条第2项修正规定施行后，在擅用他人之物或权利的情形，本人得在侵权行为、不当得利及不法管理中选择对于自己最有利的规定，请求赔偿损害、返还利益或归入管理利益。唯该规定可能与物之恶意[“最高法院”1953年台上字第1213号判例：“善意占有人，依推定其为适法所有之权利，得为占有物之使用及收益，固为“民法”第952条所明定。唯此项规定，于有同法第958条、第959条所定之情形时，不适用之。故善意占有人如于本权诉讼败诉时，自其诉讼系属发生之日起，即视为恶意占有人，仍应负返还占有物孳息之义务。”]或善意占有[物之占有的管理利益为收取孳息。关于善意占有之孳息的收取权，“最高法院”1981年度台上字第1208号民事判决要旨称：“占有人于占有物上行使之权利，推定其适法有此权利。又善意占有人依推定其为适法所有之权利，得为占有物之使用及收益。分别为‘民法’第九百四十三条、第九百五十二条所明定。是占有人因此项使用所获得之利益，对于所有人不负返还之义务，此为不当得利之特别规定，不当得利规定于此无适用之余地。不动产占有人于其完成物权取得时效并办毕登记时，就时效进行期间之占有，亦应解为有上述规定之适用，方能贯彻法律保护善意占有人之意旨。”该判解认为，即便相对于所有权人，善意占有人也得主张：自享误想管理之管理利益。然该见解显然没注意到第943条、第952条所明定者仅是：推定其适法有其于占有物上行使之权利。而该推定是可以经所有权人通过证明其方始是该物之真正权利人来加以推翻的。换言之，善意占有人依第943条、第952条仅得对于能证明自己是所有权人以外之人，而不得对于所有权人主张其适法有其于占有物上行使之权利。“最高法院”1995年度台上字第46号民事判决有类似的看法：“占有人其占有被侵夺者得请求返还其占有物。占有被妨害者得请求除去其妨害。占有有被妨害之虞者，得请求防止其妨害。‘民法’第九百六十二条定有明文。占有人对于占有物所有人以外第三人之占有请求权，并不因其系善意占有或恶意占有而有差异。占有人对于不动产出产物之取得，虽受有限制。唯占有人既受占有规定之保护，亦不容许所有人以外之第三人对于该占有不动产之出产物加以破坏。”]的规定冲突(“民法”第952条、第958条)。关于恶意或善意占有，物权法就管理费用之返还亦有特别规定。其规定之要件重在于费用之必要性，而不在于占有人支出费用之主观意思，这与无因管理以管理人为他人管理事务的主观意思为构成要件者不同。①

二、无因管理之种类

无因管理的类型特征首先在于虽无权源，但为他人管理他人之事务。鉴于管理他人事务终究是介入他人私法自治权的行为，所以，无因管理原以“为他人管理事务之意思”为要件。② 具有该意思而管理他人事务者称为真正的无因管理，不具有该意思而为管理者称为不真正的无因管理。在真正的无因管理中，其管理事务不违反本人明示或可得推知之意思，且以有利于本人之方法为之者，为适法无因管理(“民法”第176条第1项)；管理事务不合于该项规定之前述要件

---

① 关于必要费用之返还请求权，就善意占有，“民法”第954条规定：“善意占有人，因保存占有物所支出之必要费用，得向回复请求人请求偿还。但已就占有物取得孳息者，不得请求偿还。”就恶意占有，第957条规定：“恶意占有人，因保存占有物所支出之必要费用，对于回复请求人，得依关于无因管理之规定，请求偿还。”依上述规定，有疑问者为，在恶意占有，其必要费用之支出究竟要论为适法或不适法无因管理之费用的支出。如论为适法，第957条之异于第954条之规定的意旨何在？请参考 Esser, Schuldrecht, 2. Aufl., 1960, § 183, 3.

② “最高法院”1997年度台上字第1820号民事判决：“按无因管理固须有为他人管理之意思，唯为他人之意思与为自己之意思不妨并存，故为图自己之利益，若同时具有为他人利益之意思，仍不妨成立无因管理。”与之类似，但不论为无因管理者为：有利害关系之第三人清偿债务(“民法”第312条)。盖依该条规定，有利害关系之第三人清偿之债务既由其法定承受，则其清偿对于债务人自无为其处理事务的意义。

者为不适法无因管理（“民法”第 177 条第 1 项）[①]。在不真正之无因管理中，有不知系他人之事务而当成自己之事务管理之者，此为误想管理[②]；有明知为他人事务而当成自己之事务管理之者，此为不法管理。“民法”第 177 条第 2 项规定不法管理得准用不适法无因管理之规定。其中何谓以有利于本人之方法的要件，司法实务上并无明确判解对之表示意见。比对无因管理与委任之相关规定，与有利于本人之方法相对应的要件为应尽一定之注意义务（“民法”第 535 条），而非必使本人因事务之处理，得到超出管理费用之管理利益。只是如发生管理费用超出管理利益的情事，可能表征管理人未尽应尽之注意义务。唯是否如此，仍非可一概而论，尚须视具体情况认定之。见图 1-1 所示。

---

① 关于适法及不适法无因管理之分类，“民法”对之并无明文之区别标准的规定。“民法”第 174 条第 1 项规定：“管理人违反本人明示或可得推知之意思，而为事务之管理者，对于因其管理所生之损害，虽无过失，亦应负赔偿之责。”如以该项规定为准，适法及不适法无因管理之区别标准只含符合“本人明示或可得推知之意思”，而不含“以有利于本人之方法”管理事务。盖以有利于本人之方法管理事务属于“如何”，而非“是否”的问题。即便在委任，受任人也不因不以利于委任人之方法处理委任事务，而使其事务之处理转为非委任，只是使其所为构成积极侵害债权而已。唯为管理费用之返还要件，“民法”第 176 条就适法无因管理的要件显然规定应含：以有利于本人之方法管理事务。至于“管理系为本人尽公益上之义务，或为其履行法定扶养义务，或本人之意思违反公共秩序善良风俗”的情形，本人明示或可得推知之意思虽不再是区别适法与不适法无因管理的标准，但以有利于本人之方法管理事务，应该还是管理人应满足的要件。这与德国民法的规定不同。关于适法及不适法无因管理之区别标准，德国民法置于他人事务之处理的开始（Geschäftsführungsübernahme），而不置于他人事务之处理（Geschäftsausführung）或其处理结果。事务之处理的开始符合本人之利益及其明示或可得推知之意思者，即论为适法之无因管理（德国民法第 683 条）。并认为只有在这种情形，管理人与本人间始因事务之管理而成立一个法定的债务关系。依该关系，管理人负有义务，斟酌本人明示或可得推知之意思，以利于本人利益的方法管理事务（德国民法第 677 条）。管理人在开始管理时，其能通知者，应即通知本人：如无急迫之情事，并应等候本人之指示（德国民法第 681 条第 1 句）。在适法无因管理，本人应依委任之规定返还管理费用。不适法无因管理经承认者，适用德国民法第 683 条关于适法无因管理的规定。未经承认者，本人应依不当得利的规定对于管理人负所受领利益之返还义务。德国民法第 683 条所定事务之处理的开始是否符合本人之利益，因事务才刚开始处理，所以仅能一般的客观认定，而尚不能就实际处理情形具体认定之。详请参考 Karl Ludwig Batsch, Aufwendungsersatzanspruch und Schadensersatzpflicht des Geschäftsführers im Falle berechtigter und unberechtigter Geschäftsführung ohne Auftrag, AcP 171(1971), 218ff.

适法无因管理及不适法无因管理，学者亦有将之称为“正当的无因管理”及“不当的无因管理”者，详参王泽鉴：《债法原理（一）：基本理论、债之发生、契约、代理权授与、无因管理》，1999 年版，第 368 页。

② 误想管理，亦有学者称为“误信管理”，详参王泽鉴，前揭书，第 368 页；黄立：《民法债篇总论》，1996 年版，第 171 页。

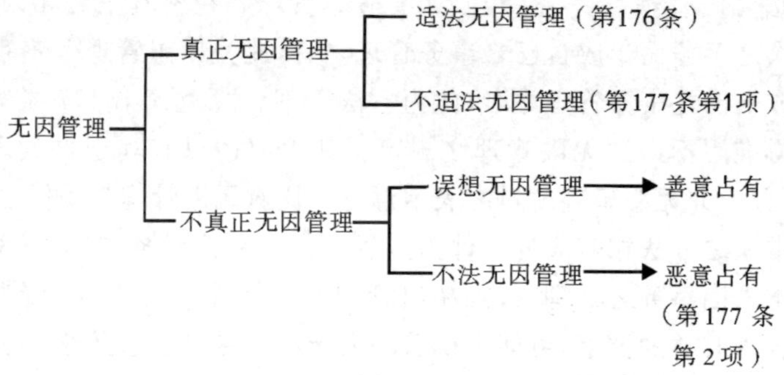

图 1-1

三、无因管理之要件

（一）未受委任，并无义务

未受委任[这里所称未受委任，含未受本人及第三人之委任。管理人基于第三人对于自己之委任而处理本人之事务者，其所为论为对于该第三人履行债务之行为，而非对于本人之无因管理行为。如果该第三人并无为本人管理该事务之权源，则仅该第三人与本人间因该事务之处理而构成无因管理。盖非如是，可能引起管理人既可对于该第三人请求委任费用，又可对于本人请求管理费用之返还的情事。这显然构成同一费用之重复请求。另其对于本人之管理费用的请求权亦势必干扰该第三人对于本人之费用的返还请求权。关于德国民法与本问题有关之讨论，有谓在管理人与委任人所约定要处理的委任事务，如事实上同时涉及他人之利益，而该他人因此应共同负担费用时，该事务之处理，在委任人明白表示，其仅愿其按受益比例负担费用，其余部分管理人（受任人）应自行向其他利害关系人请求时，该委任事务之处理对于未参加委任契约之缔结的利害关系人便可能构成无因管理。例如为防堵可能危害相邻土地之土石流，相邻土地所有人之一以自己名义与他人缔结兴建挡土墙之委任或承揽契约，并言明其仅愿意按自己受益土地面积之比例负担费用，就其余受益土地而言，该挡土墙之兴建构成无因管理。该见解有助于解决因部分地主不在，或不愿配合时引起的问题。唯在部分地主不愿配合的情形，如不该当第 175 条的要件，勉强为之，且事后若本人不依“民法”第 177 条主张享有因管理所得之利益，则管理人将只能循不当得利的规定请求返还管理利益，而不得依无因管理的规定，直接请求管理费用的返还。换言之，管理人应负担管理成果之风险。详请参考 Karl-Heinz Gursky, Der Tatbestand der Geschäftsführung ohne Auftrag, AcP 185(1985), 36ff..],

并无义务[①]所涉者为管理权源的问题。所谓“未受委任”，乃无契约上义务之例示，故因雇佣、承揽、合伙等契约而管理他人事务者，自不成立无因管理；而所谓“并无义务”，则指无民事法上之义务而言，例如因亲权、监督权而负之管理义务。[②] 这不含履行不成立或无效之法律行为的情形。不成立或无效法律行为之履行给付的返还请求，应依不当得利{“民法”特别针对自始无效及嗣后经撤销而无效之法律行为，规定其当事人应负恢复原状的责任（第 113 条、第 114 条第 2 项），第 259 条针对契约因解除而无效时，规定其当事人双方应负恢复原状的义务，第 179 条再针对无法律上之原因而受利益，致他人受损害者规定：应返还其利益。虽有法律上之原因，而其后已不存在者，亦同。从上述规定可见，无效法律行为之履行给付的返还请求，应依不当得利，而非无因管理的规定。所以应如是之要件上的理由是：欠缺为本人管理事务之意思；在法律效力上的考虑是：维持第 182 条关于不当得利返还范围之限制规定的适用[同样见解，在德国民法请参考 Larenz，aaO.（FN1），S. 441；MünchKomm/Seiler，41 zu §677；Medicus，Bürgerliches Recht，15. Aufl.，1991，Rdz. 410－412；Karl-Heinz Gursky，aaO.（FN9），AcP 185（1985），31ff.；Eberhard Schwark，Der Fremdgeschäftsführungswille bei der Geschäftsführung ohne Auftrag，JuS 1984，326；Werner Schubert，Der Tatbestand der Geschäfts-führung ohne Auftrag，AcP 178(1978)，451ff.]。唯诚如第 259 条及第 179 条所示，不当得利之返还义务并不以受领利益者有可归责事由为必要，而以有财产利益之移动及其移动无法律上原因为要件。是故，第 113 条及第 114 条第 2 项，以当事人于行为当时知其无效或得撤销，或可得而知，作为其所定回复原状义务的要件，显然不妥。如谓其回复原状系损害赔偿意义下之回复原状，不但与同条所定之损害赔偿责任重复，而且限制了第 213 条以下关于损害赔偿方法之规定的适用。在委任契约不成立之情形，台湾学者亦认为应成立不当得利，详参王泽鉴，前揭

① 基于公法规定而管理他人之事务，其管理在“民法”上是否论为“无义务”（“民法”第 172 条）而为管理的情形，从而构成无因管理？应采肯定的见解。对于这个问题，Esser/Weyers 认为：“法院目前审理的案件中基于助人而发生之无因管理相对上已比较稀少。事实上无因管理目前所适用的法律事实大多是：管理人并非基于助人的意思，而是至少也基于某一个（经常是公法上的）义务或也为了自己之利益而为管理。”（Esser/Weyers，Schuldrecht Band Ⅱ，Besonderer Teil，Teilband，8.，Aufl. 2000，S. 1f.）

② 参见王泽鉴，前揭书，第 381、382 页；黄立，前揭书，第 161 页。然有谓法定义务包括私法上义务及公法上义务，从而认为：无法律上义务，包括无法定及约定义务而言，故“民法”第 172 条“未受委任”用语，似属赘词，应无强调依据。是无因管理所称之无因云者，即无义务之意，例如邱聪智：《新订民法债篇通则》（上），2000 年修订版，第 88、89 页。

书，第 380、381 页。}，而非无因管理的规定。[①] 在肯认事实上契约关系的情形，其履行固当适用经认定为或拟制为存在之契约关系的相关规定，但在逾越权限或违反指示而为事务之处理的情形，究应依系争契约或债务不履行的规定[②]，或论为无因管理[③]，引起争议。与之类似之问题为：承租人违约将租赁物转租他人应适用债务不履行而非无因管理的规定[④]。盖转租属于承租人的事务，其租金利益属于承租人而非出租人。

管理事务之行为，在对于第三人之外部关系上可能是事实行为或法律行为。

---

① 在一个将满 18 岁之洲际无票乘客案中，该乘客于到达时因无签证而遭立时遣返。为该遣返，该乘客虽应原航空公司之要求，签章同意支付回程机票，但在抵达后拒绝付款。于是，引起该航空公司得以何为规范基础，向谁请求票款的问题。该乘客所签关于回程机票的契约，因其尚为未成年人，且事后其法定代理人拒绝承认而无效。该回程运送因而成为无效契约之履行，从而不构成无因管理，其管理费用应依不当得利的规定请求返还。这对于该航空公司显然不利。本案之特征为：该未成年人因有返还出发地之客观需要或利益，而必须为相关契约的缔结；因此，他自己有无必要之行为能力，或其法定代理人得否拒绝承认其缔结之契约，引起疑问。盖限制行为能力人为意思表示及受意思表示，虽应得法定代理人之允许，但纯获法律上之利益，或依其年龄及身份，日常生活所必需者，不在此限（"民法"第 77 条）。估不论所以陷入该窘境，是否可归责于该未成年乘客，今其既已陷入，便应有合理的退出之策。是故，只要事后退出窘境的方法允当，即应论为依其日常生活所必需，限制行为能力虽未得法定代理人之允许还是得以为之；或认为其法定代理人之不承认违反诚信原则。Hans Berg 因而认为，在这种情形，如其法定代理人拒绝承认其缔结之契约，该航空公司之所为应可构成无因管理，得据之向该未成年人及其法定代理人请求按一般费率计算之票价（Hans Berg, Hauptprobleme der Geschäftsführung ohne Auftrag, JuS 1975, 682f）。这从结果论虽称合理，但在规范依据上，与之较接近之德国制度应是事实上契约关系。事实上契约关系的理论常被用以规范当事人之一方，享受契约之履行好处后，却不当拒绝缔约的案件。或谓这在这里会与监护制度的精神相违。然因该未成年人已有返还出发地之客观需要或利益，其监护人若知此情事，除付钱购票遣返外，并无较为周全的处置可能。其拒绝承认为遣返而缔结之购票契约，显然违反诚信原则。在这种情形，所以借助于事实上契约理论，引用契约法赋予必要效力的道理在于：依不当得利恢复原状，不能满足规范需要（Esser, aaO.（FN6），§10，4）。

② 就该问题，关于德国民法采该见解者例如 Esser/Weyers, aaO.（FN10）S. 7; Karl Ludwig Batsch, aaO.（FN8），AcP 171(1971)，. 233. 唯 Batsch 称德国实务上也偶有认为管理人应依德国民法第 678 条负不适法无因管理之责任者（Karl Ludwig Batsch, aaO.（FN8）S. 233 FN53）。

③ 关于此种问题，"民法"第 375 条规定："标的物之危险，于交付前已应由买受人负担者，出卖人于危险移转后，标的物之交付前，所支出之必要费用，买受人应依关于委任之规定，负偿还责任（第一项）。前项情形，出卖人所支出之费用，如非必要者，买受人应依关于无因管理之规定，负偿还责任（第二项）。"

④ 关于德国民法之相同见解，例如 Soergel-Mühl, aaO.（FN3），§687 Rz 5；不同看法例如 Hans Berg, aaO.（FN12），JuS 1975, 689.

例如管理人自第三人窃取或购买饲料，喂养本人之宠物。至于相对于本人，无因管理行为并非法律行为，所以其成立，并不以管理人在从事管理行为时有行为能力为必要。

(二)为他人管理事务

无因管理上所称之“管理事务”，与委任契约上所称之“处理事务”（第528条）相当。[①] 其手段按管理上之需要得为事实行为或法律行为。但不包含不作为。盖不作为虽可充为债之给付的内容（“民法”第199条第3项），但无管理一定事务的作用。在事务之管理上，其给付固以劳务之提供的形态表现出来，但不表示为事务之管理不需要任何物质为其基础或配合。当其需要一定之物质，该物质之使用所产生之花费构成管理费用。

为满足为他人管理事务之要件，首先必须管理人在主观上有为本人管理事务之意思，其次是管理之事务属于他人之事务。[②] 为他人管理事务系主观要件，为无因管理所以被论为准契约关系的存在基础[③]；管理他人事务系客观要件，为无因管理关系所以得归属于本人的存在基础。

关于为他人管理事务之要件，是否含管理人必须有所管理之事务系他人事务的意识，及为他人管理事务的主观意思，或只需要有管理他人事务之客观事实？自“民法”第172条之规定观之，自当采肯定之见解。盖所谓为他人，以行为人（管理人）在行为时内心之一定的行为意识及目的等心理因素为基础。无该意识不成其为行为，无该目的之导向，即无所谓为他人。[④] 剩下的问题是该为他人之意思，是否应如意思表示一样，对外表示出来？鉴于无因管理虽号称为准契

① 请参考王泽鉴，前揭书，第376页。

② 德国民法第677条规定：“未受委任，亦无权为他人管理事务，而为其管理事务者，应顾及其事实上或可得推知之意思，以如业主之利益所要求的方法管理事务。”“民法”与之相当之规定为第172条：“未受委任，并无义务，而为他人管理事务者，其管理应依本人明示或可得推知之意思，以有利于本人之方法为之。”该规定在要件上存在之问题为“为他人”的要件要素偏重于管理人之主观的管理意思，而忽略所管理之事务是否属于“他人事务”之客观上的属性。从而有使适法无因管理之适用范围过于宽广的疑虑。有鉴于此，德国学说与实务在适法无因管理规定的适用上，引入事务之他人性的要件加以节制。有疑问者为：在何前提下可肯认管理人关于事务之主观的他人性？该问题最后可能还是必须借助于本人之意思及管理方法该二要件回答之。请参考 Karl-Heinz Gursky, aaO. (FN9), AcP 185(1985), 19ff..

③ 请参考 Karl-Heinz Gursky, aaO. (FN9), AcP 185(1985), 26f..

④ 请参考 Larenz, aaO. (FN1), § 57 I S. 438; Karl-Heinz Gursky, aaO. (FN9), AcP 185(1985), 28f..

约，但并不真以当事人间之意思表示，而以管理事务之事实行为，为其成立基础。是故，其成立虽以管理人有为本人管理事务之意思为要件，但并不以管理人将其管理意思对外或对于本人表示为必要。其表示与否，事后仅具证明其为事务之管理时，有无为本人管理事务之意思之证据方法上的意义。① 事前或在管理中，管理人如未将其为本人管理事务之意思表示出来，因该意思属于内心世界的事项，事后其有无之证明便只能借助于一些指标(Indizien)所构成之外部的表见事实(表见证据：der Anscheinsbeweis)，通过推论间接证明之。这是以生活经验为基础之类型的观察方法。②

事务可能由于其属性在客观上即属于他人之事务，此即事务之客观的他人性(die objective Fremdheit des Geschäfts)。具有该属性者为客观的他人事务(die sog. objektiv fremden Geschäfte)。有些事务依其性质自始即具有客观之他人性，例如为人疗伤、修屋，为他人尽扶养义务或赔偿义务。③ 但也有必须等到事情发展到一定程度始显现出其他人性者，例如在购买建材为他人修屋的情形，在购买阶段，该买卖契约之他人性并不明显。必须等到所购建材运至修屋现场，或甚至将之用到系争房屋上，使之因附合而成为房屋之成分时，方始明了。在这之前，该建材之购买是否因管理人之主观的意思，而提前认定其具有他人性？此即主观之他人性的肯认问题。当采肯定的见解，具有该属性者为主观的他人事务(die sog. subjektiv fremden Geschäfte)。④ 为合理对待行善的管理行为，纵宜采肯定的见解，但实务上仍有该主观意思之有无的举证问题。管理人管理之事务具客观之他人性者，推定管理人有为他人管理事务之意思；反之，如仅

---

① 请参考 Karl-Heinz Gursky，aaO.(FN9)，AcP 185(1985)，34.

② 请参考 Karl-Heinz Gursky，aaO.(FN9)，AcP 185(1985)，35f..

③ 一件具有客观他人性的事务，纵使同时具有管理人自己事务的性质，亦无碍于其客观的他人性。此种事务德国学说上称之为“也是他人事务”(die auch-fremden Geschäfte)。这与单纯客观他人事务同视，其管理推定有为本人之意思。请参考 Karl-Heinz Gursky，aaO.(FN9)，AcP 185(1985)，15.

④ 台湾学者有认为：事务本身系属中性，无法依其在法律上之权利归属，判断究属何人时，该事务是否属于“他人”，客观上无从判断，应依管理人的主观意思定之，因管理人有为他人管理的意思，而成为他人事务(主观的他人事务)，请参考王泽鉴，前揭书，第 376、377 页；郑玉波著，陈荣隆修订：《民法债篇总论》，三民书局 2002 年修订 2 版，第 101、102 页。

具主观的他人性，管理人应举证证明其有为他人管理事务之意思。[①] 苟欠缺为他人管理事务之意思，在具客观他人性的情形，构成不真正无因管理；在不具客观他人性的情形，不构成无因管理。然除系代为履行他人基于物或亲属所生义务，代为维修物品，或代为履行他人之债务，一件事务是否具有他人性，尚难依据一般标准，而必须就具体情况认定之。在其认定上，宽严皆难以周全。[②]

下述情形是否属于管理他人事务，引起疑义：

连带债务人自动或因受债权人请求而清偿债务。按不论是真正或不真正连带债务，皆具有外部连带的效力。其债权人"得对于债务人中之一人或数人或其全体，同时或先后请求全部或一部之给付"（"民法"第 273 条第 1 项）。由于连带债务人有为全部清偿之义务，引起其清偿，就超出自己依内部关系应分担之部分，是否属于管理他人事务的疑问。针对这个问题，[③]"民法"在第 281 条中规定："连带债务人中之一人，因清偿、代物清偿、提存、抵销或混同，致他债务人同免责任者，得向他债务人请求偿还各自分担之部分[④]，并自免责时起之利息（第一项）。前项情形，求偿权人于求偿范围内，承受债权人之权利。但不得有害于债权人之利益（第二项）。"该条第 1 项虽然规定其他债务人因该项所定事由而同免责任，但因同条第 2 项又规定，求偿权人于求偿范围内，承受债权人之权利，亦

---

① 请参考 Karl-Heinz Gursky, aaO. (FN9), AcP 185(1985), 28ff.. 这种问题普遍存在于间接代理中。管理人以直接代理的方法与第三人缔结契约者，固可将其为他人管理事务之意思客观地表现出来，但这对于是否构成适法无因管理仍无影响。盖为适法无因管理的构成，该事务之管理还必须符合本人之意思与利益。请参考 Esser, aaO. (FN6), § 183, 6 c, § 184, 1 f). 另即便在适法的无因管理，本人亦无义务，承认管理人为事务之管理所从事之无权代理行为。唯管理人得请求本人清偿其所负担之债务（"民法"第 176 条）。请参考 Soergel-Mühl, aaO. (FN3), Rz 11 vor § 677.

② Esser /Weyers, aaO. (FN10) S. 8ff.; Larenz, aaO. (FN1), S. 438ff..

③ 此外，连带债务人之清偿亦可论为有利害关系之第三人的清偿。依"民法"第 312 条规定："就债之履行有利害关系之第三人为清偿者，于其清偿之限度内承受债权人之权利，但不得有害于债权人之利益。"亦即在清偿后，得法定承受债权人之权利。此与第 281 条第 2 项规定之内容相同。

④ 关于连带债务人相互间之分担义务，"民法"第 280 条规定："连带债务人相互间，除法律另有规定或契约另有订定外，应平均分担义务。但因债务人中之一人应单独负责之事由所致之损害及支付之费用，由该债务人负担。"该条但书规定之情形主要指，为他人之侵权行为或危险行为负不真正连带债务的情形。真正连带债务之分担义务的内部连带效力为："连带债务人中之一人，不能偿还其分担额者，其不能偿还之部分，由求偿权人与他债务人按照比例分担之。但其不能偿还，系由求偿权人之过失所致者，不得对于他债务人请求其分担（第一项）。前项情形，他债务人中之一人应分担之部分已免责者，仍应依前项比例分担之规定，负其责任（第二项）。"（第 282 条）

即求偿权人所清偿之债务对于其他债务人并未消灭，而只是换了债权人。[①] 所以，相对于其他债务人，不宜将连带债务人之一的清偿论为无因管理。[②]

扶养义务人为其扶养权利人支付因第三人之加害行为发生的医疗费用。该费用之支付具有两个意义：为自己履行扶养义务，为加害人履行损害赔偿义务。从而该医疗费用之支付兼具为自己及为他人处理事务的性质。扶养义务人固不得对于扶养权利人，但得对于加害人，依无因管理的规定请求返还其支付之医疗费用。[③] 这适用于管理人依契约对于本人负给付义务，而其给付之必要系由他人应负责之事由引起的情形。[④] 不过，这种费用之求偿问题，通常已多可依法借助于代位行使或法定承受本人对于加害人之损害赔偿请求权的方法达到相同之目的，没有引用无因管理之规范上的需要。此外，在此种情形，因为基于其他法律关系就加害人对于受害人造成之损害负填补义务者，在填补损害时，并无免除加害人对于受害人之损害赔偿义务的意思，所以加害人之损害赔偿义务原则上不因之而消灭。是故，其填补对于加害人自亦不构成无因管理，而只得循不真正连带债务或有利害关系之第三人清偿有关的规定，依据承受自受害人之损害赔偿请求权（"民法"第 281 条、第 312 条），请求加害人支付其为恢复原状所付之必要费用（"民法"第 213 条第 3 项）。[⑤]

---

① "民法"第 281 条第 1 项所称"致他债务人同免责任"与第 2 项所定之法定承受，在效力上是互相矛盾的。盖各连带债务人之履行责任既因连带债务人中一人之清偿、代物清偿、提存、抵销或混同而同免，则该债务自当因该等事由而消灭（第 309 条、第 335 条、第 343 条、第 344 条）。从而不能再由清偿人于求偿范围内，承受债权人之权利。关于这个问题，德国民法第 426 条第 2 项使用了比较平铺直叙的语法，直截规定："连带债务人中之一人满足债权人，并得向其他债务人求偿时，债权人对于其他债务人之债权由其承受。该承受权不得不利于债权人行使之。"该语法避开了"民法"第 281 条第 1 项与第 2 项间之前述矛盾。

② 台湾相同见解请参照王泽鉴，前揭书，第 379、380 页。但有不同见解，认为可以成立无因管理者，请参照郑玉波著，陈荣隆修订，前揭书，第 104 页。有关于德国民法，相同见解请参考 Esser /Weyers，aaO.（FN10）S. 15；Larenz，aaO.（FN1），S. 441；Vgl. Medicus，aaO.（FN11），Rdz. 415；Hans Berg，aaO.（FN12），JuS 1975，684f.. 不同的见解，请参考 Soergel-Manfred Wolf，Kommentar zum BGB，11. Aufl.，1986，§ 426 Rz 13："多数债务人间之求偿权亦可从无因管理或不当得利产生。德国民法第四二六条第一项原则上并不排斥这些请求权。"

③ 请参考 Eberhard Schwark，aaO.（FN11），JuS 1984，323ff.；Werner Schubert，aaO.（FN11），AcP 178(1978)，447ff..

④ 请参考 Werner Schubert，aaO.（FN11），AcP 178(1978)，440ff..

⑤ 请参考 Werner Schubert，aaO.（FN11），AcP 178(1978)，449ff..

汽车驾驶人为防止撞及路人而在闪避时导致自己受损，或损及第三人。[1]其闪避是否可论为对于路人之无因管理，该损害是否得论为管理费用，对该路人请求返还？为回答这个问题首先必须确认该交通危险是否由该驾驶人引起。如然，则其闪避系在防止自己之侵权责任的发生或损害之扩大，而非为路人管理事务，驾驶人应自己负担闪避引起之损害，其为之有投保责任保险者，可向保险人请求赔偿；如不然，则系为路人管理事务，这时只有其闪避，在客观上是否需要，亦即路人自己是否能够及时避开危险，以及驾驶人之闪避是否已尽应尽之注意义务，以有利于路人之方法为之，能影响该请求权之有无。至于该交通危险是否由路人或由第三人引起，则非无因管理之要件。为闪避而对于第三人造成损害另涉及紧急避难，路人自己是否能够及时避开危险涉及假设之因果关系[2]或误想避难的问题。

民间业者协助行政机关为在公法上负有义务者代履行其义务时，其代履行是否构成无因管理？例如违规停车之车辆所有人有义务，依命令自行移置其车辆至合法处所停放，其因不在场而不能，或拒绝实时自行移置者，该管机关得指派拖吊业者以强制拖吊的方式直接强制或代履行(行政执行法第 28 条)[民间拖吊业者依交通勤务警察或依法令执行交通稽查任务人员之指派，拖吊违规停车之车辆。此种服务学说上虽多将之定性为：仅是民间机构为协助行政机关执行公务，而从事事实行为之行政助手的服务(Stelkens/Bonk/Sachs, Verwaltungsverfahrensgesetz, 5. Aufl., 1998, § 1 Rn 236; Kopp/Ramsauer, Verwaltungsverfahrensgesetz, 7. Aufl., 2000, § 1 Rn 54; Dirk Ehlers, Verwaltung in Privatrechtsform, 1984, S. 450, 504 FN 454)。但就其拖吊费用，停车场法第 32 条之一规定："……前项停车场经营业于实施违规停车拖吊业务时……向汽车所有人收取所需之移置费及保管费。"亦即民间拖吊业者对于汽车所有人有直接收取所需之移置费及保管费的权利。反之，道路交通管理处罚条例第 56 条第 2 项规定："前项情形，交通勤务警察或依法令执行交通稽查任务人员，应责令汽车驾驶人将车移置适当处所；如汽车驾驶人不予移置或不在车内时，得由该交通勤务警察或依法令执行交通稽查任务人员为之，或得于举发其违规后，使用民间拖吊车拖离之，并收取移置费。"及同条例第 85 条之三第 1 项规定："……第五

① 汽车驾驶人为防止撞及路人而在闪避时损及第三人者，其闪避如系紧急避免该路人之损害所必要，且未逾越危险所能致之损害程度，不负损害赔偿之责。但其危险之发生，如行为人有责任者，仍应负损害赔偿之责("民法"第 150 条)。其赔偿支出所构成之费用，应论为非管理所必要，从而亦不得依无因管理之规定向本人请求返还。

② 请参考 Esser/Weyers, aaO. (FN10), S. 15ff.; Larenz, aaO. (FN1), S. 450f.; Hans Berg, aaO. (FN12), JuS 1975, 685.

十六条第二项……之移置，得由交通勤务警察、依法令执行交通稽查任务人员径行移置或使用民间拖吊车拖离之，并收取移置费及保管费。”依该两条规定，移置费及保管费当以该管机关，而非以拖吊业者之名义收取之。这符合其仅系行政助手的身份。依该见解，拖吊业者接受该管机关之指派而为拖吊时，其拖吊事务之执行应解释为：无为车主管理事务之意思。从而不构成无因管理。]。在这种情形，拖吊业者与该管机关间虽有行政契约存在，并以该契约为基础接受拖吊任务之指派。但其与违规车辆之所有人间仍无私法上之拖吊契约关系。所以，拖吊业者必要时如要依私法上的规定对其请求移置费及保管费的返还，当仍以无因管理为其规范基础。[①] 唯在这种情形，拖吊业者必须证明其有为车主处理移置及保管事务之意思。[②] 如果是公务人员单纯因执行公务，而介入私人事务之管理，应不论为无因管理。在这当中如有费用之返还问题，应依征收规费之有关规定，例如监狱管理员对绝食之受刑人强制灌食[③]或消防服务[④]。这当中涉及国家公法上服务项目或范围之界定问题。其类型界限是流动的，各国状况皆有不同，并非一成不变的概念。[⑤]

国家机关执行其依公法所负之职务的同时，防止或避免可归责于他人之事件引起损害。最常见的案例是消防队所提供，像灭火、清理翻倒之油罐车或溶剂车的现场等形形色色的消防服务。[⑥] 此种职务之执行具有兼具处理他人事务的机能。因此，对于应为该等事件负责之人，含肇事者及其责任保险人，可构成无因管理。消防机关可以对其请求返还管理费用。肯认其为一种无因管理的意义

---

① 请参考 Esser/Weyers，aaO.（FN10），S. 14；Werner Schubert，Grenzen der Geschäftsführung ohne Auftrag，NJW 1978，688.

② 请参考 Eberhard Schwark，aaO.（FN11），JuS 1984，328.

③ 请参考 Werner Schubert，aaO.（FN34），NJW 1978，688；Eberhard Schwark，aaO.（FN11），JuS 1984，327.

④ 请参考 Werner Schubert，aaO.（FN11），AcP 178(1978)，444ff.

⑤ 流动于私人服务或公共服务间者例如医疗服务、年金保险、汽车强制责任保险。国家对于这些服务之提供或购买的介入，皆具有社会安全之政策上的考虑。此外，公用事业或与基础建设有关之产业例如自来水、瓦斯、电力、交通、电信、大众传播、证券金融交易市场。其管制对于私经济活动亦产生来自于公法的影响。

⑥ 请参考 Hans Berg，aaO.（FN12），JuS 1975，683f..

为,必要时可化解关于征收规费之法律漏洞。[①]

(三)谁是本人

未受委任,并无义务,而为他人管理事务("民法"第 172 条),即是无因管理。该他人便是无因管理关系中之本人。无因管理之成立,虽以管理人有为他人管理事务的意思为要件,但管理人在开始管理时并不需要确知本人为谁,[②]即使对于本人为谁有所误认,亦无碍于无因管理之构成。[③] 该无因管理关系仍归属于该事务客观归属之人。[④] 然在具体案件谁是本人？这应就系争事务经管理后,其利益之客观的归属状态认定之。

本人事务之管理的需要系因第三人对于本人之侵权行为而发生者,管理人管理该事务的机能,不论是在于填补损害或在于防止损害扩大,皆同时具有为加害人管理事务的意义。是故,该管理如充分未受委任,并无私法上义务的要件,对于本人与加害人皆可构成无因管理。被害人为未成年人者,并可同时构成为其法定代理人履行扶养义务的无因管理。例如甲开车不小心撞伤乙之 4 岁儿子丙,丁路见将丙送医,共支出交通费 300 元及医疗费用新台币 5 万元。其所为构

---

① 即使有相关规费之征收的规定,因规费之征收通常以人民声请特定行政服务在先为要件,所以,如果没有针对行政机关主动提供服务之情形加以规定,一样会遭遇类似于无因管理的问题。由此可见,在公法上不但有不当得利,而且有无因管理之规范的需要。针对该公法上之规范需要,就不当得利,行政程序法第 127 条规定:"授予利益之行政处分,其内容系提供一次或连续之金钱或可分物之给付者,经撤销、废止或条件成就而有溯及既往失效之情形时,受益人应返还因该处分所受领之给付。其行政处分经确认无效者,亦同(第一项)。前项返还范围准用'民法'有关不当得利之规定(第二项)。"就无因管理,预算法第 25 条规定:"政府不得于预算所定外,动用公款、处分公有财物或为投资之行为(第一项)。违背前项规定之支出,应依'民法'无因管理或侵权行为之规定请求返还(第二项)。"预算法该条规定应并引不当得利,以备不成立适法无因管理时之规范所需。自该条规定观之,预算对于行政机关之控管堪称严格。关于公法上的无因管理在德国立法例的肯认,请参考 Soergel-Mühl, aaO. (FN3), Rz 4ff. vor § 677.

② 请参考 Eberhard Schwark, aaO. (FN11), JuS 1984, 322.

③ 郑玉波著,陈荣隆修订,前揭书,第 103 页。

④ 就管理人关于本人之人别的认识错误,德国民法第 686 条规定:"管理人关于本人之人别认识错误者,其事实上之本人因该事务之管理享有权利并负担义务。"按在无因管理,重要的是管理人为他人管理事务,以及其管理是否"依本人明示或可得推知之意思,以有利于本人之方法为之"。至于他人为谁,有时在开始管理时不得而知,有时可能认识错误,这在无因管理之构成上皆无关紧要,只要最后按该事务事实上之归属,认定其法律关系之归属即可。请参考王泽鉴,前揭书,第 378 页。唯要注意,本人改变时,管理行为所当符合之本人的意思或利益的标准,可能随之而异,从而影响到其适法性。

成对于甲、乙、丙之无因管理。除得依无因管理对于甲、乙、丙请求返还外,[①]并得以第三清偿人的地位对于加害人甲或扶养义务人乙请求返还。[②] 其所清偿之债务具有过失共同侵权行为的属性。[③] 唯因丁就该债务之清偿并无利害关系,

---

① 在上例所示情形,甲、乙、丙三人固同依无因管理的规定,对于丁连带负管理费用的返还义务,但其内部之分担仍有先后位的关系。甲系加害人,故为主要应负责之人;丙为受害人,故为最后位应负责之人。乙因系未成年人丙之监护义务人,所以应先位于丙负责。至于乙相对于甲,就丙所受损害,二人违反之保护义务的规范基础虽有不同,但属于共同导致丙受害之人,从而应水平的按其对于损害之发生的过失或原因力的比例分担责任。是故,在该例中,假设先由丙对于丁返还管理费用,而后再由丙向甲、乙请求赔偿,甲不得将乙之过失主张为丙之与有过失,而应依共同侵权行为的规定,主张甲、乙间之责任的分担比例,以符监护制度对于未成年人之保护的意旨。是故,"最高法院"1984 年台上字第 2201 号判例要旨虽谓:"'民法'第二百二十四条所谓代理人,应包括法定代理人在内,该条可类推适用于同法第二百十七条被害人与有过失之规定,亦即在适用'民法'第二百十七条之场合,损害赔偿权利人之代理人或使用人之过失,可视同损害赔偿权利人之过失,适用过失相抵之法则。"但该要旨适用之对象应限于:与监护义务之违反对于受监护人构成侵权行为无关的类型。依与有过失或共同侵权行为的规定分担赔偿责任的区别实益在于:与有过失系针对未成年之被害人,而共同侵权行为系针对其法定代理人。假设未成年之被害人丙只对于连带债务人之一的加害人甲请求全部赔偿("民法"第 273 条),则甲就乙之过失如可对丙主张与有过失,丙不能从甲得到全部赔偿;反之,甲就乙之过失如仅得对乙主张共同侵权行为,则丙得从甲得到全部赔偿,而甲只能在赔偿后向乙求偿。这在乙无资力时,对于丙特别有意义。

② 与之类似而不同者为,病人不依医疗契约履行其医疗费用之债务时,医疗机构并不得主张依无因管理的规定对其扶养义务人请求返还管理费用(医疗费用)。盖"对于不参与契约之第三人请求契约对价之给付与契约秩序不符"[Larenz, aaO. (FN1), S. 441; Vgl. Medicus, aaO. (FN11), Rdz. 414.]。

③ "司法院"1977 年例变字第一号变更判例:"民事上之共同侵权行为,(狭义的共同侵权行为即共同加害行为……)与刑事上之共同正犯,其构成要件并不完全相同,共同侵权行为人间不以有意思联络为必要,数人因过失不法侵害他人之权利,苟各行为人之过失行为均为其所生损害之共同原因,即所谓行为关连共同,亦足成立共同侵权行为。""依'民法'第一百八十五条第一项前段之规定,各过失行为人对于被害人应负全部损害之连带赔偿责任"("最高法院"1978 年台上字第 1737 号判例)。依该等判例之意旨,要构成过失共同侵权行为,仅以行为关连共同为要件,而不要求其行为之违法性的依据必须相同。亦即各行为人所以对于受害人负保护义务之规范基础可以各异。在认为:违反基于(契约)债务关系所负之个别保护义务,除可作为积极侵害债权,并可充为侵权行为之违法性基础的观点下[关于一般保护义务、个别保护义务与侵权行为,请参考黄茂荣:《债法通则》(第二册),2002 年 9 月初版,第 337 页以下,第 383 页],就其他法定照顾义务(例如监护义务)之违反,当亦可采取相同的见解。

所以其请求之规范基础，后来视情形还是回归至无因管理或不当得利。[①] 清偿者就系争之债的清偿必须有利害关系，依“民法”第 312 条始得法定承受所清偿之债务。至于代位求偿，在该条经于 2000 年 4 月 26 日修正后，“民法”中已不存在，而仅存在于民事特别法中（“保险法”第 53 条、“全民健康保险法”第 82 条、“强制汽车责任保险法”第 31 条、“药害救济法”第 18 条、“证券投资人及期货交

---

① “最高法院”2002 年度台上字第 2544 号民事判决：“查‘民法’第三百十二条所谓第三人就债之履行有利害关系云者，固指第三人因清偿而发生法律上之利害关系而言，如仅有事实上之利害关系，并无该条之适用。唯实务上就前开‘利害关系’之解释，采从宽立场，对于借款时在场之中人，纵非保证人，若约定该中人有催收借款之责任者，就借款之返还，亦有利害关系（本院 1940 年上字第 1354 号判例）。又法律并未明文规定，第三人须以一定之方式向债权人表明系清偿他人之债务，即以言词为之或其他足令债权人知悉之方式，均无不可。……次查第三人清偿，若系误认他人之债务为自己之债务而为清偿，即属非债清偿，若该他人确有是项应负责之债务，因第三人之清偿而受利益，该第三人自得依不当得利法则请求返还；若第三人明知无清偿之义务而为他人清偿，且不违反该他人之本意并利于本人，虽以自己名义为之，如具有管理之意思，亦不妨成立无因管理。”该判决要旨虽采类似见解，但所以应当如此的理由稍有差异：（一）如成立适法无因管理，即不成立不当得利，二者在适用上非处于可选择之竞合状态。在实务上其所以状似可选择，乃因第三清偿人不主张其系适法无因管理债务人之清偿事务，从而适用不当得利。（二）第三人误他人之债务为自己之债务而清偿之，其清偿给付因无法律上原因，构成不当得利固无疑问。唯因该清偿给付所构成之利益的受领人系债权人而非债务人，应以债权人而非债务人为该不当得利之返还义务人。（三）成立不适法无因管理，对于不当得利无当然之排斥效力。是否优先适用第 177 条，而不适用不当得利之规定，取决于本人之意思。请参考 Karl-Heinz Gursky, aaO. (FN9), AcP 185(1985), 21,40. 所谓就他人债务之清偿有利害关系之第三人，依德国民法第 268 条的规定，指因债权人对于债务人之标的为强制执行而会丧失其对于该标的之权利或占有之第三人。为保护其对于该标的之上述权益，该条规定该第三人为避免该标的被强制执行，得对于债权人以清偿、提存或抵销的方法满足债权人。只要该第三人满足了债权人，该债权移转于该第三人。但不得为不利于债权人而行使该移转的权利。该规定值得参考。依该规定有利害关系之第三人为避免债权人就债务人之标的为强制执行，而代为满足债权人时，除该债权之移转外，不另引起无因管理的费用返还请求权，盖该第三人系为自己之利益而为之；亦无不当得利返还请求权，盖债务人依然负其原来之债务。请参考 Soergel-Manfred Wolf, aaO. (FN27), § 268 Rz. 10.“民法”第 312 条所定之利害关系所指态样如超出德国民法第 268 条所定范围，是否应容许第三人在法定移转与无因管理之费用返还请求权间自由选择，便有考虑的余地。

易人保护法"第 21 条)。[①] 医疗费用由被害人之扶养义务人给付者，对于加害人仍得依"民法"第 312 条法定承受被害人之损害赔偿请求权，或以代加害人赔偿为理由，依无因管理对于加害人请求赔偿或返还，[②]这不因后来被害人死亡，清偿人继承被害人而改变其效力。盖在这里扶养义务人虽亦负有为被害人支付医药费用的义务，但就该医疗债务扶养义务人与加害人仍仅构成不真正连带债务。扶养义务人先为清偿者，对于加害人有全额的求偿权。其因混同而消灭者，亦同("民法"第 281 条第 1 项)。反之，加害人先为清偿者，对于扶养义务人无求偿权。这当中非赔偿义务人如无代为清偿之意思，而仅是对于被害人为道德上之给付，则该给付因无清偿加害人所负该损害赔偿的意思，自不生清偿效力。["最高法院"1990 年度台上字第 1262 号民事判决："唯查被上诉人因李洪章受伤为之支出医药费二十二万八千七百三十八元，固可本于无因管理之法律关系请求李洪章返还该项费用，然被上诉人为李洪章之配偶，于李洪章死亡后，依法应继承此项债务，则债权债务同归被上诉人一人，依'民法'第三百四十四条之规定，债之关系消灭，被上诉人已无债权可供代位行使，原审就被上诉人所主张代为支出医药费依无因管理及代位求偿之法律关系准许被上诉人之请求，已有未合。次查上诉人在原审及第一审一再抗辩本件肇事之后，屋主赖松元已赔偿被上诉人二十二万元和解了事，被上诉人就同一事件，岂能双重索赔云云……而被上诉

---

① "最高法院"1978 年度第十四次民事庭庭推总会议决定之二："被害人因伤致死，其生前因伤害所支出之医药费，被害人之继承人得依继承关系，主张继承被害人之损害赔偿请求权，由全体继承人向加害人请求赔偿。其由无继承权之第三人支出者，对于被害人得依无因管理或其他法律关系主张有偿还请求权，并得代位债权人(被害人之继承人)向加害人请求赔偿。"该号议决中所称"并得代位债权人(被害人之继承人)向加害人请求赔偿"，依"民法"第 312 条，清偿人本来必须是有利害关系之第三人方始成立。否则，清偿人只得依无因管理或不当得利之规定请求返还。唯因针对加害他人生命权的情形，"民法"第 192 条第 1 项规定："不法侵害他人致死者，对于支出医疗及增加生活上需要之费用或殡葬费之人，亦应负损害赔偿责任。"所以，支付该医疗费用者对于加害人得直接请求损害赔偿，不必迂回依据关于第三人清偿的求偿规定。鉴于该医疗费用之支出对于死者原则上当可构成适法无因管理，所以，第 192 条第 1 项与第 176 条之规定应可构成竞合。该支出，在侵权行为系因侵害而增加之生活上需要所构成的损害，在无因管理系管理费用。科目虽有不同，目的则一。

② "民法"第 312 条所定之法定承受与第 172 条所定之无因管理在效力上互相冲突。在前者，因第三人清偿不生清偿效力，债务人并未获利，所以不能论为无因管理；在后者，因第三人清偿生清偿效力，债务人获有利益，所以可论为无因管理。在具体案件到底应适用何者，在不真正连带债务中之后位的债务人先为清偿者，原则上应容许其有选择权。请参考 Soergel-Manfred Wolf, aaO. (FN27), § 426 Rz. 13："数债务人间之补偿请求权应也得自无因管理(§ § 677ff.)或不当得利(§ § 812ff.)产生。这些请求权原则上不被第四二六条第一项所排除。"

人亦自认曾收取该二十二万元无异……原审就被上诉人此项防御方法，何以不足采，恝置不论，遽为上诉人不利之认定，亦有判决不备理由之违法。"按本件之被上诉人(扶养义务人)为被害人对于医疗机构清偿医疗费用之给付，除有对于该医疗机构清偿医疗费用债务的意义外，被上诉人如兼有为加害人清偿损害赔偿债务的意思，则可因此从被害人承受其对于加害人之损害赔偿请求权("民法"第 312 条)，或直接对于加害人取得无因管理之管理费用的返还请求权。该请求权不因被上诉人继承被害人而有混同的情事。另即便被上诉人在清偿时无为加害人赔偿债务之意思，从而其清偿仅单纯对于医疗机构生清偿医疗费用债务的效力，且其因此对于被害人取得之无因管理费用返还请求权由于继承而混同，亦不因此而使被害人依侵权行为规定("民法"第 193 条)对于加害人之医疗费用的赔偿请求权消灭。与"民法"第 195 条所定之非财产上损害赔偿请求权不同，第 193 条所定之财产上损害赔偿请求权是得继承的。由上述说明可见，"最高法院"所以不利于被上诉人将原审判决废弃，乃因其主张之请求基础不妥所致。该判决尚称：被上诉人自第三人(业主)取得与该医疗费用相当之和解给付后，又对于上诉人(加害人)请求医疗费用。上诉人质疑这有无就同一事件所生损害双重索赔的情形。原审应对该质疑表示其判断意见，始备理由。这个问题涉及业主与被害人之和解，有无为加害人清偿损害赔偿债务之意思，并使之成为和解内容而定。如无该意思，而纯系基于履行自己对于受害人之道德上义务而为和解给付者，其给付不生代加害人清偿损害赔偿债务的效力。盖除定作人(业主)于定作或指示有过失外，承揽人因执行承揽事项，不法侵害他人之权利者，定作人不负损害赔偿责任("民法"第 189 条)。]

(四)符合本人之意思与利益

符合本人明示[①]或可得推知之意思[②]，并以有利于本人之方法管理事务，系适法无因管理的要件要素("民法"第 172 条)，除非因有"民法"第 174 条第 2 项

---

① 关于管理事务违反本人明示之意思的要件，最为凸出者为营救自杀者。认为营救自杀者亦可构成适法无因管理的理由为：在规范上得予考虑之本人的意思限于合法或不违反公序良俗的意思。本人明示之意思如有不法或违反公序良俗的情形，在适法无因管理的认定上当成不存在。因此，自杀之营救也就无所谓有违反本人明示之意思的问题。请参考 Hans Berg, aaO. (FN12), JuS 1975, 686f..

② 可得推知之意思的内容究竟为何？在具体案件管理人之认知如有错误，其危险由管理人负担。在汇票之付款，如付款人已尽应尽之注意义务，Esser 认为汇票系属伪造者，危险应由付款人负担；反之，属于变造者，应由发票人负担。盖在第二种情形，其危险来自于发票人。请参考 Esser, aaO. (FN6)(§185, 1 c).

所定情事之一,[①]而得违反本人之意思(“民法”第176条第2项),否则,缺一不可。特别是不得以虽不符合本人之意思,但客观上符合其利益为理由,主张仍不失其为适法的无因管理。[②] 由于并不以本人明示之意思为限,在实务上提供了相当的解释空间。鉴于无因管理的规范功能本应在于救急,[③]所以其解释仍以趋严为宜,以免过度扩张之适法无因管理压缩了本人自私法自治权具体化下来之缔约自由。[④] 此外,管理人开始管理时,如有通知之可能,应即通知本人。如无急迫之情事应俟本人之指示(“民法”第173条)。至于以有利于本人之方法管理事务,除涉及注意义务外,学说上也有从事务之管理对于本人是否有利的观点论之。其中比较突出而多争议的案例是:抢救自杀病人或为浪费成性者购买其可能喜欢之收藏物是否符合其利益?在前者,其抢救显然不符自杀者明示之意思,从而也当不符合其利益,然实务上认为抢救有理;在后者,其购买至少符合本人可得推知之意思,但是否符合其利益,[⑤]倾向于采否定的看法。在上述论断中显然皆含有价值判断的因素在内,而非单纯的就事论事。[⑥]

四、无因管理之效力

管理人之无因管理的结果,势必引起管理费用,视情形并可能引起管理利益及管理损害。由于无因管理系从他益行为的观点发展出来的制度,所以管理人不得就无因管理请求管理报酬。[⑦] 于是,因无因管理,在管理人与本人间有管理

① 在“民法”第175条所定紧急救助的情形,虽减轻管理人之注意义务,但除非其还满足第174条第2项所定情事之一(例如抢救投河自杀者),就适法无因管理之构成,仍不排除其应符合本人之意思的要件。请参考 Esser, aaO. (FN6), §184, 4.

② 请参考 Esser, aaO. (FN6), §184, 2.

③ 关于无因管理的规范功能究竟应在于救助或在于补偿,德国学说上有热烈的论辩。救助说(die Theorie der Menschenhilfe)的论点重在维护私法自治权,而补偿说(die Theorie der Ausgleichsregelung)的论点重在修正不正确之财产状态。将救助说推到极点,否定“也是他人事务”(die auch-fremde Geschäfte)之他人性。这固不相宜,但将补偿说推到极点,则会相当程度压缩本人之缔约自由。比较合宜的观点当是真意说(参照“民法”第98条)。亦即应就具体情况参酌交易习惯,探求本人之规范上当有的真意,以认定管理事务是否符合本人之意思,俾以确保无因管理制度之操作与意思表示的制度相契合。请参考 Soergel-Mühl, aaO. (FN3), Rz 1 vor §677.

④ 请参考 Werner Schubert, aaO. (FN11), AcP 178(1978), 428ff..

⑤ 在无因管理规定的适用上,关于何谓“利于本人之方法”实务上的见解并不明朗。

⑥ 请参考 Larenz, aaO. (FN1), S. 444f.; Esser/Wyers, aaO. (FN6), §46 Ⅱ 3a.

⑦ 这与在委任,“报酬纵未约定,如依习惯或依委任事务之性质,应给予报酬者,受任人得请求报酬”的情形不同(“民法”第547条)。

费用之返还、管理利益之归属及管理损害之赔偿，而原则上无管理报酬之给付的问题。① 当针对管理行为引起之财产利益的移动，在管理人与本人间无个别法律关系，该财产利益的移动原则上应依不当得利的规定规范之，必须在满足无因管理之特别规定的情形，始改依无因管理之规定。这里所发生之财产利益的移动，自管理费用转化为管理利益，由管理人移动至本人。所以管理费用之返还与管理利益之归属问题可谓相随而生。当管理利益应归属于本人，本人应负管理费用之返还义务；当管理利益不归属于本人，则本人应返还者为管理利益而非管理费用，其依据为不当得利。在效力上具有无因管理特色者为：在适法无因管理，管理费用之返还不以本人享有管理利益为要件。② 只是在无管理利益或管理费用大于管理利益的情形，其管理是否符合适法无因管理关于应以利于本人之方法管理事务的要件，存有疑义。③ 在不适法无因管理，管理费用之返还以本人主张享有管理利益为要件，且其返还义务之范围，以所受管理利益为度。至于管理损害所引起的问题，视受害人为谁而异。以管理人为受害人者，这属于管理费用的问题；[学者有谓，通常费用具有自愿支出的特征，而损害则原则上是非自愿的遭遇。请参考 Hans Berg, aaO. (FN12), JuS 1975, 685. 不过，有时也不尽然。盖管理人亦有明知可能有危险，而为本人冒险犯难的情形。是故，将管理损害论为管理费用，在说明上仍不失为方便简约的看法。]以本人为受害人者，如果成立适法无因管理，这类似于积极侵害债权；[在债的履行上，如构成积极侵害债权，原则上即可能同时构成侵权行为。且积极侵害债权与侵权行为间有请求权规范竞合的关系。关于积极侵害债权，请参考黄茂荣：《债法通则》(第二册)，2002 年 9 月初版，第 381 页以下(第 383 页三)；关于请求权竞合或请求权规范竞合，请参考黄茂荣：《债法通则》(第一册)，2002 年 6 月初版，第 72 页以下(第

① 管理人所从事之无因管理行为如系管理人本来收取报酬之业务上行为，例如医师对于路倒病人提供医疗救助之服务。在这种情形应例外地采肯定的见解。关于路倒病人之医疗救助及其费用，“医疗法”第 43 条规定：“医院、诊所遇有危急病人，应即依其设备予以救治或采取一切必要措施，不得无故拖延(第一项)。前项危急病人如系低收入病患或路倒病人，其医疗费用非本人或其扶养义务人所能负担者，由直辖市或县(市)政府社会行政主管机关依法补助之(第二项)。”路倒病人如为健康保险之被保险人，医疗机构不论是否为其保险人之特约医疗机构，皆得向其保险人请求含报酬之医疗费用。请参考 Larenz, aaO. (FN1), S. 448.

② Karl Ludwig Batsch, aaO. (FN8), AcP 171(1971), 220：在适法无因管理，其管理费用之成果的风险由本人而非由管理人负担。

③ Karl Ludwig Batsch, aaO. (FN8), AcP 171(1971), 219f.：如果管理人只要尽交易上通常之注意程度，即可预见其管理措施客观上将不会有期望之管理结果时，其虚掷之管理费用即非必要之费用。因此，即便在适法无因管理的情形，亦不得请求该费用之返还。

75 页以下)。这样的见解亦可适用于适法无因管理的情形。盖在适法无因管理,管理人与受任人一样对于本人负有尽一定之注意程度,以利于本人之方法管理事务的义务。此为管理人依适法无因管理所构成之法定的债务关系,对于本人所负之义务。在事务之管理中,如有违反该义务而致本人受到损害,即构成积极侵害本人依该法定债务关系所享有之债权。此为一种积极侵害债权的态样。这时候,如果满足侵权行为之要件,可同时构成侵权行为。这不因适法无因管理可阻却违法而成为问题。其理由为:仅在符合适法无因管理意旨的范围内,适法无因管理始有阻却违法的效力。这犹如在外科手术之医疗契约,仅于符合医疗本旨的范围内,医师侵入病人身体之开刀行为方始不构成侵权行为。德国民法上相同见解请参考 Karl Ludwig Batsch, aaO. (FN8), AcP 171(1971),221ff..此种竞合问题亦可能发生在公务员因执行职务而同时构成适法无因管理的情形。在适法无因管理,管理人应尽之注意程度原则上为与处理自己之事务同等,例外在第 175 条所定情形,仅就故意或重大过失负责。这影响到该管理行为构成侵权行为之责任要件的内容。在这种情形,除无因管理(积极侵害债权)与侵权行为和国家赔偿责任的要件规定间有规范竞合的调和问题必须处理外,公务员之积极侵害债权及侵权行为责任并受"民法"第 186 条关于公务员侵权行为责任之缓和规定的限制。请参考 Hans Berg, aaO(FN12), JuS 1975, 687f..]如果不成立适法无因管理,这属于单纯之侵权行为,不过,"民法"第 174 条第 1 项对之课以无过失责任;①以第三人为受害人者,视第三人与无因管理事件之关系,定其法律性质。首先这是一件管理人之侵权行为。唯倘无因管理系为防卫该第三人对于本人之现时不法的侵害,则只要其防卫未逾越必要程度,管理人不负损害赔偿之责("民法"第 149 条:正当防卫);倘系为避免本人生命、身体、自由或财产上急迫之危险所为之行为,则只要系避免危险所必要,且未逾越危险所能致之损害程度,亦不负损害赔偿之责(第 150 条:紧急避难)。这属于阻却违法的问题。就管理人因无因管理而对于第三人引起的损害,本人是否亦应负赔偿责

---

① 依"民法"第 174 条第 1 项,管理人违反本人明示或可得推知之意思,而为事务之管理者,对于因其管理所生之损害,虽无过失,亦应负赔偿之责。因之,称管理人依该项所负的损害赔偿责任是一种无过失责任。唯该项规定所涉及者究竟是该损害赔偿责任之构成要件中的过失要件,或是因果关系?值得探讨。就德国民法与该问题相关之规定,Karl Ludwig Batsch 认为:"如果在侵权行为法之关联中观察德国民法第六七八条(相当于'民法'第一百七十四条)的规定,显示:以该条规定为基础所以引起加重管理人之责任的原因,不是过失原则之减弱,而是较诸德国民法第八二三条以下远为扩大之责任范围的要件。"[Karl Ludwig Batsch, aaO. (FN8), AcP 171(1971), 231]在此前提下,虽然"民法"第 174 条第 1 项不以过失为其损害赔偿请求权之成立要件,该项所定之责任仍不失其为侵权行为责任。

任？这视该无因管理是否即在于辅助本人履行对于该第三人所负之债务，或就该无因管理事件，管理人是否具有类似于受雇人的地位定之。辅助履行债务有可能，具有类似于受雇人的地位不大可能。兹将无因管理之上述基本的利益冲突用图 1-2 所示：

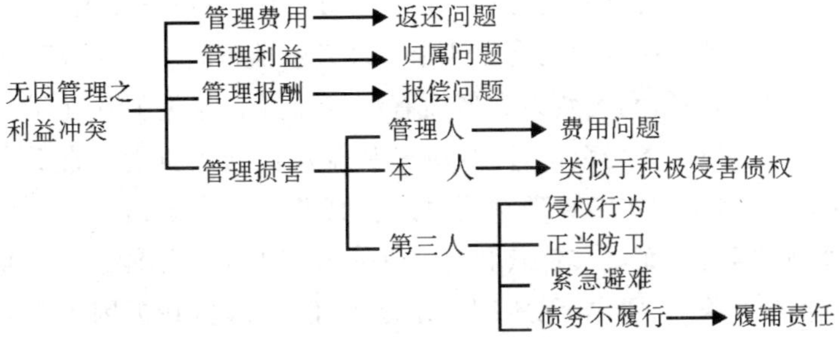

图 1-2

关于无因管理之规范，“民法”分就管理利益之归属、管理费用之负担及管理损害之赔偿加以规定。关于管理利益之归属，“民法”第 176 条第 1 项规定“管理事务利于本人，并不违反本人明示或可得推知之意思者”，不论本人事实上之意思为何，皆归属于本人；管理如系为本人尽公益上之义务，[①]或为其履行法定扶养义务，或本人之意思违反公共秩序善良风俗者（第 174 条第 2 项），管理人管理事务虽违反本人之意思，亦同（第 176 条第 2 项）。此即适法无因管理。反之，则本人得自由决定是否享受因管理所得之利益。本人决定享受者，[②]本人以其所

---

① “最高法院”1997 年度台上字第 3812 号民事判决：“按无因管理，其管理系为本人尽公益上之义务，管理人虽违反本人之意思而为事务之管理，仍得请求本人偿还其费用，‘民法’第一百七十六条、第一百七十四条第二项分别定有明文。被上诉人代缴税款及罚锾，既属无因管理，且税捐及罚锾之缴纳，亦系尽公益上之义务，自属必要及有益费用，管理人即被上诉人对于本人即上诉人取得该必要及有益费用偿还请求权。”德国民法第 679 条规定：“不为事务之管理，本人之公益上义务或法定扶养义务即会不如期履行者，本人与事务之管理相反的意思不予考虑。”其与“民法”第 174 条第 2 项规定有一个重要差别：德国民法以如不代为管理事务，与该事务有关之义务的履行即有迟延之虞为要件。何谓公益上义务？形式上之特征为以公法为其义务之规范基础。至于私法上义务是否亦具有公益上义务的性质，视其是否亦有保护公共利益之功能而定。肯定例如：收尸掩埋并代做宗教告别仪式。因此所生费用对于其家属或加害人得依无因管理请求返还，对于加害人并得依“民法”第 192 条第 1 项请求赔偿。请参考 Soergel-Mühl, aaO. (FN3), § 679 Rz 2.

② 在“民法”第 177 条第 1 项所定情形，因为是否依该条规定，规范管理人与本人间之不适法无因管理，尚系于本人表示愿意享受管理利益的意思。所以在此意义下，不适法无因管理对于本人而言尚不尽然是法定的债务关系。

得之利益为限，负第 176 条第 1 项所定之管理费用的返还义务（第 177 条第 1 项）。此与在第 176 条第 1 项所定情形，不论本人是否愿意享有管理利益，该管理利益皆归属于本人，且即便该管理费用大于管理利益，本人亦无论如何，皆应负管理费用之返还义务者，不同。本人虽已受有管理利益，而决定不享受者，应依不当得利之规定，将管理利益返还管理人；[①]其若因不适法无因管理而受有损害，得依第 174 条或侵权行为之规定请求管理人赔偿损害。[②] 第 177 条第 1 项所定之效力内容与不当得利之效力类似而有些许差异。其类似存在于：在不当得利，义务人所负返还义务之范围，以其所受利益及权利人所受损害低者为准，其中所受损害与无因管理中之管理费用对应。其差异存在于：在不当得利应返还者首先是受领之利益，而后在依其利益之性质或其他情形不能返还的情形，才偿还其价额（第 181 条）。要之，无所谓费用之返还。反之，在无因管理，不但本人已享有管理利益者，不负返还管理利益之义务，而且其尚未享有者，并得请求管理人交付或移转管理利益（第 173 条第 2 项规定，第 540 条至第 542 条关于委任

---

① 就不适法无因管理，民法对于本人已受有管理利益，而决定不享受的情形，并未明文直接加以规定，其因此所发生之管理利益的移动，自当依不当得利的一般规定规范之。此与德国民法第 684 条对此明文规定如下者不同："如不具备第六八三条之要件，则本人应将其因事务之管理而取得者，依不当得利之返还规定返还管理人。本人承认该事务之管理者，管理人取得第六八三条所定之请求权。"关于不适法无因管理的承认，"民法"第 178 条的规定亦不若德国民法第 684 条第 2 句利落：直指其因此转依适法无因管理之规定。至于适法无因管理之效力，德国民法第 683 条第 1 句亦简明引用委任之规定。在立法上，此种法律体系之安排的技术，值得参考。其主要机能为：除可化繁为简外，并可避免法律价值判断之冲突。请参考 Karl Ludwig Batsch，aaO.（FN8），AcP 171(1971)，226f..

② 在不适法无因管理，在本人表示承认或愿意享受管理利益前，因为当事人间并无法定之债务关系存在，所以管理人如因管理行为而加损害于本人，无积极侵害债权规定之适用，而仅可依"民法"第 174 条或侵权行为之规定请求赔偿。唯在第 174 条之无过失责任效力所及，侵权行为规定之适用的意义将限于非财产上损害之赔偿。至于第 174 条是否得引为侵害人格权所致财产上损害的赔偿依据，视该条是否被定性第 184 条第 2 项所称保护他人之法律而定。目前尚未发现有司法判决对此表示意见。请参考 Karl Ludwig Batsch，aaO.（FN8），AcP 171(1971)，227ff..

之规定，于无因管理准用之），[①]只是分别视其管理是否适法，而异其费用之返还义务的范围而已。这里所谓管理利益固与不当得利中所受之利益相当，但不是在无因管理中本人所当返还的内容，其应返还者为管理费用。因为管理利益可能含有经营利益，从而大于不当得利中返还义务人所应返还之利益，所以对于义务人，依无因管理请求交付管理利益，可能较之依不当得利请求返还所受领之利益有利。例如甲窃取乙所有时值新台币（以下同）600 元之鹅一只，并将之加工为茶鹅后卖得 1800 元。设为该加工，除甲自己之工时外，甲耗费加工费用 100 元。则其中 600 元为甲在不当得利所受之利益，100 元为管理费用，1800 元减去 600 元，再减 100 元后之余额 1100 元为其管理利益或经营利益。所以，乙如依不当得利之规定，对甲仅得请求返还其所受 600 元之利益，如依无因管理得依第 173 条第 2 项准用第 541 条请求给付，管理收入（1800 元）减去管理费用（100 元）后之余额，含该鹅之时值（600 元）及管理利益（1100 元），合计 1700 元。"民法债编"于 2000 年修正增定第 177 条第 2 项规定："前项规定，于管理人明知为他人之事务，而为自己之利益管理之者，准用之。"亦即管理事务不合于第 176 条

① "最高法院"1956 年台上字第 637 号判例："上诉人基于继承其父之遗产关系而取得系争房屋所有权，原与其叔某甲无涉，某甲之代为管理，曾用自己名义出租于被上诉人，如系已受委任，则生委任关系，依'民法'第五百四十一条第二项之规定，受任人以自己名义为委任人取得之权利，固应移转于委任人，如未受委任则为无因管理，依同法第一百七十三条第二项之规定，关于第五百四十一条亦在准用之列，均不待承租之被上诉人同意而始生效，从而某甲将其代为管理之系争房屋，因出租于被上诉人所生之权利移转于上诉人，纵使未得被上诉人之同意，亦难谓为不生效力，上诉人自得就系争房屋行使出租人之权利。"因出租房屋而对于承租人取得之权利（例如租金债权）的移转，属于债权之移转，只要债权人与受让人有移转之合意即可，其效力并不系于债务人之同意。出租系基于委任或无因管理仅与出租人对于房屋所有人之移转租赁债权的义务有关，而与其移转之效力是否应经承租人同意无关。承租人之同意的必要来自于租赁双方限制租赁权之让与性的特约。"民法"第 297 条第 1 项前段固规定："债权之让与，非经让与人或受让人通知债务人，对于债务人不生效力。"但应通知债务人与应经债务人同意，仍有重要区别。通知之目的主要在于厘清债务人得对于债权之受让人主张之抗辩与抵销事由在存在上之时间的界限（"民法"第 299 条）。该条所谓"对于债务人不生效力"，论诸实际仅是不得对抗债务人。未为通知对于债务人之效力上的意义来自于抗辩权或抵销权之行使的作用，而非由于债权之移转未经债务人同意。另纵使债之当事人双方特约，债权不得让与，其不得让与之特约，亦不得对抗善意第三人（"民法"第 294 条）。是故，若受让之第三人不知有此特约，其让与仍应为有效（"最高法院"1961 年台上字第 539 号判例）。受任人或管理人为使自己对于委任人或本人，能履行其依"民法"第 541 条第 2 项所负义务，将其以自己之名义为委任人取得之权利移转于委任人，不应与相对人缔结不得让与债权之特约。这属于另一个问题。这是在商务契约中，纵有限制债权之让与性的需要，亦常保留得移转于特定对象的道理。

之规定时，本人仍得享有因管理所得之利益，唯本人依该条第 1 项对于管理人所负之义务，以其所得之利益为限。此即不法管理之效力。在该项增定后，就不法管理所构成之不真正的无因管理，本人得选择依不当得利、侵权行为或无因管理，规范其间之利益的冲突。该项规定之贯彻，将在相当程度压缩侵权行为或不当得利的适用空间。误想管理不构成无因管理，其效力原则上视情形，依不当得利或侵权行为之规定。其与不法管理相较，效力出入较大者为，管理利益归属于管理人，不过，应依不当得利之规定，返还其无法律上原因自本人获得之利益，并依侵权行为之规定，赔偿其因过失对于本人引起之损害。① 唯该损害如为管理人所以获得利益之原因，其交集部分构成请求权规范竞合，不得分别依不当得利及侵权行为之规定，重复请求返还利益及赔偿损害。

然"民法"第 176 条及第 177 条规定之必要或有益费用所指者究竟为何？就恶意占有构成之不法无因管理，"民法"第 957 条规定，占有人依关于无因管理之规定，得向所有权人请求偿还者限于因保存占有物所支出之必要费用。② 因之，所涉费用究为必要费用或有益费用的分辨，③对于管理费用的返还，便有重大实益。实务上曾有关于由"木造房屋"，改建为"砖造建物"，或在面积扩大之增建时，其支出者究为必要或有益费用的争议。此为维护之质与量的超过问题。

---

① 请参考 Esser /Weyers，aaO.（FN10），§ 46 IV；Larenz，aaO.（FN1），S. 452f.（FN62）.

② "最高法院"1954 年台上字第 433 号判例："上诉人就其占有之系争房屋，关于建筑未完工部分出资修建，系在被上诉人向原所有人某甲买受之后，业经两造因本权涉讼，上诉人受败诉之判决确定在案。依'民法'第九百五十九条之规定，上诉人自本权诉讼系属发生之日起，即应视为恶意占有人，固不得依同法第九百五十五条，以改良占有物所支出之有益费用为原因，请求偿还。唯恶意占有人因保存占有物所支出之必要费用，对于回复请求人，依关于无因管理之规定请求偿还，仍为同法第九百五十七条之所许。""民法"第 957 条的规定对于恶意占有人之费用返还请求权的项目虽设有限制，但就适用无因管理或不当得利的选择而论，相较于第 177 条关于无因管理之规定还是比较有利于恶意占有人。盖在不适法无因管理是否适用无因管理，其选择权或承认权属于本人。所以，即便有容许不法管理可准用不适法无因管理的规定，其是否准用无因管理的选择权仍应属于本人（所有权人），而非管理人。然依第 957 条，其选择权属于管理人（恶意占有人）。这并不适当。适当的规定为：恶意占有人，因保存占有物而支出必要费用者，准用第 177 条第 1 项之规定。亦即恢复请求人得选择依关于不适法无因管理之规定，享有因管理所得之利益，其所负对于恶意占有人之费用的返还义务，以其所得之利益为限。其不选择依不适法无因管理的规定享有管理利益者，恢复请求人如因恶意占有人支出费用而受有利益，应依不当得利的规定返还所获之利益。

③ "最高法院"1955 年台上字第 21 号判例要旨称："'民法'第九百五十七条，所谓因保存占有物所支出之必要费用，系仅指因占有物之保存不可欠缺所支出之费用而言，至支出之费用是否具备上述要件，应以支出当时之情事，依客观的标准决定之。"

其超过部分或范围不论是质的或量的超过，皆只能论为有益费用，固不待言。至于原来部分或范围内的维护究为必要或有益费用，除视其维护之客观的必要性及主观的计划而定外，其因维护而发生之质或量的变更虽有可能还仅是单纯之附合或加工，但也有可能已引起物之同一性的变更。如客观上并无维护的必要性（例如暂不维护并无损于其安全或效用），或主观上尚无或再无维护的计划（例如已准备拆除或抛弃），则其维护费用皆非属必要，或纵有必要，但无利益。必须其维护有客观的必要性并符合主观的计划，其维护在单纯之附合或加工的限度内始论为必要。纵有客观的必要性及主观的计划，但其维护如已改变维护标的之物的同一性，则其所为是否还在维护的范畴内，不是没有疑问的。因质的变更而引起同一性之改变者主要指动产因加工所增之价值显逾材料之价值的情形。在这种情形，其加工物之所有权，属于加工人（“民法”第 814 条）。依该规定丧失权利而受损害者，仅得依关于不当得利之规定，请求偿金（“民法”第 816 条），并不得依第 177 条第 2 项主张准用同条第 1 项规定，以返还管理费用（加工费用）为代价，换取管理利益，请求移转加工物之所有权。盖第 814 条及第 816 条[①]显系第 177 条第 2 项之特别规定。

另将旧有建筑物拆除改建者，其改建前后之建筑物在物权法上是否具有同一性，亦值得推敲。按拆除为使建筑物灭失的行为，在拆除后原来之建筑物的所有权当已灭失，后来再建者应系一栋新建筑物，应由其出资兴建者原始取得。是故，其改建费用之支出不得论为系对于原来之建筑物支出必要或有益费用。另鉴于建筑物系独立于土地之物，其建筑费用之支出亦不得论为系对于其定着之土地支出必要或有益费用。因之，其土地所有人原则上得依侵权行为的规定请求拆屋还地（第 184 条、第 213 条），或依物上请求权的规定，请求返还其所有物或除去对于其所有权之妨害（第 767 条）。“最高法院”实务上认为，将木造房屋改建为砖造建物，或将其面积扩大之增建，在其原来建筑面积之规模的范围内皆

① 添附之不当得利返还义务有两个特色：（一）返还价额，不返还所受领之利益的原形；（二）添附如系因得到利益者之意思而发生，应将受领时所得之利益，附加利息，一并偿还，如有损害，并应赔偿（“民法”第 181 条、第 182 条）。

可论为对于原来建筑物之修建的必要费用，超出之部分方始论为有益费用。[①]这自明的当以将系争改建或扩建定性为对于原来建筑物之添附为其前提。盖必须是添附，就其改建或扩建之费用始得主张，或者依关于无因管理之规定，请求偿还其属于必要费用的部分（第 957 条），或者依关于不当得利之规定，请求偿金（第 814 条及第 816 条）。

鉴于第 957 条规定恶意占有人得主动选择依关于无因管理之规定，请求偿还必要费用，而不当得利规定之适用仅考虑在当事人间是否无法律上原因而有财产利益的移动，而不考虑其移动是否违反诚信原则。所以，目前的规范状态显然是：恶意占有人就该两种请求权得选择其一，据以规范双方与改建或扩建费用之返还有关的法律关系。不过，衡诸第 177 条第 1 项关于不适法无因管理之规范意旨，在不法管理诚如修正后同条第 2 项所示，应让本人（所有权人）有权选

① "最高法院"2002 年度台上字第 887 号民事判决："按 1999 年 4 月 21 日修正 2000 年 5 月 5 日施行前之'民法债编'第一百七十七条，固未如修正后之第二项增设有'准无因管理'之规定而得准用同条第一项'未尽义务人无因管理'（按：指不适法无因管理）之规定向本人请求其所得之利益，且该准无因管理人明知他人之事务而以自己之利益为管理，如属恶意之不法管理，衡诸诚信原则，亦不得径依同法第八百十六条按关于不当得利之规定请求偿金。唯该准无因管理人若为恶意占有人，其因保存占有物不可欠缺所支出之必要费用，自仍得依关于无因管理之规定对本人请求偿还，此观同法第九百五十七条规定甚明。查原审既认定上诉人为不法管理之恶意占有人，鸠工整建系争房屋经添附新建材并增建面积后其残存价值达一百五十万七千六百元，竟又谓上诉人上述整建仅属改良房屋之行为而非保存该房屋所必要之支出，不得依'民法'第九百五十七条之规定为请求云云，显然忽略该'改良费用'之中在系争房屋原面积范围内者似仍含有其'必要费用'在内。果尔，则能否径认上诉人不得请求该整建房屋所支出之必要费用，已非无疑。本件上开整建后之房屋残值一百五十万七千六百元，其中因保存系争房屋在客观不可或缺所支出之必要费用究有若干？原审未遑进一步调查审认，遽行判决，未免速断。""最高法院"在该判决中未明白指出，仅本人得选择是否依第 177 条享受管理利益，支付管理费用。管理人（恶意占有人）并无该选择权。这是第 957 条与第 177 条之规定互相冲突之处。另该判决似乎认为，不当得利之返还请求权以系争财产利益之移动不违反诚信原则为要件。这与法律之规定不符。该判决对于法制发展有积极意义者当是其意旨指出：在房屋之整建，以原面积为界限划分整建之必要费用及有益费用。这虽非一个周全的标准，但至少是一个重要的出发点。该判决如果能够清楚表示，超出原来面积者必为有益费用；在原来面积范围内者视其是否为保存所必需，区分其为必要费用或有益费用，将更有意义。至于为整建而将原来的房屋拆平重建，是否还在修缮范围内，也值得"最高法院"表示其法律意见。

择，究竟依无因管理或不当得利的规定，规范其间关于改建或扩建费用的返还关系。[①] 当所有权人选择依不当得利的规定，引起其得否利用下述方法消灭其返还义务的问题：请求占有人取回其添附的工作物，以去除其强加于所有权人之利益。

就该问题，针对租赁及地上权"民法"设有明文规定。此为关于有权占有之非自愿性受益的情形。例如基于租赁权或地上权。为增益之添附者系承租人时，依"民法"第 431 条，必须出租人知其情事而不为反对之表示，于租赁关系终止时，应偿还其费用。但仍以其现存之增价额为限。唯承租人就租赁物所增设

① "最高法院"1999 年度台上字第 1427 号民事判决："按'建筑法'第八十六条第一款规定，违反第二十五条之规定，擅自建造者，处以建筑物造价千分之五十以下罚锾，并勒令停工补办手续，必要时得强制拆除其建筑物。唯前述上诉人及周玉珍建造之系争房屋，是否已有必要予以强制拆除之情事，原审胥未调查说明，仅泛谓该房屋依上开第八十六条规定，于必要时得强制拆除，即认被上诉人无从就该房屋受有任何利益，已嫌率断。又目前系争房屋之承重墙、梁柱及屋顶改为砖造水泥结构，由原面积仅五二点八九平方公尺之木造房屋，增建为九十平方公尺之砖造建物，为原审确定之事实。则砖造建物，其耐用年限当较木造房屋为长……再参诸被上诉人与农民银行复就系争房屋换订租约，租期至 2001 年 12 月 31 日等情观之，被上诉人似尚无将系争房屋报废拆除之计划，则上诉人主张被上诉人除就系争房屋仍租赁与农民银行，获有租金利益外，复由伊及周玉珍雇工整修系争房屋，该材料等动产因附合于系争房屋，由被上诉人取得所有权而获有利益，致伊受有损害，依'民法'第八百十六条规定，伊得请求被上诉人返还偿金，并称纵不以伊支出之二百三十一万七千元为准，亦应以现仍残存之价值为据等语……是否毫无足取，亦有斟酌之余地。末查被上诉人虽一再抗辩上诉人占有系争房屋为恶意占有，但为上诉人所否认，并称纵令为恶意占有，唯伊所支出之修缮费，依当时系争房屋损坏情况，乃为保存系争房屋所支出之不可或缺之必要费用，为'民法'第九百五十七条之所许，伊自得依无因管理之规定，请求被上诉人返还云云……自属重要之攻击方法，原审未于判决理由说明其取舍之意见，遽凭前揭理由为上诉人败诉之判决，尚有可议。"房屋所有权人将改建或扩建之房屋出租他人固可证明其因恶意占有人之改建或扩建而受益，唯其受益范围，仍应视其后来通过出租实现之情形定之。是否得以改建或扩建后所有权人曾为出租为理由，认为所有权人已完全享受该改建或扩建的利益？所有权人得否主张逐年按其出租或其他利用之情形计算可归属于改建或扩建的利益？按一栋建筑物可能有的现值，主要可以从三个标准衡量：(一)修建成本减折旧后之余额；(二)现状的重置成本；(三)按其目前年(平均)收益将之资本化。至其费用之返还方法则可能是：(一)按其现值一次返还；(二)按其年收益逐年返还；(三)由修建者支付租金使用收益一定年限后，无偿归土地所有人所有。在认为土地所有人不得请求拆屋还地时，上述返还方法，应让谁有选择权？显然应是土地所有人。

之工作物，得选择取回之，但应恢复租赁物之原状。[①] 反面解释，出租人如不知其情事，或虽知而已为反对之表示，则除出租人（基地所有人）自愿留买该房屋或法律上别有规定外，承租人（房屋所有人）当然有恢复原状，交还基地之义务。[②] 出租人如表示不愿留买，则在承租人迟延恢复原状并交还基地时，出租人当得无偿取得该房屋，或自行拆除而后请求承租人偿还其费用。为增益之添附者系地上权人时，“民法”第840条规定：“地上权人之工件物为建筑物者，如地上权因存续期间届满而消灭，土地所有人应按该建筑物之时价为补偿。但契约另有订定者，从其订定（第一项）。土地所有人于地上权存续期间届满前，得请求地上权人于建筑物可得使用之期限内，延长地上权之期间。地上权人拒绝延长者，不得请求前项之补偿（第二项）。”但地上权因解除条件成就[③]或地上权因抛弃[④]而消灭者，不在同条规定之列，地上权人自无请求土地所有人收买建筑物之权。另纵使土地所有人应按该建筑物之时价为补偿。此与土地所有人请求涂销地上权登记

---

① “民法”第431条所规定之内容与无因管理并不相同。有疑问者为：改良租赁物是否系出租人之事务，以及承租人改良租赁物时有无管理出租人事务之意思。鉴于承租人就租赁物所增设之工作物，于租赁关系终止时得取回之（第431条第2项），其改良依其性质自非客观之他人事务。至于承租人改良租赁物时有无管理出租人事务之意思，非经其表示出来亦不明了。是故，第431条之规定当系从添附所构成之不当得利立论（第816条）。其效力特征为：返还价额，而不返还所受领之利益（第181条参照）。如无第431条之规定，因该条第1项以出租人就承租人要对租赁物支出有益费用，知其情事而不为反对之表示为要件，可能引起该有益费用之支出符合出租人之意思，构成适法无因管理的争议。第431条或第181条规定之效力虽与不适法无因管理类似，但仍有重要差异：现存之增价额的结算时点不同。在前者，为法律规定之结算时点；在后者，为不适法无因管理完成后，本人事实上主张享受管理利益之时点。

② 最高法院1929年上字第2957号判例：“于他人土地有建筑房屋之租赁权或其他之权利，在其权利存续间，房屋与基地固归属于各别之所有人，但其权利消灭时，房屋所有人既无使用基地之权，则除基地所有人自愿留买该房屋或法律上别有规定外，房屋所有人当然有回复原状，交还基地之义务。”

③ 最高法院1933年上字第42号判例：“地上权因存续期间届满而消灭者，除契约另有订定外，地上权人固得依‘民法’第八百四十条第一项之规定，请求土地所有人按建筑物之时价为补偿。但地上权因解除条件成就而消灭者，不在同条规定之列，地上权人自无请求土地所有人收买建筑物之权。”

④ 最高法院1943年上字第2588号判例：“地上权因存续期间届满而消灭者，除契约另有订定外，地上权人固得依‘民法’第八百四十条第一项，请求土地所有人按建筑物之时价为补偿，但地上权因抛弃而消灭者，不在同条项规定之列，地上权人自无请求土地所有人收买建筑物之权。”

系属二事，互无对价关系，地上权人不得执此主张同时履行抗辩权。[①] 归纳上述规定，在无权之恶意占有，所有权人原则上应得请求占有人限期取回增建之工作物，以免除其不当得利的返还义务。唯在非毁损增建之工作物不能取回，而增建部分之利用并不违反所有权人之用益计划者，其执意请求取回可能被论为违反诚信原则。这是诚信原则对于无相邻关系者间之物上请求权的行使，是否亦有适用的问题。[②] 为遏阻恶意占有之不当蔓延，应采否定的见解。

在无因管理，如因管理行为而使本人遭受损害，其损害赔偿义务之主观要件视情形而有三个不同层次的规定：(1)管理人为免除本人之生命、身体或财产上之急迫危险而为事务之管理者，对于因其管理所生之损害，除有恶意或重大过失者外，[③]不负赔偿之责(第 175 条)。(2)管理人不违反本人明示或可得推知之意思，而为事务之管理者，就因此对于本人所生之损害，"民法"对之虽无直接之明文规定，但参酌第 174 条及第 175 条，应类推适用第 544 条关于受任人之损害赔

---

① "最高法院"1990 年台上字第 2623 号判例："'民法'第八百四十条第一项规定：地上权人之工作物为建筑物者，如地上权因存续期间届满而消灭，土地所有人应按该建筑物之时价为补偿。此与土地所有人请求涂销地上权登记系属二事，互无对价关系，地上权人不得执此主张同时履行抗辩权。"

② 诚信原则本为针对既存之个别债务关系，规范其如何行使权利与履行义务的一般原则。因此，在德国学说上向有应将之类推适用至其他个别关系的看法：例如相邻关系、用益物权、担保物权等物权上之实体法的关系、诉讼关系及公法关系。至于像物上请求权之物权的一般关系是否应包括在其适用的范围内则有疑问[关于诚信原则之功能及其适用范围，请参考 Esser, aaO. (FN6), § 31, 4]。在"民法"将诚信原则的规范基础，于体系上自债编(第 219 条)，改列至民法总则(第 118 条第 2 项)，并将其规范内容自"行使债权，履行债务，应依诚实及信用方法"修正为"行使权利，履行义务，应依诚实及信用方法"后，显然已基本上采取诚信原则对于任何法律关系皆有适用的立场。

③ 异于"刑法"，在民事法上，关于过失之认定标准虽有类型化、客观化的看法，但在"民法"第 175 条所定紧急适法无因管理的情形，管理人有无重大过失之认定标准是否还当不考虑管理人之主观上的注意能力，非无疑问。盖"民法"第 175 条的规范目的应不在于为损害寻求一个客观的归属标准，而在于决定一个人之主观的责任要件，而在管理事务时一个人之注意能力，本来就因人而异，在紧急救助引起之损害的归属上，该个别差异不宜继续置之不顾。请参考 Peter Dietrich, Auftraglose Hilfeleistung in gefährlichen Situationen, JZ 1974, 537；黄茂荣：《债法通则》(第二册)，2002 年 9 月初版，注第 37 页。

偿责任的规定:受任人因处理委任事务有过失,或因逾越权限之行为所生之损害,[1]对于委任人应负赔偿之责。亦即管理人应负轻过失之损害赔偿责任。[2](3)管理人违反本人明示或可得推知之意思,而为事务之管理者,除其管理系为本人尽公益上之义务,或为其履行法定扶养义务,或本人之意思违反公共秩序善良风俗者外,对于因其管理所生之损害,虽无过失,亦应负赔偿之责(第174条)。在上述应负损害赔偿责任的情形,其有过失者,皆可同时构成侵权行为;[3]反之,如不负损害赔偿责任,则纵有过失,基于法条竞合时无因管理规定对于侵权行为规定之排斥性,亦不构成侵权行为。

无因管理而不构成侵权行为,这主要指在适法无因管理时对于本人事务之介入。按在无因管理而有以下情形之一者,其事务之管理不论为侵权行为,其因此造成之财产利益的移动不论为不当得利:(1)其管理不违反本人明示或可得推知之意思(第176条);(2)虽违反本人明示或可得推知之意思,而其管理系为本人尽公益上之义务,或为其履行法定扶养义务,或本人之意思违反公共秩序善良风俗(第174条),或(3)事后经本人承认(第178条)。此为适法无因管理对于侵

---

① 在委任关系中,受任人逾越权限之所为是否仍属处理委任事务之行为,或已是无因管理的行为?在逻辑上,虽因其已具备未受委任,并无义务,而为他人管理事务的要件,而可论为无因管理,但因其可能尚有是否逾越权限之疑义,所以仍以将之论为委任,而后视具体情况适用该当之规定处理之为妥。唯要注意受任人之所为,如不满足"民法"第536条所定得变更委任人之指示的要件,其对于不依指示而为事务之处理所造成之损害,依第544条对于委任人应负无过失之赔偿责任。这与第174条所定之不适法无因管理所生之损害赔偿责任的主观要件相同。

② 有疑问者为:具体的轻过失或抽象的轻过失。由于管理人在无因管理原则上无管理报酬,所以原则上亦仅负具体轻过失的责任。唯管理人如可请求管理报酬,则例外的应负抽象轻过失的责任。然即便在管理人得请求报酬的情形,因在开始或甚至完成事务之管理时,管理人可能尚未表示其要享有管理报酬的意思,所以,管理人应尽之注意程度究竟如何,有时要直到事后受损害赔偿之请求时,方因其选择是否请求管理报酬而确定下来。例如关于路倒病人的医疗救助("医疗法"第43条)。

③ "最高法院"1966年台上字第228号判例:"无因管理成立后,管理人因故意或过失不法侵害本人之权利者,侵权行为仍可成立,非谓成立无因管理后,即可排斥侵权行为之成立。"该判例所适用之情形应不含在适法无因管理或经承认之不适法无因管理中,为事务之管理所采取之必要的管理行为。唯关于事务之管理如有未尽应尽之注意义务,仍可构成积极侵害债权及侵权行为。这与有委任关系的情形并无不同。例如基于委任关系或无因管理,而为医疗目的对于病人开刀时,其侵入病人之身体的行为固然不构成侵权行为。但其开刀如有因未尽应尽之注意义务而造成损害,仍可构成侵权行为。

权行为及不当得利之要件的阻却作用。关于侵权行为所阻却者为“违法性”[①]，关于不当得利所阻却者为“无法律上原因”之要件[②]。仅单纯地表示要享有因管理所得之利益，而不承认管理事务者，是否亦有前述之阻却的作用？应采否定的见解。否则，第177条与第178条之效力将无所区别。与之类似者为正当防卫或紧急避难与无因管理之可能的竞合关系。按正当防卫或紧急避难与第175条所定之法律事实交集。不同者为，第175条所定损害之受害人为本人，[③]而正当防卫或紧急避难所定损害之受害人为第三人。如因正当防卫或紧急避难过当而应负赔偿义务，其赔偿义务人为管理人（“民法”第149条但书、第150条第1项但书）。至于管理人自己因事务之管理所受之损害，其不可归责于管理人者，构成广义之管理费用的一部分，[④]视情形得依第176条、第177条向本人请求返还。

---

① 请参考 Soergel-Mühl, aaO. (FN3), Rz 10 vor §677. Larenz, aaO. (FN1), S. 448: 适法无因管理是法定的违法阻却事由，唯仍以管理人在处理事务时，已尽应尽之注意者为限。其未尽应尽之注意而对于本人造成损害时，仍可构成积极侵害债权及侵权行为。在无因管理肯认积极侵害债权的可能性，在德国民法存在于其第683条将适法无因管理的认定时点置于：无因管理之开始，而非其处理过程。

② Esser /Weyers, aaO. (FN10), S. 20f.. Esser /Weyers 还指出：适法无因管理虽是管理利益自管理人向本人移动之法律上原因，但管理人并不因此取得对于本人之财产的处分权。管理人因管理利益之移动而遭受之不利益，以管理费用请求权补偿之。唯正像无偿委任中之处理成果与处理费用间的关系一样，该管理利益与管理费用间并不具有对价关系，而是在其发展过程中各因其法定要件之满足而发生。所以，学说称此为一种不完全之双务之债(ein unvollkommen zweiseitiges Schuldverhältnis)。按其功能属于一种补偿之债的关系(ein Ausgleichsschuldverhältnis)，盖管理费用与管理利益间虽无对价关系，但为弥补管理人为本人之管理利益所做的付出，特肯认管理费用请求权补偿之。此种补偿关系亦存在于“民法”第541条所定之委任利益移转或交付请求权与第546条所定之委任费用返还求权间。

③ Peter Dietrich, aaO. (FN82), JZ 1974, 535ff..

④ 关于是否可归责于管理人之认定，应与本人受损害的情形适用同一标准，按所涉无因管理之为紧急适法（“民法”第175条）、适法（类推适用“民法”第535条）或不适法（“民法”第174条）定之。不能一概而论。所以，在紧急适法无因管理，管理人自己如因事务之管理而受损害，就该损害之发生管理人必须有重大过失，始可论为可归责于管理人。当其可归责于管理人，该损害即不得计为管理费用的一部分，从而应由管理人自己负担。其结果固和适用与有过失之规定类似，但并非以管理人与有过失为理由。Peter Dietrich, aaO. (FN82), JZ 1974, 536.

五、无因管理与不当得利或侵权行为之竞合

未受委任，并无义务，而为他人管理事务，从正面观之，属助人之行为；从负面观之，介入他人事务。一般虽泛称无因管理为准契约行为，优先于侵权行为及不当得利受适用，唯该观点仅无保留的适用于适法无因管理。在不适法无因管理，其适用之优先性仍视本人是否承认或主张享受管理利益而定。盖无权源而介入他人事务，原为一种侵权行为，如对于本人引起损害，本来应负赔偿责任；如因此自本人取得利益，亦可构成受自本人之不当得利。[①] 同理，如因此而给本人带来利益，且管理人并无赠与或无偿给予之意思，则该利益之受领或取得因无法律上原因，本来亦应构成受自管理人之不当得利。这是无因管理与不当得利或侵权行为可能竞合的道理。然在无因管理，因管理人有为本人管理事务之意思，所以倘已满足适法无因管理之要件，不但其适法性阻却其管理行为之违法性而不构成侵权行为，而且适法无因管理亦是因该管理行为而发生之财产利益之移动的法律上原因，从而该财产利益之移动不构成不当得利。[②] 反之，如系不适法无因管理，则只要本人不愿承认，该管理行为之违法性即不能除去，而构成侵权行为。是故，如有损害应负侵权行为责任。不过，在财产利益之移动的部分，在不适法无因管理，本人享有选择权：(1)选择享有管理利益，但在所受利益限度内

---

① 因无因管理而对于本人造成损害或自本人取得利益时，如管理人系无行为能力人或限制行为能力人，则其损害赔偿责任及不当得利之返还义务，仍应分别依侵权行为及不当得利之规定定之。对此“民法”无直接明文规定，德国民法第 682 条之规定可为参考。至于无因管理的部分，对于本人之费用返还请求权并不因管理人系无行为能力人或限制行为能力人而受到影响。唯其如为事务之管理而与第三人从事法律行为，该法律行为仍应经其法定代理人承认，始生效力。请参考 Larenz, aaO. (FN1), S. 446.

② “最高法院”1997 年度台上字第 229 号民事判决：“按无因管理与不当得利，分别为债之发生原因之一，其成立要件与效果各别，前者为未受委任，并无义务而为他人管理事务，后者则为无法律上之原因而受利益，致他人受损害。因而适法之无因管理，本人之受利益，既系基于法律所允许之管理人无因管理行为，自非无法律上之原因，仅管理人即债权人对于本人即债务人取得必要或有益费用偿还请求权、债务清偿请求权及损害赔偿请求权；至不当得利之受害人即债权人对于不当得利之受领人即债务人则取得不当得利返还请求权，二者不得牵混。本件被上诉人主张依不当得利及无因管理之法律关系而为同一之请求，为客观的诉之竞合之合并。于此情形，法院应审理其一，如认原告之请求成立，即可据而判决，如认其请求不成立，始应就另一法律关系为审判，非谓应将此两种法律关系混合论断。原审将前开两种法律关系牵混，合并论断，既谓已成立无因管理，复谓亦应属不当得利，究依何者判命上诉人给付？所命给付究为偿还费用或返还不当得利？尚有未明。”

负管理费用之返还义务；(2)拒绝享受管理利益，其已受领或获得者返还之，从而免负管理费用之返还义务。其如表示享受管理利益，则不适法无因管理仍为其法律上原因；如表示不享受管理利益，则该利益之享有即无法律上原因。[①] 然纵使在具体案件，不适法无因管理与不当得利可能竞合。但在行使上其当事人仅得择一，而不得并同行使。至其选择权，因涉及不适法无因管理，应属于本人。

---

① “民法”第 177 条与第 178 条所定之情形在效力上是否应有区别属于政策问题。关于不适法无因管理，德国民法第 684 条规定：“如不备第六八三条之要件，则本人应将其因事务之管理而取得之利益，依不当得利关于返还之规定，返还管理人。本人承认事务之管理者，管理人有第六八三条中所定之请求权。”第 683 条所定者即是适法无因管理之管理人的请求权。其内容依该条规定适用委任之规定。这是简单明了，又可避免法律漏洞或冲突的规范方法。同法第 687 条第 1 项规定不真正无因管理不适用第 677 条至第 686 条关于真正无因管理之规定。唯同条第 2 项规定，在不法无因管理，本人主张享受自第 677 条、第 678 条、第 681 条、第 682 条所生之请求权者，依第 684 条第 1 句对于管理人负不当得利之返还义务。唯不适法无因管理经承认时，依德国民法第 684 条转为适法无因管理。其管理人享有第 683 条所定关于适法无因管理的权利。请参考 Larenz, aaO. (FN1), S. 437,448.

第二章

不当得利

一、前言

当民事法将法律行为区分为债权行为/负担行为与物权行为/处分行为，为完成一件以物或权利为标的之交易或销售，至少需要三个契约。其中有一个契约是债权契约，有两个是以履行自该债权契约所生债务为目的之物权行为/处分行为。该物权行为/处分行为当以履行一定之债务为目的，便成为该债务之履行行为。为履行该债务所为之给付，因此必须有以清偿该债务为目的之针对性。物权行为/处分行为因该清偿目的，而联结于一定之债务。该债务成为维系该物权行为/处分行为之效力的法律上原因。如无该债务为该物权行为/处分行为之效力的法律上原因，因该物权行为/处分行为而受领利益者，应依不当得利的规定返还该利益。为说明这个问题，在德国，其民事法首先透过给付的概念，将物权行为与其履行之债务或与该债务所据以发生之债权行为联系起来，使特定之物权行为对于特定债务具有履行的意义，从而成为其履行行为，并建立以特定履行行为或给付为基础之给付关系。给付之概念的特征，除因给付使一方当事人之财产增加，他方财产减少外，尚包含：有意识的，为一定之目的，增益他人之财产。是故，为该给付之当事人者为：基于该目的而增减财产之人。因为从事该物权行为者，所要履行之债务可能为他人之债务；受领清偿给付者，所受领之给付可能是他人债权之清偿给付，所以该给付关系的当事人与充为该给付之工具的物权行为之当事人有可能不同。例如在甲将A物卖于乙，乙又将该物卖于丙的情形，如果甲因乙之指示，而直接将该物之所有权移转于丙，则外表上虽然有甲将A物移转于丙之物权行为，但不认为甲丙间有给付关系，而应认为只有甲对乙，乙对丙有给付关系。盖甲对丙移转A物之所有权的目的在于清偿甲对乙及乙对丙所负之债务。此为德国民法上之通说。[①] 物流所构成之履行行为并非认定交易关系之当事人的证据方法，其证据方法存在于该履行行为之原因关系。兹图 2-1 示如下[②]：

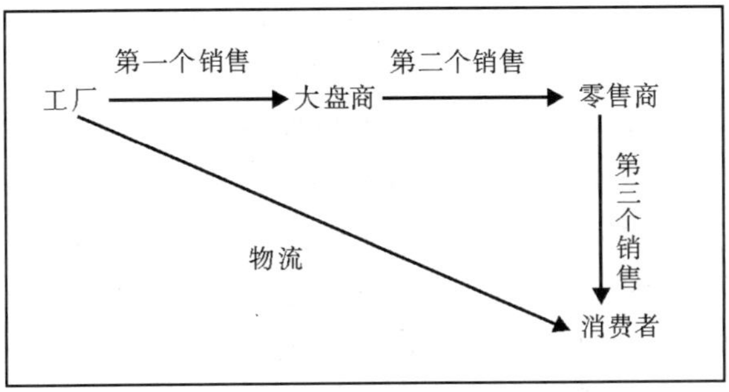

图 2-1

在图标的交易关系中，消费者向零售商订购汽车一部；为履行该汽车买卖契约，零售商向大盘商订购；大盘商向汽车工厂订购。大盘商依零售商之指示，指示汽车工厂直接将汽车交付消费者。为移转该部汽车之所有权，虽只有一个物权行为，但共有三个销售关系（买卖关系），三个给付行为（履行行为）：汽车工厂将汽车给付大盘商；大盘商给付零售商；零售商给付消费者。

上述观点基本上决定给付性不当得利的关系。此外，还有非因给付而构成之不当得利。

为市场经济之圆满运转，以使个人可以透过市场的参与自由发展，必须保障其据以发展之物质基础及其经济活动的成果。因此，宪法保障人民之财产权。其在公法上的表现为：国家征收或征用人民的财产应给予合理补偿；课征税捐除应有法律为其依据外（税捐法定主义），且不得超出人民负担税捐的能力（量能课

---

① Fikentscher/ Heinemann, Schuldrecht, 10. Aufl., 2006 Berlin, Rz. 1430："关于一笔给付（eine Leistung），人们理解为一个有意识且取向于一定目的增益他人财产的行为。该给付必须按给付者之意思（有意识的）指向一笔特定债务（solvendi causa：为履行之目的）而为之……通说之给付的概念首先应在私法自治原则的基本要求下理解之；请参照 v. Caemmerer, FS Rabel, S. 350; Staudinger/ W. Lorenz, Rdn. 5 zu § 812. 私法自治决定给付之内容及给付之人。"Staudinger/ W. Lorenz, Kommentar zum BGB, Berlin 1999, Rdn. 5 zu § 812："应依私法自治的理念决定作为给付之财产的移转应归属于谁。此为 v. Caemmerer 在 FS Rabel, ［1954］ S. 350f. 一文中所强调。"Esser/ Weyers, Schuldrecht, 8. Aufl., 2000 Heidelberg, S. 42f..

② Reiß in Tipke/ Lang, Steuerrecht, 20. Aufl., 2010 Köln, § 14 Rz. 22.

税原则)。其在私法上的表现为:有过失而侵害他人权利或利益者,应予赔偿(侵权行为)[①];无法律上原因而有财产利益之移动,致一方受利益而他方受损害者,受利益者应返还该利益(不当得利)[②]。虽有德国学者认为后一关于不当得利之返还义务的规范要件事实上几近于空泛,但其依然指出不当得利制度所要维护之核心价值。[③] 其所谓空泛,指不能在不当得利法内部,自无法律上原因之要件导出其具体的规范内容,而必须外求于其他形形色色之相关法律中规定的法律上原因。这是消极要件自然存在的问题。盖"无"必须在"有"中求。当一切可能之"法律上原因"皆不存在时,始处于"无法律上原因"的状态。不当得利制度并不能独立运作,必须在适用先在之财产利益之移动的全部应然规定后,皆无积极结论时,始启动不当得利规定之规范机制,以恢复相关法律制度要求之应然的利益状态。[④] 是故,有无法律上原因的判断,原则上取决于各该法律事实在其本来所属之法律规范范畴中的法律规定。依该规定认定无法律上原因时,始依不当得利的规定加以规范,权衡其财产利益之移动的正当性。因此,要认定是否无法律上原因,应依引起财产利益之移动的法律事实所属范畴之法律,认识其肯认之法律上原因出发。如其不备所属范畴之法律规定的原因,则论断其无法律上原

---

① 不以过失为要件之损害赔偿责任,应不归类为侵权行为责任,而应按所以课赔偿责任之实质理由分类。无过失责任中主要有衡平责任(例如"民法"第 187 条第 3 项、第 188 条第 2 项)及危险责任(例如消费者保护法第 7 条)两类。由于被课以衡平责任或危险责任者并无不法行为,所以虽然有时将其规定在侵权行为法中,还是不适合将之定性为侵权行为。

② "最高法院"2009 年度台上字第 1082 号民事判决:"查侵权行为乃对于被害人所受之损害,由加害人予以填补,俾回复其原有财产状态之制度;而不当得利乃剥夺受益人之得利,使返还予受损人之制度,二者之直接目的不同,得请求之范围尤未必一致,本件原审同时依侵权行为及不当得利两种法律关系判决被上诉人胜诉,已有未合。且不当得利发生之债,乃以受益人得利为前提,所应返还者,亦以其利得为限,同时有多数受益人时,应各按其利得数额负责。本件原审命上诉人返还之不当得利,何以应由上诉人负连带责任,未说明其依据,亦属可议。"该号判决之意旨为:现行法并未肯认应负连带返还义务之共同不当得利的类型。是故,如以不当得利为请求权之规范基础,纵使数人基于共同事故而获得利益,在无法律上原因时,还是各就其实际获得之利益,负返还义务。对于其他不当得利返还义务人获得之利益,并无连带返还的义务。

③ Esser/Weyers, Schuldrecht Band Ⅱ Besonderer Teil, Teilband 2, 8. Aufl., 2000 Heidelberg, S. 32.

④ Esser/ Weyers, Schuldrecht Band Ⅱ Besonderer Teil, Teilband 2, 8. Aufl., 2000 Heidelberg, § 47 1 f(S. 34).

因。[1] 此外，在不当得利的规定与其他法律规定之返还义务发生竞合时，纵使不认为不当得利的规定当然受到排斥，至少其适用顺位应是候补的：补充其他法律之规定或有不周全时之漏洞。其漏洞有时也表现在：就发生之财产利益无归属上的规定，从而难以判断其移动之有无。这通常发生在保护范围尚不明确之发展中的权利，例如隐私权、一般人格权、比较广告、营业权。主流制度对各种财产利益之权利化及其保护范围，每随时空之转移而朝扩张的方向变迁。这注定不当得利制度之规范范围的消长。这是"无法律上原因"之要件分别对于各种主流制度之存在上的补充性格必然导致之规范现象。是故，"无法律上原因"之构成要件要素只能通过归纳其关联之主流制度予以烘托，并彰显在其欠缺时，受利益者所以不得保有其所受利益之规范价值；试图将"无法律上原因"当成一个可以演绎的概念，必然因与该要件之存在特征不符，而显露其理论建构上的破绽，招致批判。

该返还义务是一种补偿责任，[2]用以恢复无不当得利事件发生时，所涉当事人间依法或依其间之法律行为所当有的利益状态。是故，关于不当得利返还请求权之成立的探讨，聚焦于法律上原因之有无，及在谁与谁之间有如何范围之财产利益的移动。[3] 这纯粹属于静态利益之保护。[4] 在静态利益之维护上，不质疑现存之财产的分配状态是否符合分配正义的要求。分配正义并非不当得利制

---

① Esser/Weyers, Schuldrecht Band Ⅱ Besonderer Teil, Teilband 2, 8. Aufl., 2000 Heidelberg, § 47 3 a："财产利益的移动是否不适法，从而应予返还之问题……主要应依散置于不当得利法外之各种标准来决定。"

② Larenz/ Canaris, Lehrbuch des Schuldrechts, Band Ⅱ · Halbband 2, Besonderer Teil, 13. Aufl., München 1994, § 67 I 1 d.

③ Esser, Schuldrecht, 2. Aufl., 1960, Karlsruhe, § 187, Ziff. 2：不当得利返还请求权在现代法制上的发展，开始时是源自侵权行为之严格法律性质的不法责任，而后导入衡平的考虑及诚信原则的观点。不过，后来的发展，不但不以侵权责任意义下之违法性为要件，而且衡平的考虑及诚信原则也没有成为不当得利之特别要件要素，而只具有其在各种债务关系相同的功能。倒是在发展上，首先限于未达目的之给付的返还，而后来使其构成要件逐渐一般化，扩及一切无法律上原因之财产移动的态样。有疑问的是：对他人有用之费用的支出究竟应论为不当得利或无因管理。这应视具体情况是否满足无因管理之构成要件而定。满足者应论为无因管理，而不论为不当得利。在此法制发展的基础上，德国民法基本按其发生事由，将不当得利分成两类：因给付及其他事由引起之不当得利。

④ Fikentscher/ Heinemann, Schuldrecht, 10. Aufl. 2006, Berlin, Rdnr. 1395.

度，[①]而是个人所得税法、遗产及赠与税法或社会保险法[②]的课题。

不当得利制度之建制基础为补偿正义，在于保障补偿利益。基于财产权或其他具有财产利益之权利的保障，除非法律有特别规定，法之安定性的利益(das Rechtsicherheitsinteresse)可排斥补偿利益(das Ausgleichsinteresse)。否则，只要无法律上原因而受利益，致他人受损害者，皆应返还其所受之利益("民法"第179条)。

其中，财产权首先指所有权及其他具有对世效力之绝对权，而后及于债权与其他已具有权利地位之财产利益。例如已取得专利权之专门技术、商标权之来源表征或著作权之创作。至于尚未具备权利地位之财产利益，例如以营业秘密保存之专门技术(Know-How)或未注册为商标或未取得新式样专利或著作权之商品外观或营业表征，不论其侵害之损害赔偿或因此引起之财产利益之移动的返还请求，皆有是否应有法律对其权益之归属已有明文保护之要件的问题("公平交易法"第20条第1项第1款)。当涉及之财产利益受法律之保护，则其移动应有其适法性(die Legitimation)。造成财产利益移动之原因的适法性评价，使该原因被定性为合格的法律上原因。基于私法自治原则，权利人同意移动该财产利益之有效的意思表示为其最重要的态样。[③] 欠缺该意思表示时，需有法律之特别规定，始能创设财产利益之移动的法律上原因，以维护权利所归属之财产利益的安定性。

所谓法之安定性的利益指对于长期既已存在之权利状态的稳定性所享有之利益。法律有上述明文之特别规定的案例为：债务人由于消灭时效完成，取得时效抗辩权，而拒绝给付时("民法"第144条第1项)，取得不用清偿所负债务之利益，并致债权人受损害。因该项规定有意以时效完成时之财产状态为终局之新

---

① Esser/Weyers, Schuldrecht Band Ⅱ Besonderer Teil, Teilband 2, 8. Aufl., 2000 Heidelberg, S. 27.

② 例如全民健康保险。依全民健康保险法第18条、第19条、第21条至第26条的规定，其被保险人缴纳之保险费虽然高低不等，但其得请求之保险给付却相同。换言之，保险费较高者事实上为保险费较低者负担一部分保险费。全民健康保险因此具有所得再分配之社会保险的性质。

③ "最高法院"2010年度台再字第8号民事判决："按'民法'第一百七十九条所谓无法律上之原因而受利益，系指无权利或给付之目的的欠缺而言。基于契约关系而受领给付者，如契约仍有效存在，自难谓无法律上之原因而受利益。"Esser/ Weyers, Schuldrecht Band Ⅱ Besonderer Teil, Teilband 2, 8. Aufl., 2000 Heidelberg, § 47 1 c(S. 29). 不过，其所称，事业因正当竞争而发生之市场利益的推移，不适合论为发生在竞争者间之财产利益的移动，因此无不当得利的问题。如有不正当竞争的情事，虽不排斥不当得利，但不是最恰当的规定，原则上以依竞争法之特别规定，侵权行为或不法无因管理定其法律效力较为妥当。

秩序，使因消灭时效完成，债务人拒绝给付造成之财产利益的移动取得正当化的理由，而不构成不当得利。[①] 这亦适用于因物权法上之消灭时效期间经过导致担保物权或物上请求权消灭，因取得时效期间（"民法"第 768 条、第 768 条之一、第 769 条、第 770 条）、除斥期间（"民法"第 807 条之一、第 899 条之二、第 880 条、第 898 条、第 923 条、第 924 条）之经过，或因对于动物、植物或不动产成分之事实上管领力的终局丧失，而发生之财产利益的移动。类似的情形为：因情事变更，而使债之关系的一方受利，他方受到损害。在这种情形，由于双方有债之关系存在，不依不当得利的规定调整其间之财产利益的移动，而依情事变更的规定。只有在契约成立后，情事变更，非当时所得预料，而依其原有效果显失公平者，当事人始得声请法院增、减其给付或变更其他原有之效果（"民法"第 227 条之二第 1 项）。[②] 该规定，于非因契约所发生之债，准用之（同条第 2 项）。但仍非以不当得利返还请求权为其依据。

不当得利返还请求权之成立，不以受领利益者有可归责事由为要件。只要无法律上原因而有财产利益在权利主体间之移动，便成立不当得利返还请求权。在其返还义务人不为返还时，其请求权人得以诉讼的方法请求。如其财产利益之移动系因返还义务人之犯罪行为者，受损害之人并得以提起附带民事诉讼的方法，请求返还不当得利，以恢复其损害。[③]

返还请求权人得请求返还之范围仍取决于返还义务人就其受有利益，是否知无法律上原因，并以知无法律上原因时现存之利益，为其返还义务之初始范围（"民法"第 182 条第 1 项）。不当得利返还请求权的构成要件及法律效力虽看似简单，但：(1)何谓无法律上原因；(2)在当事人间究竟有无财产利益之移动；(3)

---

① "最高法院"1989 年度台上字第 68 号民事判决："因时效而免负义务，虽得认为受利益，但法律规定时效制度，其目的即在使受益人取得其利益，故除另有不当得利请求权与之竞合之情形外，不能谓无法律上之原因而受利益。""最高法院"1980 年度台上字第 3912 号民事判决："无法律上之原因而获得相当于租金之利益，致他人受损害时，如该他人之返还利益请求权已逾租金短期消灭时效完成之期间，其对相当于已罹消灭时效之租金利益，本亦因债务人主张消灭时效抗辩权，而不能依不当得利之法则请求返还。""最高法院"1984 年度台上字第 2097 号民事判决："上诉人出卖讼争饲料给被上诉人时，对被上诉人仅有给付该饲料之价款请求权，并无不当得利返还请求权与之竞合可得选择行使之情形存在，则于其价款请求权罹于消灭时效后，自无行使不当得利请求权之余地。"

② Esser/ Weyers, Schuldrecht Band Ⅱ Besonderer Teil, Teilband 2, 8. Aufl., 2000 Heidelberg, § 49 Ⅱ.

③ "最高法院"1995 年度台上字第 1460 号民事判决："不当得利系以无法律上之原因而受利益，致他人受损害为其成立要件。如受损害之人所受之损害，系由于受益人犯罪所致，则受损害之人提起附带民事诉讼，请求返还不当得利，以回复其损害，自非法所不许。"

在由第三人给付的情形，倘债权人与债务人间之对价关系或债务人与第三人间之补偿关系不存在或无效，究竟在谁与谁间有不当得利的关系；(4)擅用他人权利构成之非给付性不当得利中之侵害性不当得利的客体资格；(5)不当得利之受领人本于该利益是否更有所取得；(6)其应偿还价额者，应如何折价；(7)知无法律上之原因后，其现存利益之算定，以及(8)如何附加利息，一并偿还，如有损害之认定及其赔偿等("民法"第182条第2项)皆相当复杂。

二、不当得利的概念及构成要件

(一)统一说与分别说

关于不当得利的规范，向有只需一套构成要件或需要两套以上之构成要件的不同看法。认为只需一套者，称为统一说；认为需要两套以上者，称为分别说或非统一说。该两种学说在原则的层次上并无不同：皆认同无法律上原因而发生之财产利益的移动，应予返还的原则。[①] 不同者为：是否应针对造成财产利益之移动的事由，予以分类，给予必要之不同的规定。

规范上之不当得利的概念表现在其返还请求权的构成要件上。关于不当得利返还请求权的构成要件，民法泛称为：无法律上原因而有一方受利益，致他人受损害。这可谓是以统一说为基础的立法。而德国民法第812条第1项则首先规定有两套主要的构成要件：(一)自始无法律上原因或(二)意图之给付成果不达，而受有利益。自始无法律上原因之类型底下再分为：(1)因给付，亦即因有意识为增加他人财产而为给予，及(2)因给付以外之方式，而受利益。因给付之方式底下可再分为：履行之法定的或意定的给付义务不存在、承认自己之债务存在及承认他人对自己之债务不存在。因给付以外之方式底下再分为：①因使他人得利者之行为；②因得利者之行为；③因第三人之行为及④因自然事件。这可谓是以分别说为基础的立法及学说的发展。

嗣后无法律上原因类型，除契约因撤销而嗣后无效的情形外，终止及解除契约亦会使法律上原因嗣后消灭。唯因"民法"第259条另有针对解除契约之恢复

---

① 这犹如民法就侵权行为虽有不同构成要件类型之规定，但这些构成要件类型皆立基于一个原则：对有责之不法行为引起之损害，应负赔偿责任(Larenz/ Canaris, Lehrbuch des Schuldrechts, Band Ⅱ · Halbband 2, Besonderer Teil, 13. Aufl., München 1994, § 67 Ⅳ 1 b)。

原状的规定，构成一种特殊之不当得利返还关系。[①] 至于意图之给付成果不达，主要指预期之将来的法律上原因不发生。兹图 2-2 所示如下：

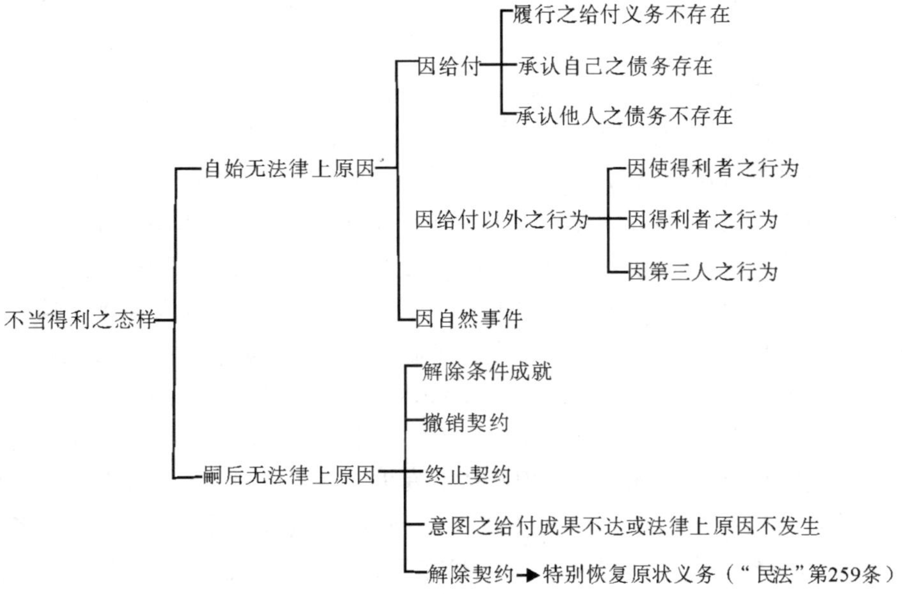

图 2-2

民法之不当得利的构成要件态样虽比德国民法第 812 条的规定简单，而似只规定其一部分，特别是没有将造成财产利益移动之事由，区分为因给付及因其他以他人之费用的方式；没有将意图之给付成果不达之类型，与法律上原因嗣后不存在的类型并列。但民法最后适用的结果，学说上与实务上认为应构成不当得利之法律事实的范围并无大异。

关于不当得利的构成要件，民法注重在一方受利益，致他人受损害（“民法”

---

① “最高法院”2011 年度台上字第 2 号民事判决：“查当事人在契约有效期间内，如基于有效之契约而受有利益，并非无法律上之原因。本件‘国有财产局’于 2003 年 12 月 22 日交付系争土地予恒巨公司，嗣于 2007 年 11 月 26 日表示终止两造委托经营关系，为原审所认定，因终止契约，仅使契约自终止之时向将来消灭，并无溯及之效力，则恒巨公司于系争契约终止前因占有土地而受有利益，本难谓其为无法律上原因。唯按契约一经解除，契约即溯及归于消灭，与自始未订立契约同。因此契约解除后，当事人在契约存续期间所受领之给付，即成为无法律上之原因，自亦构成不当得利，该受损害者倘舍解除契约后回复原状请求权而行使不当得利请求权，应非法所不许，此观‘民法’第一百七十九条后段立法理由揭橥：‘其先虽有法律上之原因，而其后法律上之原因已不存在（如撤销契约、解除契约之类），亦应返还其利益’自明。”

第179条)所构成之财产利益的移动结果上。至其事由则以“无法律上之原因”概括,不再予以分类。而德国民法则注重在造成财产利益之移动的事由,至其结果则简单提到有所取得。[①] 民法之制定者,显然认为:造成不当得利之事由虽然多样,而不当得利制度关心之法律效力只有一个:返还利得。是故,得以一个概括的一般要件定之。这是统一说(die Einheitstheorie)的观点。其对立的看法认为,由于引起财产利益之移动的事实样态不一。在财产法上及身份法上之债的履行或财产的继承,不适法或不真正无因管理他人事务,物权或智财权之处分、用益及添附,无权处分或用益他人之物或权利,擅就他人之隐私或营业秘密为营业性的利用,以及自然事件等事由如引起财产利益之移动,皆各有其存在特征。所以其无法律上原因的态样,亦不能一概而论,从而其规范需要亦不相同。因此,必须分别针对其存在上有意义之法律上差异产生的规范需要,分类规划其适合之规定。[②] 此为区分说(die Trennungstheorie)或非统一说的观点。[③] 该类型化如不在立法阶段,亦必须在司法阶段为之。德国民法的制定者,虽未尽为类型化,但至少已意识到因给付及非因给付而发生之不当得利的不同规范需要。例如只有给付性不当得利才有“民法”第180条之除外规定(德国民法第813条第2项、第814条、第817条参照)及第182条第2项(德国民法第819条参照)之加重规定的规范需要。此外,在给付性及非给付性不当得利,不但其无法律上原因的问题以完全不同的样态呈现,而且其规范功能亦有所不同:给付性不当得利的功能在于恢复透过自愿性之给付而发生之财产利益的不当移动。而非给付性不当得利的功能则在于:返还非因权利人之自愿性给付,而移动之财产利益。其因消费或使用他人之物或权利,而得到利益者,因侵入(侵害)权利人之物或权利,

---

① 民法与德国民法就不当得利之立法原则的差异反应不当得利之建制理论的两个主要学说的派别。民法以第179条一个构成要件,涵盖一切不当得利的类型。此即统一说。学说上或实务上所作之分类为在该统一之构成要件下的分类,至各下位类型之请求权的规范基础则相同。反之,德国民法则将不当得利分成两大类,利用两个主要构成要件类型加以规范:给付性及非给付性不当得利。因此,给付性及非给付性不当得利是两个互相独立之构成要件类型,分别是其请求权的规范基础。请参考 Larenz/ Canaris, Lehrbuch des Schuldrechts, Band Ⅱ · Halbband 2, Besonderer Teil, 13. Aufl., München 1994, § 67 IV.

② Esser/ Weyers, Schuldrecht Band Ⅱ Besonderer Teil, Teilband 2, 8. Aufl., 2000 Heidelberg, § 47 3.

③ 请参考王泽鉴:《不当得利》,2009年增订新版,第27页以下。王老师采非统一说。此亦为德国之通说(Larenz/ Canaris, Lehrbuch des Schuldrechts, Band Ⅱ · Halbband 2, Besonderer Teil, 13. Aufl., München 1994, § 67 I 2 a; Esser/ Weyers, Schuldrecht Band Ⅱ Besonderer Teil, Teilband 2, 8. Aufl., 2000 Heidelberg, § 47 3)。

所以又称为侵入(侵害)性不当得利。其因权利人自己之非给付性行为,使他人受利益者,因权利人无增益该受利益者之财产的意思,亦可能因欠缺法律上原因而构成不当得利。这时权利人之所为,只有为受利益者支付费用之性质,而无增益其财产之给予目的。其构成之不当得利,自权利人方观之,称为费用性不当得利。[①] 自受利益者方观之,此为被动性不当得利或强加性不当得利(aufgedrängte Bereicherung)。[②] 非给付性不当得利如系因受利益者之故意或过失之不法行为或其应负责之自然事件("民法"第190条第1项)而发生,称为侵害性不当得利。这与给付性不当得利有更强烈的对比。单纯因自然事件而发生之财产利益的移动,有时也可构成非给付性不当得利。以上说明显示:各种不当得利的类型不能以相同的观点立论,并据之统一规划其构成要件及法律效力,而应针对不同类型依其适合之观点,规划之。[③]

不当得利制度之规范目的,就因给付而引起之不当得利而论,概括言之,即在于消除欠缺给予目的之财产利益的移动。该目的可包含为履行债务或为成立债务关系而为之给付,以及为一定之合法目的,有意识而为之给予。该给予之目的中,有明知尚无债务关系为其原因,而寄望于受领人可能因此愿意从事给予者期望之一定的行为(例如不提出告诉或撤回告诉;与自己开始或终止同居关系;期约一件有利于给予者之违背职务的行为),特别是因此愿意与自己成立一个希

---

① Larenz/ Canaris, Lehrbuch des Schuldrechts, Band Ⅱ · Halbband 2, Beson-derer Teil, 13. Aufl., München 1994, § 67 I 2. 在此种非给付性不当得利,无"民法"第180条第4款之适用(王泽鉴:《不当得利》,2009年增订新版,第144、156～158页)。

② Esser/ Weyers, Schuldrecht Band Ⅱ Besondcrer Teil, Teilband 2, 8. Aufl., 2000 Heidelberg, § 51 I 4 e; Larenz/ Canaris, Lehrbuch des Schuldrechts, Band Ⅱ · Halbband 2, Beson-derer Teil, 13. Aufl., München 1994, § 72 IV; Manfred Wolf, Die aufgedrängte Bereicherung, JZ 1966, 467ff.; 王泽鉴:《不当得利》,2009年增订新版,第248～250页。

③ Esser/ Weyers, Schuldrecht Band Ⅱ Besonderer Teil, Teilband 2, 8. Aufl., 2000 Heidelberg, § 47 1 c.

望之法律关系的情形。[1] 由于一方期待之法律关系后来是否缔结，系于他方之意思自由，所以此种给付所形成之契约法上的状态，有若一方以先为一部或全部履行的方式为要约，只待他方承诺或从事一定之行为，即可成立债务契约的关系，在该给付后，双方虽尚未因此而成立债务契约的关系。但正如一般要约，其受要约人因此已取得一定之经济利益。[2] 是故，为给付之一方事后如果违反诚信原则，阻止该成果之成就，德国民法第 815 条后段规定不得请求返还。其期待之成果自始不能者，亦同(德国民法第 815 条前段)。[3] 民法虽无该类型之明文规定，然当其发生，德国民法前述规定值得参考。这里所称不能，含法律不能。在这里，法律不能虽类似于不法原因之给付，但不同者为：受领给付者尚未为法律禁止之给付。

以将来一定目的之达成为原因，预先而为给付的典型案例有：在收到款项前即已开给收据、书立债务凭证，或书立本票作为担保；在告诉乃论之罪，以被害人不提出告诉为目的，给予约定之赔偿金；期望受领给付者从事一定之行为，例如与自己或他人结婚。在上述情形，如果后来确定目的不达时，例如未如预期获得

---

① 甲看上乙的一件古董花瓶，为使乙动心将该花瓶割爱于甲，甲在买卖契约缔结前，即先将自己之出价价款给付给甲。后来如乙对甲表示还是舍不得割爱，以致该买卖契约未缔结成功。买受人得依不当得利的规定，请求返还该价金(Esser, Schuldrecht, 2. Aufl., 1960, Karlsruhe, § 192, Ziffer. 3)。值得注意的是：买受人得否不经催告出卖人缔约，即可无条件自行任意决定不买，而请求依不当得利的规定，请求返还该价金。这视双方是否开始缔约商谈，以及该商谈关系发展之程度而定。实务上有双方虽尚在缔约商谈中，但被认定为已有将达成一致意思表示之协议：将为合意之协议(agreement to agree)。从而一方在无正当理由不为续谈的情形，被课以缔约上过失的责任。就缔约自由而论，此种协议之拘束力特别值得探讨。如未发展至应为合意之协议，买受人只要表示无意购买，即得请求返还预为给付之价金。依德国民法，此种不当得利返还请求权以该法第 812 条第 1 项第 2 句后段规定之构成要件为依据：依法律行为之内容，利用给付所要产生之结果不发生。该条将该要件类型与无法律上原因之不当得利并列。

② 这与选择权之交易不同者为：在选择权交易双方有为该交易的合意，同意选择权人得在约定的期间内，按约定之价格及数量向义务人出售(认售选择权)或购买(认购选择权)约定之标的。选择权交易如以行情涨跌频繁之标的为客体时，通常会约定选择权购买人应对出卖人给付一定之对价。该对价虽有时以权利金称之，但其实是权利之买卖的价金。此与权利金通常用来指称知识产权之使用对价的情形不同。在这种选择权之买卖，只要购买人事后决定行使选择权，选择权之出卖人必定会有交易损失。为避免该损失，出卖人必须视约定标的之行情的涨跌，事先在市场预为购入或售出。此为选择权出卖人之履行的准备行为，实务上将之定性为其避险交易。其因该避险交易而可能遭受之准备履行的损失与不为准备而可能遭受之交易损失间有替代关系。

③ Esser, Schuldrecht, 2. Aufl., 1960, Karlsruhe, § 192, Ziffer. 3, 5.

款项、融资或被害人违背不为诉讼的约定，还是提出告诉，受领给付者与他人结婚，[①]则其法律上原因即因目的不达而等同于嗣后丧失。[②]

其他民法有明文规定之例子为，在“民法”第166条之一所定之契约，买受人方先为履行给付价金，以期待透过当事人合意为不动产物权之移转、设定或变更而完成登记，补正该条第1项规定之方式的欠缺，使该契约自无效转化为有效。德国民法第311(b)条第1项有相同的规定。假设后来出卖人方拒绝协力完成登记，则买受人虽不得请求出卖人协同申请登记，但可依不当得利的规定，请求返还给付之价金。按此种给付本来即无法律上原因，只是当事人之一方虽明知无债务，但因其给付不是全无一定成果之期待(目的)，所以一方面固不得论为明知而为非债清偿；另一方面也必须在所图之成果，相对人无意配合达成时，始得请求返还。本类型之不当得利的特色为，无有效之债务契约，然一方为图他方首肯，以达到一定成果，而预为给付。[③] 与本类型类似之问题有：(1)契约目的不能达成或作为缔约基础之情事变更。后二者以债务契约有效成立为前提，其目的之不达属于给付不能的问题，首先应依给付不能，而非直接即适用不当得利的规定处理。不过，在因给付不能而无效后，先前所为之给付，其属于因不可归责于债务人之事由，致给付不能者(“民法”第225条第1项)，依然可能需依关于不当得利之规定，请求返还(“民法”第266条第2项)，在此限于不当得利之法律效

---

① 甲为促使女儿乙之未婚夫丙与乙结婚，甲给予丙房屋。唯其后，甲见异思迁，希望乙与另一对象丁结婚，则甲是否得向丙请求返还该房屋？如丙先于甲表示不愿与乙成婚，甲得向丙请求返还该房屋；反之，如甲或乙先于丙表示不愿与丙成婚，甲不得向丙请求返还该房屋。

② “最高法院”2001年度台非字第389号刑事判决：“撤回告诉为一种诉讼上行为，核与和解为私法上之契约行为者有别。故告诉乃论之罪，纵经当事人私行和解，愿撤回其告诉，但该告诉人嗣未依‘刑事诉讼法’第二百三十八条第一项之规定，在第一审辩论终结前，向该第一审法院以书状或言辞表示撤回告诉之意思，仍不生撤回告诉之效力。”以被害人不为告诉为目的，也可能约定向第三人给付。在这种情形，如果被害人在加害人对第三人为给付后，还是提出告诉，则其给付性不当得利依然存在于被害人与加害人间，而不存在于加害人与第三人间。其理由与其他指示债务人向第三人给付的情形相同。加害人所以依被害人之指示向第三人给付，乃基于被害人与加害人间之补偿关系。而被害人所以指示加害人向第三人给付，则是基于被害人与第三人间之对价关系。Esser/Weyers, Schuldrecht Band Ⅱ Besonderer Teil, Teilband 2, 8. Aufl., 2000 Heidelberg, § 49 Ⅱ; Larenz/ Canaris, Lehrbuch des Schuldrechts, Band Ⅱ · Halbband 2, Besonderer Teil, 13. Aufl., München 1994, § 68 I 3 c).

③ Larenz/ Canaris, Lehrbuch des Schuldrechts, Band Ⅱ · Halbband 2, Besonderer Teil, 13. Aufl., München 1994, § 68 I 3.

力，不含其构成要件之引用；[1]其属于因可归责于债务人之事由，致给付不能者（“民法”第 226 条），依第 256 条规定，债权人得先解除其契约，而后依“民法”第 259 条请求相对人恢复原状。在此，请求相对人回复原状其实就是请求返还不当得利。唯基于该条规定，因契约解除而嗣后法律上原因不存在者，构成特殊之不当得利的返还类型。其特殊性在于：契约当事人得请求返还之内容与范围依第 259 条之规定，不受“民法”第 181 条及第 182 条之限制。无契约基础而期望之成果不达的类型，与契约目的不能达成的类型间有互补的关系。二者共同完全涵盖无契约及有契约之目的不达的类型。但与缔约基础之情事变更无体系上的关连。[2]（2）另一个类型是未提升至意思表示或契约内容之当事人一方的动机。这固不是法律行为法所规范，但仍可能构成不当得利。[3]例如在预期可能因继承、赠与或买卖而取得一笔不动产前，即对该不动产上为改良之支出，而后来未能如所预期取得该标的之所有权时，该支出即因目的落空而引起其所有权人获得利益，而支出者受有损害的情事。该财产利益之移动既无法律上原因，自构成不当得利。因支出时，并非为给付之目的，所以不构成给付性不当得利；该所有权人如无使人陷于错误而为支出的过失，亦不构成侵害性不当得利。唯该支出对于所有权人如有为其负担费用的意义，则还是可构成费用性不当得利。有疑问者为：应以支出之费用或以增加之利益为得请求之范围？构成适法无因管理者，以支出之费用；否则，以增加之利益为请求范围。当应以增加之利益为准，如何认定其增加之利益？在卖出时，应以可归属于该费用之价金的增加；在

---

① 王泽鉴：《不当得利》，2009 年增订新版，第 297 页。Larenz/ Canaris，Lehrbuch des Schuldrechts，Band Ⅱ・Halbband 2，Besonderer Teil，13. Aufl.，München 1994，§ 68 I 2 b).

② Esser，Schuldrecht，2. Aufl.，1960，Karlsruhe，§ 192，Ziffer. 4. 在情事变更，其效力为契约关系之调整：首先为调整对价关系，以在变更后之情事下，维持其给付及对待给付间之公平的对等状态。在对价关系之调整不能达到对双方皆公平时，始视情形，终止或解除该契约，而后依终止或解除之相关规定定其效力。不同的见解，Detlef Liebs，Bereucherungsanspruch wegen Mißerfolgs und Wegfall der Geschäftsgrundlage，JZ 1978，697ff..

③ 关于一个人，为供盖体育馆之用而将其土地卖给市政府，或为使一个科学家做一定项目（例如肝硬化）之研究而对其捐助一笔款项。设市政府后来不在该土地上盖体育馆，而盖音乐厅；或该科学家不做肝硬化而做直肠癌之研究时，出卖人是否得解除该买卖契约，捐助人得否撤销该捐助？Larenz/ Canaris 认为这可能涉及动机、缔约基础或契约目的的问题。究竟属于何者，还要视进一步之具体约定而定。如经约定为买卖契约的解除条件或赠与之负担，则买受人如因将该土地供约定以外之用途，使解除条件成就，该买卖契约将因解除条件成就而失其效力；或该科学家如不履行负担，利用该捐助款从事指定项目之研究，捐助人得以受捐助人不履行捐助之负担为理由，类推适用“民法”第 412 条，撤销其捐助（Lehrbuch des Schuldrechts，Band Ⅱ・Halbband 2，Besonderer Teil，13. Aufl.，München 1994，§ 68 I 3 d)）。

出租时，应以可归属之租金的增加；在自用时，应以当地租金水平，计算可归属之利益。[①]

民法所定不当得利，指无法律上之原因而受利益，致他人受损害（"民法"第179条）。解析之，其构成要件有二：(1)无法律上之原因，及(2)有财产利益之移动：一方受利益，致他人受损害。不当得利制度之实际实践的结果显示：在立法阶段未予区分者，在司法实务上必须补做立法时省略的工作。这当中特别重要者是：适当成熟之法定的类型化或具体化，有助于学说上与实务上之正确系统的开展。然法定之不适当的类型化或具体化，亦足以引导学说上与实务上朝向错误的方向发展。这显示立法阶段之论证的重要性。不当得利规定之适用显示：民法关于无法律上原因之类型化及关于返还范围之具体化，皆有所不足。

（二）法律上原因

1. 概说

法律上原因指变动财产利益之归属的法律上依据。因为公法及私法皆可能为其变动之依据，所以财产利益之归属的变动有公法上及私法上之法律上原因。民法关于不当得利所称之法律上原因指私法上之法律上原因。[②] 最无疑问，可构成给付之法律上原因者为债法之债的关系（例如为清偿、赠与或信托而为给付），亲属法上之扶养关系及夫妻之剩余财产的分配关系，继承法上之继承及遗

---

① Larenz/ Canaris, Lehrbuch des Schuldrechts, Band Ⅱ · Halbband 2, Besonderer Teil, 13. Aufl., München 1994, § 68 I 3 e).

② 欠缺公法上原因，而有财产利益自私人向公库移动者，构成公法上的不当得利。例如误征税捐、规费，或不依法律规定而征收或征用人民的财产。然现行公法实务上并非只要无法律上原因而使用人民之财产即肯认其公法上之不当得利返还请求权。例如利用既成道路开辟道路，而不办理征收，亦不给予补偿。"司法院"释字第400号解释文："'宪法'第十五条关于人民财产权应予保障之规定，旨在确保个人依财产之存续状态行使其自由使用、收益及处分之权能，并免于遭受公权力或第三人之侵害，俾能实现个人自由、发展人格及维护尊严。如因公用或其他公益目的之必要，国家机关虽得依法征收人民之财产，但应给予相当之补偿，方符宪法保障财产权之意旨。既成道路符合一定要件而成立公用地役关系者，其所有权人对土地既已无从自由使用收益，形成因公益而特别牺牲其财产上之利益，国家自应依法律之规定办理征收给予补偿，各级政府如因经费困难，不能对上述道路全面征收补偿，有关机关亦应订定期限筹措财源逐年办理或以他法补偿。若在某一道路范围内之私有土地均办理征收，仅因既成道路有公用地役关系而以命令规定继续使用，毋庸同时征收补偿，显与平等原则相违。至于因地理环境或人文状况改变，既成道路丧失其原有功能者，则应随时检讨并予废止。'行政院'1978年7月14日台六十七内字第六三〇一号函及同院1980年2月23日台六十九内字第二〇七二号函与前述意旨不符部分，应不再援用。"

赠关系。民事特别法(例如股款之缴纳、股利之分配;票款之支付[①];保险金之给付;对载货证券持有人为托运物之给付)或公法规定之债亦然(例如税捐、规费及其他公课的缴纳义务)。如有上述债之法律上原因,以其清偿为给予目的之给付即不发生给付性不当得利。要之,不当得利为法定之债,所以,只要系争之财产利益的移动,有契约上的或法律上的法律关系为其依据,即不会构成不当得利。[②]

至于物权法上之时效取得("民法"第768条至第770条)、善意取得("民法"第759条之一第2项、第801条、第948条)、相邻关系("民法"第779条、第782条、第783条、第785条至第789条、第792条、第796条、第800条)、添附("民法"第811条至第816条)、占有关系("民法"第954条、第955条、第957条、第958条)等固也规定物权利益对于主体之归属的变动,但因该归属规定而有财产利益之变动时,该物权规定是否同时亦是其物权利益之变动的法律上原因,不能一概而论,[③]详如后述。无债务亦无管理权,而对于相对人之物为必要或有益费用之支出时,不论其是否因缘于双方之债的关系,该费用之支出皆非给付,因此如无法律上原因,只构成非给付性不当得利中之费用性不当得利(die Aufwendungskondiktion)。如有法定管理权,其费用之偿还的请求,依相关法律之规定。

---

① 票据为无因证券。票据之签发或背书通常是为清偿旧债务(例如货款或消费借贷债务)而负担该票据所表彰之新债务。其原因关系存在于所以为该票据之签发或背书的基础关系。其基础关系如果无效,票款之给付即构成不当得利。反之,票款如未获兑现,首先应属于债务不履行的问题。是否发展为不当得利关系,尚须视具体情形而定。"最高法院"1951年度台上字第1371号民事判例:"支票之付款人以银钱业为限,为'票据法'第一百二十三条所明定。支票上所记载之付款人如非银钱业,即不能适用票据法关于支票之规定,只应认为民法所称之指示证券。此项指示证券并无须记载领取人之姓名,其未记载者固亦属指示证券之性质,领取人并得将其让与第三人,唯被指示人拒绝承担或给付时,领取人可向指示人请求清偿其原有债务,受让人如因受让该指示证券已交付对价于领取人,亦可本于不当得利向领取人请求返还对价,领取人及受让人均不得仍持该指示证券,请求指示人给付证券上所载之金额。"该判例认为在上述情形,不论受让人与领取人之基础关系为何,一概认为受让人可本于不当得利向领取人请求返还对价,不尽妥当。

② "最高法院"2009年度台上字第196号民事判决:"按不当得利返还请求权之成立,非仅以返还义务人无法律上之原因而受利益为要件,并须以行使此请求权之人受有损害为前提,此观'民法'第一百七十九条之规定即明。所谓无法律上之原因,系指无权利或其受领给付之目的欠缺者而言。若因行使权利而受利益,或基于有效之契约而受领给付者,均难谓无法律上之原因。""最高法院"2010年度台上字第956号民事判决:"所谓不当得利者,系指无法律上之原因而受利益,致他人受损害者而言,若所受利益有契约依据,即非不当得利。"

③ Larenz/ Canaris, Lehrbuch des Schuldrechts, Band Ⅱ · Halbband 2, Besonderer Teil, 13. Aufl., München 1994, § 67 Ⅲ 2.

例如"民法"第430条规定:"租赁关系存续中,租赁物如有修缮之必要,应由出租人负担者,承租人得定相当期限,催告出租人修缮,如出租人于其期限内不为修缮者,承租人得终止契约或自行修缮而请求出租人偿还其费用或于租金中扣除之。"法律如无特别规定,应类推适用委任的规定。此外,未受委任,并无义务,而为他人管理事务者,例如清偿债务,如果符合"依本人明示或可得推知之意思,以有利于本人之方法为之"的要件("民法"第172条),即构成适法之无因管理。在这种情形,其因无因管理而发生之财产利益的移动,以无因管理为其法律上原因。其管理费用之偿还,应依"民法"第176条第1项,不再适用不当得利之规定。[①]

2. 债法上的法律上原因

债之义务主要由给付义务及保护义务所构成。[②] 其中给付义务的实现正为债之目的所在,而保护义务的功能则在于防止在债之关系的发展中,一方之人身或财产因他方之过失而遭受损害。是故,债务成为其债权人保有给付之主要的法律上原因。如无债务,由于债务之清偿而受领之给付,即因无法律上原因而构成给付性不当得利。这包含重复清偿一笔债务,清偿之给付超出所负之债务的数额或范围,或无代物清偿的约定在先,而以异于所负债务之标的清偿债务。[③] 其因错误而给付异于所负债务之标的者,纵使因除斥期间已经过了,而不再能以错误为理由,撤销该为履行而从事之物权行为("民法"第90条),依然可依不当

---

① Larenz/ Canaris, Lehrbuch des Schuldrechts, Band Ⅱ · Halbband 2, Besonderer Teil, 13. Aufl., München 1994, § 67 Ⅲ 2 e). 在这里,Canaris想建立其自己关于非给付性不当得利之法律上原因的论据,认为:"在非给付性不当得利,其法律上原因之有无,应以财产之移动是否无懈可击为断。"

② Esser/ Schmidt, Schuldrecht Band I Allgemeiner Teil, Teilband 1, 8. Aufl., 1995 Heidelberg, § 6 Ⅱ.

③ "最高法院"1963年度台上字第3696号民事判例:"代物清偿系一种消灭债之方法,故债权人与债务人间授受他种给付时,均须有以他种给付代原定给付之合意,代物清偿始能认为成立。代物清偿经成立者,无论他种给付与原定之给付其价值是否相当,债之关系均归消灭。""最高法院"1994年度台上字第890号民事判决:"代物清偿为要物契约,其成立仅当事人之合意尚有未足,必须现实为他种给付,他种给付为不动产物权之设定或移转时,非经登记不得成立代物清偿。"

得利的规定，请求返还。[①]

给付之法律上原因在给付后始事后不存在者，使因该给付而受领之利益构成给付性不当得利。例如已履行之债务契约，给付后经撤销、届终期、解除条件成就。因继续性契约之履行而给付契约标的供用益债权人使用收益者，在契约期间届满或期前终止契约时，可能有两种返还请求权：(1)授予他方以用益权之用益标的(例如借用物或租赁物)。在用益契约期间经过或终止时，该用益债权人依约本即有返还契约标的之契约上义务。是故，其返还是否还应借助于不当得利的返还请求权，有商榷余地。应以采否定说为妥。盖有契约上之请求权时，不适合再以法定之债的规定为请求依据。[②] (2)因终止只是使契约向将来失其效力，并不影响其已经过之部分的效力。所以，终止前，该契约对于双方为过去有效存续期间所为之给付，依然有效，并无法律上原因嗣后不存在的问题。反之，在期前终止继续性契约时，其未经过之期间因终止而失其效力的结果，使在终止前已预付租金("民法"第 454 条)或利息中，属于期间尚未经过的部分事后丧失其法律上原因，构成不当得利。[③] 该有预付租金或利息之租赁契约或消费借贷契约的期前终止，在此意义下，不构成期限利益的抛弃("民法"第 316 条)。

---

① "最高法院"1994 年度台上字第 190 号民事判决："既因错误而将非买卖标的土地移转登记与买受人，纵然无法依错误之法理撤销意思表示。唯因错误造成之物权行为，买受人取得非买卖标的土地，应认为无法律上之原因而受利益，致出卖人受有损害，自应返还其利益。"此与错误之债权行为不同。在错误之债权行为，纵有瑕疵，如果未经撤销，仍为其履行行为之有效的法律上原因。其履行行为引起之财产利益的移动不构成不当得利。

② "最高法院"2010 年度台上字第 2056 号民事判决："按契约之终止，仅使契约关系自终止之时起向将来消灭，并无溯及效力，尚不发生回复原状之问题。倘当事人间有给付物之授受，则因契约之终止，原有法律上之原因，其后已不存在，授与者非不得依不当得利之规定请求受领者返还给付物。又依不当得利之法则请求返还不当得利，以无法律上之原因而受利益，致他人受有损害为其要件，故其得请求返还之范围，应以对方所受之利益为度，非以请求人所受损害若干为准。"

③ 关于约定利率，"民法"第 205 条虽有不得超过周年利率 20%的限制，但只要不违反该限制，并不禁止约定利息预付("民法"第 477 条)。有疑问者为：约定预付利息时其利率之认定基准。鉴于利息为使用本金之对价，所以在约定利息预付的情形，其实际利率之认定应改按后付计算之。例如约定借新台币 100 万元，周年利率为 20%，利息预付，实给 80 万元时，其实际周年利率为 25%，超过 20%之利率限制。该约定就周年利率的计算及利息之自愿给付，皆有规避第 206 条关于不得以折扣或其他方法，巧取利益的禁止规定。以预收利息的方法巧取超额利息者，该利息之取得不能论为出于借用人之自愿给付。所以就该收取之超额利息借用人还是得依不当得利的规定，请求返还。

唯其实际之返还请求权的有无及范围仍受各该契约关于终止效力之特别约定的修正。[①] 有疑义者为：因“民法”第 490 条第 1 项规定：“称承揽者，谓当事人约定，一方为他方完成一定之工作，他方俟工作完成，给付报酬之契约。”所以，在通常情形，承揽人如果未完成承揽之工作，定作人即无给付报酬之义务。在定作人终止承揽契约的情形，承揽人自然来不及完成承揽工作。于是，引起在这种情形，承揽人是否还是无报酬请求权。如采否定的见解，则自然引起就承揽人已履行之工作的部分，对于定作人如有利益，在“民法”第 511 条所定之损害赔偿请求权，因“民法”第 514 条第 2 项规定之时效期间完成后，是否应使承揽人得依不当得利的规定请求返还的问题。“最高法院”原一贯采肯定的见解。

首先是“最高法院”1983 年度台上字第 247 号民事判决认为：“查契约之终止，仅使契约自终止之时起，嗣后消灭，并无溯及效力，使契约自始归于消灭。故在终止以前之契约关系，尚不发生回复原状之问题。……查承揽人依‘民法’第五百十一条规定，得请求定作人赔偿之损害，系包括因定作人随时终止契约而生之积极损害及消极损害而言。故承揽人就未完成之工作所应得之报酬扣除因免为给付所得之利益，是为契约终止所失利益，固应于‘民法’第五百十四条第二项所定一年期间内请求赔偿，兹上诉人所请求者为被上诉人之土地因上诉人之施工而增加之利益，应予返还。二请求权之成立要件，各基于不同之原因事实，保护之法益，亦相互参差。被上诉人纵得依‘民法’第五百十四条第二项规定主张时效利益而拒绝赔偿上诉人所受损害，就其所受利益言，则因契约之终止，原有法律上之原因，其后已不存在，依‘民法’第一百七十九条后段之规定，仍属不当得利。原判决谓上诉人于逾越‘民法’第五百十四条第二项所定一年期间后，又依不当得利之规定，请求被上诉人返还所受之利益为不合，就被上诉人是否受有利益，未予详查，遽为上诉人不利之认定，自有可议。”该判决的论述显示，该法院并未注意到，终止只使契约向将来失其效力；而是因为不能接受，在定作人任意终止契约的情形，如其依“民法”第 511 条应负之损害赔偿责任的消灭时效期间已完成，即可不返还其因完成之部分工作而受之利益的法律结果。因此乃试图通过肯认不当得利的规定，对其课以返还义务。

“最高法院”1984 年度台上字第 4477 号民事判决：“承揽契约之定作人，于承揽人完成部分工作后，依‘民法’第五百十一条规定终止契约，以致承揽人受有损害，承揽人得依同条但书规定请求定作人赔偿其损害。在被上诉人终止契约后，两造间之契约关系应向将来失其效力。如上诉人就其承揽工作之全部支出

① Larenz/ Canaris, Lehrbuch des Schuldrechts, Band Ⅱ · Halbband 2, Beson-derer Teil, 13. Aufl., München 1994, § 68 I 2 c).

费用，因被上诉人终止契约而受有损害，并使被上诉人受有利益，此项利益与上诉人所受损害之间有相当因果关系，即与‘民法’第一百七十九条后段所定：‘虽有法律上之原因而其后已不存在者’之情形相当，上诉人似非不得据以请求被上诉人返还不当得利。”

“最高法院”1985 年度台上字第 1769 号民事判决：“（一）契约之终止，仅使契约自终止之时起，嗣后归于消灭。承揽契约在终止以前，承揽人业已完成之工作，苟已具备一定之经济上效用，可达订约意旨所欲达成之目的者，定作人就其受领之工作，有给付相当报酬之义务。（二）‘民法’第一百七十九条规定所谓‘法律上之原因’，并非专指债之关系而言，倘受益人系因他人之给付行为而受利益，则所谓‘法律上之原因’，系指该他人与受益人所欲达成之经济上目的。”其意旨第一段在于响应承揽报酬本来以完成约定之工作为要件所引起之报酬请求权的发生障碍。按“民法”第 514 条所定之短期时效并不及于承揽人之报酬请求权。所以如将“民法”第 511 条所定之损害赔偿请求权定性为报酬请求权，以排除第 514 条之短期时效的适用，亦可达到使承揽人就其已完成之部分工作得请求约定之报酬的目的。盖在继续性之劳务契约，基于其系为劳务债权人处理事务之性质，该债权人固可不具理由任意终止契约，但其依约应负之报酬给付义务，本诸“民法”第 101 条第 1 项规定之意旨，任意终止契约者，阻止报酬请求权之要件（工作）之完成，仍应负原来约定之报酬的给付义务。至于劳务债务人因终止而免给付义务时，如有费用之节省或利益之获得，应依损益相抵的规定处理（“民法”第 267 条）。“最高法院”未见及此，而又心系于其确信之衡平结果时，最后乃竟诉诸更动法律上原因的概念内容，以致受到更大的质疑。

对于该案件，最后“最高法院”改变其见解，认为承揽人得依“民法”第 511 条请求赔偿，而非依“民法”第 197 条请求返还不当得利。其理由为：“终止契约，仅使契约自终止之时起向将来消灭，并无溯及之效力，使契约自始归于消灭。故定作人在承揽契约有效期间内，因承揽人所为工作致受利益，乃本于终止前有效之承揽契约而来，并非无法律上之原因，与不当得利之要件不符。故终止契约后，不论被上诉人有无受利益，上诉人如受有损害，仅得依‘民法’第五百十一条但书之规定，请求损害赔偿，不生返还不当得利请求权相与竞合而得选择行使之问题。”（“最高法院”1988 年度台上字第 69 号民事判决）

关于工作未完成前，定作人随时终止契约的情形，因“民法”第 511 条已有规定：“工作未完成前，定作人得随时终止契约。但应赔偿承揽人因契约终止而生之损害。”所以，是否还适宜肯认该不当得利的返还请求权，诚有疑问。然本案之利益面的真正症结在于承揽人之请求权的定性（报酬请求权或损害赔偿请求权）

及其短期时效。[①]“民法”第 179 条第 2 项规定:“损害赔偿之义务人,因侵权行为受利益,致被害人受损害者,于前项时效完成后,仍应依关于不当得利之规定,返还其所受之利益于被害人。”上述规定的意旨是否适合扩张适用到故意之债务不履行或任意终止契约的情形,值得检讨。[②]

因标的物被偷窃而陷于给付不能之受寄人对寄托人赔偿该标的物之价额后,寄托人自偷窃者取回该标的物时,是否构成不当得利,以及其应返还受寄人者是原寄托物或该赔偿给付?按在受寄人对寄托人赔偿时,寄托人应将其对于寄托物之权利移转于受寄人,[③]寄托人与受寄人间之寄托关系应已因清偿而消灭(“民法”第 309 条)。从代物清偿的观点,以寄托物价额之赔偿,替代寄托物之返还,亦可获得相同之结论。该寄托物如果还存在,其所有权应移转于受寄人;如果不存在,其赔偿请求权亦应属于受寄人。该寄托契约不能够因被偷窃之寄托物事后找回而回复其效力。是故,寄托人自偷窃者取回该标的物时,构成不当得利。其应返还受寄人之利得,是原寄托物及其所有权,而非其先前自受寄人受领之赔偿给付。[④]

上述给付要构成给付性不当得利,必须其给付之处分行为或履行行为有效,而其原因行为无效。法律上原因的问题首先源自关于法律行为之分类:债权行为与物权行为或负担行为与处分行为。基于该分类,负担行为或债权行为固可使其行为人对于相对人负给付义务。该给付义务即是债务。唯给付义务并不具

---

① 王泽鉴:《不当得利》,2009 年增订新版,第 80～86 页。

② 另“民法”第 365 条规定:“买受人因物有瑕疵,而得解除契约或请求减少价金者,其解除权或请求权,于买受人依第三百五十六条规定为通知后六个月间不行使或自物之交付时起经过五年而消灭(第一项)。前项关于六个月期间之规定,于出卖人故意不告知瑕疵者,不适用之(第二项)。”“民法”第 500 条规定:“承揽人故意不告知其工作之瑕疵者,第四百九十八条所定之期限,延为五年,第四百九十九条所定之期限,延为十年。”衡平承揽双方之利益,就因定作人方之故意或任意行为引起之请求权的时效期间,其规范规划亦当有对应之考虑。

③ “民法”第 218 条之一规定:“关于物或权利之丧失或损害,负赔偿责任之人,得向损害赔偿请求权人,请求让与基于其物之所有权或基于其权利对第三人之请求权(第一项)。第二百六十四条之规定,于前项情形准用之(第二项)。”

④ 不同意见请参见 Larenz/ Canaris, Lehrbuch des Schuldrechts, Band Ⅱ · Halbband 2, Besonderer Teil, 13. Aufl., München 1994, § 68 I 2 a).他认为在所有权人再取得其所有物时,先前之赔偿请求权因损害消失而消灭。因此,其因该赔偿请求权取得之赔偿给付丧失其法律上原因,不能排除事后不当得利之返还规定的适用(德国民法第 812 条第 1 项第 2 句前段)。

备使财产在主体间发生移动的效力或作用，其内容尚待债务人之履行始能获得实现。[①] 因负担行为或债权行为系其行为人对其相对人所以负给付义务的规范基础，且后来为债务人所以透过处分行为或物权行为，履行其给付义务的原因，是故，在将负担行为与处分行为或债权行为与物权行为分类的法制，负担行为成为处分行为，债权行为成为物权行为的原因行为。依该原因行为发生之债的关系是使财产或其利益发生移动之给付的主要法律上原因。[②] 将债之关系看成法律上原因，不表示自债的关系一直可以导出对于给付的请求权。除就自然债务一般认为只有债务而无请求权外，在要物契约及因不具备法定要式而无效的契约，于其成立时亦无请求权。然在自然债务仍承认其得作为保有给付之法律上原因。至于在要物契约及因不具备法定要式而无效的契约，其履行之给付并为使该债务关系生效的要件，从而产生保有该给付之法律上原因（“民法”第 166 条

---

① 债权之让与或债务承担在其生效时，即生债权之移转或债务之承担的效力。所其虽规定于债法，但仍应定性为准物权行为。据之发生之效力仍须有法律上原因支持，否则，即会构成不当得利。

② 德国学说上将原因关系之履行定性为给予之目的，以给予目的之达成为原因（causa）。且认为（1）原因行为如果自始不存在，或（2）虽存在，而因向非受领权人给付而不生清偿效力；或（3）虽存在而嗣后因撤销、解除或解除条件成就而又不存在，皆足以使目的不能达成；（4）另以需受领之劳务为给付内容，而债权人不能受领者，亦同。归纳之，该目的之欠缺或丧失其实也就是法律上原因或债之基础的欠缺或丧失。就德国民法第 812 条规定之因给付而发生之不当得利，法律上原因的意义即是使受领人应得到该给付之法律关系。给予目的（der Zuwendungszweck）应与契约类型特征之目的（der vertragscharakteristische Zweck）（例如合伙契约）及特约目的（der Geschäftszweck）相区别。欠缺后二者直接影响所缔结之契约的存续，间接才影响依该契约所为之给付的存续。欠缺该特约目的首先使该契约无效，而后才使依该契约所为之给付因欠缺法律上原因，而构成不当得利（Esser，Schuldrecht，2. Aufl.，1960，Karlsruhe，§ 189，Ziffer. 2，3，4）。Larenz/ Canaris，Lehrbuch des Schuldrechts，Band Ⅱ · Halbband 2，Besonderer Teil，13. Aufl.，München 1994，§ 67 Ⅲ 1 a)：“依传统上，也是区分说之创立者分享的看法，与给付有关之债的关系原则上是该给付之法律上原因。当今将之习称为客观的法律上原因说——亦即买卖契约，为其履行让与买卖标的物或给付价金。依有学说推动之主观的法律上原因说，法律上原因应当是利用该给付所要之目的之达成或指定，亦即清偿或赠与目的，或给付者与之有关的表示。”Larenz/ Canaris 认为主观的法律上原因说不恰当。他认为，没有道理以给付者单方所要或指定之给予目的，决定受领给付者是否能保有该给付。真正决定其得否保有该给付者是与该给付有关之债的关系。而该给予目的只是将该给付与该债的关系关连起来。其实，给付之给予目的，含抵充的情形（“民法”第 321 条至第 323 条），原则上固由给付者指定，但在抵销的情形，就被动债权而言，其给予目的则由为抵销之意思表示者指定。他并认为法律上原因的问题本来是简单的，不论从实务或义理的观点，都没有必要将之处理得如此复杂。其所指详细而复杂的论述指 Kupisch，Leistungskondiktion bei Zweckverfehlung，JZ 1985，101ff.，163ff..

之一第2项)。虽无请求权，但承认自然债务或消灭时效完成之债务的债务地位，使其清偿人在清偿时纵使不知债权人无请求权或不知有时效抗辩权，其给付依然不是非债清偿，因此，不得以不知为理由，在给付之后主张依不当得利的规定请求返还。与之类似而不同者为：以期待而尚未发生之目的为债的原因而为给付。在这种情形，该给付之法律上原因等于附以随意的负担。所以，在该目的达成前，受领给付者得暂时保有该给付，至该目的确定达成或确定不达成时，该给付之法律上原因的有无始归于确定。例如答应不提起诉讼，而后来还是起诉者，其目的确定不达成。[①]

配合该制度，将物权行为或处分行为定性为无因行为，从而导出物权行为或处分行为之无因性。该无因性指物权行为或处分行为不因其所以为给付之债权行为或负担行为的无效而无效。假使物权行为或处分行为有效，而充为其法律上原因之债权行为或负担行为无效，则依该物权行为或处分行为有效移转之财产利益成为无法律上原因之财产利益的移动，构成不当得利。这是基于给付而发生之不当得利的主要态样。在此意义下，不当得利制度可谓是矫正物权行为或处分行为之无因性引起之不当结果的补充制度。[②] 有些具有所谓之独立性的债权行为例如票据行为或债务之承认，其效力首先固独立就其行为本身判断，但为维持其效力所导致之财产利益的移动，最后还是需要一定之法律上原因为其

---

① 请参考 Esser/Weyers, Schuldrecht Band Ⅱ Besonderer Teil, Teilband 2, 8. Aufl., 2000 Heidelberg, § 49 Ⅲ; Larenz/ Canaris, Lehrbuch des Schuldrechts, Band Ⅱ · Halbband 2, Besonderer Teil, 13. Aufl., München 1994, § 67 Ⅲ 1 (b)(c).

② Flume, Allgemeiner Teil des Bürgerlichen Rechts, Zweiter Band Das Rechtsgeschäft, 3. Aufl., Heidelberg 1979, § 12 I 2:“不当得利的规定是无因给与行为制度之必要的补充。”Larenz/ Canaris, Lehrbuch des Schuldrechts, Band Ⅱ · Halbband 2, Besonderer Teil, 13. Aufl., München 1994, § 68 I 1:“给付性不当得利用来矫正无因原则之结果。”Esser/ Weyers, Schuldrecht Band Ⅱ Besonderer Teil, Teilband 2, 8. Aufl., 2000 Heidelberg, § 47 3 c:“给付性不当得利在德国法的重要意义为，延长支配权之保护，以弥补无因原则对于处分人之危险的效力。”以权利之让予为债权行为之标的者，为履行自该债权行为发生之债务，必须从事以该权利之移转为内容之物权行为。为提高交易安全，民法规定物权行为不因其履行之债务所据以发生之债权行为的无效而无效。此即物权行为之无因性。基于该无因性，即便该债权行为自始或嗣后因撤销或解除而无效，履行据该债权行为发生之债务的物权行为可能还是有效的。于是，因该物权行为有效而发生之财产利益的移动，便因无法律上原因，而构成不当得利。为履行而为给付者，得请求因该给付而发生之不当得利的返还。在该物权行为从事后，请求不当得利的返还前，如该物之受让人将该物移转于他人，该移转为有权处分。其结果，因受让人不能返还受领之利益，而应偿还其价额(“民法”第181条)。

依据。否则，其移动之结果还是会构成不当得利。[①] 当支票被利用为支付工具，其签发的意义有若新债清偿(间接给付)，为清偿旧债务(例如货款债务或租金债务)，而负担支票之新债务。该新债务以间接给付之协议为其法律上原因。[②] 唯债权人不愿由其债务人受领指示证券，以清偿旧债务者，应实时通知债务人(“民法”第 712 条第 3 项)。亦即债务人如要约以负担指示证券所载之新债务为方法，清偿旧债务，其间接给付的协议可能以债权人方无反对之表示所构成的沉默达成。

在原因行为(债权行为)无效时，其履行之(准)物权行为之效力的有无，对是否造成不当得利的判断有关键的意义：(准)物权行为有效者，权利之移转因无法律上原因，而构成不当得利。其让与人得依不当得利返还请求权，请求受让人，以移转该权利于让与人的方法，返还其受领之利益。[③] (准)物权行为无效者，就所有权或其他权利，因受让人并未取得利益，所以不构成不当得利。是故，所有物已交付者，让与人应依所有物返还请求权，请求返还所有物之占有，以恢复其利益(“民法”第 767 条)。为所有权之移转而受物之交付者，因占有而取得用益

① Esser, Schuldrecht, 2. Aufl., 1960, Karlsruhe, § 187, Ziffer. 1 a); Larenz/Canaris, Lehrbuch des Schuldrechts, Band Ⅱ · Halbband 2, Beson-derer Teil, 13. Aufl., München 1994, § 68 I 4 b).

② 关于利用指示证券清偿旧债务时，其新旧债务之关系，“民法”第 712 条规定：“指示人为清偿其对于领取人之债务而交付指示证券者，其债务于被指示人为给付时消灭(第一项)。前项情形，债权人受领指示证券者，不得请求指示人就原有债务为给付。但于指示证券所定期限内，其未定期限者于相当期限内，不能由被指示人领取给付者，不在此限(第二项)。”以新债务清偿旧债务，应经双方之协议。该协议固将新旧债务联系起来。但还是引起新债务究竟以该协议或以该旧债务为其法律上原因的疑问。德国通说认为以该协议为新债务之法律上原因[Walter Zeiss, Der rchtliche Grund(§ 812 BGB) für Schuldanerkenntnisse und Sicherheitsleistun-gen, AcP 164(1964) 71ff.; Canaris, JuS 1971, 446; Staudinger/ Wer-ner Lorenz, Kommentar zum BGB Berlin 1999, Rdn. 15 zu § 812]。依该见解，双方纵有旧债务，如无间接给付之协议，而有误以为要负担新债务以清偿旧债务的情事，例如债务人无该协议，而误寄支票给债权人时，该新债务之负担即无法律上原因。至于虽有该协议，但实际上无旧债务时，该协议将因欠缺缔约基础而失其效力。该新债务之负担及为之而交付之指示证券，直接因该协议之失效，而非因旧债务之不存在，而丧失其法律上原因[Larenz/ Canaris, Lehrbuch des Schuldrechts, Band Ⅱ · Halbband 2, Besonderer Teil, 13. Aufl., München 1994, § 68 I 4 b); Canaris, Der Ein-wendungsausschluß im Wertpapierrecht, JuS 1971, 446]。

③ “最高法院”2001 年度台上字第 2085 号民事判决：“无法律上之原因取得不动产所有权而受利益，致他人受损害者，该他人自得依不当得利规定，请求移转不动产所有权登记，以返还利益，并不发生涂销登记之问题。又物权行为有独立性及无因性，不因无为其原因之债权行为，或为其原因之债权行为系无效或得撤销而失效。”

该物的可能性。就物之使用收益，只需事实行为。因此，不论所有权之移转行为是否有效，只要受让人在受交付后，就该物为使用收益，则后来其所有权之移转行为的原因行为如果无效，其因用益受交付之物而取得之利益，即构成不当得利。如无保留用益权之特约，在所有权之移转有效，危险负担移转后，原所有权人就该物继续为用益者，其用益亦构成不当得利。[①]

3. 物权法上之法律上原因

物权法中涉及财产利益之移动的规定，其兼具移动之法律上原因的意义者，原则上无受有利益者应支付偿金的明文规定，例如刈取枝跟、果实自落邻地、时效取得、善意占有人之用益及消灭时效期间经过。

(1)刈取枝根或果实自落邻地

“民法”第797条关于越界竹木根枝之刈取权及第798条关于果实自落邻地视为属于邻地所有人的规定，除规定刈取之越界竹木根枝及自落邻地之果实的归属外，未如后述关于相邻土地之使用或添附的规定，更为邻地所有权人应支付偿金的规定。所以在越界竹木根枝之刈除(第797条)及果实自落邻地(第798条)，邻地所有人主张取得刈除之竹木根枝或自落之果实所有权者，该两条规定同时系其保有该竹木根枝或果实之财产利益的法律上原因。反之，土地所有人因相邻关系而使用邻地所获得之利益，原则上对邻地所有人皆有偿付费用的义务。亦即物权法关于邻地之权宜用益权的规定，虽使土地所有人取得物权法上对于邻地之权宜的地役权，但该等规定仍非其取得该地役权之法律上原因。另尚有土地因提供公众通行而自然形成既成道路时，其所在地之地方政府是否有征收义务，或是否因此无法律上原因受有利益，应负不当得利之返还义务的问题。对此，“最高法院”采否定的看法。[②] 唯“司法院”释字第400号解释认为：“既成道路符合一定要件而成立公用地役关系者，其所有权人对土地既已无从自由使用收益，形成因公益而特别牺牲其财产上之利益，国家自应依法律之规定办

---

① “最高法院”1999年度台上字第1379号民事判决：“查系争房屋系上诉人与妻黄枝柳于婚姻关系存续中，以黄枝柳名义取得之财产，被上诉人已因信赖登记而取得系争房屋所有权，为原审确定之事实。系争房屋纵原属上诉人所有，唯于被上诉人信赖登记善意受让取得系争房屋所有权后，上诉人对于系争房屋既已丧失其所有权，则其继续占有系争房屋，即难谓有何法律上之原因，自属无权占有。从而，被上诉人主张上诉人系无权占用，请求其迁让返还系争房屋及返还不当得利，洵属正当，应予准许。”

② “最高法院”1979年度台上字第2039号民事判决：“查系争土地系因公众通行而自然形成既成道路，并非被上诉人所侵夺，既如前述，被上诉人亦未因公众通行系争土地而获得利益，则上诉人依侵权行为及不当得利之法则，诉请上诉人赔偿或返还相当地价之损害或不当得利，亦难认为有理由。”

理征收给予补偿。”[①]

有疑问者为：刈取枝根或果实自落邻地之邻地所有人得否抛弃或拒绝取得该枝根或果实之所有权，而改向土地所有权人请求为刈取枝根或清除果实所发生之费用？应采肯定的见解。

(2)时效取得与不当得利

关于动产所有权之时效取得，“民法”第768条规定：“以所有之意思，[②]十年间和平、公然、继续占有他人之动产者，取得其所有权。”第768条之一规定：“以所有之意思，五年间和平、公然、继续占有他人之动产，而其占有之始为善意并无过失者，取得其所有权。”归纳该两条规定，前一条规定之情形，其占有必构成侵权行为；而后一条，开始时不构成，其后是否构成，视其事后是否因知情而失其善意而定。关于不动产所有权之时效取得，第769条规定：“以所有之意思，二十年间和平、公然、继续占有他人未登记之不动产者，得请求登记为所有人。”第770条规定：“以所有之意思，十年间和平、公然、继续占有他人未登记之不动产，而其占有之始为善意并无过失者，得请求登记为所有人。”其占有是否涉及侵权行为，与动产所有权之时效取得的情形相同。

在动产或不动产之时效取得，在其取得所有权而受利益时，固使其所有权人因丧失所有权而受损害，但鉴于时效取得之规定，有承认长时间无变动之权利状态之正当性的稳定功能，所以不像在添附的情形，物权法对时效取得并未规定，因此而受损害者，得依关于不当得利之规定，请求偿还价额。是故，规范上应认

---

① “司法院”释字第400号解释文：“‘宪法’第十五条关于人民财产权应予保障之规定，旨在确保个人依财产之存续状态行使其自由使用、收益及处分之权能，并免于遭受公权力或第三人之侵害，俾能实现个人自由、发展人格及维护尊严。如因公用或其他公益目的之必要，国家机关虽得依法征收人民之财产，但应给予相当之补偿，方符‘宪法’保障财产权之意旨。既成道路符合一定要件而成立公用地役关系者，其所有权人对土地既已无从自由使用收益，形成因公益而特别牺牲其财产上之利益，‘国家’自应依法律之规定办理征收给予补偿，各级政府如因经费困难，不能对上述道路全面征收补偿，有关机关亦应订定期限筹措财源逐年办理或以他法补偿。若在某一道路范围内之私有土地均办理征收，仅因既成道路有公用地役关系而以命令规定继续使用，毋庸同时征收补偿，显与平等原则相违。至于因地理环境或人文状况改变，既成道路丧失其原有功能者，则应随时检讨并予废止。‘行政院’1978年7月14日台六十七内字第六三〇一号函及同院1980年2月23日台六十九内字第二〇七二号函与前述意旨不符部分，应不再援用。”

② “最高法院”1992年度台上字第285号民事判决：“‘民法’第七百六十九条、第七百七十条规定，因时效而取得不动产所有权，须具备以所有之意思占有他人未登记之不动产达二十年或十年，为要件。如非以所有之意思而占有，其时效期间即无从进行。所谓以所有之意思而占有，即系占有人以与所有人对于所有物支配相同之意思而支配不动产之占有，即自主占有而言。”

为时效取得之规定含有使取得者保有其取得之利益的法律上原因。①

不过，时效取得与债务不履行及侵权行为间仍有一些待于处理的问题，以消除其间之矛盾。例如一个使用借贷之借用人就借用物除消灭时效的抗辩外，是否亦得主张时效取得。借用人在将其改变为以所有之意思而为占有之意思通知贷与人前，是否能开始其取得时效期间之计算。应采通知后，始起算的见解。关于侵权行为之消灭时效，“民法”第 197 条除第 1 项有下述规定外：“因侵权行为所生之损害赔偿请求权，自请求权人知有损害及赔偿义务人时起，二年间不行使而消灭，自有侵权行为时起，逾十年者亦同。”其第 2 项还规定：“损害赔偿之义务人，因侵权行为受利益，致被害人受损害者，于前项时效完成后，仍应依关于不当得利之规定，返还其所受之利益于被害人。”因此，在动产之取得时效，可能其取得时效期间已完成，而其侵权行为之消灭时效未完成。此外，其不当得利之消灭时效 15 年，更是一定未完成。

为避免时效取得的制度变成为鼓励窃取或窃占他人动产或不动产的制度，至少应调整时效取得之期间，使不致发生取得时效已完成，而侵权行为或不当得利之时效期间尚未完成的情形。②

(3)善意占有人之用益

“民法”第 943 条规定：“占有人于占有物上行使之权利，推定其适法有此权利。”这是指相对于所有权人以外之人的推定而言。其意义为：除非以所有权人

---

① “最高法院”1958 年度台上字第 303 号民事判例：“不当得利，须以无法律上之原因而受利益致他人受损害为其成立要件，此观‘民法’第一百七十九条之规定自明。又民法关于因时效而取得权利或免除义务之规定，系在使受益人保有其财产上之利益，故受益人因此所受之利益即非无法律上之原因自无不当得利之可言。”同样见解，请参见 Larenz/ Canaris, Lehrbuch des Schuldrechts, Band Ⅱ · Halbband 2, Besonderer Teil, 13. Aufl., München 1994, § 67 Ⅲ 2 b).

② 德国民法第 937 条规定：“自主占有一件动产十年者取得该所有权(时效取得)(第一项)。取得者在取得自主占有时非善意或其后来知其非为所有权人者，不能时效取得(第二项)。”该规定之善意的要件，自然排除时效取得与侵权行为规定间之冲突。由于德国民法在上述规定并无像在添附有第 951 条关于不当得利之引用的明文规定，所以 Esser 教授认为，德国民法有意拒绝不当得利之诉干扰时效取得形成之利益状态(Esser, Schuldrecht, 2. Aufl., 1960, Karlsruhe, § 187, Ziff. 4, a) aa))。不过，也有德国学者认为在给付性不当得利返还请求权的消灭时效完成前，系争标的之占有人不能依取得时效的规定，取得所有权。盖这种不当得利返还义务事实上是一个无效契约之给付的返还义务。就此种返还义务之标的，其返还义务人不应主张时效取得(Larenz/ Canaris, Lehrbuch des Schuldrechts, Band Ⅱ · Halbband 2, Besonderer Teil, 13. Aufl., München 1994, § 67 IV 2 b))。

的地位，他人不得质疑占有人对其占有物之用益权。[①] 至于如以所有权挑战占有人之用益权，挑战者必须先自证其为所有权人。

"民法"第 952 条规定："善意占有人，依推定其为适法所有之权利，得为占有物之使用及收益。"其所推定者为善意占有人对于占有物之使用及收益权。该推定为存在之权利固然能够对抗所有权人，但占有人应先自证其占有是善意占有，所有权人才必须证明其有得对抗善意占有人之权利。其中最根本者为，自称为善意占有人者未从所有权人获得用益的授权。

占有人如果确系善意占有人，其因就占有物为使用收益而获得之利益，对于所有权人不负返还义务。此为不当得利之特别规定。不当得利规定于此无适用余地。[②] 在此意义下，"民法"第 952 条是善意占有人保有其用益利益的法律上原因。

唯善意占有人如因占有物之灭失或毁损而有利益之获得，因该利益尚非占有物之正常用益的利益，所以"民法"第 953 条规定："善意占有人，因可归责于自己之事由，致占有物灭失或毁损者，对于恢复请求人，仅以因灭失或毁损所受之利益为限，负赔偿之责。"依该规定，就占有物之灭失或毁损善意占有人实际上不负损害赔偿责任，而仅负不当得利的返还义务。同理，善意占有人如因占有物之毁损灭失，而对第三人有损害赔偿请求权者，所有权人得向善意占有人请求让与其损害赔偿请求权，或交付其所受领之赔偿物（"民法"第 225 条第 2 项参照）。[③]

(4)消灭时效期间经过

物权法上的请求权也有消灭时效的规定。其与债法上之消灭时效的规定不

---

① "最高法院"1997 年度台上字第 3770 号民事判决："占有人于占有物上行使之权利，推定其适法有此权利。善意占有人依推定其为适法所有之权利，得为占有物之使用及收益。为'民法'第九百四十三条、第九百五十二条所明定。是无权占有他人之土地使用收益者，仅该他人得依法排除其侵害，第三人仍无权对其使用收益妄加干涉。苟第三人侵害占有人之收益，占有人非不得依侵权行为法则请求该第三人赔偿其损害。"不同的见解，例如"最高法院"2005 年度台再字第 39 号民事判决："恶意占有他人之物之无权占有人，依'民法'第九百五十二条之反面解释，其对他人之物并无使用收益权能，即欠缺权益归属内容，自不得依不当得利之法则，请求占有该物之第三人返还该使用占有物所受之利益。"

② "最高法院"1988 年度台上字第 1208 号民事判决："占有人于占有物上行使之权利，推定其适法有此权利。又善意占有人依推定其为适法所有之权利，得为占有物之使用及收益。分别为'民法'第九百四十三条、第九百五十二条所明定。是占有人因此项使用所获得之利益，对于所有人不负返还之义务，此为不当得利之特别规定，不当得利规定于此无适用之余地。不动产占有人于其完成物权取得时效并办毕登记时，就时效进行期间之占有，亦应解为有上述规定之适用，方能贯彻法律保护善意占有人之意旨。"

③ Esser, Schuldrecht, 2. Aufl., Karlsruhe 1960, § 188 Ziff. 3, C) bb).

同的是:债法上之消灭时效期间经过时,其效力为:时效完成后,债务人得拒绝给付("民法"第 144 条第 1 项)。而物权法上之消灭时效期间经过时,其效力可能是:担保物权或物上请求权消灭。

物权法上与消灭时效有关之规定如下:(1)关于担保物权。抵押权所担保之债权的请求权已因时效而消灭,如抵押权人于消灭时效完成后,5 年间不实行其抵押权者,其抵押权消灭("民法"第 880 条)或该债权不再属于最高限额抵押权担保之范围("民法"第 881 条之十五)。以上皆属于担保物权所担保之债权的请求权已先发生消灭时效完成的情形。在消灭时效完成后,担保权人经上述规定所定期间而未实行该担保物权时,该担保物权亦消灭。就所担保之债权,担保权人不但因此丧失就该担保物优先受偿的权利,而且该债权因消灭时效已完成而有时效抗辩。往后担保人纵使承认该担保物权担保之债务,亦不再能使该担保物权复归于有效,而只能除去其时效抗辩。此与消灭时效已完成之债权的请求权,可因债务人之事后承认再取得请求权者不同。透过重新设定,虽可使该债权再次获得物上担保,但该担保物权之担保物即使与先前者相同,亦已非原来之担保物权。"质权人丧失其质物之占有,于二年内未请求返还者,其动产质权消灭。"("民法"第 898 条)[①]此为质权之特别的消灭事由,与其担保之债权的消灭时效是否完成无关。担保物权因上述规定而消灭时,使债务人之其他债权人就担保物之卖价,因可能获得分配之金额提高,而取得利益。(2)关于物上请求权。"占有物如系盗赃或遗失物,其被害人或遗失人,自被盗或遗失之时起,二年以内,得向占有人请求回复其物。"("民法"第 949 条)"占有人,其占有被侵夺者,得请求返还其占有物;占有被妨害者,得请求除去其妨害;占有有被妨害之虞者,得请求防止其妨害。"("民法"第 962 条)该"请求权,自侵夺或妨害占有或危险发生后,一年间不行使而消灭"("民法"第 963 条)。上述两条文规定之期间经过,所有权人或占有人之物权消灭。

担保物权消灭时,该担保物权所担保之债权的债务人及该债务人之其他债权人可能因此受利;物上请求权消灭时,该权利之相对人可能因此受利。在上述情形,由于消灭时效规定之立法目的即在于维护基于系争权利长期未行使而形成之法安定性的静态利益,所以肯认时效期间之完成为时效利益之保有的法律上原因。其结果,因时效规定而遭受不利益者,不得依不当得利的规定,请求恢

① "出典人于典期届满后,经过二年,不以原典价回赎者,典权人即取得典物所有权。"("民法"第 923 条第 2 项)该项是使典产生绝卖效力的规定。在其他担保物权如有类似于该项内容之约定,称该项内容之规定为流质约款。原则上禁止。

复其补偿利益。[①]

4. 物权法上之非法律上原因

物权法中涉及财产利益之移动的规定，其不兼具移动之法律上原因之意义者，原则上有受有利益者应支付偿金的明文规定，例如用益邻地应支付偿金、善意取得、添附。善意取得之法律上原因存在于让与人与受让人间之债务关系。

(1)邻地用益：支付偿金

民法就土地相邻关系有一些关于使用邻地之权利的规定。其中有规定："水流如因事变在邻地阻塞，土地所有人得以自己之费用，为必要疏通之工事。但邻地所有人受有利益者，应按其受益之程度，负担相当之费用。"(第 778 条：高地所有人之疏水权)"有通过权之人对于邻地所受之损害，应支付偿金"者(第 779 条第 2 项：高地所有人之过水权)。其因此并得"使用邻地所有人所设置之工作物。但应按其受益之程度，负担该工作物设置及保存之费用"(第 780 条)。"水流地所有人有设堰之必要者，得使其堰附着于对岸。但对于因此所生之损害，应支付偿金(第一项)。对岸地所有人于水流地之一部属于其所有者，得使用前项之堰。但应按其受益之程度，负担该堰设置及保存之费用(第二项)。"(第 785 条：堰之设置与利用)袋地所有人对于邻地有通行权，但"应于通行必要之范围内，择其周围地损害最少之处所及方法为之；对于通行地因此所受之损害，并应支付偿金。"(第 787 条第 2 项)"有通行权人于必要时，得开设道路。但对于通行地因此所受之损害，应支付偿金"(第 788 条第 1 项)。"土地所有人因邻地所有人在其地界或近旁，营造或修缮建筑物或其他工作物有使用其土地之必要，应许邻地所有人使用其土地。但因而受损害者，得请求偿金。"(第 792 条)"土地所有人建筑房屋非因故意或重大过失逾越地界者，邻地所有人如知其越界而不即提出异议，不得请求移去或变更其房屋。但土地所有人对于邻地因此所受之损害，应支付偿金。"(第 796 条第 1 项：越界建筑之效力)上述费用之负担或支付偿金之义务的

---

① "最高法院"1999 年度台上字第 3418 号民事判决："按无法律上之原因而受利益，致他人受损害者，应返还其利益，'民法'第一百七十九条前段定有明文。又无权占有他人土地，可能获得相当于租金之利益为社会通常之观念。再按城市地方房屋之租金，以不超过土地及其建筑物申报总价额年息百分之十为限，'土地法'第九十七条第一项定有明文。本件上诉人无法律上原因而受利益，致被上诉人受有损害，故应返还其利益，其所受利益为使用本身，依其性质不能返还时，依上说明，核以相当之租金为其返还之价额。末按无法律上之原因而获得相当于租金之利益，致他人受损害时，如该他人之返还利益请求权已逾租金短期消灭时效之期间，对于相当于已罹于消灭时效之租金利益，不得依不当得利之法则，请求返还('最高法院'1976 年度第五次民庭庭推总会议决定二参照)，唯若以一诉请求数年之相当于租金之利益，自起诉状缮本送达被告之日起回溯五年内之相当于租金利益之部分，其时效尚未完成('司法院'院字第一六五三号解释参照)。"

性质皆属于因使用邻地而受利益之返还的性质。这些规定明文彰显，民法在物权编即使规定土地所有权人在所定之要件下得使用邻地，但这些规定并不含支持该用益权之授予的法律上原因。所以使用人仍应就其因此所受利益，返还邻地所有人。

然纵使该费用之负担或偿金之支付义务具有不当得利之返还的性质，但其返还范围无“民法”第 182 条之适用。是故，债务人之给付义务既不以现存利益为限，其迟延责任亦不以知无法律上原因为要件。因上述规定并无清偿期之规定，所以债务人于其债权人依“民法”第 229 条催告其给付，而未为给付时，始自受催告时起，负迟延责任。该催告定有期限者，债务人自期限届满时起负迟延责任。其经债权人起诉而送达诉状，或依督促程序送达支付命令，或为其他相类之行为，而未为给付者，亦同。至其迟延责任，因该给付义务以金钱为内容，依第 233 条债权人除得请求按法定利率计算之迟延利息外，证明有其他损害者，并得请求赔偿。该迟延损害含在迟延中，因不可抗力而生之损害。但债务人证明纵不迟延给付，而仍不免发生损害者，不在此限（“民法”第 231 条第 2 项）。

(2)善意取得与不当得利

善意取得是处分行为，属于无权处分的特别规定。物权法上关于善意取得的规定仅涉及善意第三人所受权利之移转对于权利人（所有权人）有物权效力，不及于其原因关系。所以牺牲所有权人之利益而保护善意受让人，乃因所有权人基于自由意思，使他人取得对于系争标的物之占有，引起表征该他人对该标的物有处分权之表见事实。从而使善意第三人因相信该表见事实，而自表见权利人受让对于该标的之权利。善意第三人取得受让之权利并非基于真正权利人对于让与人之授权，而是基于表见权利人之让与权利。该权利之授受构成之给付关系发生在让与人与受让人之间。因此，其移转应以让与人与受让人间之原因关系为其移转之法律上原因。[①] 该法律上原因如有欠缺，只在让与人与受让人间发生给付性不当得利。至于由于该让与行为有效而致其权利人因丧失权利而受到损害，在让与人与权利人间可能构成债务不履行。例如承租人擅将租赁物价卖给善意第三人。当其移转行为基于善意取得规定对于出租人有效时，承租人就租赁物之返还因可归责于承租人之事由而陷于给付不能，承租人对于出租人应负债务不履行责任。因承租人之债务并不因给付不能而消灭，只是转为债务不履行责任，所以不构成侵害性不当得利，出租人仍应依债务不履行的规定对

---

① Larenz/ Canaris 有不同的看法，认为，善意取得之“法律上原因存在于自善意取得规定连结德国民法第八一六条第一项之法律的价值判断中”(Lehrbuch des Schuldrechts, Band Ⅱ · Halbband 2, Besonderer Teil, 13. Aufl., München 1994, § 67 Ⅲ 2 a))。

于承租人请求赔偿。因为承租人已不能返还租赁物，所以出租人至少可以依“民法”第256条，就尚未经过之租赁期间解除契约，[①]而后依第259条第6款，以应返还之物不能返还为理由，请求赔偿其价额。善意取得因以权利人基于自由意思使让与人取得对于系争标的物之占有为要件，该权利人与让与人间原则上有该占有之交付及其基础关系的契约在先，所以应优先适用契约之债的规定。其结果，原则上不会构成侵害性不当得利。上述见解亦适用于抵押权之善意取得。[②]

有疑问者为：对于善意第三人之信赖的保护，是否适合及于该法律上原因系无偿的情形。此即无偿善意取得之不当得利的问题。对此，“民法”并无直接之明文规定。就不当得利债务人之无偿给予，“民法”第183条规定：“不当得利之受领人，以其所受者，无偿让与第三人，而受领人因此免返还义务者，第三人于其所免返还义务之限度内，负返还责任。”德国民法除在第822条有内容与“民法”第183条大致相同的规定外[③]：“受领人将其所受领者，无偿给与第三人，且受领人因此免负返还该利得之义务者，第三人应如其无法律上原因而自该债权人取得该给与般，负返还义务。”还在德国民法第816条第1项一样规定：“一个无权利人就一件标的为对于权利人有效之处分者，对于该权利人负有义务，返还其因

① “最高法院”2011年度台上字第1号民事判决：“查解除契约，乃使有效存在之契约因解除权之行使而自始归于消灭之法律行为，自以该被解除之契约尚未消灭为前提。又继续性的契约关系附有终期者，契约于期限届满时失其效力，此观‘民法’第一百零二条第二项之规定自明；且‘民法’第四百五十条第一项复规定，租赁契约定有期限者，其租赁关系于期限届满时消灭。故租赁契约于期限届满后，债权人即无就该已消灭之租赁关系行使解除权之余地。”其实在租赁契约，不仅于期限届满后，债权人即无就该已消灭之租赁关系行使解除权之余地；纵使在期限届满前，就已经过之期间而论，除非在该期间承租人便已不能就租赁物为如所约定之使用收益，否则，终止较诸解除还是比较妥当的。

② “最高法院”2009年度台上字第1982号民事判决：“‘土地法’第四十三条规定：依本法所为之登记，有绝对效力。本件移转登记之相关资料（含誊本、他项权利证明书）皆登记担保债权之抵押权包括系争不动产抵押权在内。被上诉人乃善意信赖该项登记之第三人，即受该条规定之保护。则其行使抵押权，拍卖取得该不动产之价款，自无不当得利或侵害他人权利可言。”

③ “民法”第183条及德国民法第822条规定之效力在结果上相同。不一样者为，“民法”第183条直接对第三人课以返还义务。而德国民法第822条除规定其所以然的理由（受领人因无偿给予第三人而免负返还该利得之义务）外，并将第三人返还义务之所以产生的穿透机制规定清楚：第三人应如其无法律上原因而自该债权人取得该给予般。关于无偿取得之较弱的保护，请参考 Rolf Knütel，§ 822 BGB und die Schwächen unentgeltlichen Erwerbs，NJW 1989，2504ff..

该处分而取得之利益。该处分系无偿而为之时,基于该处分而直接取得法律上利益者,负相同之义务(第一项)。"后一规定为民法所无。民法上述规定与德国民法该两条规定之不同在于:在德国民法第 816 条第 1 项所定的情形,无权利人(无权处分人)不因受让人无偿善意取得而免负返还义务,而在"民法"第 183 条所定情形,无权处分人因受让人无偿善意取得而免负返还义务。是故,在"民法"第 183 条中,有参酌德国民法第 816 条第 1 项,增定类似规定之必要。

按善意取得制度在于调和权利人之利益及交易安全利益间之冲突。该调和规定对于权利人所造成之不利,由于主观要件的因素,不一定能够透过无因管理或侵权行为的规定获得补救,所以在无权处分人因该无权处分而获利益时,有必要透过不当得利的规定,课以返还义务,以恢复权利人之利益。在善意取得之原因行为系无偿时,因其利益之保有,相对于权利人之利益损失之恢复,较为欠缺保护价值,所以德国民法第 816 条第 1 项后段有上述规定。德国民法第 816 条第 1 项后段关于非受领权人之不当得利返还义务的规定,值得参考。[①]

如果善意受让人与其让与人间之原因关系无效,受让人亦仅对于让与人负给付性不当得利的返还义务,并不对于该让与标的之权利人负侵害性不当得利的返还义务。德国学说上有称此为侵害性不当得利对于给付性不当得利之候补原则。[②] 不过,Larenz/ Canaris 认为,该候补原则只是一个并未透彻思考其法律上之构成要件的主张。[③] 盖即使善意受让人与其让与人间之原因关系无效,基于善意取得制度,该标的之让与的物权效力依然可以对抗权利人,权利人不得以其因此受有损害为理由,而对于善意受让人有所情求。其得请求的对象是让与人。是故,该所谓可能之候补的侵害性不当得利之构成要件在上述案例中因而并不具备。唯倘让与人根本无权让与或授权,且受让人或被授权人也根本无从善意取得该权利,则受让人或被授权人如果还是为该权利的使用,则受让人或被授权人因该权利之使用而取得的利益,对于权利人即构成侵害性不当得利。该侵害性不当得利之构成要件不因其与让与人或授权人间之给付关系,而不能

---

① 德国学说上有谓上述情形,并不需要德国民法第 816 条的规定,可直接引用同法第 812 条关于不当得利返还义务的一般规定(Esser, Schuldrecht, 2. Aufl., 1960, Karlsruhe, § 196 Ziff. 2(S. 809f.))。

② Larenz/ Canaris, Lehrbuch des Schuldrechts, Band Ⅱ · Halbband 2, Besonderer Teil, 13. Aufl., München 1994, § 70 Ⅲ 1 a).

③ Larenz/ Canaris, Lehrbuch des Schuldrechts, Band Ⅱ · Halbband 2, Besonderer Teil, 13. Aufl., München 1994, § 70 Ⅱ 1 c).

成就。[1]

德国民法第816条第2项还规定："一个无权利人受有对于权利人有效之给付者，该无权利人对于权利人负有义务，返还受领之利益。"这相当于"民法"第310条第2款所规定的情事："受领人系债权之准占有人者，以债务人不知其非债权人者为限，有清偿之效力。"[2]"民法"第310条第2款只规定对于债权之准占有人的清偿，于债务人在清偿时不知其非债权人时，有清偿效力。但未同时规定，在这种情形，债权人对于准占有人之不当得利的返还请求权。

按依债务本旨，向债权人或其他有受领权人为清偿，经其受领者，债之关系消灭（"民法"第309条第1项）。所以，清偿对于债权人有清偿效力时，受领清偿给付有处分债权的作用。是故，受领清偿给付者如无受领权，而其受领却有清偿效力时，其受领构成该债权之无权处分。须经债权人之承认，始生效力。亦即该清偿之效力未定。债权人拒绝承认者，不生清偿效力，债务人对于债权人依然负原来之债务；受领清偿给付者对于债务人负不当得利之返还义务。这时，如债务人陷于无支付能力，则债权人选择承认清偿给付，然后向尚有支付能力之受领清偿给付者，请求返还不当得利，会比较有利。[3] 然清偿给付有时不涉及物或权利的移转，而只是劳务的给付。在这种情形，该给付之受领虽不是法律行为，而是事实行为，然当其有清偿效力时，依然有消灭所清偿之债权的能力。在此意义下，其清偿给付之受领，仍不失其为无权处分，具有法律行为之性质。

(3)添附：不当得利规定之引用

动产因附合而为不动产之重要成分者，不动产所有人，取得动产所有权（"民法"第811条）。[4] 动产与他人之动产附合，非毁损不能分离，或分离需费过巨，而附合之动产，有可视为主物者，该主物所有人，取得合成物之所有权（第812条）。动产与他人之动产混合，不能识别或识别需费过巨者，准用前条之规定（第813条）。加工于他人之动产者，其加工物之所有权，属于材料所有人。但因加

---

① Larenz/ Canaris, Lehrbuch des Schuldrechts, Band Ⅱ · Halbband 2, Besonderer Teil, 13. Aufl., München 1994, § 67 IV 3.

② 准占有与占有之区别在于其占有之标的。准占有所事实上管领者为表征对于无体财产之权利文件，而占有则是管领有体财产之本身。对于无体财产未占有表征其权利之文件，而只是行使其权利并不构成对于该无体财产之准占有。关于准占有，详请参考黄茂荣：《债法总论》第三册，2010年增订三版，第433页以下。

③ Esser, Schuldrecht, 2. Aufl., 1960, Karlsruhe, § 196 Ziff. 4.

④ "最高法院"2010年度台上字第651号民事判决："按就原建筑物再行扩建或增建者，该扩建、增建部分除具有使用上及构造上之独立性外，应认系原建筑物之从物，或因添附而成为原建筑物之一部。"

工所增之价值显逾材料之价值者，其加工物之所有权，属于加工人（第 814 条）。依前 4 条之规定，动产之所有权消灭者，该动产上之其他权利，亦同消灭（第 815 条）。上述规定之情形合称为添附。动产所有人因添附而依上述 5 条规定受损害者，其权利之丧失虽有物权法为其依据，但因该等物权法的规定，只是为增进物的效益，而定其物权利益之合理归属，尚不是其财产利益之移动的法律上原因，所以依然构成不当得利。[①] 唯为维持添附规定之物权法上的效力，避免物权法与不当得利法制之冲突，第 816 条规定，因添附而丧失权利者，只可依关于不当得利之规定，请求偿还价额，[②]而不得请求恢复原状，返还其丧失之动产。亦即其得请求之内容受到限制。归纳民法物权编关于土地相邻关系及动产之添附的规定，该编中关于财产利益之移动的规定，如不同时具法律上原因，该编皆同时规定：因该等规定受利益者，应负支付偿金的义务。

按“民法”第 811 条至第 815 条只是规定，在发生添附之情形，添附后之物在物权法上之归属，这是单纯从物之有效利用的观点所作之规范秩序的安排，不含财产利益之归属的公平考虑。因此，除以“民法”第 816 条明确规定，关于不当得利之规定不受“民法”第 811 条至第 815 条之排斥外，添附之法律事实如同时该当侵权行为、无因管理或取回权之规定，其侵权行为之损害赔偿义务，无因管理之费用偿还义务及工作物之取回权，原则上亦同样不受影响。[③] 不过，在实际适用上，必要时仍须作体系上的整合。例如加工他人的物料或以自己之饲料养他人之鸡。这在物权法上固应按添附规定，决定其物权利益之归属，但在债法上，

---

① 请参考王泽鉴：《不当得利》，2009 年增订新版，第 220～226 页。

② Esser, Schuldrecht, 2. Aufl., 1960, Karlsruhe, § 187 Ziff. 4, b) cc). 引用性法条按其引用者仅系法律效力或含构成要件，可区分为法律效力之引用(Rechtsfolgeverweisung)及构成要件/法律依据之引用(die Rechtsgrundverweisung)。“民法”第 816 条之规定为法律依据之引用。该条所定“偿金请求权之成立，除因添附而受利益致他人受损害外，尚须具备不当得利之一般构成要件始有其适用”（“最高法院”1999 年度台上字第 419 号民事判决）。此为构成要件/法律依据之引用。该条引用不当得利之规定的意义，首先在于厘清：“民法”第 811 条至第 815 条虽规定涉及添附之动产物权的归属，但该规定并非因此发生之财产利益之移动的法律上原因。系争添附引起之财产利益的增减既无法律上原因，因此受损者自得对于因此受益者，依关于不当得利的规定，请求偿还价额。“民法”第 816 条之意义：一方面为避免争议，另一方面为限制其得请求返还之利益的内容。所以，不因“民法”第 179 条关于不当得利之规定的概括性，而使“民法”第 816 条成为多余。

③ 德国民法第 951 条第 2 项明文规定：“关于因侵权行为之损害赔偿义务的规定，以及关于费用之偿还与工作物之取回权的规定不受影响。在第九四六条、第九四七条规定之情形，依适用于占有人对于所有人之取回权之规定的取回，在附合不是由主物之占有人所为之情形，亦有适用。”

仍应视情形，决定其应适用无因管理或不当得利之规定。如构成无因管理，不再依不当得利的规定规范其间之财产的移动关系。

物权法就添附并未为关于取回权的规定。倒是关于租赁，“民法”第431条第2项有承租人就其有益费用之支出，得舍不当得利之返还的请求，[①]而选择取回对租赁物所增设之工作物的规定。关于地上权，“民法”第839条有地上权消灭时，地上权人得取回其工作物及竹木的规定。该条第1项虽无地上权人得不取回，而请求不当得利之返还的规定，但第2项规定，土地所有人要约以时价购买其工作物或竹木者，地上权人不得拒绝承诺。此为法定的缔约强制。上述取回权的规定，限制了不当得利规定在添附的适用。此为契约之债中的具体规定优于法定之债中的一般规定之竞合关系。唯在上述情形，债权人如不行使取回权，而请求不当得利之返还，该不当得利属于费用性不当得利，具有强使债务人受利益的特征。[②] 此所以除其得请求返还之范围原则上限于现存之利益外，尚有债务人是否得拒绝受利益，以免除其不当得利返还义务的问题。此为不适法无因管理之费用的偿还范围（“民法”第431条第1项）。就是否取回“民法”分别按其性质，对于租赁规定承租人（“民法”第431条第2项），对于地上权规定土地所有权人（“民法”第839条第2项）有选择权。其不适合取回者，“民法”第840条第2项规定：“土地所有人于地上权存续期间届满前，得请求地上权人于建筑物可得使用之期限内，延长地上权之期间。地上权人拒绝延长者，不得请求前项之补偿。”

定作人甲与承揽人乙缔结一个承揽契约，由乙为甲修缮其屋顶。为履行该承揽工作，乙将其偷自丙之屋瓦及水泥盖在甲之屋顶，附合而成为甲屋之重要成分，甲因此取得该屋瓦及水泥之所有权（“民法”第811条）。在这种情形，不论系由谁将该屋瓦及水泥附合于甲屋，甲皆可顺利取得该屋瓦及水泥之所有权。有疑问者为：丙依“民法”第816条，得向乙或甲请求返还不当得利。按丙所以丧失其对于该屋瓦及水泥的所有权，乃因附合，所以得向甲，而非得向乙请求返还不当得利。甲所受利益之计算得否减除甲给付乙之报酬？如可，则其结果，对甲而

---

① “最高法院”2009年度台上字第796号民事判决：“按‘民法’第四百三十一条有关租赁关系终止后，承租人得请求出租人偿还有益费用之规定，系基于不当得利之理由而设，为‘民法’第一百七十九条之特别规定，依特别法优于普通法之原则，应优先适用。‘民法’第四百五十六条第一项既明定有益费用偿还请求权之消灭时效期间为二年，自无再依‘民法’第一百七十九条、第一百二十五条规定，适用十五年之消灭时效期间。”

② Larenz/ Canaris, Lehrbuch des Schuldrechts, Band Ⅱ · Halbband 2, Besonderer Teil, 13. Aufl., München 1994, § 68 I 2 c) d).

言,接近于成立善意取得,无不当得利。丙最后实际上只能向乙请求给付乙自甲受领之报酬。

关于该修缮屋顶的承揽,甲乙双方如就料与工分别为屋瓦、木材、水泥缔结买卖契约,及为修缮工作缔结承揽契约。在履行上并先将屋瓦、木材、水泥交付甲,再交由乙施工,以控管用料。如是,则该屋瓦、木材及水泥的所有权将先由乙移转甲,再由甲交乙附合于甲屋。于是,设甲为善意的情形,甲先依"民法"第801条的规定善意取得该屋瓦、木材及水泥的所有权。假设乙可被认定为"民法"第950条所称贩卖与其物同种之物之商人,则依该条规定,丙非偿还甲支出之价金,不得恢复其物。虽然该屋瓦、木材及水泥是盗赃,但在此限度,等于甲已善意取得其所有权。故丙不得本于所有物返还请求权("民法"第767条第1项)或添附之不当得利返还请求权("民法"第816条)向甲请求返还,而只得不绕道"民法"第816条,直接依"民法"第179条向乙请求返还其得自甲之报酬所构成之不当得利。乙如是该屋瓦、木材及水泥之受寄人,而将之违约价卖于甲的情形,无"民法"第950条之适用,丙依"民法"第801条及第948条,亦不得向甲请求恢复其物。假使甲乙没有清楚地将工、料的契约分别缔结,而一体约定为包工又包料之承揽契约,则甲究竟是因对于无权处分之善意取得或因添附而取得该屋瓦、木材及水泥的所有权,将难以分辨。[①]

关于所有权之移转的善意取得规定,是否得类推适用于他人之物的租赁?其间虽有下述区别:所有权之让与是处分行为,而租赁不是;但无权利人自他人之物以侵害的方法,取得财产利益的特征则相同。[②] 善意第三人只要是基于对表见事实之信赖,而为交易,其信赖即应受保护。是故,承租人在善意承租的情形,应得类推适用善意取得的规定,[③]认为对于已经过之租赁期间的用益,有该

① Esser认为在这种情形,为保护该物料之原所有权人,不需区分他是因善意取得或因添附而丧失其所有权,或区分在添附前承揽人是否先将该物料的所有权移转于定作人(Esser, Schuldrecht, 2. Aufl., 1960, Karlsruhe, § 196, Ziff. 2 b) aa))。其结果,等于一概适用添附的规定。请参考王泽鉴:《不当得利》,2009年增订新版,第231～232页。

② 请参考王泽鉴:《不当得利》,2009年增订新版,第193～194页。

③ 关于德国民法,肯定说,例如Diederichsen, Ansprüche des Vermieters bei unberechtigter Unterver-mietung, NJW 1964, 2296; Medicus, Bürgerliches Recht, 15. Aufl., 1991, Rdn. 715ff.; Esser/ Weyers, Schuldrecht Band Ⅱ Besonderer Teil, Teilband 2, 8. Aufl., 2000 Heidelberg, § 50 Ⅱ a).否定说,例如Larenz/ Canaris, Lehrbuch des Schuldrechts, Band Ⅱ · Halbband 2, Besonderer Teil, 13. Aufl., München 1994, § 69 Ⅱ 1 d).

租赁契约为其法律上原因，对于所有权人不构成不当得利。[①] 唯基于债之给付关系的相对性，承租人源自该租赁契约的租赁权不能对抗所有权人。同理，租赁物虽为其所有权人之物，但因其并非该租赁关系之出租人，所以不但对于承租人无租金请求权，而且也不能受该租金之给付，而只能依侵害性之不当得利对于无权之出租人请求返还。[②] 然承租人如非善意，其用益租赁物对于所有权人仍构成不当得利，且其支付之租金不得自其受领之利益扣除，而只得向出租人请求返还。唯其对出租人之租金返还请求权，是否应论为不法原因之给付，从而依"民法"第 180 条第 4 款不得请求返还？应认为得请求返还较为合理。盖在他人之物的租赁，出租人与承租人两者相较，出租人比承租人有较高之可非难性。

类似的问题为：承租人违约转租。按转租为承租人将租赁物出租于第三人。纵使承租人不得转租，该转租契约除法律另有规定外，[③]在承租人与次承租人间依然有效。其对于出租人之关系为因违约所构成之债务不履行责任，不因逾越权限使用租赁物，而引起不当得利的返还问题。[④]

---

① "最高法院"1994 年度台上字第 1139 号民事判决："不当得利，须以无法律上之原因而受利益，致他人受损害为成立要件，此观'民法'第一百七十九条规定自明。土地共有人未经其他共有人同意将整笔土地出租，该租约对于其他共有人固不生效力，但租赁乃特定当事人间所缔结之契约，出租人不以所有人为限，故共有人超出其应有部分，将整笔土地出租，该租约于为出租之共有人与承租人间仍然有效，承租人有依约支付租金之义务，其既未受有相当于租金之利益，他共有人自不得依不当得利之规定对该承租人为返还利益之请求。"该判决以承租人有支出租金，未受有相当于租金之利益为理由，认为在本件不成立不当得利，而不以承租人系善意承租为必要。

② Esser, Schuldrecht, 2. Aufl., 1960, Karlsruhe, § 196, Ziff. 2 b) cc).

③ 一般情形，违约转租只构成原租约之终止事由。其终止尚须终止权人对于相对人为终止之表示。例如"民法"第 443 条第 2 项规定："承租人违反前项规定，将租赁物转租于他人者，出租人得终止契约。""民法"第 458 条第 3 款规定，耕作地租赁于租期届满前，承租人将耕作地全部或一部转租于他人者，出租人得终止契约。唯"耕地三七五减租条例"第 16 条规定："承租人应自任耕作，并不得将耕地全部或一部转租于他人（第一项）。承租人违反前项规定时，原订租约无效，得由出租人收回自行耕种或另行出租（第二项）。""'耕地三七五减租条例'第十六条第二项前段（固）规定，承租人将耕地全部或一部转租于他人者，原订租约无效，非认其违法转租为租约终止之原因。"（"最高法院"1979 年度台上字第 948 号民事判例）但"'耕地三七五减租条例'第十六条第二项所谓原订租约无效，系指承租人违反前项所定不自任耕作或转租之限制时，原订租约无待于终止，当然向后失其效力，租赁关系因而归于消灭而言。非谓租赁关系自始不存在。故出租人应有租赁物返还请求权，此观诸同条项后段：'得由出租人收回自行耕种或另行出租'之规定自明。"（"最高法院"1991 年度台再字第 15 号民事判例）要之，转租为耕地三七五租约之当然终止事由。只要发生转租，耕地三七五租约不待于终止之表示，即为终止。

④ 请参考王泽鉴：《不当得利》，2009 年增订新版，第 195 页。

他人之物的有效处分，如系由行纪人为之，就因此取得之价金，究竟应由行纪人或委托人负不当得利的返还义务？按行纪人虽以自己之名义，为委托人之计算，为动产之买卖或其他商业上之交易（“民法”第576条），并就其为委托人之计算所为之交易，对于交易之相对人，自得权利并自负义务（第578条），但其因行纪自相对人取得之价金或其他权利所构成之利益，扣除其依约定或习惯得请求之报酬、寄存费及运送费，及为委托人之利益而支出之费用及其利息后之余额（“民法”第582条），悉归委托人。而侵害性不当得利并不以侵害人，而以受利益者为返还义务人。是故，在卖出行纪，以他人之物为委托物者，应以委托人为因此所生侵害性不当得利之返还义务人。至委托人应返还之范围是否得扣除其对于行纪人应给付之佣金，应依不真正无因管理的规定定之（“民法”第177条第2项）。[①]

5. 亲属法上之法律上原因

基于亲属关系而为给付，最典型者为夫妻或亲子间基于扶养义务而为给付。该给付以扶养义务之履行为其法律上原因。此外，尚有为婚约之缔结而为赠与，因夫妻财产制之消灭而为夫妻剩余财产之分配，因离婚而为赡养费或约定之赔偿给付。上述给付各有其给付目的及各该目的所立基之亲属关系为其法律上原因。该亲属关系如果不存在，则其给付目的便不能达到，从而为该目的所为之给付即欠缺法律上原因。

关于因订立婚约而授受聘金礼物的法律性质为何，[②]“最高法院”民事判例

---

① Larenz/ Canaris, Lehrbuch des Schuldrechts, Band Ⅱ · Halbband 2, Besonderer Teil, 13. Aufl., München 1994, § 69 Ⅱ 1 e)：所有权人之“请求权包括全部的价金，含委托人可能应给付行纪人之佣金，盖该佣金为委托人本来即负之债务，从而不得依第八一八条第三项扣除之”。

② “最高法院”1992年度台上字第2568号民事判决：“按聘金礼物乃预想他日婚约之履行，而以婚约之解除或违反为解除条件之赠与。并不以订婚时所给与者为限，即在婚约存续中以上开目的所为赠与，亦应包括在内。”

有认为是以婚约解除或违反为解除条件之赠与者，[1]亦有认为是附有负担之赠与者。[2] 在法律无明文规定时，必须透过解释，寻求其返还之请求的规范基础。[3]最后一般会朝向不当得利的规定寻求依据。[4] 其理由为：当契约自始或嗣后无效，而不再能充为保有给付之利益的法律上原因时，其给付者请求返还的一般依据即是不当得利的规定。在此意义下，无法律上原因是不当得利制度与各种法律上原因之规定在规范功能上的承接点。

"最高法院"1996 年度第十五次民事庭会议就 1958 年台上字第 917 号、1958 年台上字第 1469 号判例决议："本二则判例因民法亲属编修正增订第九百七十九条之一而不再援用。""民法"第 979 条之一规定："因订定婚约而为赠与者，婚约无效、解除或撤销时，当事人之一方，得请求他方返还赠与物。"在婚约无效、解除或撤销时，该规定已足为其当事人之一方请求他方返还赠与物的规范基础，无须再就其请求权之发生，究因相对人未履行[5]赠与之负担或因解除条件成婚约之缔结而为赠与，因夫妻财产制之消灭而为夫妻剩余财产之分配，因离婚而

---

① "最高法院"1958 年度台上字第 917 号民事判例："凡订立婚约而授受聘金礼物，固为一种赠与，唯此种赠与，并非单纯以无偿移转财物为目的，实系预想他日婚约之履行，而以婚约解除或违反为解除条件之赠与，嗣后婚约经解除或违反时，当然失其效力，受赠人依'民法'第一百七十九条，自应将其所受利益返还于赠与人。""最高法院"1959 年度台上字第 1933 号民事判决："婚约既经合法解除，双方相互赠与之聘金及礼物又以婚约解除或违反为解除赠与之条件，则于婚约解除时，受赠人自应将所受赠之财物返还于赠与人。"

② "最高法院"1958 年度台上字第 1469 号民事判例："婚约之聘金，系负有负担之赠与。上诉人既不愿履行婚约，则依'民法'第四百十二条第一项、第四百十九条第二项，被上诉人自得撤销赠与，请求返还原赠与财产，纵解除婚约之过失责任系在被上诉人，亦仅生赔偿之问题，不能为拒绝返还之论据。"

③ "最高法院"1983 年度台上字第 3661 号民事判决："查本件订定婚约之当事人，为被上诉人蔡女与上诉人。至被上诉人蔡某、蔡妇，不过因蔡女于订婚时尚未成年，曾行使其法定代理人之同意权，其本身与上诉人间不发生婚约关系。蔡女与上诉人相互解除婚约，无论何方为有理，上诉人均无从本于婚约关系对被上诉人蔡某、蔡妇为任何赔偿之请求。次查婚约之聘金，系属赠与，上诉人因订立婚约而付与被上诉人之聘金，并非由于婚约解除致生之损害，应不得依同法第九百七十七条规定请求赔偿所谓之聘金损害。至于能否依赠与关系为返还赠与物(即聘金)之请求，要属另一问题。"

④ "最高法院"1962 年度台上字第 664 号民事判决："聘金或作为聘礼之金饰，乃预想他日婚约之履行，而以婚约解除或违反为解除条件之赠与，嗣后婚约经解除或违反时，当然失其效力，受赠人依'民法'第一百七十九条规定，固应将其所受利益返还赠与人，但上诉人既对女方诉请判决离婚胜诉在案，是则女方业已履行婚约，上诉人自不得更行请求返还聘金或作为聘礼之金饰。至礼饼款及什货款，系结婚时所支之费用，而非因离婚所生之损害，尤无赔偿请求权可得行使。"

⑤ 请参考王泽鉴：《不当得利》，2009 年增订新版，第 87 页。

为赡养费或约定之赔偿给付。因上述给付各有其法律之明文规定为依据，所以再论该返还请求权之性质为不当得利返还请求权之实益不大。有疑问的是：就婚约之不履行，如果仅一方有责时，该有责的一方是否得请求返还？如采否定的见解，将需对于该条规定为目的性限缩。另如因当事人死亡而不能结婚，是否得请求返还，除契约另有特约外，原则上应推定为不可。唯在该推定无法律明文规定时，在个案如有疑义，其推定尚待于法院之解释。

为订婚而给予的赠与：德国民法第 1301 条也肯认有该类型之给予目的："（赠与物之返还）不结婚时，各订婚者皆得依不当得利返还请求权的规定，向他方请求返还其对他方之赠与物或为象征婚约而给与之物。婚约因订婚者中之一方死亡而消灭者，有疑义时，应推定为不得请求返还。"①

6. 嗣后无效与不当得利

按债之契约的无效，有自始无效及嗣后无效。嗣后无效之发生通常因为当事人之一方行使足以使契约溯及或往后归于无效之形成权。前者例如撤销权、解除权；后者例如终止权。在债之契约自始无效的情形，其履行所移动之财产利益自始无法律上原因；在嗣后无效的情形，其履行所移动之财产利益，在移动时尚有法律上原因，②唯其法律上原因嗣后由于该债之契约因形成权之行使而无

---

① 与此类似者为：(1)为留住同居人的心，希望其不要离开，而为给付时，如果后来同居人还是离开时，该给付是否嗣后成为无法律上原因之给付，构成不当得利？该意思非为同居人所知者，仅是给付者之动机；其为同居人所知者，提升为该给付之法律上原因或该给付契约之解除条件？如果是提升为其法律上原因，则当其嗣后丧失，给付者取得不当得利返还请求权；如果是提升为其解除条件，则给付标的因其移转之（准）物权行为失去效力，而重归给付者所有（请参考 Horst Ehmann, Zum Bereicherungs-anspruch wegen Nichteintritts des bezwegten Erfolges, NJW 1973, 1035ff.）。(2)医师之专勤奖金的请求权或其保有之权利，因违约兼职而丧失。其已领取者，构成不当得利。"最高法院"1992 年度台上字第 2402 号民事判决："医师专勤奖励金系将医院全年医疗事业实收净余，按一定之比例提拨发放，该奖励金之发放，为被上诉人医院内部问题，未发放以前，属被上诉人所有，上诉人（因在外开业、兼业），不应领取该项奖励金而领取，被上诉人即受有损害。被上诉人依不当得利之法律关系，请求上诉人返还五十二万六千七百十元。洵属有据。"王泽鉴：《不当得利》，2009 年增订新版，第 67 页。

② "最高法院"2009 年度台上字第 1500 号民事判决："查不当得利，须以无法律上之原因而受利益，致他人受损害为其成立要件。倘一方受有利益系有法律上之原因，纵他方因此受有损害，亦不构成不当得利。"

效，以致不再存在。[①] 对于这种情形，虽有“民法”第179条后段关于“虽有法律上之原因，而其后已不存在者”亦应返还其利益的规定，立法者还是作了一些引用不当得利的规定，或为与第179条规定之内容一致的规定，以重申嗣后无效之债务契约不能再充为法律上原因，使其受让人得保留因其履行而移动之财产利益。

除“民法”第816条关于添附之利益的返还，有不当得利规定之引用外，尚有：(1)“民法”第197条第2项规定，损害赔偿之义务人，因侵权行为受利益，致被害人受损害者，于前项时效完成后，仍应依关于不当得利之规定，返还其所受之利益于被害人。(2)“民法”第266条第2项规定，在因不可归责于双方当事人之事由，致一方之给付不能，他方免为对待给付义务的情形，他方如已为全部或一部之对待给付者，得依关于不当得利之规定，请求返还。(3)“民法”第419条第2项规定，赠与撤销后，赠与人得依关于不当得利之规定，请求返还赠与物。[②] 后两条所规定者皆属于因债之契约嗣后无效，而致法律上原因嗣后不存在的情形(“民法”第179条)。[③] 上述规定中，为“请求偿还价额”，或请求“返还所受之利益”、“返还对待给付”或“返还赠与物”，皆有“依关于不当得利之规定”的规范内容。该规定的模式等于：“准用”不当得利之规定。有疑问者为：所依不当得利之规定的范围，究竟仅是法律效力之准用(Rechtsfolgeverweisung)，或含构成要件/法律依据之准用(Rechtsgrundverweisung)？

“民法”第816条及第197条第2项就添附之利益及因侵权行为而取得之利益，分别规定“依关于不当得利之规定”返还的规范意义，皆仅止于明示：添附或

---

① “最高法院”2008年度台上字第1107号民事判决：“按当事人之一方本于契约之法律关系所受领他方之给付，除有该契约经解除、撤销、终止或类此之情形外，究难谓其所受领之给付为无法律上之原因，而构成不当得利。”

② 王泽鉴：《不当得利》，2009年增订新版，第297～298页。

③ 虽然同是赠与之撤销的事由，但其法律性质仍有不同。“民法”第412条所定，因受赠人在赠与人已为给付后而不履行其负担之撤销，相当于因双务契约之相对人在受领给付后，不履行其对待给付时之解除(“民法”第254条)；而第416条所定之忘恩撤销权则属于缔约基础之丧失的问题范畴。Larenz/ Canaris, Lehrbuch des Schuldrechts, Band Ⅱ · Halbband 2, Besonderer Teil, 13. Aufl., München 1994, § 68 I 2 b); Esser/ Weyers, Schuldrecht Band Ⅱ Besonderer Teil, Teilband 2, 8. Aufl., 2000 Heidelberg, § 49 Ⅱ; Kupisch, Leistungskondiktion bei Zweckverfeh-lung, JZ 1985, 169; Alfred Söllner, Der Bereicherungsanspruch wegen Nichteintritts des mit einer Leistung bezweckten Erfolges, AcP 163(1963) 31ff..

侵权行为之消灭时效期间的完成皆不是该利益之取得的法律上原因。[①] 盖添附规定只从经济效率的观点，考虑物权之合理归属，并未就因此发生之财产利益的移动，从法律公平的观点，权衡其财产利益之增减的正当性；侵权行为规定只从行为之有责与不法，考虑其引起之损害的归属，尚未虑及是否对于受侵害之权利配属一定之权益。[②] 是故，在具体案件，就因添附或侵权行为引起之财产利益的移动，尚必须该当于不当得利之构成要件，因添附而受到损害者，或因他人侵权行为而受损害者，始得依不当得利的规定，请求返还该利益。此即构成要件之准用。[③] 唯在添附，基于添附之意旨，因添附而受损害者，仅得请求偿还价额，而不得请求返还原物。[④]

在给付不能之双务契约，其当事人已为全部或一部之对待给付，或在赠与物给付后，赠与经撤销者，"民法"第 266 条第 2 项[⑤]及"民法"第 419 条第 2 项[⑥]分

---

① 消灭时效期间完成后，债务人得拒绝给付（"民法"第 144 条第 1 项）。此即时效抗辩权。时效抗辩权为债务人因此取得之利益的法律上原因。同一行为引起之侵权行为损害赔偿请求权与不当得利返还请求权间的关系为请求权竞合之关系。各请求权有其自己之消灭时效期间。当侵权行为损害赔偿请求权之较短的消灭时效期间完成时，债务人据该时效抗辩权得拒绝给付者，仅该侵权行为之损害赔偿请求权，不及于因同一行为引起之不当得利返还请求权。

② 对于一定之法律地位的法律保护力度，主要可区分成三个层次：(1)得请求除去或防止侵害（"民法"第 18 条第 1 项）；(2)得请求损害赔偿（"民法"第 18 条第 2 项）；(3)得请求返还因对其侵害而取得之利益（"公平交易法"第 32 条第 2 项）。

③ Esser/ Weyers, Schuldrecht Band Ⅱ Besonderer Teil, Teilband 2, 8. Aufl., 2000 Heidelberg, § 52 Ⅱ 1："该二条规定所提到之请求权皆只有在不当得利之全部构成要件该当时，方始存在。准用之意义只是在于明白指出，其分别规定之事件并非一件利得之法律上原因。就德国民法第八五二条第三项（相当于第一百九十七条第二项），这是广为肯认的看法。且近来大多数的意见认为这也适用于德国民法第九五一条第一项第一句（相当于'民法'第八百十六条）。其意义并包含将不当得利请求权的内容限于价额。"

④ "民法"第 816 条于 2009 年修正为："因前五条之规定而受损害者，得依关于不当得利之规定，请求偿还价额。"其立法理由："一、本条原规定主体为'丧失权利而受损害者'，其规范意旨，在于指出不当得利请求权之权利主体。唯依'民法'第一百七十九条规定，不当得利请求权之权利主体，为'受损害之他人'（受损人）。解释上，只要'受损害'即可，不以'丧失权利'为必要。盖不当得利规定之'损害'概念，范围相当广泛，除丧失权利外，尚包括单纯提供劳务、支出费用或权益归属之侵害等。且'丧失权利'等文字，未尽概括完整，其固然可以说明因附合、混合而丧失动产所有权或该动产上其他权利之情形，但无法涵盖因加工单纯提供劳务而受损害之情形。为求精确，爰删除'丧失权利'等文字。"

⑤ 旧德国民法第 323 条第 3 项、第 325 条第 1 项第 3 句、第 327 条第 2 句参照。

⑥ 旧德国民法第 516 条第 2 项第 3 句、第 527 条第 1 项、第 528 条第 1 项第 1 句、第 531 条第 2 项参照。

别规定，得“依关于不当得利之规定”，请求返还。其规范意旨在于宣示：该对待给付或赠与物之给付的法律上原因已不存在。是故，因该给付发生之财产利益的移动，由于欠缺法律上原因，而构成不当得利。所以，其“依关于不当得利之规定”的意义，仅在于准用不当得利之法律效力，不需要及于其构成要件：法律效力之准。[①] 此与前述添附及侵权行为的情形不同。

由以上说明可见，法律规定之文义虽同是“依关于不当得利之规定”，而准用之范围却不相同。其所以不同，全是权衡系争规定所涉要件事实，是否引起关于无法律上原因之判断疑义，而分别其参酌体系及目的因素后之解释的结果。法律规定本身未以法律上原因存在为前提，即为一定财产利益之归属的决定者，该规定固是该财产利益之归属的规范基础，但不同时是其归属之法律上原因。在此种规定，为避免疑问，自当明白规定，因该权益归属之规定而受到损害者，得“依关于不当得利之规定”，请求返还。其规范意旨在于宣示：该归属规定不是其所定财产利益之归属的法律上原因；在具体案件，其法律上原因应另有其依据。[②] 所以，在此种情形，该“依关于不当得利之规定”的意义为：构成要件之准用。反之，系争法律规定之要件事实如已显示其规定之给付或其他事由引起之财产利益的移动，无法律上原因，则为请求该财产利益的返还，不需要再审查其不当得利的构成要件。因此，在此种情形，该“依关于不当得利之规定”的意义为：法律效力之准用。[③]

另虽未明白引用不当得利之规定，而按其规定内容具有返还不当得利之义务的特征者，例如：(1)“民法”第 259 条。该条规定：“契约解除时，当事人双方回复原状之义务，除法律另有规定或契约另有订定外，依左列之规定：一、由他方所受领之给付物，应返还之。二、受领之给付为金钱者，应附加自受领时起之利息

---

① 王泽鉴：《不当得利》，2009 年增订新版，第 296～298 页。

② “民法”第 816 条于 2009 年修正为：“因前五条之规定而受损害者，得依关于不当得利之规定，请求偿还价额。”其立法理由：“二、本条规范意义有二，一为宣示不当得利请求权，纵使财产上损益变动系依法(例如第八百十一条至第八百十五条规定)而发生，仍属无法律上原因。其二系指明此本质上为不当得利，故本法第一百七十九条至第一百八十三条均在准用之列，仅特别排除第一百八十一条关于不当得利返还客体规定之适用。因添附而受损害者，依关于不当得利之规定请求因添附而受利益者返还其所受之利益时，仅得适用本法第一百八十一条但书规定请求‘偿还价额’，不能适用同条本文规定，请求返还‘利益原形’，以贯彻添附制度重新配属添附物所有权归属、使所有权单一化、禁止添附物再行分割之立法意旨。为求明确，将现行规定‘偿金’修正为‘价额’。又添附行为如该当侵权行为之要件，自有侵权行为损害赔偿请求权之适用，乃属当然，并予指明。”

③ 请参见王泽鉴：《不当得利》，2009 年增订新版，第 291～298 页。

偿还之。三、受领之给付为劳务或为物之使用者，应照受领时之价额，以金钱偿还之。四、受领之给付物生有孳息者，应返还之。五、就返还之物，已支出必要或有益之费用，得于他方受返还时所得利益之限度内，请求其返还。六、应返还之物有毁损、灭失，或因其他事由，致不能返还者，应偿还其价额。"撤销或解除虽同样会使撤销或解除之契约所构成的法律上之原因，在撤销或解除后复归于不存在，从而使在其撤销或解除前所为之给付，嗣后丧失法律上之原因。然因关于解除之恢复原状，上述规定的内容与"民法"第 180 条至第 183 条所定者不同，因此应优先适用"民法"第 259 条之特别规定。[①] (2)定有期限之租赁契约，因承租人死亡，或因承租人有约定终止权，而依"民法"第 452 条或第 453 条终止时，如终止后始到期之租金，出租人已预先受领者，应返还之("民法"第 454 条)。"耕作地之承租人，因租赁关系终止时未及收获之孳息所支出之耕作费用，得请求出租人偿还之。但请求额不得超过孳息之价额。"("民法"第 461 条)(3)"民法"第 979 条之一规定："因订定婚约而为赠与者，婚约无效、解除或撤销时，当事人之一方，得请求他方返还赠与物。[②]"(4)法律行为自始无效，或因经撤销而视为自

---

① "最高法院"2005 年度台上字第 1874 号民事判决："按损害赔偿总额预定性违约金经法院核减后，就减少部分应依不当得利规定返还，与契约解除后之回复原状义务，两者之法律关系不同，其请求权个别存在。当事人行使解除权后，依'民法'第二百五十九条及第二百六十条规定，除请求回复原状外，并得请求损害赔偿，亦即'民法'第二百五十九条乃不当得利之特别规定，仅适用于解除契约后之回复原状义务，其范围与一般不当得利不同。是以约定之违约金过高，经法院酌减之数额，应依一般不当得利规定请求返还。亦即应按所酌减之数额依'民法'第一百八十二条第二项计付利息。原审认××公司将××公司已缴付之价款全数充为违约金予以没收，实属过高，应核减为一千六百九十四万元，超额部分即六百三十四万元，非违约金，性质上属××公司已缴之分期价款，××公司请求返还有理，应依'民法'第二百五十九条第二款规定加付受领时起算法定利息返还，与前揭意旨有违，难谓允洽。"依该判决之意旨，在解除契约的情形，违约金属于自"民法"第 260 条所定之损害赔偿引申之以违约金预定损害赔偿总额的约定。依约其由债权人方，以其他名目之给付改充违约金之给付者，如法院认为约定之违约金过高，经其依职权酌减之数额，即无法律上原因，应依一般不当得利规定请求返还，而非依"民法"第 259 条之特别不当得利规定。在民事诉讼实务上，这涉及诉讼标的的问题。主张之诉之声明的规范基础不正确时，会导致败诉的结果。基于"民法"第 259 条之特别规定，在该条所定情形，关于不当得利受领人之返还范围，无"民法"第 812 条之限制规定的适用。Larenz/ Canaris, Lehrbuch des Schuldrechts, Band Ⅱ · Halbband 2, Besonderer Teil, 13. Aufl., München 1994, § 68 Ⅱ 1 b; Esser/ Weyers, Schuldrecht Band Ⅱ Besonderer Teil, Teilband 2, 8. Aufl., 2000 Heidelberg, § 48 I(S. 42).

② 关于以订婚为法律上原因之赠与的返还，德国民法第 1301 条规定："如不结婚，各订婚者皆得依不当得利的规定，向他方请求返还其赠与，或为作为婚约之表征而给与他方之物(第一项)。有疑义时，应假定婚约因订婚之一方死亡而解除时，不得请求返还(第二项)。"

始无效者，其当事人，于行为当时知其无效，或可得而知者，应负恢复原状或损害赔偿之责任（“民法”第113条、第114条第2项）。在该两条规定中，关于恢复原状之责任，当其与损害赔偿之责任并列，所指者应当是不当得利的返还义务。[①]不过，在这种情形，将恢复原状与损害赔偿之责任并列，并不妥适。盖侵权行为责任固以故意或过失为成立要件，而不当得利之返还义务的成立，并不以故意过失、明知或可得而知为要件。在该两条规定中，其关于“行为当时知其无效，或可得而知”之要件的意义应是：该利益之受领人于受领时，因知无法律上原因，其返还义务之范围应依“民法”第812条第2项定之。此与，因解除事由发生在给付后，关于适用第182条，以定其返还义务之范围时，易起疑义，所以需要以“民法”第259条规定当事人双方恢复原状之义务，以释疑惑者，不同。

7. 抗辩权与不当得利

清偿有抗辩权之债务是否为非债清偿？抗辩权有一时抗辩权及永久抗辩权。一笔仅带有一时抗辩权之债务，尚为一笔真正的债务。所以其清偿不是非债清偿。例如因清偿期尚未届至，或双务契约之债权人在请求给付时未同时为已方给付之提出者，债务人得拒绝给付（同时履行抗辩权）；保证人之先诉抗辩权，亦同（“民法”第745条）。如债务人有债务，而因不知有一时抗辩权（例如同时履行抗辩权或时效抗辩权[②]），而为给付者，既不属于非债清偿，亦不构成不当得利；债务人据时效抗辩而拒绝给付在规范上并不被认为有违善良风俗。在这种情形，于清偿后，债务人不得以有错误为理由，主张撤销其为清偿给付而从事之意思表示，而后以此为依据，请求返还其为清偿该债务而为之给付。

一笔带有永久抗辩权之债务，在效力上已接近于非债务。因此，有其清偿是否构成不当得利的疑问。属于这类的抗辩权者，原则上与系争债权之成立或生

---

① “最高法院”1993年度台上字第215号民事判决：“意思表示经撤销者，依‘民法’第一百十四条第一项规定，视为自始无效，因此，被上诉人依不当得利之法律关系，诉请上诉人如数返还买卖价金六百七十二万元及其法定迟延利息，于法自无不合。”

② “最高法院”1996年度台上字第2059号民事判决：“按租金之请求权因五年间不行使而消灭，‘民法’第一百二十六条定有明文。又无法律上之原因而获相当于租金之利益，致他人受损害时，如该他人之返还利益请求权已逾租金短期消灭时效之期间，对于相当于已罹消灭时效之利益，不得依不当得利之法则，请求返还。”

效有关。例如契约当事人无行为能力[①]、债权行为因违反强行规定、公序良俗[②]或法定方式而无效[③]("民法"第 71 条至第 73 条),无法律上原因而负担债务,或他人因侵权行为而对自己取得债权。在后两种情形,纵使请求免除或除去该债权之消灭时效期间已经过了,亦得拒绝给付。[④]

除时效抗辩外,带有灭却抗辩权之债权在法律上就像不存在一样,[⑤]所以对于带有抗辩权之债务的清偿效力,德国民法第 813 条规定:"该以履行一笔债务为目的之给付,于对其请求权有抗辩权,可永久排除其行使时,亦得请求返还。第二一四条第二项的规定仍有适用(第一项)。期前履行一笔附有期限之债务者,不得请求返还;且不得请求退还其间之利息(第二项)。"第 214 条第 2 项所规定者为:"纵使不知消灭时效已完成,为满足消灭时效已完成之请求权所作之给付,不得请求返还。债务人以契约承认或提供担保者,亦同。""民法"虽无与上引德国民法相同之明文规定,不过,实务上适用之结果并无不同。

此外,德国民法第 821 条还进一步规定:"无法律上原因而承担债务者,即使免除该债务之请求权的消灭时效已完成,亦得拒绝给付。""民法"与之对应之规定为第 198 条:"因侵权行为对于被害人取得债权者,被害人对该债权之废止请求权,虽因时效而消灭,仍得拒绝履行。"与德国民法上述规定相较,"民法"第 198 条的规定尚不够周全。德国民法第 813 条第 1 项在实务上可厘清有抗辩权之债务是否为非债清偿的争议。

---

① Staudinger/ Werner Lorenz, Kommentar zum BGB, Berlin 1999, Rn. 17. zu § 813.

② Larenz/ Canaris, Lehrbuch des Schuldrechts, Band Ⅱ · Halbband 2, Besonderer Teil, 13. Aufl., München 1994, § 68 I 6:由于违反法律或善良风俗之法律行为,原则上无效,所以 Larenz/ Canaris 认为,德国民法第 817 条规定在这种情形,其受领人负返还义务的意义不大。盖依同法第 812 条之一般规定,亦得请求返还。倒是应注意不法原因之给付可能因排除的规定而不得请求返还(参照德国民法第 817 条第 2 句,"民法"相当之规定为第 180 条第 4 款)。

③ 履行因违反法定方式而无效之债务契约不一定皆构成无法律上原因之给付。例如"民法"第 166 条之一第 1 项规定:"契约以负担不动产物权之移转、设定或变更之义务为标的者,应由公证人作成公证书。"违反该项所定之法定方式者,依"民法"第 73 条前段,本当无效。唯该条第 2 项规定:"未依前项规定公证之契约,如当事人已合意为不动产物权之移转、设定或变更而完成登记者,仍为有效。"亦即其履行可补正其法定方式之欠缺。从而使其履行行为之给付具有法律上原因。

④ 对此,德国民法第 821 条、第 853 条有明文规定,而"民法"仅有第 198 条与德国民法第 853 条相当。Larenz/ Canaris 称德国民法第 821 条及第 853 条是德国通说认为带有第 813 条所定之抗辩权的请求权(Lehrbuch des Schuldrechts, Band Ⅱ · Halbband 2, Besonderer Teil, 13. Aufl., München 1994, § 68 I 5 a).

⑤ Staudinger/ Werner Lorenz, Kommentar zum BGB, Berlin 1999, Rdn. 1 zu § 813.

债务定有清偿期者，债权人固不得于期前请求清偿，但如无反对之意思表示时，债务人得于期前为清偿（“民法”第 316 条）。“期前”指债权已生效而未届清偿期，此与因附始期或停止条件而未生效的情形应予区别。期前清偿仅是债务人之期限利益的抛弃，非无法律上原因，所以不但不构成不当得利，亦不得就抛弃之期限利益，请求折抵原本或返还利息。[①] 债权因其据以发生之债权行为附始期或停止条件而未生效者，在其债权生效前所为之清偿给付无法律上原因，与附有灭却抗辩权的情形一样，可构成不当得利。对未届清偿期或始期尚未届至之债权，是否应赋予规范上之区别，德国学说上虽有质疑，但尚无判决对于该问题表示意见。[②]

形成权虽足以改变既存之债务关系，甚至使之归于消灭，但一笔债权所据以发生之法律行为只要尚未撤销，其给付之授受即有法律上原因，[③]撤销权之存在不影响其相关之债的效力。是故，具有形成权性质之撤销权的存在不属于这类抗辩权。在其行使前，纵使先为给付而后再为撤销，并不违反诚信原则。有疑问者为：因撤销使法律行为溯及失其效力时，据该法律行为而发生之债权在撤销该法律行为后，其法律上原因要论为自始或嗣后不存在？[④] 在买卖，买受人据物之瑕疵担保，固得解除契约或请求减少价金，并从而得请求返还一部或全部已给付之价金，不构成不当得利，唯买卖标的物之量的不足如经论为给付不能，则就已为全部或一部之对待给付的部分，依“民法”第 266 条，还是得依关于不当得利之规定，请求返还。[⑤] 但仍应在“民法”第 365 条第 1 项所定之期限内为之。[⑥] 此外，假设该买卖系透过银行之融资而由买受人分期对于银行给付价金时，自何时开始可认为该价金请求权已带有瑕疵担保之解除契约或请求减少价金的抗辩权？自出卖人、买受人及银行之三方关系论，传统上，该买卖契约及融资契约本来固互相独立，但现代民事法为保护消费者之利益，多倾向于将在经济上具有一体性之该买卖契约及融资契约结合成一笔交易。不使买受人处于比直接与出卖人为分期付款买卖较为有利或不利的地位，以除去如果将该两契约分离，买受人可能遭受之割裂风险（das Aufspaltungsrisiko）。该风险表现在：买卖标的物有

---

① 王泽鉴：《不当得利》，2009 年增订新版，第 133 页。

② Staudinger/ Werner Lorenz, Kommentar zum BGB, Berlin 1999, Rdn. 15f. Zu § 813.

③ 王泽鉴：《不当得利》，2009 年增订新版，第 67～68 页。

④ Staudinger/ Werner Lorenz, Kommentar zum BGB, Berlin 1999, Rdn. 14 zu § 813.

⑤ 王泽鉴：《不当得利》，2009 年增订新版，第 76～80 页。“最高法院”2000 年度台上字第 2877 号民事判决：“买卖契约如一部无效，而出卖人就该无效部分已收取价金受有利益，致买受人受有损害，仍可成立不当得利。”

⑥ Staudinger/ Werner Lorenz, Kommentar zum BGB, Berlin 1999, Rdn. 13 zu § 813.

瑕疵而出卖人无资力时，买受人虽解除契约或请求减少价金，但不仅不能对出卖人成功请求返还已经过之期数的价金，而且买受人还必须继续对银行给付陆续到期之价金。假设将出卖人及融资银行看成是该买卖契约之一方，则首先至少买受人可向融资银行请求返还自发现瑕疵或向出卖人行使瑕疵担保请求权时起之各期价金。该两时点应从宽以发现时点为准。盖在该时点之前，融资银行本来即已将全部货款给付出卖人，以该较前之时点为准，并不增加融资银行之风险。至于该时点以前已给付之价金，因在无该融资之安排的情形，买受人本来亦只能向出卖人请求返还，是故，不得向融资银行请求返还。[①]

与撤销类似而不同者为，债务人不知得为抵销而为债务之履行者，事后得否溯及地改以抵销的方法清偿该债务，从而主张依不当得利之规定，请求返还其先前之清偿给付？宜采否定的见解。[②] 为避免该风险，债务人在现实清偿时得为如下保留："就清偿之债务，清偿人如得抵销，即视为改以已达抵销适状之债权互相抵销为履行方法，有多数债权可供抵销者，先到期者先抵销，债权人应返还其现实所为之清偿给付。"

倘债务人对之为抵销之被动债权带有永久抗辩权，债务人得依不当得利的规定，请求恢复其主动债权。盖以现金（现实）给付清偿债务者，既得依不当得利的规定请求返还，以抵销的方法清偿者，应亦相同。[③]

8. 受赠人不履行负担或嗣后目的不达

甲捐赠乙财团法人一笔土地以供兴建图书馆，在移转该地之所有权给乙后，乙将该土地用来兴建学生宿舍时，甲如要请求返还该地。赠与人甲需先以受赠

---

① Staudinger/ Werner Lorenz, Kommentar zum BGB, Berlin 1999, Rdn. 5 zu § 813; Larenz/ Canaris, Lehrbuch des Schuldrechts, Band Ⅱ · Halbband 2, Besonderer Teil, 13. Aufl., München 1994, § 68 I 5 a).

② 德国立法者及帝国法院及通说皆采否定的见解。唯其学说上有正反不同的看法。正方认为，本于抵销权，债务人本来即得消灭其清偿之债务，这在清偿后发现其债权虽已时效完成，但还处于抵销适状的情形，有其实益。反方之见解认为，按抵销权是形成权，其权利人本来得决定是否行使，当其不为行使，而为债务之实际履行后，如再容其反悔，改以抵销的方法清偿债务，并依不当得利之规定请求返还其先前之现实给付，势必有害于法的安定性(Staudinger/ Werner Lorenz, Kommentar zum BGB, Berlin 1999, Rdn. 11 zu § 813; Larenz/ Canaris, Lehrbuch des Schuldrechts, Band Ⅱ · Halbband 2, Besonderer Teil, 13. Aufl., München 1994, § 68 I 5 c); Paland/ Thomas, Kommentar zu BGB, 66. Aufl., München 2007. § 813 Rn. 4)。德国学者有认为："给付者得以错误为理由，撤销存在于该给付中之抛弃抵销权的表示，以使其抛弃之表示及给付无效，并从而产生第八一二条之返还债权的请求权。"(Soergel-Mühl, Kommentar zu BGB, 11. Aufl., Stuttgart, 1985, § 813 Rn. 5)

③ Staudinger/ Werner Lorenz, Kommentar zum BGB, Berlin 1999, Rdn. 12 zu § 813.

人乙不履行该附负担之赠与的负担为理由，撤销该赠与契约（“民法”第 412 条第 1 项），而后对于受赠人乙，始得依不当得利的规定，请求其返还赠与物。唯就类似情形，“最高法院”2006 年度台上字第 2187 号民事判决认为：“按撤销权为形成权之一种，法律行为之撤销，须以法律规定之撤销权为基础，由撤销权人行使其权利，始生撤销之效力。本件原审虽认被上诉人赠与上诉人六百万元之目的在供上诉人建庙，属目的性赠与，因上诉人迄无建庙之意，缔约目的无法达成，缔约基础丧失，被上诉人于 2001 年 6 月 19 日撤销赠与之意思表示，并依不当得利规定请求上诉人返还六百万元，为有理由云云。唯所谓目的性赠与与附有负担之赠与，并不相同，目的性赠与之赠与人对于赠与行为有无撤销权？其撤销权之要件如何？有何法律上之依据？被上诉人可否行使该撤销权？原审悉未调查审酌，遽为上诉人败诉之判决，未免速断。”该院在附负担之赠与外，另创设目的性赠与的类型，并提出在目的性赠与，其受赠人不实现该赠与目的时，其赠与人之撤销权的法律上依据何在？按即便适合在附负担之赠与外，另创设目的性赠与的类型，在法律对于目的性赠与无明文规定的情形，亦当类推适用附负担之赠与的规定，容许赠与人在受赠人不依约达成赠与目的时，撤销该契约。

给付目的不达，虽未为“民法”所明文规定，但已是学说上所肯认：[①]给付之法律上原因嗣后不存在的典型态样之一。[②] 由“最高法院”提出目的性赠与之类型时，质疑在其目的不达时之效力的依据，显示司法实务上虽已意识到该类型的规范需要，但对之还感陌生，不肯明白开示其法律见解。依目的性赠与的观点，应容许赠与人不待于撤销，即以目的不达为理由，依不当得利之规定，请求返还其赠与之给付。在此意义下，目的不达等于是目的性赠与之当然撤销事由。其

① 王泽鉴：《不当得利》，2009 年增订新版，第 65 页。

② 甲乙之行为如不定性为附负担之赠与，亦可能解释为，甲只是为对乙明白表示之一定目的：期望乙从事甲指定之兴建特定庙宇的行为，而给付一笔金钱给乙。在这种情形，该笔金钱之给付，并非为履行债务，亦非为成立一笔债务关系而为给付，而是为了一件寄望于受领人乙之一定目的而为给付。德国民法第 812 条第 1 项第 2 句后段有将依法律行为之内容，借一笔给付所要达到之成果未达成的情形，亦规定为法律上原因嗣后不存在的态样之一。该给付之受领人因此亦有返还该给付的义务。该规定所定类型的特征为：双方无债务契约存在。相对人亦尚无即为负一定债务，而为契约之缔结的意愿。此时，一方可能为促使相对人依自己的愿望，从事一定行为，而先为给付。在这种情形，目的性赠与和附负担之赠与不同者为：在目的性赠与，不待于撤销，赠与人即可依不当得利的规定，请求返还其赠与之给付。因“民法”第 179 条就法律上之原因嗣后不存在的态样，并未如德国民法上开条文，有上述明文规定，所以，就为一定之目的先为给付，而后来目的不达时，其法律效力为何，容易引起解释上的疑义。

作用类似于解除条件(撤销条件)成就。其与附负担之赠与在规范机制上的差异为:在附负担之赠与,赠与人应先为赠与契约之撤销的意思表示,而后始得请求返还其赠与之给付。在目的性赠与,在目的不达时,即可直接请求返还其赠与之给付。在目的性赠与,赠与人纵使亦先为赠与契约之撤销的意思表示,而后再请求返还其赠与之给付,其多余之撤销的表示应无碍于其关于返还赠与给付之请求的效力。反之,如论为附负担之赠与,则在赠与人未为该赠与之撤销前,若依不当得利的规定,请求返还其赠与之给付,则因该赠与契约构成之法律上原因尚存在,其请求尚无理由。然在后一情形,法院亦得将赠与人请求返还赠与物之表示,解释为含撤销该赠与契约之意思,从而认定赠与人之请求为有理由。

实务上困难者为:在上述情形,赠与人在请求返还之规范基础的主张上,容易由于与法院之看法不同,而发生由于原来起诉之诉讼标的与法院认为正确之诉讼标的不同,而有如何在诉讼中适时,为诉之追加、变更诉之声明或诉之声明的规范基础之难题。[①]

9. 事实上契约

在契约因违反法律之强行规定而无效的情形,该强行规定所要保护之人如已为给付,且无效对于所要保护之人不利时,有认为该契约在该法律所要保护之人已履行的限度,应论为有效。此即事实上契约说。该法律所要保护之人仍得依该契约之约定对于相对人请求约定之对待给付。其相对人不得依不当得利之规定,以其自始未受有利益,或所受利益已不存在为理由,主张免负返还义务。[②]例如童工契约虽违反"劳动基准法"第45条第1项前段关于雇用童工之禁止规定,但童工如已依约上工,则不论其雇主是否因其工作而受有利益,就童工已履

① "最高法院"2000年度台上字第675号民事判决:"查上诉人起诉主张:被上诉人于伊父庄温言死后,向伊母庄潘明素骗取印鉴证明等物,伪造赠与契约,将伊所有之系争土地移转登记在其名下,致伊受有损害,被上诉人负有侵权行为之损害赔偿责任,因侵权行为损害赔偿请求权之时效已完成,依'民法'第一百九十七条第二项规定,伊得本于不当得利法则请求被上诉人返还系争土地。上诉第二审后,另行主张:纵上开赠与非属无效,但系附负担之赠与,因被上诉人未履行负担,伊已为撤销赠与之意思表示,依'民法'第四百十九条第二项规定,亦得本于不当得利法则请求被上诉人返还系争土地云云。两者为诉讼标的之法律关系虽同为不当得利,但其所主张之原因事实并非同一,固属诉之追加,唯上诉人于1997年12月12日已主张如系附负担之赠与,因违反'民法'第四百十九条规定,伊已撤销赠与,亦得依不当得利法则请求返还(见二审更(二)卷六四页、八二页)。被上诉人就上诉人之上开主张,于1998年2月17日言辞辩论时,无异议而为本案之言辞辩论(见同上卷一一一页)。揆诸前揭说明,即应视为同意追加。"

② Esser/ Weyers, Schuldrecht Band Ⅱ Besonderer Teil, Teilband 2, 8. Aufl., 2000 Heidelberg, § 52 I 1.

行之部分，仍负有给付工资的义务。唯因童工契约违反上述禁止规定，就尚未履行的部分，雇主不得请求童工依约上工；童工自动要上工者，雇主得拒绝受领其给付。

（三）无法律上原因

当财产利益的移动欠缺上述法律上原因，其移动即无法律上原因。造成财产利益之移动的缘由，有给付性或非给付性的法律事实。以此为基础，德国学说上首先将不当得利区分为给付性及非给付性不当得利两大类。[①] 该区分亦为台湾地区学者所继受。[②] 给付性及非给付性不当得利分别有其法律上原因之欠缺的样态，兹分述之：

1. 给付性不当得利

因给付而发生之财产利益的移动，其法律上原因存在于给付者所以为给付之目的上。是故，该目的如有欠缺，或因目的不合法或不能实现，而不能支持该财产利益的移动，则由于该给付而受利益者，即无保有该利益的正当性，从而构成不当得利，应予返还。[③]

给付可谓是配合债的制度而发展出来的概念。其特征为：有履行债务或为成立期待之债的关系为其目的。[④] 假设给付者想要履行之债务不存在，或其期待透过给付建立之债的关系后来确定不能达成，则该给付便因目的不能达成而成为无法律上原因之给付。基于该给付而有财产利益之移动结果时，取得该利

---

① Esser/ Weyers, Schuldrecht, Band Ⅱ Besonderer Teil, 8. Aufl., Hei-delberg 2000, §§ 48ff.; Larenz/ Canaris, Lehrbuch des Schuldrechts, Band Ⅱ · Halbband 2, Besonderer Teil, 13. Aufl., München 1994, §§ 68f..

② 王泽鉴：《不当得利》，2009 年增订新版，第二章，第三章；孙森焱：《民法债边总论》上册，2004 年修订版，第 153 页以下关于非统一说之论述。

③ Hans-Wilhelm Kötter, Zur Rechtsnatur der Leistungskondiktion, AcP 153(1953) 193ff..

④ 当给付以履行债务为目的，相对于所要履行之债务，该给付即是其履行行为。所以，给付之可定性为履行行为有其对于特定债务之相对性。此与一个以移转特定权利为内容之（准）物权行为具有无因性，与特定债务或原因无关连者不同。关于给付的概念，请参考 Esser/Weyers, Schuldrecht Band Ⅱ Besonderer Teil, Teilband 2, 8. Aufl., 2000 Heidelberg, § 48 Ⅱ; 王泽鉴：《不当得利》，2009 年增订新版，第 43～44 页。

益者，由于欠缺法律上原因，不得保有，而构成不当得利。[①]

一个人清偿之债务为何会不存在？主要可能因为该债务所据以发生之契约无效、在届终期后还为给付、从事之无因管理经论为不适法。在这些情形，于给付时债务即已肯定不存在，属于非债清偿。契约经撤销、效力未定之契约经拒绝承认，或解除条件成就。在这些情形，于给付时债务或是尚存在，或是存在与否尚不肯定。所以其无法律上原因可归类为：给付时，虽有法律上之原因，而其后已不存在的类型。在消灭时效已完成之时效抗辩，债务人虽得拒绝给付，但其如为给付，依然论为清偿债务，不得请求返还。其余，在债务人有永久抗辩权的情形，等于该债务已不存在，不再能够支持其履行所发生之财产利益的移动。是故，因该债务之履行而受利益之债权人还是应依不当得利的规定，返还其所受之利益。对该类型德国民法第 813 条第 1 项有明文规定，而"民法"则无。依债务不履行的规定，债权人虽得解除契约，从而使其先前所为之对待给付嗣后丧失法律上原因。然对此种事件，因法律有关于债务不履行之特别规定，所以应适用该特别规定。必须在债务不履行规定中有应适用不当得利之明文时，始适用不当

---

① 因给付而发生之不当得利，例如因下述情形之一，清偿他人之债务而发生：连带债务人清偿连带债务，有或无利害关系之第三人为债务人清偿债务，或第三人误偿债务人对于债权人实际不存在之债务。则在连带债务之清偿的情形，连带债务人对于其他连带债务人有求偿权（"民法"第 281 条）。在无利害关系之第三人为清偿的情形，视情形，可成立无因管理或不当得利的关系。在误偿不存在之债务的情形，因无债务可偿，所以认为第三人得直接对于债权人请求返还。德国学说有将因此发生返还请求权，另行建构类型的构想，称为求偿性不当得利（die Rückgriffskondiktion）。上述情形，学说上所以不将之归类于给付性不当得利，乃因认为，该给付者并无透过该财产之给予，增益因此取得利益者之财产的意思，从而不具备给付之特征。唯其实益显然不大（Larenz/ Canaris, Lehrbuch des Schuldrechts, Band Ⅱ · Halbband 2, Besonderer Teil, 13. Aufl., München 1994, § 69 Ⅲ 2; Esser/Weyers, Schuldrecht Band Ⅱ Besonderer Teil, Teilband 2, 8. Aufl., 2000 Heidelberg, § 50 Ⅲ 2; 王泽鉴：《不当得利》，2009 年增订新版，第 226 页）。

得利的规定。[1]

2. 非给付性不当得利

非给付性之不当得利，指其所涉之财产利益的移动不是基于以给付为目的之行为。这可能基于受损害者、受利益者或第三人造成财产利益之移动的事实行为或自然事件。

非给付性不当得利依其发生之事由的特征主要可再区分为，侵害性不当得利、费用性不当得利及自然性不当得利。[2]

所谓侵害性不当得利，指财产利益之移动系因侵害法律配属于他人之权益而发生，且其移动无法律上原因的情形。其所谓侵害，不等同于侵害他人之权利或利益；亦不等同于以他人之费用，使自己受到利益；而应视法律关于该财产利益之归属的规定，以判断该财产利益之移动的适法性。是故，竞争固然可能以竞

---

① "民法"与德国民法一样[Esser/Weyers, Schuldrecht Band Ⅱ Beson-derer Teil, Teilband 2, 8. Aufl., 2000 Heidelberg, § 48 I(S. 42)]，对于契约之解除的效力有不同于契约之撤销的特别规定。契约经撤销者，与自始无效一样，当事人中已给付者，得依不当得利的规定请求返还。反之，契约经解除者，除法律另有规定或契约另有订定外，应依"民法"第259条，请求恢复原状。唯"最高法院"1970年度台上字第4297号民事判例认为："契约之解除，出于双方当事人之合意时，无论有无可归责于一方之事由，除经约定应依民法关于契约解除之规定外，并不当然适用'民法'第二百五十九条之规定，倘契约已为全部或一部之履行者，仅得依不当得利之规定请求返还其利益。"如认为，解除权人于解除通知后，得选择或依"民法"第259条请求恢复原状，或依不当得利的规定请求返还不当得利，自请求权竞合的观点立论，尚可言之成理。而若谓，"除经约定应依'民法'关于契约解除之规定外，并不当然适用'民法'第二百五十九条之规定，倘契约已为全部或一部之履行者，仅得依不当得利之规定请求返还其利益"，则显已与"民法"第259条相抵触。"最高法院"1993年度台上字第1292号民事判决："解除契约，系指契约当事人之一方，行使解除权而使契约自始归于消灭者而言。债之契约既溯及的消灭，则因契约之履行而受益之一方，即欠缺法律上之原因，形成不当得利，故因履行契约而为给付之一方，固得依'民法'第二百五十九条之规定，行使回复原状请求权，亦得行使不当得利返还请求权，唯不论何者，有请求权之一方，仅得请求不当得利之受领人，返还利益于自己，不得请求返还于其所指定之第三人，该受领人亦无向第三人为给付之义务。""最高法院"2011年度台上字第2号民事判决认为："唯按契约一经解除，契约即溯及归于消灭，与自始未订立契约同。因此契约解除后，当事人在契约存续期间所受领之给付，即成为无法律上之原因，自亦构成不当得利，该受损害者倘舍解除契约后回复原状请求权而行使不当得利请求权，应非法所不许，此观'民法'第一百七十九条后段立法理由揭橥：'其先虽有法律上之原因，而其后法律上之原因已不存在(如撤销契约、解除契约之类)，亦应返还其利益'自明。"后两判决采当事人可以选择的观点。由于"民法"第259条所规定者，因无"民法"第182条第1项之得请求返还范围之限制，对于请求权人较为有利，所以该选择权之赋予，实益不大。

② Uwe Hüffer, Die Eingriffskondiktion, JuS 1981, 263ff..

争者受到不利为代价，来让自己受到利益，但基于法律对于市场竞争体制的肯定，透过正当竞争而取得之利益，因为适法而不构成不当得利。反之，如果事业以不正当的方法从事竞争，则该事业应对因此受害之竞争者，赔偿其所受之损害。关于此种损害之有无及其范围之认定，为避开其举证的困难，法律有时规定，以从事不正当竞争者取得之利益为其竞争者所受之损害。在该规定下，依侵权行为之规定请求赔偿损害，与依不当得利之规定，请求返还所受利益，在结果上已无大异。[①] 其次，对于重要特别人格权之保护，例如贞操，有时在制度上，仅止于肯认对于其侵害之禁止及因其侵害所引起之损害的赔偿，而由于人格权之物化的禁忌，尚难以从权益归属的观点，肯认以特别人格权之侵害为依据之侵害性不当得利。可以引为补救者为：肯认适当数额之精神上损害的赔偿。唯也有可能一个受法律保护的地位虽尚未到取得权利地位的级次，但法律已配属一定之受法律保护的利益。对于此种法律地位或利益之侵害，虽仅能构成"民法"第184条第1项后段、第2项及其他特别法（"公平交易法"第20条、第31条、第32条）所定之侵权行为，而不能构成同条第1项前段所定之侵权行为，但因其侵害所造成之财产利益的移动，原则上可构成不当得利。例如关于营业秘密之侵害。上述侵权行为及不当得利之规范对象互有大小之交集现象的成因在于其制度之建制的基础理论或原则不同。侵权行为重在不法引起损害及该损害之归属原则；不当得利重在法律已归属于特定人之权益的保障，因此，其财产利益之移动如无正当事由（法律上原因），即应恢复于其原来归属之人。

所谓费用性不当得利，指财产利益之移动系因一方之付出，产生节省他方费用之结果，且其付出无法律上原因的情形。如有法律上原因，则应适用该法律上原因的规定。例如基于租赁关系而对于租赁物支出修缮费用（"民法"第430条："租赁关系存续中，租赁物如有修缮之必要，应由出租人负担者，承租人得定相当期限，催告出租人修缮，如出租人于其期限内不为修缮者，承租人得终止契约或自行修缮而请求出租人偿还其费用或于租金中扣除之。"）。在不适法无因管理，如果本人虽受有不能除去之利益，而既不愿承认，也表示不愿享受管理利益时，即可能构成费用性不当得利。这可能发生在无权占有人对于占有物为有益费用

---

① "公平交易法"第32条规定："法院因前条被害人之请求，如为事业之故意行为，得依侵害情节，酌定损害额以上之赔偿。但不得超过已证明损害额之三倍（第一项）。侵害人如因侵害行为受有利益者，被害人得请求专依该项利益计算损害额（第二项）。"Esser/Weyers, Schuldrecht Band Ⅱ Besonderer Teil, Teilband 2, 8. Aufl., 2000 Heidelberg, § 50 I 1 a.

之支出的情形。[①]

所谓自然性不当得利，系指财产利益之移动系由于自然事件，且该利益之取得无法律上原因的情形。例如甲乙之牧场相邻，甲突然因病住院不及安排他人为其照顾所饲养之牛只，以致甲之牛只越篱吃乙之饲料。甲因此得到之利益即属于自然性不当得利。[②]

(四)财产利益之取得或移动

1. 概念

法律关系因有新生之法律事实而发生、变更或消灭。法律事实可分为行为及自然事件。行为又可分为：法律行为、准法律行为及事实行为。财产或其利益在主体之归属可能因法律行为、事实行为或自然事件而移动。[③] 其移动的特征为：因一方受有损害，而使他方受有利益。是故，不但无损害即无由成立不当得利，[④]而且利益极其量只能等于或小于损害。超过损害之利益的返还，属于因加工或经营所生利润之归入的问题。

基于法律行为者，主要发生在权利之继受取得的情形。例如因物权行为/处分行为而移转或设定担保物权于他人，因用益物权（地上权或地役权）之设定而使他人取得其土地之使用收益权。至于典权之设定，则兼具担保物权及用益物权之设定的效力，是接近于处分所有权之行为。基于事实行为者，主要发生在不具权利地位之财产利益的取得或移动，例如物或权利之有权的或无权的使用收益。基于自然事件者，例如饲养之动物食用他家之饲料。其因事实行为而取得者，可能是受利益者、受损害者或第三人之事实行为。该行为可能是合法的，也可能是不合法的。但上述区别皆无碍于不当得利返还请求权之成立，而只可能

---

① Esser/Weyers, Schuldrecht Band Ⅱ Besonderer Teil, Teilband 2, 8. Aufl., 2000 Heidelberg, § 50 Ⅲ 3.

② Esser/Weyers, Schuldrecht Band Ⅱ Besonderer Teil, Teilband 2, 8. Aufl., 2000 Heidelberg, § 50 Ⅲ 1.

③ 法律事实是法律关系之发生、变更或消灭的事由。无法律事实即无法律关系之发生、变更或消灭。法律事实按其属性可分成：非行为（自然事件）、行为（事实行为、准法律行为及法律行为）。这是以人为本位，所作之分类。财产利益之移动为权利或利益在主体间之得丧变更，属于法律关系之发生、变更或消灭。故其发生之事由可循法律事实之类型推求，并加以分类。

④ “最高法院”2010 年度台上字第 2316 号民事判决：“按不当得利乃对于违反公平原则之财产变动，剥夺受益人所受利益，以调整其财产状态为目的，并以无法律上之原因而受利益致他人受损害为基础，依法律之规定而发生债的关系，倘无损害（既存财产之积极减少或应得利益之消极丧失）即无由成立不当得利，此观‘民法’第一百七十九条规定自明。”

影响其应返还之利益的范围（“民法”第 182 条）。

财产可能具有权利地位，也可能仅是一种不具权利地位之财产利益（例如未取得专利权之专门技术）。权利除依法律移转者外（例如继承），其移动必须以法律行为中具体权利之移动为内容之物权行为或处分行为为方法，始能使他人继受取得。不具权利地位者，其移动必须借助于事实行为或自然事件。使权利发生移转的法律行为，如以有体物为其标的，称为物权行为；如以无体物为其标的，称为准物权行为（例如债权、专利权、著作权、商标权之移转）。债权之移转为权利之移转的态样之一。债权除依法律移转者外（“民法”第 312 条、第 281 条第 2 项、第 749 条），亦皆必须以法律行为为方法，始能使他人继受取得。所以，移转债权之行为系一种处分行为。此外，还得以债权为标的设定权利质权（“民法”第 900 条）。物权经抛弃者，成为无主物，任何人必须透过先占始能原始取得该物之所有权。反之，债权经免除时，减少债务人之消极财产，虽属单独行为，其结果仍具增加债务人之财产的给付效益。因为债务之免除的利益归属于债务人，不是权利之抛弃，所以免除应为需要以债务人为特定相对人之单独的（准）物权行为。[①]

物权之移转或设定担保需要借助于以物权之移转或设定担保为内容之物权行为。物权行为可谓是处分行为之主要的具体态样。至于处分行为则还含有物权以外之权利的移转或设定担保为内容之其他法律行为。其共同之内容特征为：以特定权利之移转或设定担保为内容。因此当其发生效力，系争权利即如约定，在相关主体间发生移转或设定担保于他方。此与债权行为/负担行为仅使行为人依约定内容，负担为一定内容之给付义务者不同。在此意义下，因债权行为而取得债权者，在该债权之履行前，是否受有财产利益，应采否定的见解。要之，除上述以权利之移转为内容之行为称为处分行为外，处分行为还包括担保物权之设定的行为。

事实行为仅能创始权利或消灭权利，而不能移转权利。即便在添附的情形，亦以消灭原来权利人对于一件物之权利，使该物转化为他人之物的成分，而后由他人依添附之规定，透过自己之所有权范围的扩张，而原始取得由该物转化之成分（“民法”第 811 条至第 815 条）。而非因导致添附之事实行为，继受取得因添附而丧失权利者所丧失之权利。然移转权利之物权行为可能以事实行为为其生

---

① “最高法院”1992 年度台上字第 2871 号民事判决：“债务免除系债权人向债务人免除其债务之单独行为，于其免除之意思表示达到债务人时，即生免除效力，固无待于债务人之承诺或另与债务人为免除之协议（契约），然必以债权人有向债务人免除债务之意思表示为依归。”

效要件。例如“民法”第761条规定，让与动产物权之物权行为，以该动产之交付为生效要件。交付原则上固为事实行为，但在占有改定，其交付必须以让与人与受让人间订立契约，使受让人因此取得间接占有，以代交付的方式为之；在指示交付，其交付必须以让与对于第三人之返还请求权为内容之法律行为为之。归纳之，同一种类之财产或其利益的移动，有时可能视情形，分别借助于事实行为或法律行为产生移转的效果。不过，即使如此，在具体情形究竟应借助于事实行为或法律行为，还是取决于移转之标的是否为权利而定。具权利地位之标的必须借助于法律行为始能移转的规范要求，并不因有可能借助于现实占有、占有改定或指示占有移转占有，而产生例外。

基于法律行为或事实行为而发生之财产利益的移动，可能是为履行特定债务。是故，将之定性为给付行为。当给付系针对特定债务之清偿，则相对于该债务，该给付系一个履行行为。不过，给付并不一定以财产之移转为内容，也可能是一定劳务之提供或不作为(“民法”第199条第3项)。不论给付之内容系财产权或劳务，受领给付者皆可能因此得到利益。在以法律行为为规范依据之权利的移转，系争权利后来究竟有无移转，取决于该(准)物权行为是否有效。如因所要清偿之债务不存在而构成不当得利时，该不当得利可因其发生之缘由在于给付，而称之为给付性的不当得利。占有之交付固亦成其为给付，唯是否因此而有财产之移转或使受交付者取得财产利益，尚有讨论余地。有可能认为，尚待于受占有之交付者就占有物为使用收益，才会使受交付者取得财产利益。这与受金钱之交付者可能被认为当然取得利息利益者不同(“民法”第233条第1项参照)。如不是为清偿债务而为事实行为，导致财产利益之移动，则行为人如系受益者，因该行为具有侵入受损失者之财产的特征，所以称为侵入性的不当得利；反之，行为人如系受损失者，则对于受益者有若强迫受益，所以称为受益性或费用性的不当得利。唯在非因给付，而系因权利人、受益者或第三人之事实行为，或由于自然事件而导致财产利益之移动时，是否构成不当得利，尚视法律之规定及交易习惯(“民法”第1条参照)对于具体情形的规范定之。

德国民法及其学说以上述分类为基础，规范或说明不当得利有关的问题。“民法”未采这样的规范安排。区分因给付，或因给付以外之行为，而发生不当得利的意义在于：其不当得利关系之构成的归属原则不同。因给付而发生者，基于给付，一方为对他方履行一定债务，或为与他方建立一定债务关系，而有使他方因其财产上之给予，而获得财产利益之目的(给予目的)。该过程具有由一方对他方从事一定行为之特征。从而除以该给予目的之达成与否，为其给予之法律上原因之有无的判断基础外，并以该行为在主体之目的指向上的关联，归属给付性不当得利的法律关系。反之，因给付以外之行为或自然事件而发生者，其不当得利关系之构成，单纯建立在一方之事实行为或自然事件上。所以，以该行为或自然事件向他人或自他人引起之财产利益的移动，决定其不当得利之法律关系的归属及其请求权人或返还义务人。

2. 财产利益之取得或移动态样

"民法"第179条前段规定："无法律上之原因而受利益，致他人受损害者，应返还其利益。"其中一方"受利益，致他人受损害"的要件，显示当事人间有财产利益之移动的要件事实。[①] 该财产利益之移动在不同的不当得利类型，有不同的表现。在给付性不当得利，凸显其给付概念意义下之给付的要件特征；[②]在侵害性不当得利，凸显其一方受损害是他方所以取得利益之因果关系；在费用性不当得利，凸显一方之付出或财产利益之减少，节省他方为维持或增加一定之利益状态本来会发生之费用。

有财产利益之移动，便有一方受有利益，他方受损。受益与受损之相对关系，按其财产利益之移动轨迹定之。移动轨迹有事实上与法律上的轨迹之分，因给付而发生者，因给付有对于所履行之债务的针对性，所以应以按其给付目的所定之法律上的轨迹为准。财产利益非为给付，而因事实行为发生移动者，按该利益事实上之移动轨迹定该给付之受益人，并以因此而事实上受有损害者为受损者。无权处分或添附引起财产利益之移动时，如符合善意取得的规定，改按无权处分人之让与目的或为添附之事实行为者对谁的财产为附合之添附目的（给付目的）定其财产利益之移动轨迹。财产利益因自然事件而发生移动者，按该利益事实上之移动轨迹定该财产之移动的受益人，并以因此而事实上受有损害者为受损者。

(1)因给付而发生

给付指有意识地为增加他人之财产而为给予：移转财产权、授予用益权、交付占有、依相对人之期望而从事一定之作为、不作为或为一定之容忍。给付对受领给付者之财产的增益表现在：积极财产的增加、消极财产（例如债务或负担）的减少或支出之节省。唯取得之积极财产如果仅是债权，则债权虽有财产价值，但

---

① "最高法院"1957年度台上字第1081号民事判决："'民法'第一百七十九条载：'无法律上之原因而受利益致他人受损害者，应返还其利益。'是利益之返还，必须具备此方受利益及他方受损害之条件，若谓此方受利益即应视为他方受损害，则条文即无双方并举之必要。被上诉人被他人占用土地而不知，显无利用土地之计划，则上诉人为之耕犁施肥究有何损于被上诉人，原审对此未为注意已难为合。"

② Jan Wilhelm, Das Merkmal "auf Kosten" als notwendiges Kriterium der Leistungskondiktion, JuS 1973, 1ff.; Heinrich Wieling, Drittzah-lung, Leistungsbegriff und fehlende Anweisung, JuS 1978, 801ff..

因尚未实现，如无法律上原因，债务人尚得拒绝履行者，不构成不当得利（“民法”第198条参照）。给付亦可能因被强制执行而不得不为之。在执行完毕后，如经债务人提起确认债权不存在之诉，获得胜诉判决确定时，因原执行名义之执行力消灭，债务人得依不当得利规定请求执行债权人返还因执行所得之利益。①

为给付而从事之给予或给付，系有目的之行为。该给予或给付目的包含一方为对他方履行一定债务，或为与他方建立一定债务关系，而对他方为财产上之给予，以产生增益他方之财产之结果。② 由该目的建立起给付者与受给付者间之给付关系。③ 在依给付而发生之不当得利，原告必须证明在他与被告之间有一个给付关系，以该关系为原因，虽然给予之目的未达或丧失，而被告有所取得。④ 此即给付性不当得利。民法在第179条以下虽未像德国民法一样，按引起不当得利之事由加以分类，但学说上⑤与实务上⑥也参考其分类论述不当得利有关问题。

---

① “最高法院”1981年度台上字第2360号民事判决：“查非讼事件之强制执行名义成立后，如经债务人提起确认债权不存在之诉，而获得胜诉判决确定时，应认原执行名义之执行力，即因而消灭，若尚在强制执行中，债务人可依‘强制执行法’第十二条规定声明异议，若已执行完毕，债务人得依不当得利规定请求返还执行所得之利益。”

② Esser/ Weyers, Schuldrecht Band Ⅱ Besonderer Teil, Teilband 2, 8. Aufl., 2000 Heidelberg, § 48 Ⅱ：就给付性不当得利之共同要件，“德国民法第八一二条第一项第一句意义下之给付，以及对之发展出来之类型规定为何，是应予探讨之最重要的课题。该问题应与其他情形一样，依规定之目的回答之。通说将给付定义为‘有意识地、取向于一定目的增加他人之财产’。该定义可谓与该意旨相符。盖不当得利之返还与回复他人财产之增加有关，而该财产之利得因其受容许追求之目的不达，不得保有”。在给付性不当得利，给付之概念所以产生问题，乃因在三方以上之关系，受利益者究竟是从其他参与者中之哪一个人取得利益，或应向其中之哪一个，返还其无法律上原因受领之给予？这不能单纯从财产之形式上的移动，而必须从其所以移动之目的，在规范上认定其给予所构成之给付关系发生在谁与谁之间。

③ 关于给付关系及其认定，请参考王泽鉴：《不当得利》，2009年增订新版，第48～62页。

④ Esser, Schuldrecht, 2. Aufl., Karlsruhe 1960, § 189 Ziff. 7：给付关系是因给付而发生之不当得利的要件。所谓利益与不利益（损害）间之直接性或一体性是侵害性，而非给付性之不当得利的构成要件。“民法”对不当得利虽未加以分类，唯德国民法之分类及其规定对于不同种类不当得利之规范规律的探讨，仍有参考价值。王泽鉴：《不当得利》，2009年增订新版，第5页。

⑤ 王泽鉴：《不当得利》，2009年增订新版，第二章、第三章。

⑥ “最高法院”2005年度台上字第542号：“按主张不当得利请求权存在之当事人，对于不当得利请求权之成立要件应负举证责任，即应证明他方系无法律上之原因而受利益，致其受有损害。如受利益人系因给付而得利时，所谓无法律上之原因，系指给付欠缺给付之目的，故主张该项不当得利请求权存在之当事人，自应举证证明该给付欠缺给付之目的。”

在为清偿债务而为给付的情形，仅有履行债务的给付行为。该履行行为造成之财产利益的移转如因该债务不存在，而无法律上原因，则构成不当得利。唯清偿人如以错误为理由，撤销其为给付而从事之履行行为，清偿人应依所有物返还请求权，而非依不当得利返还请求权，请求返还给付物。因错误而对于他人为赠与或为清偿债务而为给付。在赠与，有两个法律行为：一为赠与，另一是为履行赠与债务而为之给付（履行行为）。该错误存在于该两个法律行为时，赠与人皆得以错误为理由撤销之。如仅撤销赠与之债权行为，则其履行行为造成之财产利益的移转无法律上原因，构成不当得利。如果将该两个法律行为撤销，则赠与人同样应依所有物返还请求权，而非依不当得利返还请求权，请求返还赠与物。

是否得以错误为理由，撤销上述履行行为？尚有疑问。可能以其所以为给付之目的，系该给付行为之动机，从而认为不得以其有错误而主张撤销。盖动机错误，除法律有特别规定或当事人有将其约定为契约内容者外，不得据为撤销之理由。

(2)非因给付而发生概说

财产利益的移动并不皆因给付，然即便非因给付，只要其移动无法律上原因，便同样应透过返还，予以恢复，以保障其权利人之财产权。是故，除给付性不当得利外，尚有其他无法律上原因，而有财产利益之移动所构成的不当得利。其中有从无因管理或侵权行为演化而来：以自己之费用，使他人受到利益者，演化自无因管理；侵入他人权利或利益，使自己得到利益者，演化自侵权行为。这些皆属于非给付性不当得利。

非因给付性之给予，而使一方受利益，致他人受损害的可能事由，归纳之有：①因受损者之行为；②因受利益者之行为；③因第三人之行为；④因自然事件。因此而构成之不当得利统称为非给付性不当得利。按其具备之要件事实可区分为费用性不当得利、侵害性不当得利及自然性不当得利。其共同特征为：[①]“以他方之费用，依给付以外之其他方式，无法律上原因使自己受利益。”

因受损者之行为所致者，通常系为他人支付或节省费用。例如不真正无因管理中之误想管理。这可归类为费用性不当得利。因受利益者或因第三人之行为，使一方受利益，致他人受损害者，通常具有侵害之特征，所以定性为侵害性不当得利。因自然事件而发生者，可定性为自然性不当得利。其特征为非因人之行为而引起一方受利益，致他人受损害。

---

① Esser/ Weyers, Schuldrecht Band Ⅱ Besonderer Teil, Teilband 2, 8. Aufl., 2000 Heidelberg, § 48 Ⅱ(S. 45).

受损者之行为引起的不当得利：受损者给予他人利益，不一定以给付的方式为之。例如以自己之饲料饲养他人之牲畜，或甲误自己之饲料为乙之饲料，喂乙之鸡，或未受委任而照护他人之小孩。受损者非为给付，而其行为有利于他人者，通常其行为具有为他人处理事务之性质，并因此有为他人之利益而支出费用的特征。如果该他人虽受有利益，但因不符其明示或可得推知之意思，且其表示不愿享受管理利益时，该行为构成之法律事实不该当于无因管理。就因该费用之支出所引起之财产利益的移动，其支出者只能以无法律上原因为理由，依不当得利的规定请求返还。[①] 此即费用性的不当得利。唯受损者得请求返还之范围仍应以受利益者所受领之利益，而非以受损者支出之费用为认定基础。在此意义下，费用性之不当得利可谓是无因管理之候补性的补充规定。

受利益者或第三人之行为引起的不当得利：无法律上原因，而受利益者或第三人之行为导致一方受利益，致他人受损害时，其行为对于受损害者因有侵害性，所以将之归类为侵害性不当得利(die Eingriffskondiktion)。但不一定构成侵权行为。例如利用或损害第三人之物，使自己或他人达到紧急避难之目的时，虽不负损害赔偿责任，但因该紧急避难而受利益者，仍应对于第三人负不当得利的返还义务。反之，因故意或过失不法使他人受损害，而成立侵权行为时，亦可能因无人受有利益而不构成不当得利。[②] 在其同时该当于侵权行为之构成要件，且由受利益者从事时，可能发生不当得利与侵权行为之请求权(规范)竞合。在此意义下，侵害性之不当得利与侵权行为之赔偿责任间，有请求权竞合之选择性的，或请求权规范竞合的互补关系。其由第三人从事时，第三人之损害赔偿责任与受利益者之不当得利返还义务可能构成连带债务。在侵害性之不当得利，不是以侵害行为所致之损害，而是以其所受利益为请求返还之标的。然因该侵害行为，究竟有多少利益移动至受利益者？为界定其间之因果关系的问题，德国学说上与实务上导入侵害行为与所受利益间应有财产移动之直接性(die Unmittelbarkeit der Vermögensverschiebung)的构成要件。盖不像在给付性的不当得利，其当事人得透过给付的概念加以界定。在侵害性的不当得利，设非将得请求返还之利益的范围限制在因使用、消费或利用他人之物或权利而直接得到

① 王泽鉴：《不当得利》，2009年增订新版，第312～313页。

② “最高法院”2008年度台上字第1997号民事判决：“按无法律上之原因而受利益，致他人受损害者，应返还其利益，‘民法’第一百七十九条定有明文。可见不当得利须以无法律上之原因而受利益，致他人受损害为其成立要件。且所称之损害，与‘民法’第一百八十四条规定之损害并不相同，即使当事人主张之事实符合民法侵权行为之规定，亦非当然成立同法第一百七十九条之不当得利。”

的利益，则其义务人或得请求之利益的范围便可能有过度扩张的情形。[①] 例如未经授权，而使用他人之知识产权，或未经名模同意，而侵害其肖像权，用为广告画面的一部分时，如何界定侵害者因此获得之财产利益？应按其通常之取价计算不当得利，或依侵害者增加之营业利益？不法公开他人之营业秘密，使第三人得利用该营业秘密获得营业上之利益时，该营业秘密之所有者得否对于因其公开而获利之第三人请求返还不当得利？

"营业秘密法"第 10 条规定侵害营业秘密之行为态样。[②] 第 11 条规定：营业秘密受侵害时，被害人得请求排除之，有侵害之虞者，得请求防止之。其中所谓排除损害，包括对于侵害行为作成之物或专供侵害所用之物，得请求销毁或为其他必要之处置。第 12 条第 1 项规定："因故意或过失不法侵害他人之营业秘密者，负损害赔偿责任。数人共同不法侵害者，连带负赔偿责任。"至其损害赔偿，依第 13 条第 1 项规定，依前条请求损害赔偿时，被害人得依下列各款规定择一请求：①依"民法"第 216 条之规定请求。但被害人不能证明其损害时，得以其使用时依通常情形可得预期之利益，减除被侵害后使用同一营业秘密所得利益之差额，为其所受损害。②请求侵害人因侵害行为所得之利益。但侵害人不能证明其成本或必要费用时，以其侵害行为所得之全部收入，为其所得利益。该项第 1 款所定者为：重申"民法"第 216 条第 2 项所定，依通常情形拟制为存在之所失利益的赔偿规定。该项第 2 款所定者，核其内容为：以不法管理所得之管理利益为其损害之计算基础。不当得利规定所定义之所受利益如果不包含加工利益或经营利润，则该管理利益因包含经营利润，而通常大于不当得利。该规范意旨或模式虽可适用于未经授权，而使用他人之知识产权或肖像权的情形，但是否适用于第三人使用经他人不法公开之营业秘密的情形，尚有商榷余地。盖营业秘密一经公开，即不再具有归属其专属权益的规范意义。[③]

有公司部分股东利用增资稀释其他股东之股权，以使未参与认购增资股票之股东，因股权被稀释而受到损害，而其他股东则因增资认股而受到利益。实务

---

① Esser, Schuldrecht, 2. Aufl., Karlsruhe 1960, § 195 Ziff. 3.

② "营业秘密法"第 10 条第 1 项规定："有左列情形之一者，为侵害营业秘密。一、以不正当方法取得营业秘密者。二、知悉或因重大过失而不知其为前款之营业秘密，而取得、使用或泄漏者。三、取得营业秘密后，知悉或因重大过失而不知其为第一款之营业秘密，而使用或泄漏者。四、因法律行为取得营业秘密，而以不正当方法使用或泄漏者。五、依法令有守营业秘密之义务，而使用或无故泄漏者。"依该项规定，第三人有可能因过失而侵害他人之营业秘密，而依同法第 13 条负赔偿责任。

③ 请参考王泽鉴：《不当得利》，2009 年增订新版，第 244～248 页。

上认为，这亦构成非给付性不当得利。①

(3)因侵权而发生

侵权行为之典型为：因故意或过失，不法侵害他人之权利（“民法”第 184 条第 1 项）。该项所称之权利中的首要为所有权。② 其侵害之态样有：①无权占有他人之物者，在取得时效完成前，固不能取得该物之所有权。但第三人自无权占有人善意受让该物时，可能依善意取得之规定，取得该物之所有权。权利人虽因此丧失其对于该物之所有权，但可依不当得利的规定对于无权占有人（无权处分人）请求返还其自善意受让人取得之价金。类似的问题亦可能发生在无权利人就他人之物设定担保物权或用益物权的情形。有权占有人逾越权限处分其占有物者，亦会引起相同的问题。这些行为因涉及权利之继受或设定，属于无权处

① “最高法院”2009 年度台上字第 1573 号民事判决：“原审就上诉人于 1995 年 8 月 21 日未经飞盈承揽公司之股东甲××等三人同意，伪造其等同意上诉人增资二百五十万元之股东同意书，委由不知情会计师持以办理增资登记，系无法律上之原因而受利益，使被上诉人受有损害，乃属侵害权益之不当得利类型，被上诉人自得依据‘民法’第一百七十九条规定，请求上诉人涂销该二百五十万元之增资登记，以返还其利益，因而为上诉人不利之判决部分，经核于法洵无违误（本院 1976 年台再字第一三八号判例全文参照）。”

② 人格权、债权及营业权之侵害是否亦得依“民法”第 184 条第 1 项前段请求损害赔偿，各有其制度上之障碍。人格权之障碍来自于“民法”第 18 条第 2 项规定，人格权受侵害时，以法律有特别规定者为限，得请求损害赔偿或慰抚金。因该项规定，导致“民法”第 184 条第 1 项所定之权利，是否包含人格权，引起疑问。债权之障碍不是来自债权效力在给付关系上之相对性，而是来自必须透过加害债之标的（例如非劳务之债之标的本身、劳务之债之债务人）才能加害于债权，以致对于债权客体之加害与债权之受害，首先在因果关系上有其间接性，而后影响到加害人故意过失之有无的认定。其次，在市场经济之竞争关系，亦使成立在先之债权，由于竞争，被成立在后之债权捷足先登，而不能实现时，导致其不能实现之竞争行为的违法性受到质疑（Esser/ Weyers, Schuldrecht Band Ⅱ Besonderer Teil, Teilband 2, 8. Aufl., 2000 Heidelberg, § 50 I f)）。例如“民法”第 244 条第 3 项规定，债务人之行为仅有害于以给付特定物为标的之债权者，不适用前两项之规定。亦即不构成诈害债权之行为。与该条规定不同之直接侵害债权的方法是：怂恿债务人不履行债务。这被论为不正当的竞争行为或违反善良风俗之侵权行为。Larenz/ Canaris 认为在这种情形，侵害者如获有利益，可构成侵害性不当得利（Lehrbuch des Schuldrechts, Band Ⅱ · Halbband 2, Besonderer Teil, 13. Aufl., München 1994, § 69 I 2 g)）。营业权之障碍来自其权利资格，一定的程度还在形成中，因此其侵害之损害赔偿请求权，与个别人格权之侵害类似，必须针对特定营业权之侵害，有法律明文规定以损害赔偿请求权加以保护时，始能以营业权受侵害为理由，请求损害赔偿。例如“公平交易法”第 20 条第 1 项关于不具权利地位之表征之仿冒的禁止及其损害赔偿。否则，在摸索阶段，必须借助于“民法”第 184 条第 1 项后段（Larenz/ Canaris, Lehrbuch des Schuldrechts, Band Ⅱ · Halbband 2, Besonderer Teil, 13. Aufl., München 1994, § 81 IV）。

分，须经权利人承认始对其发生效力（“民法”第 118 条第 1 项）；所以，只有在相对人善意的情形下，始可能因善意取得之规定，对于所有权人有效，从而有加损害于所有权人的可能。②无权而为用益。这可仅以单纯之事实行为为之。无权占有人就他人之物为使用收益时，其因此所受之利益无法律上原因。其不当得利的问题首先依物权法关于占有人之用益权的规定。[①] ③利用诈术，使他人受骗而为给付。[②]

所有权以外之权利的侵害，是否构成侵权行为或不当得利，随各该财产利益在法制发展上的程度而异其价值判断，不能一概而论。一个行为使自己受利益，致他人受损害者，[③]有构成不当得利之可能。其仅使他人受损害，而行为人自己并未因此受有利益者，亦即仅损人而不利己。在这种情形，该行为仅可能构成侵权行为，而不构成不当得利。[④] 唯这只是有可能，最后是否构成侵权行为或不当得利还视是否具备其相关的要件事实。一个人因他人之不利（以他人之费用），

---

① Dagmar Waltjen, Das Eigentümer-Besitzer-Verhältnis und An-sprüche aus ungerechtfertigter Bereicherung, AcP 175(1975) 109 ff..

② “最高法院”2007 年度台上字第 2362 号民事判决：“按不当得利请求权之发生系基于‘无法律上之原因而受利益，致他人受损害’之事实，所以造成此项事实，是否基于特定人之行为或特殊原因，在所不问。亦即不当得利所探究，只在于受益人之受益事实与受损事实间之损益变动有无直接之关联，及受益人之受益状态是否有法律上之原因（依据）而占有，至于造成损益变动是否根据自然之因果事实或相同原因所发生，并非不当得利制度规范之立法目的。换言之，只要依社会一般观念，认为财产之移动，系属不当，基于公平原则，有必要调节，即应依不当得利，命受益人返还。”

③ “最高法院”1976 年度台再字第 138 号民事判例：“‘民法’第一百七十九条规定之不当得利，凡无法律上之原因，而一方受利益，致他方受损害，即可成立，至损益之内容是否相同，及受益人对于受损人有无侵权行为，可以不问。……再审原告于受再审被告夫妻委托办理……土地赠与移转登记时，竟乘保管该土地所有权状及再审被告印章之机会，伪造再审被告简黄金叶将该土地设定债权额新台币二十万元之抵押权登记与再审原告。致再审原告取得对该土地之抵押权，显为无法律上之原因而受利益，使再审被告受损害，再审被告依不当得利之法律关系，诉请返还其利益，即涂销抵押权之登记，自属正当，因而为不利于再审原告之判决，其适用法规，并无错误。”关于本件系争抵押权之设定，再审原告虽未表明代理意旨，其实具有代理之意涵，且属双方代理，为“民法”第 106 条所禁止。依“民法”第 71 条，无效。因此，应以设定行为无效，而非以不当得利，为理由，请求涂销该抵押权之登记。

④ “最高法院”1962 年度台上字第 2881 号民事判例：“因时效而免负义务，虽得认为受利益，但法律规定时效制度，其目的即在使受益人取得其利益，故除另有不当得利请求权与之竞合之情形外，不能谓无法律上之原因而受利益。本件上诉人受被上诉人殴伤，当时对于被上诉人仅有侵权行为之损害赔偿请求权，并无不当得利返还请求权与之竞合，可得选择行使之情形存在，则于侵权行为之损害赔偿请求权罹于时效后，即无行使不当得利请求权之可言。”

而获得财产上利益时，是否得保留该利益，或是应予返还？其在侵害性不当得利的判断标准应当为何？关于这个问题德国学者主要有两说：侵害行为具有违法性说及侵害标的具有权益之归属性说。将该两说适用于具体案件，其结果通常固然相同，亦即不法取得利益者，依法通常不得保有其取得之利益；经评价不得保有其取得之利益者，其取得行为通常具有违法性。但由于不当得利制度的功能在于要求受利益者，返还其无法律上原因而取得之财产利益，而不是在于考究其取得该利益之过程是否合法。所以德国学者认为，侵害之权利具有权益之归属性（简称为权益归属说），较能体现不当得利制度的意旨；[①]同理，有责之违法性说，较能体现侵权行为制度意在归属因故意或过失而引起之损害的意旨。在此观点下，基于各种原则建立之无过失责任并不属于侵权行为之范畴。因为不当得利及侵权行为制度的建制原则不同，所以法律事实可构成不当得利者，不一定可构成侵权行为；反之，可构成侵权行为者，不一定可构成不当得利。造成该落差的具体理由为：构成不当得利之法律事实如果不含受利益者故意或过失不法侵害受损害者，以取得利益之要件事实，即不构成侵权行为；构成侵权行为之法律事实中的损害，如果不是存在于具有权益之归属性的权利，则不认为有财产利益自受损害者移动至受利益者，从而不构成不当得利。

关于侵害性不当得利的构成要件，其无法律上原因的要件所指者为何？指造成财产利益之移动的行为违法，既无受损害者之移转意愿，亦无法律为其移动之合法基础。唯所侵害之客体是否如"民法"第 184 条第 1 项前段一般，必须具备权利地位或其他一定之资格？侵害单纯为法律保护之地位，而尚未具权利资格之法益是否只能依"民法"第 184 条第 1 项后段或第 2 项构成侵权行为，而不能构成不当得利？例如医师利用泄露其病人之身体或健康的秘密，自报章杂志取得报酬者，该病人固得依"民法"第 184 条第 2 项请求损害赔偿。但有如何之财产利益自该病人移动至该医师？得否依第 179 条请求不当得利的返还？[②]

为该问题的探讨，德国学说上将受法律保护之法益区分为不属于权利之受保护的地位（Schutzpositionen）及权利。权利又区分为绝对权（absolutes Recht）及相对权（relatives Recht），或具及不具利益之配属内容（der Zuweisungsgehalt）的权利。此为司法实务上所称之"权益配属说"（Zuweisung-

---

① Esser/Weyers, Schuldrecht Band Ⅱ Besonderer Teil, Teilband 2, 8. Aufl., 2000 Heidelberg, S. 73f.；王泽鉴亦采此观点（王泽鉴：《不当得利》，2009 年增订新版，第 5 页）。

② Esser, Schuldrecht, 2. Aufl., Karlsruhe 1960, § 195 Ziff. 4："侵害德国民法第八二三条第二项及与其连结之保护性禁止规定意义下之单纯的受保护地位是否产生不当得利责任的问题，应采否定的见解。"

stheorie)的理论基础("最高法院"2005 年度台再字第 39 号民事判决)。

按法律保护之权利不一定具有财产利益或一定权益之配归属内容。至少兼为私人之个别利益,亦即非单纯为公共利益,其保护他人之法律的规定才可能将一定之权益配属于特定人,使其对该权益所系之客体享有专属的用益权。自法制史观之,例如关于一般人格权、营业权及知识产权之保护,其保护形态之发展常常是:先在公共利益之领域给予保护,而后才逐渐发展至提供私益的保护。[①]该发展之界限随时间之经过而推移。例如一个人或物品之外观的观赏或照相,一般来讲,其所有者并不能主张有独占的用益权。唯当随着时代的发展,首先是艺术品,其次是有意识以连续画面组成之音乐、运动的表演,或利用他人静态肖像从事广告的代言等,慢慢也都因其典型的被利用来从事商业活动的惯行,而演变成为具有经济价值且受法律保护的私人利益,成为可以支配、处分之客体。后来在商品外观或营业表征足以显示其来源,以与他人之商品或营业相区别时("公平交易法"第 20 条),才逐渐对其归属以一定之权益。在其演变,重要的是

① 一个法律上地位受侵害时,在私益上的保护可分成三个层次:(1)受侵害时,原则上皆得请求法院除去其侵害;有受侵害之虞时,得请求防止之。(2)其具有权利地位者,如因侵害而受有损害,原则上得请求损害赔偿。但人格权受侵害时,以法律有特别规定者为限,始得请求损害赔偿或慰抚金("民法"第 18 条第 2 项)。不具有权利地位之利益受侵害时,除法律有特别规定外(例如"公平交易法"第 20 条第 1 项第 1 款关于商品容器、包装、外观或其他显示他人商品之表征,第 2 款关于表示营业、服务之表征的保护),必须以"民法"第 184 条第 1 项后段或第 2 项为依据。(3)该法律地位经归属一定之权益时,如其受侵害使他人无法律上原因而受利益,则可依不当得利的规定,请求返还不当得利。以所有权为例,此所以对于人格权之侵害,无论所受侵害之人格权属于哪一种人格权,其受侵害者皆得请求法院除去其侵害;有受侵害之虞时,得请求防止之。唯若要请求损害赔偿或慰抚金,以法律有特别规定者为限("民法"第 18 条)。所谓法律有特别规定,原则上指法律有明文规定,侵害特定种类之人格权时应负财产上或非财产上之损害的赔偿责任("民法"第 192 条至第 195 条)。不法侵害他人第 195 条第 1 项所定身体、健康、名誉、自由、信用、隐私、贞操以外之人格权,必须其不法侵害其他人格法益而情节重大者,被害人始得就其所受非财产上之损害,请求赔偿相当之金额。

特定经济活动的习惯在经济学上之规范分析的评价。[①] 当其获得肯定便适合发展成受法律保护之私人利益，而非仅是为一定之公共利益而予以规范。例如医师之病历的保密义务，固为医疗法所规定之义务，以保护病人之隐私权，但这不是从该病历之商业价值的保护出发所作之规定。所以，一个整形医师，如为招徕业务，而发表其因业务而取得关于特定病人之病历资料，固为医疗法所禁止，其泄密并可能构成侵权行为，应对于该病人，负损害赔偿责任，但就该医师因此增加之收入，该病人并不得依不当得利的规定，请求返还。其理由即在于：病历隐私之保护对病人不具归属一定独占用益权之规范目的。

德国学者称"'权益之配属内容'(Zuweisungsgehalt)无异于是该独占用益地位在不当得利法上的称呼"[②]。单纯之受保护的地位当然也不具利益之配属内容。当权利有既受配属之利益的内容，在其受侵害时，才有可能由于该受配属之利益在主体间的移动，而造成财产利益的移动。当该移动无法律上原因，便构成不当得利。反之，如无利益之配属内容，在其受侵害时，虽可能受损害，但无所谓有利益自受侵害者向侵害者移动。所有权具有利益之一定受配属内容最为清

---

① 经济学一般在导论即清楚其角色是在于说明事实，或在于提供政策上涉及价值判断的建议。当其在于说明事实，所使用的语言是叙述性的(descriptive)，所从事的分析是就事论事或实证分析(positive Analysis)，以便揭示实然的经济状况；当其在于表达价值判断，所使用的语言是指令性的(prescriptive)，所从事的分析是善恶对错之规范分析(nomative Analysis)，以便指出应然的经济发展方向。由于价值的期望不可脱离事实，所以规范的分析不能脱离实证的分析，而应维持一定的关连。不过，不能否认有时顾得了效率，便顾不了公平；有时顾得了公平，便顾不了效率。最常被引论者为：最低工资。请参见 R. Glenn Hubbard/Anthony P. O'Brien, Economics, 2006 Peason Education Inc., pp. 12～13；N. Gregory Mankiw, Priciples of Economics, 3. Ed. 2004, pp. 28～29.

② Esser/Weyers, Schuldrecht Band Ⅱ Besonderer Teil, Teilband 2, 8. Aufl., 2000 Heidelberg, S. 76.

楚;反之,竞争权[①]或营业权的承认,是否带有利益之一定受配属内容,德国学说上对之提出质疑。其理由为:一个以宪法规定营业活动自由的法秩序,不得同时以绝对权赋予营业权人以具有固定机会及获利期待的活动领域。因此,德国学说上认为,侵害他人之营业权固可能因构成不法侵害,而负损害赔偿责任,但因营业权不具利益之一定受配属内容,所以无从构成不当得利。[②] Esser 认为所有权、占有之权利、限定物权、专利权及著作权等皆系具有利益之受配属内容的绝对权。而商标权虽亦系绝对权,但不具利益之一定受配属内容。[③] 一般人格权之保护亦具有类似的问题。[④] 人格权必须经具体化为特别人格权时,才能判断

① "药事法"第 40 条之二规定:"新成分新药许可证自核发之日起五年内,其他药商非经许可证所有人同意,不得引据其申请数据申请查验登记(第二项)。新成分新药许可证核发之日起三年后,其他药商得依本法及相关法规有关药品查验登记审查之规定提出同成分、同剂型、同剂量及同单位含量药品之查验登记申请,符合规定者,得于新成分新药许可证核发届满五年之翌日起发给药品许可证(第三项)。"依上述第 3 项规定,在一个药商取得新成分新药许可证后满三年,其他药商即得提出同成分、同剂型、同剂量及同单位含量药品之查验登记申请。唯依第 2 项规定,在满 5 年之前,非经许可证所有人同意,尚不得引据其申请数据申请查验登记。如有引据其申请数据申请查验登记的情事,且主管机关许可其查验登记,则后申请之药商便有因为引据该资料节省研究费用而获得之利益。因在新成分新药许可证自核发之日起 5 年内其申请数据受有他药商不得引据的保护,具有一定权益之受归属内容,所以其他药商如有引据作为禁止的用途,其引据该引据可构成侵权行为及侵害性不当得利。设如无该不得引据的禁止规定,该申请数据将在因申请查验登记而公开时,失去其营业秘密性,成为具有正面外部性之产业信息,无属于原研究者之权益受归属内容。不受保护情形,请参考 Larenz/ Canaris, Lehrbuch des Schuld-rechts, Band Ⅱ · Halbband 2, Besonderer Teil, 13. Aufl., München 1994, § 69 I 2 f).

② Esser, Schuldrecht, 2. Aufl., Karlsruhe 1960, § 195 Ziff. 4; Larenz/ Canaris, Lehrbuch des Schuld-rechts, Band Ⅱ · Halbband 2, Besonderer Teil, 13. Aufl., München 1994, § 69 I 2 e).

③ 不同看法,请参见 Larenz/ Canaris, Lehrbuch des Schuldrechts, Band Ⅱ · Halbband 2, Besonderer Teil, 13. Aufl., München 1994, § 69 I 2 b):"商标权得为侵害性不当得利的基础。"

④ Esser/Weyers, Schuldrecht Band Ⅱ Besonderer Teil, Teilband 2, 8. Aufl., 2000 Heidelberg, S. 74f.:具有权益之归属内容者,最无疑问者为所有权、限制物权。而后是著作权、专利权。至商标权慢慢进入正反意见相间。而关于营业权及一般人格权则否定的见解多于肯定。Weyers 尝试从经济的观点说明这个问题,并认为一件受法律保护之标的或地位如具有市场价值,则该标的或地位之权利人便被配以一定的权益内容。王泽鉴:《不当得利》,2009 年增订新版,第 202～204 页。

其是否具利益之一定受配属内容，例如肖像权。[①] 然“民法”第 195 条虽明文将贞操规定为受保护之特别人格权，就其不法侵害，被害人虽非财产上之损害，亦得请求赔偿相当之金额。然不但请求其财产上损害的赔偿显有疑问，在不自主的性侵害，受害人亦不得请求不当得利之返还。[②] 一个商标权之商业价值不在于商标本身，而在于商标权人之成功的营业带来之商誉。专利权、著作权及商标权固常被同归于工商财产权或知识产权，但其实质犹有差异。专利权及著作权系其自身先有实用价值，才有其商业价值。其权利人或被授权人之善于经营，对其发扬光大固有关键的意义，但专利权及著作权本身之知识含量，实为其市场价值之根本所在。商品外观具有表征来源及提高商品实用价值的功能，因此兼具专利权及商标权所保障之客体的属性。是故，对其侵害是否可构成不当得利，要视侵害者所利用之商品外观的属性而定。所利用者偏重于该商品之实用价值者，可构成不当得利；所利用者偏重于该商品之来源表征者，不构成不当得利。至于营业之外观的模仿或抄袭，所侵害者原则上应属类似于商标之来源的表征功能（“公平交易法”第 20 条第 1 项第 1 款），只能构成侵权行为。

在无权占有，其占有人就占有物，在权益归属说（权益配属说）意义下，是否

---

① Esser, Schuldrecht, 2. Aufl., Karlsruhe 1960, S. 807f.. 在现代商业，肖像权已像专利权及著作权，因其本身而具有一定散布或发行的商业价值。所以，其侵害除可能构成侵权行为外，侵害人如有财产利益之获得，亦可能因欠缺法律上原因而构成不当得利。模仿他人之声影言谈内容，制作节目播放或漫画发行所属问题类似于侵害肖像权及著作权。在肖像权的侵害，由于损害证明不易，不当得利之请求的容许有一定的帮助。同理，在不当得利之请求亦可能遭遇利益之有无及数额之证明的困难。这时如容许依不法无因管理请求，又可进一步使被侵害者之请求变得比较容易。无因管理或不当得利构成要件下之利益的范畴并不同一。无因管理重在因管理而发生之利益，而不当得利重在得自受损害者（“民法”第 179 条）。关于肖像权之侵害及个人隐私之报道，Larenz/ Canaris 认为皆可构成侵权行为，如有利得时，并可构成不当得利（Lehrbuch des Schuldrechts, Band Ⅱ · Halbband 2, Besonderer Teil, 13. Aufl., München 1994, § 69 I 2 c；王泽鉴：《不当得利》，2009 年增订新版，第 202 页以下；Siemens, Gewinnabschöpfung bei Zwangskommerzialisierung der Persönlichkeitsrechten durch Press, AcP 201 (2001), 203ff.)；Gerd Kleinheyer, Rechtsgutsverwendung und Bereicherungsaus-gleich, JZ 1970, 471ff.. 不同见解，Medicus, Bürgerliches Recht, 15. Aufl., 1991, Rdn. 707.

② Larenz/ Canaris, Lehrbuch des Schuldrechts, Band Ⅱ · Halbband 2, Beson-derer Teil, 13. Aufl., München 1994, § 69 I 1 d)：现行法虽无疑地赋予性自主一定之权益内容，但一个人受性侵时，显然不得以侵害者自其受有利益为理由，请求按性交易通常之价额，返还不当得利。而只能依侵权行为的规定请求损害赔偿。由此可见，在不当得利之建制，并非全然无伦理性之价值判断。

有可构成财产利益之移转基础的权益配属内容？司法实务上采否定的看法。[1]关于占有人对于占有物之权益，“民法”有两条重要规定：①第 943 条规定：“占有人于占有物上行使之权利，推定其适法有此权利。”②第 952 条规定：“善意占有人，依推定其为适法所有之权利，得为占有物之使用及收益。”因其规定模式相同，而似就占有物之使用及收益有重复的规定。其实不然。第 943 条所规定者为占有人与所有权人以外之人的关系；而第 952 条所规定者为占有人与所有权人的关系。是故，除所有权人外，其他人并不得质疑占有人就占有物主张之权利，特别是不得质疑其用益权。

“最高法院”判例亦认为：出租人并无须为租赁物之所有权人。[2] 非所有权人在租赁契约终止后，纵因无所有权而不得本于所有物返还请求权，请求返还所有物(租赁物)，然仍非不得本于租赁物返还请求权，请求返还租赁物。[3] 在他人之物的租赁，承租人不得以出租人非租赁物之所有权人为理由，拒绝给付租金，或在租赁契约期限届满或终止后拒绝返还租赁物；并在其继续使用租赁物之情形，就相当于租金之不当得利的返还请求，以出租人非为所有权人为理由，抗辩

---

① “最高法院”2005 年度台再字第 39 号民事判决：“‘民法’第一百七十九条前段规定，无法律上之原因而受利益，致他人受损害者，应返还其利益。其判断是否该当上开不当得利之成立要件时，应以‘权益归属说’为标准，亦即欠缺法律上原因而违反权益归属对象取得其利益者，即应对该对象成立不当得利。若为恶意占有他人之物之无权占有人，依‘民法’第九百五十二条之反面解释，其对他人之物并无使用收益权能，即欠缺权益归属内容，自不得依不当得利之法则，请求占有该物之第三人返还该使用占有物所受之利益。”Larenz/ Canaris 认为：在无权占有，无构成侵权行为损害赔偿请求权或侵害性不当得利返还请求权所必要之权益归属内容(Lehrbuch des Schuld-rechts, Band Ⅱ · Halbband 2, Besonderer Teil, 13. Aufl., München 1994, § 69 I 2 d)。

② “最高法院”1975 年度台上字第 424 号民事判例：“租赁契约，系以当事人约定，一方以物租与他方使用收益，他方支付租金而成立，并不以出租人对于租赁物有所有权为要件。”

③ “最高法院”1986 年度台上字第 801 号民事判例：“租约终止后，出租人除得本于租赁物返还请求权，请求返还租赁物外，倘出租人为租赁物之所有人时，并得本于所有权之作用，依无权占有之法律关系，请求返还租赁物。”

其无损害，主张不构成不当得利。对此，“最高法院”有不同的见解。[①] 该不同见解与前引“最高法院”判例认为，出租人并无须为租赁物之所有权人的见解，并不一贯。

当然，承租人若想避免自己卷入占有人与所有权人间之纷争，得将租赁物直接返还其所有权人。唯在这种情形，如出租人对于所有权人有用益权，则承租人之将租赁物返还于所有权人，还是不能免除其对于占有人之租金义务。然无论如何，承租人绝不得既不将租赁物直接返还于所有权人，又在占有人据租赁物返还请求权或占有物返还请求权，请求承租人返还时，拒绝将占有物返还出租人（占有人）。此外，承租人在租赁契约终止或期间届满后，只要继续占用租赁物，对于其所自取得占有之出租人即有相当于租金数额之不当得利的返还义务。要

① “最高法院”2003年度台上字第2682号：“按无法律上之原因而受利益，致他人受损害者，应返还其利益，‘民法’第一百七十九条前段定有明文。是依不当得利之法律关系请求返还不当得利者，须以无法律上之原因受有利益，并因而致他人受损害为要件。又在判断是否该当上开不当得利之成立要件时，应以‘权益归属说’为标准，亦即若欠缺法律上原因而违反权益归属对象取得其利益者，即应对该对象成立不当得利。查上诉人就系争土地并无何合法权源存在，则使用收益系争土地之权益，不应归属于上诉人，被上诉人乙××于租期届满后仍使用系争土地，虽获有使用收益系争土地之利益，唯因该等利益非应归属上诉人，上诉人自无受到任何损害，故上诉人为此请求，亦无理由。”“最高法院”2005年度台再字第39号民事判决：“‘民法’第一百七十九条前段规定，无法律上之原因而受利益，致他人受损害者，应返还其利益。其判断是否该当上开不当得利之成立要件时，应以‘权益归属说’为标准，亦即欠缺法律上原因而违反权益归属对象取得其利益者，即应对该对象成立不当得利。若为恶意占有他人之物之无权占有人，依‘民法’第九百五十二条之反面解释，其对他人之物并无使用收益权能，即欠缺权益归属内容，自不得依不当得利之法则，请求占有该物之第三人返还该使用占有物所受之利益。”“最高法院”2004年度台上字第2438号民事判决：“从无正当权源占有土地之人占有土地，自同属无正当权源，其将系争土地出租予黄铜心变为间接占有，亦属无合法正当之权源。两造间之租约已于1996年届满，被上诉人黄铜心于租期届满后，仍继续使用系争土地，虽获有相当于租金之不法利益，然所受损害者为系争土地所有权人即台北市政府，上诉人系无权占有人，原不得享有任何利益，即未受有任何损害，是其依不当得利之法则请求黄铜心返还所受利益，即与‘民法’第一百七十九条之规定不合，不应准许。”该号判决虽未以“权益归属说”为其论据，但仍直截以无权占有人未受有任何损害为理由，否认其得如一般的租赁契约，对其违约之承租人请求不当得利之返还。相同见解，请参见王泽鉴：《不当得利法在实务上的发展》，收录于氏著：《不当得利》，2009年增订新版，第43～47页。

之，不论出租人是善意或恶意占有人，[①]出租人据其占有人的地位，不但依“民法”第962条，在其占有被侵夺时，得请求返还其占有物；占有被妨害时，得请求除去其妨害；占有有被妨害之虞时，得请求防止其妨害；而且相对于所有权人以外之人，依“民法”第943条，占有人还是受有一定权益之归属。非所有权人而侵害占有人之该受归属之权益，而取得利益时，即有该权益从占有人向侵害者移动的事实。该权益之移动如无法律上原因，自构成不当得利；[②]其若另具备不法及故意或过失的要件事实，亦构成侵权行为。相对于所有权人以外之人，所以保护恶意占有人的理由为：避免于一件物品为他人无权恶意占有时，就该物，即在所有权人以外之人间，形成一个无法律秩序的状态：认为任何人皆得对于恶意占有人不遵守其契约义务，而不用对其负债务不履行的责任，或皆得以诈欺或其他任何虚假的手段，或甚至得以抢夺的方法，加损害于恶意占有人之占有利益。至于恶意占有人如有任何法律上的不是，应由所有权人对恶意占有人行使权利，尚非任何人得强行取而代之。拒绝对于无权占有人提供保护，不但与“民法”第943条之规范意旨不符，而且其拒绝保护所形成之无政府状态，只会破坏法律和平，并无积极的正面伦理意义。

无票而蒙混搭机，依交易习惯亦另构成一个特殊的类型。特别是在跨国飞行的情形，由于依惯例，该无票搭机的乘客通常会被原机遣返原出发地。于是，发生无票搭机使用民航运输公司之飞机者，是否从而取得航空服务并因此受到利益的问题。如采肯定的见解，则可构成不当得利；如采否定的见解，则只能根据侵权行为或缔约上过失有关规定请求损害赔偿。唯如要请求损害赔偿，会面临有无损害及损害数额之证明的问题。此外，无票而蒙混搭机要能够成功，必须航空公司自己之控管程序有相当的缺失始可能发生，这时另有与有过失规定之适用的问题。[③]

---

① “最高法院”1995年度台上字第46号民事判决：“占有人其占有被侵夺者得请求返还其占有物。占有被妨害者得请求除去其妨害。占有有被妨害之虞者，得请求防止其妨害。‘民法’第九百六十二条定有明文。占有人对于占有物所有人以外第三人之占有请求权，并不因其系善意占有或恶意占有而有差异。占有人对于不动产出产物之取得，虽受有限制，唯占有人既受占有规定之保护，亦不容许所有人以外之第三人对于该占有不动产之出产物加以破坏。”

② 不同见解，请参见王泽鉴：《不当得利》，2009年增订新版，第200～201页。

③ 有认为，与有过失不适用于不当得利返还请求权者，例如 Arndt Teichmann, Die Flugreise—Entscheidung—BGHZ 55, 128, JuS 1972, 247ff.；有中古车之买卖，后来买受人以出卖人隐瞒该车曾出车祸之事实为理由，撤销该买卖，并依不当得利的规定，请求返还全部价金时，德国联邦法院认为与有过失原则不适用（Ulrich Huber, Der Unfall des betrogenen Gebrauchtwagenkäufers—BGHZ 57, 137—JuS 1972, 442ff.）。

(4)因支出费用而发生

在非给付性不当得利中,德国学者有称费用性不当得利是仅次于侵害性不当得利之主要类型。其类型特征的对比为:不当得利债务人所以受到利益,源自于不当得利债权人自己无法律上原因,而促成财产利益向不当得利债务人移动之行为。就此而论,虽与给付性不当得利类似,但因其不具备给付性不当得利之基本类型特征:给付之意思,所以,在类型上反而接近于非给付性不当得利。费用性不当得利之典型为:为他人之物或为处理他人事务,而支付、负担费用,或为他人清偿债务。

为他人之物支付费用:其支付者可能是该物之有权占有人(例如租赁物之承租人、借用物之借用人或地上权人),也可能是无权占有人。在有权占有,其支出之费用的偿还,首先应依其占有之权源关系定之("民法"第431条、第469条、第839条、第840条);在无权占有,原则上依物权法中关于占有人与所有权人之关系的规定("民法"第954条、第955条、第957条)。另有一个介于有权占有及无权占有的类型,亦即在契约解除前之占有。如因契约之履行而获得物之给付者,在该契约解除前对于所受领之物为必要或有益费用之支出时,依"民法"第259条第5款,在解除后就其为应返还之物已支出之必要或有益费用,得于他方受返还时所得利益之限度内,请求其返还。其规范内容与不知无法律上原因之善意不当得利的内容相当("民法"第182条第1项)。[①] 与之类似之情形为:关于土地权利移转或使其消灭之请求权(第1款)或附条件或期限之请求权(第3款)经预告登记者("土地法"第79条之一第1项),其土地所有人在预告登记中,所有权尚未因该请求权之行使而移转于其请求权人前,如对于该土地支出有益费用时,在该请求权人后来依该请求权取得该土地之所有权时,得否对于该请求权人(新所有权人)请求返还?由于原土地所有权人本来即认识他人对于其土地有请求移转之请求权,所以相对于请求权人,其对于该土地的地位有若恶意之无权占

---

① 德国民法第347条第2句的规定虽与"民法"第259条第5款不同,唯其通说认为,在该规定所定契约之解除的情形,应赋予解除权人费用性不当得利返还请求权。至其返还义务之范围,以知有解除事由,为其是否知无法律上原因的认定基础(德国民法第819条第1项、第818条第4项、第993条、第994条、第996条)(Soergel-Hadding, Kommentar zum BGB, 11. Aufl., Suttgart 1986, § 347 Rz. 10; Larenz/ Canaris, Lehrbuch des Schuldrechts, Band Ⅱ · Halbband 2, Besonderer Teil, 13. Aufl., Mün-chen 1994, § 69 Ⅲ 1 e)。这比德国民法第994条第2项所定者为宽。必须类推适用第994条第1项(必要费用)及第996条(有益费用)至解除后之恢复原状的义务才能得到上述通说人为合理的法律效力[Karlheinz Muscheler, Wandlung, gesetzlicher Rücktritt und negatives Interesse, AcP 187(1087), 358]。该通说所持关于德国民法的见解,"民法"第259条第5款所定者相近。

有人。是故，其支出之有益费用，依“民法”第957条，应依关于无因管理之规定，请求偿还。其结果，最后等于是依第177条第1项，以新所有权人所得之利益为限，偿还其支出之有益费用。[①] 在结果上，该法律效力与“民法”第182条所定者无异：“不当得利之受领人，不知无法律上之原因，而其所受之利益已不存在者，免负返还或偿还价额之责任。”

为他人之物支出必要或有益费用者，在物权法上往往会构成添附，当构成添附之财产的权利人间无决定其物权归属之债法关系时（例如承揽），其物权之归属依“民法”第811条至第815条之规定。但该等规定只规范其物权之归属，而不规定其因此所生财产之移动的法律上原因。因添附而引起之财产利益的移动，无法律上原因者，不论有无“民法”第816条之规定，最后皆应适用不当得利的规定，请求偿还价额。是故，该条规定的意义仅在于明定，在添附的情形，请求返还移动之原来财产已不可能，只能请求偿还价额（“民法”第181条但书）。[②] 对于他人之物支出必要或有益费用者，可能是其无权占有人。关于占有人对于占有物支出之必要或有益费用的返还，“民法”第954条、第955条及第957条另有明文规定。该等规定与“民法”第816条及不当得利规定间之关系为何？“最

① 德国学者有谓在这种情形，费用性不当得利请求权已足以妥当规范其费用之返还问题，无须再引用物权法关于占有人与所有权人之关系的规定（Larenz/ Canaris, Lehrbuch des Schuldrechts, Band Ⅱ · Halbband 2, Besonderer Teil, 13. Aufl., München 1994, § 69 Ⅲ 1 d; Jürgen Kohler, Verwendungsersazansprüche des Zwischenerwerbers gegen den Vomerkungsgeschützten, NJW 1984, 2856）。

② Medicus, Bürgerliches Recht, 15. Aufl., 1991, Rdn. 898:“德国民法第九五一条第一项第一句，严格而论是多余的。盖反正有费用性不当得利规范之：该条只是定明，依第九四六条至第九五零条取得权利无法定之法律上原因。”其中，德国民法第946条至第950条相当于“民法”第811条至第815条，德国民法第951条第1项第1句相当于“民法”第816条之规定。关于动产添附于不动产之应返还价额，请参考 Höhe der Vergütung bei Rechtsverlusten auf Grund der Verbindung von Fahrnis mit Grundstücken, BGH Urteil vom 19. 9. 1962 - V ZR 138/ 61(Hamm), NJW 1962, 2293ff..

高法院”采前者排斥后者的见解。[①]

为他人清偿债务：除当事人另有订定或依债之性质不得由第三人清偿者外，债之清偿，原则上得由第三人为之。唯第三人之清偿，债务人有异议时，债权人得拒绝其清偿。但第三人就债之履行有利害关系者，债权人不得拒绝（“民法”第311条）。由于“民法”第312条规定：“就债之履行有利害关系之第三人为清偿者，于其清偿之限度内承受债权人之权利，但不得有害于债权人之利益。”所以，有利害关系之第三人为清偿者，债之关系并不消灭，只是发生法定之债权的移转，从而债务人也不因此而受利益。是故，债务人对于该为清偿之第三人亦不负不当得利的返还义务。只有在无利害关系之第三人为清偿的情形，[②]由于其为

---

① “最高法院”2002年度台上字第887号民事判决：“按1999年4月2日修正2000年5月5日施行前之民法债编第一百七十七条，固未如修正后之第二项增设有‘准无因管理’之规定而得准用同条第一项‘未尽义务人无因管理’之规定向本人请求其所得之利益，且该准无因管理人明知他人之事务而以自己之利益为管理，如属恶意之不法管理，衡诸诚信原则，亦不得径依同法第八百十六条按关于不当得利之规定请求偿金。唯该准无因管理人若为恶意占有人，其因保存占有物不可欠缺所支出之必要费用，自仍得依关于无因管理之规定对本人请求偿还，此观同法第九百五十七条规定甚明。”德国民法第994条以下，有关于无权占有人对于占有物支出之必要或有益费用之偿还请求的规定；第951条或第812条第1项后段，有关于费用性不当得利的规定。该两套规定间之竞合关系为何？德国联邦法院认为，第994条以下构成封闭的规定。亦即该规定排斥第951条或第812条第1项后段对于占有人支出之费用的适用性。唯德国学说上的意见不一。赞成互不排斥适用者，例如Medicus（Medicus, Bürgerliches Recht, 15. Aufl., 1991, Rdn. 897），赞成第994条以下排斥第951条及第812条第1项后段之适用者，例如Dagma Waltjen, Das Eigentümer-Besitzer-Verhältnisund Ansprüche aus ungerechtfertigter Bereicherung, AcP 175（1975）109, 132ff; Manfred Wolf, Die Verwendungsersatzansprüche des Besitzers im Anspruchssystem, AcP 166（1966），199ff..如不排斥适用，对于占有人自然必较有利。

② “最高法院”1994年度台上字第2230号民事判决：“按就债之履行有利害关系之第三人为清偿者，得按其限度就债权人之权利，以自己之名义，代位行使，‘民法’第三百十二条前段定有明文。是无利害关系之第三人，纵已清偿，亦无代位权可言，必就债之履行有利害关系之第三人为清偿时，始取得代位权。且此有利害关系之第三人代位权，系以确保其求偿权之实现为目的。而所谓就债之履行有利害关系第三人，如连带债务人、不可分债务人、保证人、物上保证人、担保物之第三人取得人或买受人，或承担催收借款之借款中人等。查上诉人自承伊系为涂销系争抵押权设定登记，免除该抵押不动产被台湾银行声请法院拍卖之危险，以履行其对高素卿所负出卖人之义务，乃代特炜公司向台湾银行清偿上开债务等语……特炜公司对台湾银行之债务，既非抵押债务，上诉人又非该项主债务之连带保证人，或一般保证人，或其他因该主债务不履行而将受债权人追偿之第三人，上诉人系为涂销担保上开台湾银行债权之抵押权而为清偿，并非特炜公司对台湾银行信用贷款债务之利害关系人，上诉人谓其为利害关系人，对被上诉人有代位求偿权云云，显将特炜公司之信用贷款债务与林秀茹之抵押贷款债务混为一谈，委无足取。”

他人清偿债务能生清偿效力，债务人始因债之关系消灭，可节省为清偿债务所需之费用，而受有利益，从而第三清偿人对于债务人在构成无因管理时，有费用偿还请求权；在不构成无因管理时，有费用性不当得利返还请求权。无利害关系之第三人清偿债务的结果，该债务转为费用性不当得利之返还义务。为不使债务人因此在抗辩权或抵销权方面遭受不利，虽其不是原来债权之移转，但在债权之移转，关于让与通知、抗辩权及抵销权之保护债务人的规定（“民法”第 297 条及第 299 条），最好应准予类推适用至因第三人清偿而发生之求偿权。[①] 为债务人清偿债务，有时由债权人自己为之，例如在租赁关系存续中，租赁物如有修缮之必要，应由出租人负担者，承租人经定相当期限，催告出租人修缮，而出租人于其期限内不为修缮者，承租人得自行修缮而请求出租人偿还其费用或于租金中扣除之（“民法”第 430 条）。承揽工作有瑕疵者，定作人得定相当期限，请求承揽人修补之。承揽人不于该期限内修补者，定作人得自行修补，并得向承揽人请求偿还修补之必要费用（第 493 条第 1 项、第 2 项）。债权人依上述规定，为债务人履行对于自己所负之债务者，其费用之偿还的请求有上述契约法上之规定为依据。该等规定对于无因管理或不当得利皆有特别规定的性质。[②] 因此，在上述情形，其费用之偿还请求权以上述规定，而不以无因管理或不当得利为其规范基础。

为他人支出费用与无因管理：为费用之支出者虽不一定有为他人处理事务之意思，但或多或少皆具有处理他人事务的实质。因此，视有无为他人管理事务之意思，有可能构成真正或不真正无因管理。此外，还视其管理是否利于本人，且不违反本人明示或可得推知之意思（“民法”第 176 条），以论其为适法或不适法无因管理。其为适法无因管理者，适用“民法”第 176 条；其管理事务经本人承认者，适用关于委任的规定（“民法”第 178 条）。在此种情形，本人所负之义务为

---

① 不论为清偿之第三人系有利害关系或无利害关系之第三人，其清偿的受领，都具有类似于将债权价卖于第三人的作用。因此，就系争债权当事人如有不得让与之特约，该债务应解释为当事人另有订定不得由第三人清偿（德国民法第 399 条第 2 句，“民法”第 311 条参照）。此外，在德国，也一般承认，在债权之移转，关于抗辩权及抵销权之保护债务人的规定（德国民法第 404 条、第 406 条以下），最好应准予类推适用至因第三人清偿而发生之求偿权（Larenz/ Canaris, Lehrbuch des Schuldrechts, Band Ⅱ. Halbband 2, Besonderer Teil, 13 Aufl., Mün-chen 1994, § 69 Ⅲ 2 b）。

② Larenz/ Canaris, Lehrbuch des Schuldrechts, Band Ⅱ · Halbband 2, Besonderer Teil, 13. Aufl., München 1994, § 69 Ⅲ 2 d.

费用的偿还义务，此与不当得利以利益的返还为其内容或范围者不同。[①] 其次，"民法"第 177 条第 1 项还规定："管理事务不合于前条之规定时，本人仍得享有因管理所得之利益，而本人所负前条第一项对于管理人之义务，以其所得之利益为限。"此即本人不承认不适法无因管理，而依然表示享有因管理所得之利益的情形。这个类型之要件及效力特征皆已处在无因管理及不当得利之交集区域中。总之，在为他人支付费用的情形，如有处理他人事务之实质，且该事务之处理充分适法无因管理的构成要件，则只构成适法无因管理，而不构成不当得利。反之，如不充分适法无因管理的构成要件，则是否适用无因管理的规定，视受利益者（本人）有无享受管理利益之意思而定。如果无该意思，而本人事实上受有利益，则管理人得依不当得利的规定请求本人返还其所受之利益。因"民法"第 177 条第 2 项规定："前项规定，于管理人明知为他人之事务，而为自己之利益管理之者，准用之。"所以，这亦适用于不真正无因管理。

在上述情形，如不构成无因管理，而应适用不当得利规定时，因移动之财产利益，对于不当得利债务人，以费用之节省；对于不当得利债权人，以费用之支出或负担，表现出来，且该费用之支出或负担系基于该债权人之意愿或自主之活动，所以称之为费用性，而非侵害性不当得利。[②] 二者同属德国民法及其学说上与实务上所称之非给付性不当得利。[③] 在费用的节省，受利益者虽不一定因此获得有形的财产利益，但已可充分构成不当得利所需"费用之支出与利益之获得"间因果关系之直接性的要件。但受利益者如仅是享有支出者所从事之行为的外溢效益，而不减损溢出利益者（支出者）之利益，则因其一方受利益，并不使

---

① 德国民法第 670 条规定："受任人为委任事务之执行，支出其依情形得认为必要之费用者，委任人有偿还之义务。"Larenz/ Canaris 认为："费用性不当得利并不引起对于源自德国民法第六七零条之费用偿还请求权的价值矛盾。后者仅以管理人依情形得认为有为该费用之支出的必要为要件，与费用性不当得利不同，并不系于有得利或有成果的可能性，是故，其连结之构成要件要素较弱。"（Larenz/ Canaris, Lehrbuch des Schuldrechts, Band Ⅱ · Halbband 2, Besonderer Teil, 13. Aufl., Mün-chen 1994, § 69 Ⅲ 1 c）

② Larenz/ Canaris, Lehrbuch des Schuldrechts, Band Ⅱ · Halbband 2, Besonderer Teil, 13. Aufl., München 1994, § 69 Ⅲ 1 a, b. 唯德国学说亦有将之归类为侵害性不当得利者。例如 Manfred Wolf, Die Verwendungsersatzansprüche des Besitzers im Anspruchssystem, AcP 166(1966), 201; Alfred Söllner, Der Bereicherungsanspruch wegen Nichteintritts des mit einer Leistung bezweckten Erfolges, AcP 163(1963), 30.

③ Larenz/ Canaris, Lehrbuch des Schuldrechts, Band Ⅱ · Halbband 2, Besonderer Teil, 13. Aufl., München 1994, § 67 Ⅲ 2 e.

他方受损害，所以尚不充分不当得利的要件。[①]

(5)因自然事件而发生

如无人之行为，纵使因一定之自然事件而使他人之财产有所增益，亦不构成给付，所以也不会产生因给付而发生的不当得利。唯这种情形可能构成侵权行为或不当得利，例如甲的牛吃乙之牧场的牧草，而致乙受有损害时，乙除得依“民法”第190条第1项前段，向甲请求赔偿外，亦得依“民法”第179条请求甲返还其利益。这构成请求权(规范)竞合。不过，自然事件有时虽然可能使一方受利益，他人受损害，但该受利益及受损害，在规范上可能被认定为无因果关系，而不构成不当得利。例如甲乙分别所有之池塘相邻，而甲池高，乙池低。如因甲池满水以致其养殖之鱼越岸而游入乙池。这时交易习惯上，如果认为甲对其池内之鱼，于越岸而入乙池时，已丧失其占有，而使甲之鱼成为无主物，则乙因甲之鱼游入乙池而获得之利益，便不被认为系源自于甲之损害，而系因先占无主物而取得该鱼之所有权，从而不构成不当得利。与之类似而不同者为：甲乙有鸽舍相邻，甲之鸽子放飞后，有一只进入乙之鸽舍。在这种情形，因为鸽子有认巢的能力，所以甲之鸽子误入乙之鸽舍，不使甲失去对其放飞之鸽子的占有，从而也不因为其鸽误入乙之鸽舍而成为无主物，得由乙先占。是故，甲基于其对于该鸽子的所有权，得据所有物返还请求权，而不是据不当得利返还请求权，请求返还。盖乙并未取得该鸽子之任何权利或利益。然假设误入乙鸽舍之鸽子是名鸽之后，且该鸽子自动，或因乙之安排，而与乙之鸽子交配生出小鸽时，甲得否对乙请求不当得利之返还？其自动的情形，不可；由乙安排的情形，则可。盖自动的部分已

---

① 王泽鉴：《不当得利》，2009年增订新版，第165页；Larenz/ Canaris, Lehrbuch des Schuldrechts, Band Ⅱ · Halbband 2, Besonderer Teil, 13. Aufl., München 1994, § 67 Ⅲ 1 b. 效益之外溢，经济学上称为经济活动之正面外部性(positive Externalität)。

超出甲之事实管领力的范围。[1]

3. 小结

给付犹如清偿,视其给付之内容决定其是否需要一定之行为(法律行为或事实行为)。其以权利之移转或授予为内容者,需要法律行为;其以人之劳务为内容者,需要事实行为。有时不作为亦可为给付之内容。当其需要一定之行为,该行为能够彰显该给付之目的之指向。因此,在该给付因无法律上原因而应依不当得利的规定返还时,该目的之指向的反方向,即可作为决定该不当得利关系之权利人与义务人的基础。

唯该目的之指向在涉及第三人为给付时,转为复杂。首先有“由第三人给付”及“第三人给付”之区别。[2]“由第三人给付”者,第三人在其履行之债务之履行上的地位为债务人之履行辅助人;“第三人给付”者,第三人在其履行之债务之履行上的地位为第三人,而非债务人之履行辅助人。当第三人为债务人之履行辅助人,其清偿给付在规范上等同于债务人自己之给付。此所以不但履行辅助人关于债之履行有故意或过失时,债务人应与自己之故意或过失负同一责任(“民法”第 224 条);而且其履行之债务不存在时,仅该债务人,而非该为给付之第三人对于债权人有不当得利返还请求权。反之,如为第三人给付,因为第三人不是债务人使用来为其履行债务之人,所以该第三人如因履行该债务中之行为,而致债权人受到损害,仅该第三人依侵权行为的规定对其负赔偿责任,至于债务人则根本不负责。债权人虽得利用拒绝受领第三人之给付(“民法”第 311 条),

---

① 例如猎得之野生动物逃脱;养殖之鱼因洪水越堤而入他人之池塘,成为无主物后为他人捕获先占,其先占者取得其所有权(“民法”第 802 条);果实自落邻地者,视为属于邻地所有人(“民法”第 798 条)。请参考,Esser, Schuldrecht, 2. Aufl., 1960, Karlsruhe, § 187, Ziff. 4, a) aa). 德国民法第 964 条规定:“蜂群迁入他人占有之蜂房时,占有该连同蜜蜂之蜂房者的所有权及其他权利扩及迁入之蜂群。他人对该迁入之蜂群的所有权及其他权利消灭。”依该条规定,取得他人迁入之蜂群的所有权及其他权利者,对于因此丧失对该蜂群之所有权及其他权利者,不负不当得利的返还义务。地表土壤因洪水而流失至邻地,亦生占有之丧失的结果。当洪水被归类为不可抗力的自然事件,该土壤之流动的利与不利对于受到波及之双方的利害属于法外事件,各按其结果享受利益或承担损失,不得依不当得利的规定请求返还或依危险责任的规定请求补偿。Esser/ Weyers 以此为例说明,不是只要使他人受到不利而取得利益,其得利即属不当。请参考,Esser/ Weyers, Schuldrecht Band Ⅱ Besonderer Teil, Teilband 2, 8. Aufl., 2000 Heidelberg, § 47 1 c(S. 29).

② Staudinger/ Walter Selb, Kommentar zum BGB, Berlin 1995, § 267 Rn. 4.

避开该风险，但其拒绝会导致受领迟延之结果（“民法”第 234 条、第 237 条）。[①] 所清偿之债务不存在于债务人与表见债权人间时，仅第三人，而非该债务人对于表见债权人有不当得利返还请求权。[②] 如果所清偿之债务存在，且就该债务之清偿，该第三人系无利害关系之第三人，则该第三人对于该债务人有费用性或求偿性不当得利返还请求权（Rückgriffskondiktion）。[③]

在一笔债务之清偿，有可能因为债务人使用他人之物为清偿标的，而涉及第三人。在债权人善意的情形，债权人即使因此而基于善意取得或基于添附，而取得来自该物的利益，皆仅该债务人对于该物之所有权人（第三人）负不当得利的返还义务或侵权行为之赔偿责任。至于该债权人取得之利益，以其对于该债务人之债权为其法律上原因。不过，该债权人如系无偿取得该债权，而该物之所有权人不能自该债务人获得赔偿或获得不当得利之返还者，则应类推适用“民法”第 183 条穿透该债务人，直接对于该债权人请求返还其无偿取得之利益。

该债权人如为恶意，则除应与该债务人共同负侵权行为责任外，在添附的情形，还应以受利益者之地位，对于该物之所有权人（第三人）负不当得利的返还义务。该债权人与该债务人间之债务关系，不能充为该债权人保有该添附利益的法律上原因。该债权人如未因添附，而取得所有权，则就该物所有权部分，因该债权人及债务人皆未取得利益，而不构成不当得利。唯该物之所有权人得依所有物返还请求权请求返还，如有损害，该债权人及债务人仍应共同负侵权行为责任。

三、强制执行与不当得利

确定终局判决具有形式的及实质的确定力，受以之为执行名义强制执行者，就其执行的结果，如未经其后之确定判决予以废弃，纵令判决之内容不当，亦非

---

① Esser, Schuldrecht, 2. Aufl., Karlsruhe 1960, §37 2c; Esser/ Schmidt, Schuldrecht Band I Allgemeiner Teil, Teilband 2, 8. Aufl., 2000 Heidelberg, §.27 I 3 b. 对于债务人而言，其就第三人清偿所应负之责任，既低于其为履行辅助人所应负之责任，则即便在债务人与第三人就该债务之履行有委任关系的情形，债务人可能安排受任人以第三人，而非以履行辅助人的地位，辅助其履行债务？这容许吗？这应核实认定。

② Soergel-Manfred Wolf, Kommentar zum BGB, 11. Aufl., Stuttgart 1986 § 267 Rz. 25.

③ Soergel-Manfred Wolf, Kommentar zum BGB, 11. Aufl., Stuttgart 1986 § 267 Rz. 22f.. 第三人就该债务之清偿，如有利害关系，则因其所清偿之债务将法定的移转于第三清偿人（“民法”第 312 条），所以债务人不由于其清偿而受利益。是故，不生不当得利之返还的问题。

无法律上之原因而受利益，不得在一个新的争讼中，依不当得利的规定，请求返还。[①] 唯在确定终局判决后，如有判决之债务已受清偿之事实，或有其他使该债务消灭之事由，例如解除条件成就，或债务人行使其撤销权或解除权，皆足以使在其后据该确定终局判决所为之强制执行丧失法律上原因，构成不当得利。[②] 然这些并不真正构成对于判决之确定力的例外。唯实务上纵有新的有利见解并不即构成不当得利返还请求权，以对抗依该确定终局判决强制执行的结果。[③]

在担保物权或其他优先权，如有未按其优先级清偿，以致发生先顺位者有本来可获得清偿，而结果未受清偿的情形，先顺位之债权人在其因此所受不利益，及后顺位债权人因此所受利益的限度，对于后顺位债权人有不当得利返还请求权。[④] 是故，有优先受偿权之债权人在强制执行程序中未获优先受偿者，在执行程序终结后，在其未获优先受偿的限度，得依不当得利的规定，对于受清偿之后顺位的债权人请求返还其因此增加之受偿金额，并按返还的结果，调整各该债权人对于债务人之未受清偿债权余额。

强制执行中之拍定的表示应有终局的规范效力。拍定人因拍定而取得之权利，以拍卖为其法律上原因，事后不得据不当得利的规定再予排除。是故，拍卖人如因错误而未拍定给出最高标者，该应得标而未得标之出最高标者，如因此受

---

① 最高法院 1933 年上字第 3771 号民事判例："债权人本于确定判决，于债务人为强制执行受金钱之支付者，该确定判决如未经其后之确定判决予以废弃，纵令判决之内容不当，亦非无法律上之原因而受利益。""最高法院"1975 年度台上字第 2739 号民事判例："被上诉人基于确定判决，由法院强制执行上诉人交付土地，被上诉人取得地上树木之地上物，即非无法律上之原因。"

② "最高法院"1981 年度台上字第 2360 号民事判决："非讼事件之强制执行名义成立后，如经债务人提起确认债权不存在之诉，而获得胜诉判决确定时，应认原执行名义之执行力，即因而消灭，若尚在强制执行中，债务人可依'强制执行法'第十二条规定声明异议，若已执行完毕，债务人得依不当得利规定请求返还执行所得之利益。"

③ Esser, Schuldrecht, 2. Aufl., Karlsruhe 1960, § 187 Ziff. 5 a) b).

④ 被误为涂销而后再登记之不动产的他项权利人，对于因此而取得较优顺位之权利人，就其由之取得的利益，有不当得利返还请求权(Esser, Schuldrecht, 2. Aufl., 1960, Karlsruhe, § 187, Ziff. 4, a) dd))。不过，这应不适用于在误为涂销后，再为更正登记前，基于对于登记簿上之记载的信赖而设定之他项权利。这时所设定之他项物权如为第三人抵押，抵押登记被误为涂销之债权人，就因此所受之不利益，倒是可以对其抵押人请求返还。另有一种情形是：土地登记机关由于作业的疏失，使收文在先者，完成登记在后，以致其抵押权之顺位倒错。对于这种情形，Larenz/ Canaris 认为，虽然通说及德国联邦法院，采否定的见解，但让声请登记在先者对于在后者，因抵押权之顺位倒错，而有(非给付性之)不当得利的返还请求权，应当比较合理(Lehrbuch des Schuldrechts, Band Ⅱ · Halbband 2, Besonderer Teil, 13. Aufl., München 1994, § 69 I 3 d))。

有损害，虽不得依不当得利的规定，请求改正，由其得标。[①] 但原则上得对于拍卖人请求损害赔偿。盖公平得标为出标人参与投标时应受保障之基本利益，拍卖人不得恣意操纵。拍卖人为避免对于出标人之该复杂的交易风险，虽可透过免责约款妥为有限责任的安排。唯在这种情形，就以最高标之出价与拍定价之差额计算的损失，拍卖人对于委托人的赔偿责任还是难以免责。

由执行法院办理之强制拍卖，发生误拍第三人之财产的情形，首先应以保障拍定人之权益，使其能够取得拍得之权利为出发点。相对于拍定人，第三人之权利所以应受牺牲，乃因两者相较，第三人比拍定人有机会防止该误拍的发生。然后才在该基础上妥当筹谋适当的善后方法：借助于不当得利的次佳善后，应由第三人为之。[②] 至于应以谁为该不当得利关系的返还义务人，原则上应以债权人为其返还义务人。[③] 其理由为：强制拍卖本来是为清偿对执行债权人所负之债务，借助于国家公权力，对债务人、保证人或担保人之财产的强制处分。在误拍第三人之财产的情形，执行债权人返还其因受分配而取得之不当得利的结果，只是使其财产利益恢复至强制执行前，恰如其分的状态。

债权人就第三人之财产为强制执行者，拍定人（买受人）的权益固应不受影响，[④]但该第三人得自由选择：①或者对于该债权人请求返还其自拍定人取得之价金，[⑤]在这种情形，债务人之债务未因该强制执行而受清偿。②或者向债务人

---

① Esser, Schuldrecht, 2. Aufl., Karlsruhe 1960, § 187 Ziff. 5, d).

② "最高法院"2007 年度台上字第 2870 号民事判决："如系争未登记建物非执行债务人所有，拍卖无效，则该部分之拍定价款依法应退还拍定人，于此情形，债权人受领该部分之拍定价款之分配款，可否谓有法律上之原因，非属不当得利，亦值斟酌。"该意旨认为第三人与拍定人相较，应优先保护第三人。这与强制执行应有之公信力显相抵触。

③ "最高法院"1964 年台上字第 2661 号民事判例（不再援用）："执行法院拍卖查封之不动产，以其价金分配于各债权人者，纵该不动产嗣后经确定判决，认为不属于债务人所有，不能移转于买受人，而买受人因此所受价金之损害，亦只能向直接受其利益之债务人请求偿还，各债权人所受清偿之利益，系另一原因事实，除有恶意外，不能认为与买受人所受之损害有直接因果关系，自不负返还其利益之责任。"对该判例之简评，请参见王泽鉴：《不当得利》，2009 年增订新版，第 209～210 页。

④ 王泽鉴：《不当得利》，2009 年增订新版，第 211 页。

⑤ Larenz/ Canaris, Lehrbuch des Schuld-rechts, Band Ⅱ · Halbband 2, Besonderer Teil, 13. Aufl., München 1994, § 69 I 3 c). 强制执行不属于债务人之第三人的财产不是德国民法第 816 条意义下，构成善意取得之无权处分。在强制执行中，第三人因该国家之高权行为而受到损害，而执行债权人则透过其引起之国家的拍卖行为，使其债权从债务人以外之第三人的财产获得清偿。第三人因该损害，仅有对于债权人，而无对于债务人之侵害性不当得利请求权［Esser/Weyers, Schuldrecht Band Ⅱ Besonderer Teil, Teilband 2, 8. Aufl., 2000 Heidelberg, § 50 Ⅱ 2 a)(S. 82)］。

请求返还因债务消灭而获得之不当得利，在这种情形，债务人之债务因该强制执行而受清偿。债权人依法在拍卖中承受执行标的物之所有权者，该第三人同样有上述的选择权，对债务人请求返还因债务消灭而获得之不当得利，或对于债权人请求给付其承受该标的物之设算的价金。[①] 有疑问者为：债权人得否以其尚能返还该拍卖物为理由，主张返还该物？这涉及在将债权人承受拍卖物拟制为拍定的情形，该拟制效力对于该债权人是否可逆？这应采不可逆的看法。唯在债权人尚能返还该物的情形，该第三人得否自由选择请求返还该物或其承受之价金？应采肯定的看法。盖不当得利之返还内容，以返还原物为原则，返还其价额为替代（"民法"第 181 条但书）。唯拍卖如为无效，则拍定人只能向债权人请求返还其给付之价金。[②] 不过，拍卖所以无效如系因可归责于拍定人之事由者，例如欠缺承受拍卖标的物之所有权所需之特别权利能力（例如自耕能力）者，拍定人应就该次拍卖的费用对于债权人负赔偿责任。

在破产的情形，破产管理人应就破产财团之财产，平等地先清偿破产财团的债务，而后再清偿破产债权。其清偿如有不符合清偿顺位或债权人平等原则的情形，破产管理人对于超过份额受清偿的债权人，得依不当得利的规定请求返还。破产管理人拒绝履行双务契约（"破产法"第 92 条第 8 款、第 96 条第 2 款）或终止继续性契约（例如租赁契约）（"破产法"第 77 条）者，双方在契约失效的限度，互负返还已受领之给付的义务。该返还义务的性质为不当得利之返还。[③] 反之，其请求继续履行双务契约者，因破产管理人为破产财团请求履行双务契约而生之债务，或破产宣告后，因履行双务契约而生之债务，为财团债务（"破产法"第 96 条第 2 款），应先于破产债权，随时由破产财团清偿之（"破产法"第 97 条）。所以，基本上不因债务人受破产宣告而生不能受偿的问题。

四、不当得利之互补或竞合问题

所谓互补指两套法律规定，在法律体系上，其构成要件的适用虽互不并存，

---

① Esser, Schuldrecht, 2. Aufl., Karlsruhe 1960, § 187 Ziff. 5, c).

② "最高法院"1998 年度台上字第 2993 号民事判决："执行法院拍卖抵押之不动产，经拍定人缴纳价金，如该拍卖为无效，执行法院即应将拍定人所缴纳之价金退还，不得以之分配于抵押权人；纵已分配终结，无从由执行法院退还该价金予拍定人，唯其既非抵押物卖得价金，抵押权人对之即无行使抵押权优先受偿之可言，其受领分配款，自属无法律上之原因而受利益，致拍定人受损害，拍定人得依不当得利之法则请求返还。"

③ Esser, Schuldrecht, 2. Aufl., Karlsruhe 1960, § 187 Ziff. 5, e).

具有排斥性，然其规范功能却又互相补充，使二者就相关联之事务的规范，构成互为补充，防止规范漏洞或空窗之完整的协作关系。其典型态样为：无因管理与不当得利间之互补关系。所谓竞合，指两套以上之法律规定，规范同一生活事实。不当得利之构成要件简约，因而适用范围较广，所以，不但与其他法定之债，而且与物上请求权发生竞合。[①] 至其与债权契约有关规定的关系，属于互补而非竞合的关系，用以规范债权契约无效，而致其履行行为所引起之财产利益的移动欠缺法律上原因时之恢复原状的问题。所以，当一件契约上之诉讼上请求败诉确定时，并不妨碍其原告再以不当得利为依据，重行起诉。[②] 唯倘其契约之给付义务尚属存在，仅是债务人不履行债务时，该给付义务之不履行并不在债务人与债权人间引起无法律上原因而有财产利益之移动的情事，从而也不构成不当得利。［"最高法院"2001 年度台上字第 1430 号民事判决："按债务人不履行债务时，其债务并不能免除，自无利益可言。本件纵如上诉人之主张，被上诉人有于为上诉人处理委任事务时，未将应交付于委任人之金钱交付于上诉人之事实，亦与'民法'第一百七十九条不当得利规定之要件不合。"然在预售屋的买卖，买受人如主张交付之标的物不完全或有瑕疵，而未解除契约。就其得否按出卖人偷工减料之"利益"，依不当得利之规定，请求出卖人返还？"最高法院"2007 年度台上字第 636 号民事判决采肯定见解："本件上诉人所交付之公共设施，有监视器涵盖面不足、违规使用、随时被拆除危险等瑕疵。经不动产鉴定公会鉴定结果，被上诉人各受有如附表'给付金额'栏所示之'损害'，上诉人因而受有偷工减料之'利益'，既为原审所认定，则被上诉人依不当得利之法律关系，所得请求上诉人返还之不当得利，即应以上诉人所受之'利益'为限。"按契约经解除前，债务人有债务不履行者，应依债务不履行的规定为请求，其间纵因债务不履行而有一方得利益，他方受损害，亦不属于不当得利的问题。所以，该判决所持上述见解并不正确。互相调借支票提供信用，而发生一方有支票未获兑现之情形时，亦应依债务不履行，而非不当得利的规定处理之（王泽鉴：《不当得利》，2009 年增订新版，第 73～74 页）。不同见解，"最高法院"1960 年度台上字第 851 号民事判例："当事人间为经济周转上所必需，约定互开支票以利使用，事所常有，唯此种情形除有特别意思表示外，未有不使双方因此互负支付对价之义务者，故如一方因他方之票据受有财产上之利益，而一方票据反因存底匮乏未能兑现时，其受此

---

① Günter Hager, Grundfälle zur Systematik des Eigentümer-Be-sitzerverhältnis und der bereicherungsrechtlichen Kondiktionen, JuS 1987, 877ff.；王泽鉴：《不当得利》，2009 年增订新版，第 315～317 页。

② Esser, Schuldrecht, 2. Aufl., Karlsruhe 1960, § 188 Ziff. 3 b).

利益之法律上之原因即已失其存在，依‘民法’第一百七十九条之规定，自应将其所受之利益返还。”与之类似而不同之案情为，“最高法院”2006年度台上字第2244号民事判决认为：“租赁契约终止后，承租人负返还租赁标的物之义务，如未依约返还即为债务不履行，承租人应负债务不履行之损害赔偿责任。且承租人未为返还仍然继续占有使用者，乃故意或过失妨害出租人对所有物或占有物之使用、收益之行使，应负侵权行为损害赔偿责任。再承租人于租赁关系终止后，继续占用租赁标的物，乃无法律上原因获得相当于租金之利益，致出租人受有不能使用收益租赁物之损害，应返还其所得利益。故租赁关系终止后，承租人未依约返还租赁物者，出租人得分别依债务不履行或侵权行为规定请求承租人赔偿损害，或依不当得利规定请求承租人返还所得利益，其请求权虽然各别，唯均系基于同一事实，且各请求权目的相同，如已为其中一请求权之行使而获满足，应不得再行使其余请求权。”在本件，出租人对承租人请求者为：租赁关系终止后，承租人继续使用收益租赁物引起的问题。因契约已终止，如无“民法”第451条所定之情形，承租人就租赁物继续使用收益，视情形自可构成侵权行为或不当得利。]

不当得利与无因管理及侵权行为同属法定之债，各有其发生之构成要件。是故，上述三种法定之债是否能够发生竞合，系于一个生活事实是否能够同时充分其中两种以上之构成要件而定。当中由于无因管理系具有准契约性质之法定之债，所以当其成立，即可排斥其他法定之债的适用。因此，在适用上无因管理具有优先性。不过，因为在不适法无因管理，当有利于本人之管理利益发生时，本人可选择享受或不享受该利益，其表示享受该利益者，虽非即是承认该无因管理，但仍可成立不适法无因管理。在这种情形，依“民法”第177条，其效力在结果上虽与不当得利相当，[①]但依“民法”第177条第1项，管理人对本人得请求者，依然是第176条第1项所定之管理费用，只是本人对于管理人之义务，以其所得之管理利益为限。要之，得请求偿还之项目是管理费用，而非管理利益。管理利益仅具范围性效力：得请求偿还之管理费用的上限。

不法无因管理：同条第2项规定：“管理人明知为他人之事务，而为自己之利益管理之者，准用之。”此即不法无因管理。依该项规定，其效力准用不适法无因管理。在这种情形，本人如表示不享受该利益，而事实上受有管理利益者，管理人还是得依不当得利的规定，请求返还该利益。在此情况下，此种不适法无因管理产生之法律效力，若有由该不适法无因管理之费用偿还请求权与不当得利之

---

① 德国民法第684条即直接规定不适法无因管理之管理费用依不当得利的规定请求返还。这样的规定方式，可较清楚地显现无因管理与不当得利规定间的体系关系。

管理利益返还请求权构成的选择之债，[1]本人（债务人）得自由选择其中之一请求权，让管理人（债权人）行使。其不同于典型之请求权竞合者为：①选择权人为债务人；②本人（债务人）一经表示享受或不享受该管理利益，管理人（债权人）得行使之请求权即告确定，不待于行使结果为何，另一请求权即归于消灭。

不当得利与侵权行为是否竞合，取决于所以取得利益的法律事实，是否涉及不法，[2]以及得利者是否有故意过失。二者如皆属肯定，则可构成竞合。有疑问者依然是：其竞合究为请求权竞合或请求权规范竞合？[3] 纵使不当得利以义务人（受利者）所受领之利益，而侵权行为以权利人（受害者）所受损害为请求标的，当事实上其标的相同，依然可构成请求权规范竞合，认为只有一个请求权。反

---

① “最高法院”1981 年度台上字第 4155 号民事判决：“按选择之债，经有选择权人之选择，成为单纯之债。依‘民法’第二百十二条规定，其选择之效力，并溯及于债之发生时。故选择之债，一经选择，即视为自始为单纯之债。”

② 最高法院 1942 年上字第 453 号民事判例：“上诉人在两造因确认卖约无效案判决确定后，仍将系争地强行耕种，其所用籽种、肥料及牛工、人工等损失，非由于被上诉人之侵权行为，固不得请求赔偿。但被上诉人就上诉人耕种所获之农产品，如已收取，显系无法律上之原因而受利益，致他人受有损害，则上诉人所施用之籽种、肥料、牛工、人工等项，依不当得利之法则，尚非无请求返还之权。”在该判例所示情形，该农产品如由被上诉人（土地所有人）收取，上诉人之不当得利的返还依据为：动产（籽种、肥料）因附合而为不动产之重要成分者，不动产所有人，取得动产所有权（“民法”第 811 条）。该动产所有人因此受有损害，得依关于不当得利之规定，请求偿还价额（第 816 条）。反之，如由上诉人（无权占有人）收取，则应返还相当于租金计算之不当得利。关于该判例之简评，请参见王泽鉴：《不当得利》，2009 年增订新版，第 224～225 页。

③ “最高法院”1959 年度台上字第 1179 号民事判例：“主债务人因窃取债权人之财物，债权人对之既得基于损害赔偿之法律关系，请求回复原状，同时又得基于不当得利之法律关系，请求返还其所受之利益，此即学说上所谓请求权之并存或竞合，有请求权之债权人，得就二者选择行使其一，请求权之行使已达目的者，其他请求权即行消灭，如未达目的者，仍得行使其他请求权。”该判例采请求权竞合说。“最高法院”2009 年度台上字第 434 号民事判决亦同：“按损害赔偿之义务人，因侵权行为受利益，致被害人受损害者，于前项时效完成后，仍应依关于不当得利之规定，返还其所受之利益于被害人。‘民法’第一百九十七条第二项定有明文。该规定系考虑损害赔偿义务人，如因侵权行为而受利益，致被害人蒙受损害时，除使其有侵权行为之请求权外，仍得依不当得利之规定请求返还其利益，而使不当得利返还请求权与损害赔偿请求权发生请求权竞合关系，不使被害人因侵权行为求损害赔偿请求权罹于时效而受到影响。是以，受害人依本条项规定向义务人请求损害赔偿者，除义务人系负侵权行为损害赔偿之债务人外，另须具备不当得利之要件，并适用其法律效果，即应符合（一）义务人受有利益、（二）被害人受有损害、（三）损益间须有因果关系存在、（四）无法律上之原因为必要。”

之，如果得请求之标的内容不同，则可能倾向于认为有数个构成请求权竞合之请求权。[①]“民法”第197条第2项采请求权竞合说：有两个请求权，各有其消灭时效期间。然不论其竞合之态样为何，“民法”第339条关于“因故意侵权行为而负担之债，其债务人不得主张抵销”之禁止规定，对于因侵权行为而发生之不当得利请求权应亦有适用。[②] 此外，不当得利的规定也可能与物上请求权的规定并存。[“最高法院”2003年度台上字第324号民事判决：“景海公司本于占有人之物上请求权，请求景天公司拆除系争土地之地上物，将土地及建物誊空返还，并依不当得利之法则，请求返还自通知解除（实为终止）契约后之2000年4月30日起至返还土地及建物日止之不当得利六万九千一百七十元，自属于法有据。”占有人之物上请求权，指“占有人，其占有被侵夺者，得请求返还其占有物；占有被妨害者，得请求除去其妨害；占有有被妨害之虞者，得请求防止其妨害”（“民法”第962条）。其意旨在于恢复占有，除去及防止占有之妨害。而不当得利之返还请求的意旨则在于占有状态所构成之利益及其占有之用益的返还。所以，仅就占有状态所构成之利益的返还部分，占有人之物上请求权与不当得利返还请求权因请求标的相同，而有竞合的情形。倒是物权法中关于占有人之使用收

---

① 在侵权行为之损害赔偿请求权与不当得利之返还请求权竞合的情形，Esser教授认为：“不当得利请求权既不排斥其他请求权，也不居后：该请求权不是候补的。原告有权选择，行使其中之一或全部。在同一法律事实，自一个跳到另一个请求权不构成诉之变更。”[Esser, Schuldrecht, 2. Aufl., Karlsruhe 1960, § 188 Ziff. 3 a)]“最高法院”1967年度台上字第3064号民事判例：“不当得利返还请求权与损害赔偿请求权，法律上之性质虽有未同，但二者诉讼上所据之事实如属同一，则原告起诉时虽系基于侵权行为之法律关系，然在诉讼进行中于他造为时效之抗辩后，亦不妨再基于不当得利之请求权而为主张。”这是不当得利与侵权行为这两种法定之债间可能存在之竞合关系。反之，在无因管理与不当得利或侵权行为间，如适用无因管理之费用偿还请求权的规定，即不适用不当得利之利益的返还或侵权行为之损害赔偿的规定。唯这应与不适法无因管理（“民法”第174条）或违反无因管理之注意义务（准用“民法”第535条）的赔偿责任相区别。在后一情形与积极侵害债权的情形一样，可能与侵权行为竞合（例如“民法”第434条与第184条第1项前段）。

② “最高法院”2009年度台上字第200号民事判决：“按‘民法’第一百九十七条第二项规定之不当得利返还，系考虑损害赔偿义务人如因侵权行为而受利益致被害人蒙受损害时，使被害人除有侵权行为之请求权外，亦应有不当得利之请求权，用以保护其利益。该两项请求权，法律上之性质虽然不同，但在诉讼上所据之原因事实则同属因侵权行为而负担债务之范畴。是该损害赔偿义务人如因故意侵权行为而受利益致被害人受损害时，被害人于侵权行为损害赔偿请求权时效完成后，再依上开条项规定以不当得利之请求权而为主张者，自仍有同法第三百三十九条因故意侵权行为而负担之债，其债务人不得主张抵销规定之适用。”Apostolos Georgiades, Die Anspruchskonkurrenz im Zivilrecht und Zivilpro-zeßrecht, München 1967, S. 197ff..

益的规定与不当得利之返还的规定有更多之竞合的可能性(Larenz/ Canaris, Lehrbuch des Schuldrechts, Band Ⅱ · Halbband 2, Besonderer Teil, 13. Aufl., München 1994, § 74 I 2)。]其竞合有属于排斥性的,有属于重叠性的。其竞合关系究当如何?见仁见智。[①]

(一)不当得利与契约或亲属法之竞合

在与物之用益有关之继续性契约关系的存续期间届满或终止后,被授予该物之用益权者(例如承租人、借用人)原则上有义务将该物返还其债权人(例如出租人、贷与人),其不依约返还而继续为用益者,并应返还其用益利益。这些返还义务皆具有不当得利之返还义务的特征。于是引起该契约上之返还义务与不当得利之返还义务间的竞合问题。在此种竞合,契约上之返还义务不一定排斥不当得利之返还义务。是否排斥,视各该契约对之有无特别约定而定。[②] 其无特别约定者,应认为返还请求权人得择一请求。至于其竞合应论为请求权竞合或请求权规范竞合,这是配合一次解决纷争之诉讼经济要求,而产生之实体法上的另一个问题。例如债务人给付迟延者,债权人在迟延损害之赔偿与不当得利之返还间有选择权;依物之瑕疵担保得请求减少价金之规定,请求返还已给付之应减少的价金,不是对于出卖人请求不当得利之返还。唯其所谓物之瑕疵,如系数量之短少所构成者,因该短少而溢收之价金仍属无法律上原因之给付,可构成不当得利。[③] 另契约不成立、自始无效、经撤销而溯及无效时,如有履行以该契约为依据之给付义务时,其给付引起之财产利益的移动,构成典型之给付性不当得利;给付不能亦可能为构成不当得利之事由("民法"第 266 条第 2 项);至于解除契约的情形,不论其为依据法定或意定解除权,除法律另有规定或契约另有订定外,当事人双方皆应依"民法"第 259 条负恢复原状之义务,不适用不当得利之规

---

① Esser, Schuldrecht, 2. Aufl., Karlsruhe 1960, § 188 Ziff. 3.

② Larenz/ Canaris, Lehrbuch des Schuldrechts, Band Ⅱ · Halbband 2, Beson-derer Teil, 13. Aufl., München 1994, § 68 Ⅱ 1 b).

③ "最高法院"1980 年度台上字第 677 号民事判决:"按'民法'第一百七十九条规定所谓无法律上之原因而受利益,就受损害人之给付情形而言,对给付原因之欠缺,目的之不能达到,亦属给付原因欠缺形态之一种,即给付原因初固有效存在,然因其他障碍不能达到目的者是,本件被上诉人就其出卖之房屋,固应负瑕疵担保责任,但上诉人主张,被上诉人交付之房屋坪数短少,而有溢收价金之情形,如果属实,被上诉人对于溢收之房屋价金,是否不能成立不当得利,尚有疑问,又上诉人之不当得利返还请求权与其瑕疵担保请求权如有并存竞合之情形,上诉人择一请求似非法所不许。"

定；其依双方之合意解除契约者，亦同。[①]

鉴于法律婚与事实婚之共同生活上，合伙之共同事业目的上，以及劳动关系之生活依赖上的特色，其终止后之财产关系的善后，往往不是不当得利之一般规定所能适切规范，因此，对其相关之财产的恢复或补偿问题需要在其特别法中具体加以规范。如尚无特别规定，在适用不当得利规定时，应注意有无透过法律补充予以完善之规范需要。[②]

（二）不当得利与无因管理之互补

1. 概说

无因管理虽亦为法定之债，但因为本人以明示或可得推知之意思，或其后以承认或表示愿意接受管理利益，参与法律关系之形成，所以将之定性为准契约关系，优先于其他法定之债（不当得利或侵权行为）受适用。是故，无因管理与不当得利间原则上无竞合问题：只要成立无因管理的关系，不论其系适法或不适法无

---

① 王泽鉴：《不当得利》，2009 年增订新版，第 302 页以下。然“最高法院”1970 年度台上字第 4297 号民事判例认为：“契约之解除，出于双方当事人之合意时，无论有无可归责于一方之事由，除经约定应依‘民法’关于契约解除之规定外，并不当然适用‘民法’第二百五十九条之规定，倘契约已为全部或一部之履行者，仅得依不当得利之规定请求返还其利益。”该见解并经“最高法院”1974 年度台上字第 1989 号民事判例重申：“契约之合意解除与法定解除权之行使性质不同，效果亦异。前者为契约行为，即以第二次契约解除第一次契约，其契约已全部或一部履行者，除有特别约定外，并不当然适用‘民法’第二百五十九条关于回复原状之规定。后者为单独行为，其发生效力与否，端视有无法定解除原因之存在，既无待他方当事人之承诺，更不因他方当事人之不反对而成为合意解除。”其实关于契约解除时之恢复原状，“民法”第 259 条较诸第 179 条以下关于不当得利之返还的一般规定合理。“民法”第 259 条解决之主要疑难为：受领人于受领利益时，究竟要论为知悉或不知悉无法律上原因。所以，在合意解除的情形，在规范规划上，在“民法”第 259 条及第 179 条以下的规定间，如有以立法的方式，规定其优先或选择适用之条文的必要，应以规定“无特别约定”时，应适用第 259 条为妥。

② Larenz/Canaris, Lehrbuch des Schuldrechts, Band Ⅱ · Halbband 2, Besonderer Teil, 13. Aufl., München 1994, § 68 Ⅱ 2.

因管理，皆即无适用不当得利规定的余地。[①] 在适法无因管理，其应适用无因管理的规定，本人不得拒绝；在不适法无因管理，因本人选择享受管理利益者，始构成无因管理的关系。否则，本人虽受有管理利益，却表示不接受管理利益者，如该管理利益不能取回，应适用不当得利的规定。

申言之，如其为适法无因管理，应适用“民法”第 176 条。虽非适法无因管理，而本人愿意承认者，应依第 178 条适用委任之规定；本人虽不愿意承认，但表示要享受管理利益时，应适用第 177 条。上述情形皆应适用无因管理，不适用不当得利或侵权行为等关于法定之债的规定。在不适法无因管理，如本人虽受有利益，却既不承认，又表示不愿意享受管理利益时，便应适用不当得利的规定，返还其取得之管理利益。[②] 由此可见，无因管理与不当得利的规定，在法律体系上或适用上，构成互补，而非请求权竞合或请求权规范竞合的关系：成立无因管理关系或适用无因管理规定时，不成立不当得利关系或不适用不当得利之规定。

不过，要注意：“民法”第 177 条规定之费用的偿还范围，与适用不当得利规定时应返还之利益，在范围上虽看似没有意义的差异，[③]但其得请求之标的仍有不同：在无因管理，不论是适法或不适法无因管理，皆以管理费用之偿还为其得请求之标的。此外，在不适法无因管理，管理人得请求偿还之管理费用不得超过管理利益。反之，在不当得利，以所受利益之返还为得请求之标的，且其得请求返还之内容及范围应受不当得利之规定（“民法”第 181 条、第 182 条）的限制。

---

① “最高法院”1997 年度台上字第 229 号民事判决：“无因管理与不当得利，分别为债之发生原因之一，其成立要件与效果各别，前者为未受委任，并无义务而为他人管理事务，后者则为无法律上之原因而受利益，致他人受损害。因而适法之无因管理，本人之受利益，既系基于法律所允许之管理人无因管理行为，自非无法律上之原因，仅管理人即债权人对于本人即债权人对于本人即债务人取得必要或有益费用偿还请求权、债务清偿请求权及损害赔偿请求权；至不当得利之受害人即债权人对于不当得利之受领人即债务人则取得不当得利返还请求权，二者不得牵混。”“最高法院”2008 年度台上字第 1993 号民事判决：“查无因管理为法律上所承认之一种适法行为，可成为受领之法律上原因，倘双方成立无因管理，即不再构成不当得利，故无因管理之费用偿还请求权与不当得利之利益返还请求权，不得并存。”成立之无因管理，其可排斥不当得利规定之适用者，并不限于适法无因管理，还包括本人选择享受管理利益之不适法无因管理。该选择与其他形成权之行使一样，有不可改变性。王泽鉴：《不当得利》，2009 年增订新版，第 310～311 页。

② 关于这个问题德国民法第 684 条有明文规定：“不备第六八三条之要件者，本人有义务将其因管理而取得者，依不当得利之返还的规定，返还管理人。本人承认该管理者，管理人有第六八三条规定之请求权。”王泽鉴：《不当得利》，2009 年增订新版，第 310 页以下。

③ “民法”第 177 条所定者为，以管理利益与管理费用二者低者为准。唯其运转机制不同。在无因管理以管理费用为其请求返还之客体，管理利益不过为其范围之限制的指标。反之，在不当得利则以利益为其请求返还之客体，损害不过为其范围之限制的指针。

其中，在无因管理，关于管理利益构成之管理费用的偿还上限，并无相当于"民法"第 182 条第 1 项关于善意受利益者，以所受利益之现存利益为其返还范围之限制。是故，"民法"第 177 条规定之管理费用的偿还范围，虽以管理利益为上限，但仍可能大于依不当得利之返还请求权，得请求返还之范围。如图 2-3 所示：

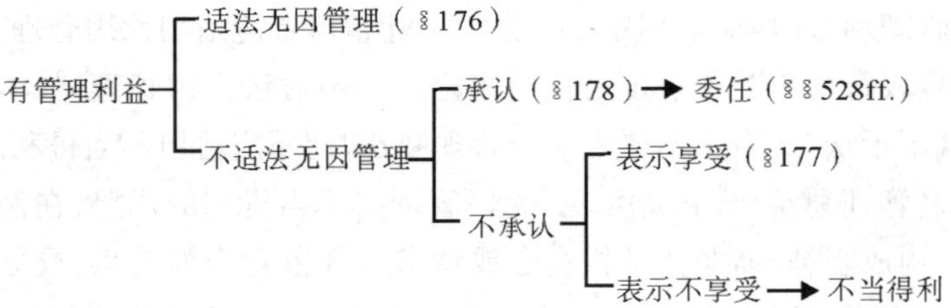

图 2-3①

最为常见，无因管理与不当得利之互补规定的情形，发生在代偿债务及物的用益关系。债务人有清偿其债务的义务，所以如有人，无义务，而为债务人清偿债务(代偿债务)，即具有为他人处理事务的基本特征。视情形可能构成无因管理或不当得利。另不论是有权占有或无权占有，皆使物之占有人与所有人不同一，从而引起占有人为就物为使用收益，而对于该物为必要费用或有益费用之支出，或在占有中引起该物之毁损灭失等问题。如无用益权，而为物之使用收益，涉及不当得利；如无义务，而对于物为必要费用或有益费用之支出，涉及无因管理或不当得利；在占有中如引起物之毁损灭失，涉及侵权行为。另关于物，物权法对之尚有一系列关于其权利保护与行使的规定。是故，由于物之用益、维护改良及损害，视情形可能引起关于上述问题之规定间的互补或竞合情形。其中以

① "民法"第 177 条规定："管理事务不合于前条之规定时，本人仍得享有因管理所得之利益，而本人所负前条第一项对于管理人之义务，以其所得之利益为限(第一项)。前项规定，于管理人明知为他人之事务，而为自己之利益管理之者，准用之(第二项)。"第 1 项所定者其实是不当得利的效力内容。盖事实上其得请求者已是"所得之利益"，只不过必须小于其费用。该费用即是不当得利规定中，他人因不当得利事件所受之损害("民法"第 179 条)。其结果，在不适法无因管理，依第 177 条所负费用之偿还范围，与无法律上之原因而受利益者所负之不当得利的返还义务相同，皆以所生损害(费用)及所受利益中之低者为准。德国民法第 684 条就不适法无因管理，第 687 条于本人表示享受管理利益时，就不真正无因管理，直接明文规定，本人有义务将其因管理而取得者，依不当得利之返还的规定，返还管理人。这有助于厘清无因管理与不当得利在体系上的分际。Esser, Schuldrecht, 2. Aufl., 1960, Karlsruhe, § 187, Ziff. 3, c) aa).

有权占有或无权占有有关之用益及维护改良引起者，最为典型。其规范主要表现在无因管理及不当得利与物权法或债法之用益及费用规定间的竞合①。有权占有，以债法上之租赁及使用借贷及物权法上之地上权为代表；无权占有，以物权法规定之善意占有及恶意占有及债法规定之侵权行为及不当得利为代表。其中以契约为基础之法律关系的规定在适用上有优先性。其规范规划基本上依循费用与利益同归的原则：享有管理利益或用益利益者，负担管理及维护费用②。这是无因管理之建制原则。至于有益费用之规范则采受益者负担的原则，以现存价值为返还范围。这是不当得利之建制原则。另因任何人皆不得强使他人受一定之利益，而后请求偿还其费用，所以原则上受有益费用所生利益者，得请求取回，以消灭有益费用之偿还的请求。

2. 债务之代偿关系

债务人原则上有清偿债务之义务，所以若有非债务人，无义务而为债务人清偿债务，原则上即可能以自己之费用，给债务人带来财产利益。在这种情形，如不构成无因管理，即可能因无法律上原因，而在代偿债务者与债务人间，有财产利益之移动，从而构成不当得利。其典型为"民法"所定第三人清偿。然因"民法"第312条规定："就债之履行有利害关系之第三人为清偿者，于其清偿之限度内承受债权人之权利。但不得有害于债权人之利益。"所以，第三人代偿债务，在该条所定情形，还是不构成无因管理或不当得利。不过，在第三人代偿债务，纵使为清偿之第三人有利害关系，如其所清偿之债务无可让与性，亦无该条适用之可能性，["最高法院"1983年度台上字第1276号民事判决："缴纳土地增值税为公法上之负担，与债之发生系基于私法关系者不同，故上诉人代被上诉人缴纳土地增值税，非属'民法'上代为债之清偿，不能依'民法'第三百十二条主张代位国库请求纳税义务人即被上诉人偿还。因认上诉人本于第三人清偿代位权之法律关系，请求被上诉人偿还其代缴之土地增值税款新台币三万六千二百零三元及其利息，即非正当。"该判决所示情形，上诉人所以不得依"民法"第312条主张代位国库请求纳税义务人（即被上诉人）偿还之直接理由，乃因税捐债权对于私人之不可让与性。因此，在这种情形，代偿税捐债务者，对于其纳税义务人应依无因管理或不当得利请求偿还其为代缴税捐所支出之费用。]从而可视情形，构成无因管理或不当得利。["最高法院"1993年度台上字第172号民事判决："土地所有权之移转为绝卖者，其增值税向出卖人征收之，'土地法'第一百八十二条定

① Larenz/Canaris, Lehrbuch des Schuldrechts, Band Ⅱ · Halbband 2, Besonderer Teil, 13. Aufl., München 1994, § 74 I 3.

② 这与所得税法上之费用与收入配合原则相当（"司法院"释字第493号解释）。

有明文。出卖人负有缴纳土地增值税之公法上金钱债务，如由第三人缴纳，不得谓非受有金钱债务消灭之利益，并致该第三人受有损害。苟出卖人对该第三人无受此利益之法律上原因，应构成不当得利，该第三人即有不当得利之返还请求权。"]

土地所有权虽未移转，但该土地之利益依买卖双方当事人之约定，已实际由出卖人移转于买受人，并从而约定，纵使因土地所有权尚未移转，以致其地价税之纳税义务人仍为卖方名义时，该地价税亦应由买方负担；出卖人缴纳之地价税，在买卖双方仍应认定为，系出卖人为买受人缴纳之税捐，得向买受人求偿。有疑问者为：其求偿之规范基础为何？"最高法院"1983 年台上字第 3476 号判决认为是无因管理。[1] 然鉴于就该地价税之负担，该判决所判案件之买卖双方在其买卖契约第 6 条原有特约：纵其纳税义务人仍为卖方名义，亦应由买方即被上诉人负担。出卖人基于纳税义务人的地位代为缴纳后，应可依该契约之约定，对于买受人求偿。亦即求偿权有该买卖契约第 6 条为其依据。买受人不依约返还其应负担之地价税者，其给付迟延应论为债务不履行。是故，并不适合再引用无因管理为其求偿之规范基础，以免混淆债务不履行与无因管理。

类似的情形，在交易双方有税捐之转嫁约定，而依该转嫁约定，应为他方当事人缴纳税捐者，不为缴纳，最后由税法原来规定之纳税义务人缴纳该税捐时，其缴纳在税捐法上，虽仍属缴纳自己之税捐债务，但在私法契约上，仍具有为相对人缴纳税捐的特征。这究竟应论为该纳税义务人代偿交易相对人之税捐债务，构成无因管理或不当得利，或应论为交易相对人有债务不履行，应对该纳税义务人负债务不履行的责任。宜认为，该受转嫁者应对该纳税义务人负债务不履行的责任。关于该转嫁之税捐债务的履行双方既有特约，则其不履行的效力，如不依债务不履行的规定，不能针对具体约定之情形，给予适当评价。例如债务不履行的责任内容，在迟延给付的情形，除原来约定之给付外，尚可包含迟延损害。而无因管理之费用的偿还或不当得利之利益的返还，其得请求范围都可能

---

[1] "最高法院"1983 年台上字第 3476 号判决："查关于讼征不动产买卖契约成立后应征之税捐，依上述契约书第六条约定：纵其纳税义务人仍为卖方名义，亦应由买方即被上诉人负担。倘上诉人确曾为被上诉人代缴上开公法上之税捐，非不得依无因管理之规定请求被上诉人偿还其支出之费用（'民法'第一百七十六条规定参照），从而上诉人主张以其为被上诉人代缴历年来之地价税额抵销讼征补偿金，尚非无斟酌之必要，原审徒以讼征七八——一〇号土地在征收前因登记为上诉人名义所有，上诉人即有缴纳该公法上地价税之义务，遽认上诉人此项抵销之抗辩为不可采，亦有违误。"王泽鉴：《不当得利》，2009 年增订新版，第 311～312 页："第三人缴纳税捐，究系不当得利或无因管理，应依其有无为他人管理事务（之意思）加以认定。若为肯定，则属无因管理，不成立不当得利。"

有是否及于此的疑问。

3. 用益权人支出之费用

在租赁及使用借贷，承租人或借用人对于租赁物或借用物如支出依约应由出租人或贷与人负担之必要费用，可对其请求偿还，并无疑义。例如“租赁物之修缮，除契约另有订定或另有习惯外，由出租人负担”（“民法”第429条第1项）。而承租人经定相当期限，催告出租人修缮，因出租人于其期限内不为修缮，而自行修缮时，得请求出租人偿还其费用或于租金中扣除之（第430条）。实务上有疑问者为：有益费用之支出的偿还。在这种情形，通常会引起对于租赁物或借用物为添附的情事。对这种情形，以租赁及地上权为例，不但物权法有关于其添附之成分或物之物权归属及其不当得利之返还的规定，而且分别针对租赁及地上权，债法及物权法还有取回权的规定。其中，关于不当得利及取回权的适用，“民法”第431条就租赁规定：承租人有选择权。[①] “民法”第839条就地上权规定：土地所有权人有选择权。承租人或地上权人取回者，皆应恢复租赁物或土地之原状。在上述情形，应分别优先适用债法或物权法针对用益权之个别关系的特别规定。

地上权人之工作物为建筑物者，土地所有人得以延展地上权期间替免建筑

---

① “最高法院”2003年度台上字第324号民事判决：“占有被侵夺，得依‘民法’第九百六十二条规定请求返还、除去妨害及防止妨害之占有人，虽须就其占有物有事实上之管领力者，始克当之，唯此之所谓占有人并不以实际占有人为限，即间接占有人亦属之。又占有之移转，如受让人已占有该物者，于让与合意时，即生效力，此观‘民法’第九百四十六条第二项准用同法第七百六十一条第一项但书规定自明。查系争土地原属林务局管理，于1995年12月19日与景海公司签订垦丁森××区之游乐设施投资经营合约后，如先交付景海公司占有，则该公司即已取得系争土地之事实上管领力；如未交付景海公司而系交付洪文正再转交嗣后成立之景天公司占有，仍于两造1998年4月1日订立委托管理契约就系争土地之移转占有获致合意时，发生占有移转之效力，而由景海公司取得系争土地之间接占有人地位，揆诸首揭说明，该公司即于是时取得系争土地之事实上管领力，嗣景海公司终止两造间之委托管理契约，景天公司之占有权源当然随之丧失。景海公司本于占有人之物上请求权，请求景天公司拆除系争土地之地上物，将土地及建物誊空返还，并依不当得利之法则，请求返还自通知解除（实为终止）契约后之2000年4月30日起至返还土地及建物日止之不当得利六万九千一百七十元，自属于法有据。”该委托管理契约之性质实际为何？自管理人在该土地上有地上物非无疑问？如其为租赁，则承租人依“民法”第431条，在有益费用之偿还及工作物之取回间有选择权；如其为地上权，则土地所有人依“民法”第840条，除契约另有约定者，从其约定外，得定一个月以上之期间，请求土地所有人按该建筑物之时价为补偿。土地所有人拒绝地上权人前项补偿之请求或于期间内不为确答者，地上权之期间应酌量延长之。地上权人不愿延长者，不得请求前项之补偿。要之，若契约中关于取回或补偿无特约，直接准予土地所有人无偿请求将土地及建物誊空返还，显无法律依据。

物之时价的补偿义务。如何替免，第 840 条第 2 项的规定尚属过简。其实还得以延展期间之租金，冲抵该建筑物之时价的补偿。如是可缩短该项所定之延展期间，使土地的所有权人及占有人速归于同一人。该规定内容的特征与 BOT 契约之一般规定相当。[①] 在使用借贷，“民法”原无关于借用人对于借用物支出有益费用时，其对于贷与人之有益费用的补偿规定。所以，就该问题，“最高法院”直接诉诸外国立法例中所示之法律原则，认为本于诚实信用之原则，视情形，得依无因管理或不当得利之法则，请求偿还或返还。[②] 唯 1999 年修正民法债编时已在第 469 条增列第 2 项，规定如下：“借用人就借用物支出有益费用，因而增加该物之价值者，准用第四百三十一条第一项之规定。”依该项规定，借用人就借用物支出有益费用，因而增加该物之价值者，如贷与人知其情事而不为反对之表示，于使用借贷关系终止时，应偿还其费用。但以其现存之增价额为限。

4. 善意占有人支出之费用

由于善意占有人就占有物得为使用及收益（“民法”第 952 条），所以其就占有物取得孳息者，不得请求偿还因保存占有物所支出之必要费用。如无就占有物取得孳息，则得向恢复请求人请求偿还（第 954 条）。“善意占有人，因改良占有物所支出之有益费用，于其占有物现存之增加价值限度内，得向回复请求人，请求偿还。”（第 955 条）此为向不知无法律上原因而受利益者，得请求返还之利益的范围（“民法”第 182 条第 1 项参照）。

德国民法关于善意占有之可供参考的相关规定：无德国民法第 987 条至第 992 条规定之情形者为善意占有人，得按占有物通常的使用方法收取该物之孳息，超出该范围者，其孳息之收取构成不当得利（德国民法第 993 条）。在收取孳息的期间应负担该物之通常的维持费用（德国民法第 994 条第 1 项第 2 句）。超出该维持费用之必要费用（德国民法第 994 条第 1 项第 1 句），含应记入该物原

---

① BOT 为 Build-Operate-Transfer（建设—营运—转移）之简称。其约定之内容为一方提供土地，由他方在该土地上营建一定之建筑物或工程，并依约为一定期间之营运，至营运期间届满时，由提供土地者取得该建筑物或工程之所有权的契约。化约之，此为一种互易的混合契约。一方以土地在一定期间之用益的提供，交换他方在该土地上兴建之建筑物或工程。

② “最高法院”1970 年度台上字第 1005 号民事判决：“因上诉人之增加设施，所借用房屋之价值显然增加，在我‘民法’使用借贷一节内，虽无得请求偿还或返还其价值之明文，然依据外国立法例，既不乏得依无因管理或不当得利之法则，请求偿还或返还之规定，则本于诚实信用之原则，似非不可将外国立法例视为法理而适用。”只要有一方为他方之事务，支出费用，使他方取得利益，即一般具有无因管理或不当得利规范之要件事实的特征。所以，除法律另有排斥之明文规定外，为费用之支出者，视情形，即得对于因此受到利益者，依无因管理或不当得利之规定，请求偿还费用或返还利益，不待于引用外国立法例。

始成本(der Stammwert)之除去负担(例如清偿抵押债务、缴纳工程受益费)[1]的费用(德国民法第995条),得请求返还[2]。善意占有人支出之有益费用,以返还时现存价值为限,得请求偿还(德国民法第996条)。[3] 收回耕地之所有权人应偿还有益之耕种费用(德国民法第998条)。[4] 这些费用偿还请求权得请求之范围与受领时不知无法律上原因之不当得利的返还范围相当。请求有益费用之偿还的替代为取回权(德国民法第997条)。[5] 占有人得请求偿还的费用含其由之取得占有之前占有人得请求偿还的费用(德国民法第999条)。[6] 此外,为确保其偿还请求权,占有人在其偿还或返还请求权未获满足前,就其占有之物有留置权(德国民法第1000条)。[7]

5. 恶意占有人支出之费用

所谓恶意占有人,指无权占有人中,自知无正当占有权源(无权占有)而占有他人之物者。典型之恶意占有人为盗赃之购买人。其次为经判决为物之非善意

---

① Soergel-Mühl, Kommentar zum BGB, 11. Aufl., Suttgart 1978, § 995 Rz. 3.

② 德国民法第993条(善意占有人之责任)规定:"不备第九八七条至第九九二条之要件者,占有人就依通常经济规则不当成该物之孳息收成的果实应依不当得利的规定返还;此外他不再负用益的返还或损害赔偿的义务(第一项)。就占有人得为用益之期间,第一零一条对其适用之(第二项)。"德国民法第994条(必要费用)规定:"占有人得对于所有权人请求偿还对于该物所支出之必要费用。但为其得为用益之期间支出之习惯上的维持费用不得请求偿还(第一项)。占有人在其于诉讼系属后或第九九零条所定责任开始后为必要费用之支出者,依无因管理之规定决定所有权人之偿还义务(第二项)。"德国民法第995条(负担)规定:"占有人为除去该物之负担而支付之费用亦属于第九九四条意义下之必要费用。就其得为用益之期间,占有人仅得请求偿还应记入该物原始成本之此种非常负担的费用。"

③ 德国民法第996条(有益费用)规定:"占有人就必要以外之费用,只有在其于诉讼系属前及第九九零条所定责任开始前为之,且因之所生物之价值的增加于所有权人再取得该物时现存者为限,始得请求。"

④ 德国民法第998条(农地之耕种费用)规定:"农地应返还者,占有人对尚未收成,但依通常经济规则在经济年度结束前将予收成之果实,支出之费用,只要与通常之经营相当,且不超出该果实之价值,所有权人应偿还之。"

⑤ 德国民法第997条(取回权)规定:"占有人将其物作为他物之成分结合者,得将该物分离并再成为自己所有。第二五八条适用之(第一项)。占有人依第九九四条第一项第二句不得请求偿还费用,或分离对其无用,或对其补偿该成分在分离后对他可能有之最低价值者,无分离权(第二项)。"

⑥ 德国民法第999条(前占有人之费用的偿还)规定:"占有人应返还该物时,就其由之取得占有之前占有人的费用,在前占有人得向其请求之相同范围,得请求偿还(第一项)。所有权人应偿还之费用的义务及于其成为所有权人前发生之费用(第二项)。"

⑦ 德国民法第1000条(占有人之留置权)规定:"占有人在应对其偿还之费用满足前,得拒绝返还该物。占有人以故意之侵权行为占有该物者,无留置权。"

的受让人。“民法”第 959 条固规定：“善意占有人，于本权诉讼败诉时，自其诉讼拘束发生之日起，[①]视为恶意占有人。”但在诉讼拘束发生之日前，其善意占有人的身份及其权益不受影响。

恶意占有人因无正当权源，可据以占有，所以相对于所有权人，对于其占有物无使用收益权。[②] 因此，对于所有权人“负返还孳息之义务。其孳息如已消费，或因其过失而毁损，或怠于收取者，负偿还其孳息价金之义务”(第 958 条)。倘“因可归责于自己(恶意占有人)之事由，致占有物灭失或毁损者，对于恢复请求人，负损害赔偿之责”(第 956 条)。盗赃之故买人属恶意占有人，如因其应负责之事由，不能恢复时，依“民法”第 956 条，应负损害赔偿责任。[③] 唯在具体案件，当购买方为公司时，常有谁是故买者的疑义。以公司名义从事故买的行为人，为该买卖之买方的代理人，而非本人，从而非该故买之赃物所归属之人。因此，以“民法”第 949 条或第 956 条为依据，请求恢复其物或赔偿，[④]皆应以该公

---

① 与“诉讼拘束”相当之概念，民事诉讼法称为“诉讼系属”。该用语应以民事诉讼法使用者为准，予以统一。请参见 1997 年“民法”第 959 条之修正理由。

② “最高法院”1953 年度台上字第 1213 号民事判例：“善意占有人，依推定其为适法所有之权利，得为占有物之使用及收益，固为‘民法’第九百五十二条所明定。唯此项规定，于有同法第九百五十八条、第九百五十九条所定之情形时，不适用之。故善意占有人如于本权诉讼败诉时，自其诉讼系属发生之日起，即视为恶意占有人，仍应负返还占有物孳息之义务。”

③ “最高法院”1977 年度台上字第 526 号民事判例：“查盗赃之故买人与实施盗赃之人，固不构成共同侵权行为，唯盗赃之故买人，依‘民法’第九百四十九条之规定，被害人本得向之请求回复其物，如因其应负责之事由，不能回复时，依同法第九百五十六条之规定，亦应负损害赔偿责任。”该判例经“最高法院”2003 年度第三次民事庭会议决议废止。其理由为：“‘民法’第九百四十九条系以受让人之善意为前提要件，为同法第九百四十八条动产善意取得之例外规定，盗赃之故买人，应无适用之余地。”按以情节论，关于盗赃之购买，善意购买为轻，故买为重。善意购买者依“民法”第 949 条，自被盗时起 2 年内，已应负返还义务，则举轻以明重，故买者更应负返还义务。是故，该决议以上述理由将该判例废止，并不妥当。

④ “最高法院”1976 年度台上字第 838 号民事判例：“‘刑法’第三百四十九条第二项之寄藏赃物行为为独立犯罪(并非窃盗之帮助行为)，赃物之寄藏，已在被害人因窃盗之侵权行为受有损害之后，盗赃之寄藏人对被害人系成立另一侵权行为。与实施窃盗之人，不构成共同侵权行为。又被害人对于盗赃寄藏人，依‘民法’第九百四十九条及第九百五十六条之规定，亦可请求回复其物或请求损害赔偿。”

司为返还或赔偿义务人。[①] 唯以该公司之名义事实上从事购买赃物之执行业务股东、董事或职员仍应以行为人的身份,负侵权行为责任。[②]

恶意占有人因保存占有物对占有物支出必要费用者,依"民法"第957条,对于回复请求人,固得依关于无因管理之规定请求偿还;但有益费用因另无得请求偿还之明文规定,"最高法院"判例认为不得请求偿还。[③] 恶意占有之无因管理属于不真正无因管理中之不法无因管理,依"民法"第177条第2项,准用第1项不适法无因管理之规定。该准用之意义为:本人得自由决定是否接受管理利益。其决定接受者,依"民法"第177条第1项所定标准,负管理费用之偿还义务。该法律效力在结果上与不当得利之返还相同。其决定不接受者,任由不法无因管理人取回其因有益费用之支出而添附的部分,唯恶意占有人应负恢复原状的义务。其不能恢复原状者,不得取回,亦不得请求有益费用之偿还。必要费用既是保存占有物所必要,其无因管理仍应论为适法。所以,"民法"第177条第2项所定者虽习称为不法无因管理,且依该项自始定调,准用第1项关于不适法无因管理的规定。唯在准用当中,关于必要费用的部分,仍应调整其规范内容,方始合理。"民法"第816条关于添附之规定系以添附效力之继续存在为前提,因此没有考虑到因他人对自己之物为添附而获得利益者,是否得拒绝接受该利益的问题。要之,因不法无因管理而发生添附时,并不依诚信原则,当然排斥"民法"第

---

① "最高法院"1981年度台上字第3157号民事判决:"万祥银楼为有限公司组织,此有卷附公司执照及股东登记名册可稽。被上诉人王燕铿及陈月云,虽为万祥银楼有限公司执行业务股东及总经理,但其个人与该公司究非同一人格。万祥银楼有限公司有向张树人收购讼争金饰,亦系该公司有恶意占有情事,上诉人仅得向该公司请求返还,要无对被上诉人为本件请求之余地。"

② "最高法院"1975年度台上字第1364号民事判例:"盗赃之牙保,系在他人犯罪完成后所为之行为,性质上难认为与该他人共同侵害被害人之权利,牙保之人与实施窃盗之人,固不构成共同侵害行为。唯盗赃之牙保,既足使被害人难于追回原物,因而发生损害,仍难谓非对于被害人为另一侵权行为,倘被害人因而受有损害,尚非不得依一般侵权行为之法则,请求牙保之人赔偿其损害。"

③ "最高法院"1954年度台上字第433号民事判例:"'民法'第九百五十九条之规定,上诉人自本权诉讼系属发生之日起,即应视为恶意占有人,固不得依同法第九百五十五条,以改良占有物所支出之有益费用为原因请求偿还,唯恶意占有人因保存占有物所支出之必要费用,对于回复请求人,依关于无因管理之规定请求偿还,仍为同法第九百五十七条之所许。"王泽鉴:《不当得利》,2009年增订新版,第321页:采肯定说。

816 条的适用。[①] 其适用与否全视该不法无因管理关系之本人，亦即因添附而受利益者，是否愿意接受该增加之添附利益。

德国民法关于恶意占有之可供参考的相关规定：恶意占有人指明知自己对于系争之物无占有权而为占有之人。其取得占有可能首先基于善意，而后自诉讼系属时起始转为恶意占有人，也有可能自始即自知无占有权，甚至有可能以侵权行为或犯罪行为取得占有。在后一情形，“占有人……应依侵权行为之损害赔偿的规定对于所有权人负责”（德国民法第 992 条）。恶意占有人之责任为：“对于所有权人自取得时起，应依第九八七条及第九八九条负责。占有人事后知其无权占有者，自知悉时起负相同责任（第一项）。占有人因迟延而应负更大的责任不受影响（第二项）。”（德国民法第 990 条）“占有人自间接占有人取得占有者，就用益，第九九零条之规定仅适用于第九九零条之要件亦存在于间接占有人或诉讼系属对其已发生之情形（第一项）。占有人善意取得占有者，只要其对于间接占有人应负责，则自取得时起，就第九八九条所称之损害，也应对于所有权人负责（第二项）。”（德国民法第 991 条）

恶意占有人对于占有物无用益权，且因其占有而使所有权人不能为通常之用益，所以“占有人应将其自诉讼系属时起取得之用益返还所有权人（第一项）。占有人自诉讼系属时起，因有过失而未收取其依通常经济规则可能收取之用益者，对于所有权人负赔偿义务（第二项）。”（德国民法第 987 条）。无偿取得占有，并自居为所有权人，或为行使事实上不属于他之用益权而为占有者，对于所有权人应依不当得利之返还的规定，返还其在诉讼系属前取得之用益（德国民法第 988 条）。“占有人自诉讼系属时起对所有权人应就由于其过失导致该物之毁损、灭失，或因其他事由致不能返还所生之损害负责。”（德国民法第 989 条）恶意“占有人在诉讼系属后或在第九九零条所定责任开始后支出必要费用者，所有权人之偿还义务依无因管理之规定定之”（德国民法第 994 条第 2 项）。

---

① “最高法院”2002 年度台上字第 887 号民事判决：“按 1999 年 4 月 21 日修正 2000 年 5 月 5 日施行前之‘民法债编’第一百七十七条，固未如修正后之第二项增设有‘准无因管理’之规定而得准用同条第一项‘未尽义务人无因管理’（按即：不适法无因管理）之规定向本人请求其所得之利益，且该准无因管理人明知他人之事务而以自己之利益为管理，如属恶意之不法管理，衡诸诚信原则，亦不得径依同法第八百十六条按关于不当得利之规定请求偿金。唯该准无因管理人若为恶意占有人，其因保存占有物不可欠缺所支出之必要费用，自仍得依关于无因管理之规定对本人请求偿还，此观同法第九百五十七条规定甚明。”王泽鉴：《不当得利》，2009 年增订新版，第 313～314 页。

(三)取回添附之成分或物与不当得利

物与物如果发生添附,不再能够原物返还。不过,其相关利益的归属与调整,仍以在无契约之规定可为其依据时,始适用添附及不当得利的规定。

经土地所有权人同意,在他人之土地上造林者,其为造林而在他人土地上所种之树,将添附于该土地。在"最高法院"1975年度台上字第2739号民事判例裁判之案件中,被上诉人之被继承人将其土地无偿提供上诉人种植茶树等。经20余年,所种树木成林时,被上诉人继承该土地后,以使用借贷关系之使用目的业已完毕,诉请返还土地,获得胜诉,并经执行法院依其胜诉确定判决,实施强制执行,连同上开地上物一并交付与被上诉人。于是,上诉人主张就其所种之树,被上诉人显系无法律上原因,而受利益。为此求为命被上诉人返还该树之价额。被上诉人则主张该20年以上之茶树虽为上诉人种植,但上诉人多年来收取该土地之出产物,已获补偿。又地上树木,为地上物,依确定判决执行交还土地,自应连同地上物一并交付,被上诉人无不当得利可言云云置辩。对该案件,"最高法院"1975年度台上字第2739号民事判例认为:"该地上茶树、桐树等,未与土地分离前,为土地之一部分,并非附合于土地之动产,而成为土地之重要成分,与'民法'第八百十一条至第八百十五条所定之情形无一相符。则上诉人依同法第八百十六条规定,诉求被上诉人返还不当得利,自非有据。"按该树并非自然林,而是由上诉人人工种上,该判例根据什么观点,认为该树非因添附,而成为其定着之系争土地的重要成分,并不明朗。该判例的想法可能是:该树之种植有使用借贷契约为其依据,所以其归属及相关利益之返还应依契约的规定,不适用添附及不当得利之法定的调整规定。[①] 如果如此,其见解虽是言之成理,但因未经阐明,予以公开,当事人还是不明其中道理。然其契约上之依据为何?其依据为:"民法"第469条"借用人就借用物支出有益费用,因而增加该物之价值者,准用第四百三十一条第一项之规定(第二项)。借用人就借用物所增加之工作物,得取回之。但应回复借用物之原状(第三项)"。[②] 对于在民事诉讼实务上,依循旧诉讼标的理论时,原告就一定之原因事实,为一定之裁判请求时,所提出之法律依据的主张,如果不正确,纵使该请求另有其他正确的法律规定可为其依据,法院还是会判其败诉。

---

① 关于该判例的简评,请参见王泽鉴:《不当得利》,2009年增订新版,第225～226页。

② 1999年增定"民法"第469条第2项及第3项。该两项规定虽增定在上引判例裁判之事实发生后,但核其意旨的内容,其增定目的在于以立法的方式,补充民法关于使用借贷之法律漏洞。是故,该项规定应亦可适用于该两项规定增定前的案件。

添附之物权法上的利益返还规定为“民法”第 816 条。依该条规定:“因前五条之规定而受损害者,得依关于不当得利之规定,请求偿还价额。”基于定义,动产与不动产或他动产,经附合后,发生非毁损不能分离,或分离需费过巨(“民法”第 812 条);或经混合后,发生不能识别或识别需费过巨(“民法”第 813 条);或经加工所增之价值显逾材料之价值等情事时,构成添附。由上述关于添附之要件可见,在事务之发展上,添附有不可恢复性。从自然或经济的观点,已不能再将之分离。是故,除依当事人之意思,在附合之初,即有再予分离的意思,亦即其附合无主观上的继续性,从而认定其不因附合而添附外,[①]在法律上既已发生添附者,其法律关系的发展,便不再适合以分离,而应以添附为出发点规划其法律关系。如因此而使被动参与附合之动产的权利人,因丧失权利而受到损害,则除依“民法”第 816 条,得依关于不当得利之规定,请求偿还价额外,如另受有损害,并在具备侵权行为之要件时,得依侵权行为的规定请求赔偿。然如果是主动造成添附者受到不利,则引起的问题是:被动受利益者得否拒绝享受利益,请求恢复原状?只要能恢复原状,请求造成添附者取回其添附为主物之成分,以恢复原状,原则上固当容许。唯在具体案件,可能遭受滥用权利的抗辩。前者之立论基础为:任何人并无违反其意思受财产利益,以致应对受损害者支付价额的义务。后者的立论基础在诚信原则:这特别是指添附双方就受添附之主物有用益关系的情形。归纳之,这是添附之成分的取回问题。然该用益关系如有契约为其依据,其添附之利益的返还或取向应依各该契约之特别规定,这犹如解除契约时之恢复原状的义务应以“民法”第 259 条,而非不当得利的规定为依据。

为化解其间的矛盾,债法关于租赁及物权法关于地上权特别有取回权的规定。取回并恢复原状的结果,使相关之物恢复至添附前之分离状态。只要取回权成立,其规定的适用优先于添附的规定。关于添附物之取回权有下列规定:①关于租赁,“民法”第 431 条规定:“承租人就租赁物支出有益费用,因而增加该物之价值者,如出租人知其情事而不为反对之表示,于租赁关系终止时,应偿还其费用。但以其现存之增价额为限(第一项)。承租人就租赁物所增设之工作物,得取回之,但应恢复租赁物之原状(第二项)。”第 1 项所规定者相当于第 177 条第 1 项的规定内容。不过,在用语上比较明显地趋近于“民法”第 182 条第 1 项关于不当得利之返还范围的规定。第 2 项规定者为:在该条所定添附的情形,丧失权利之一方(承租人)有权选择,请求返还尚存之利益的价额或取回添附之工作物。但应恢复租赁物之原状。由此可见,第 431 条所规定之添附有可恢复性。

---

① 关于附合之继续性的要件,请参考黄茂荣:《附合或分离对所有权之归属的影响》,收录于《民事法判解评释》1985 年增订版,第 25 页以下(第 34 页以下)。

②关于地上权人之工作物及竹木的取回及建筑物的补偿，“民法”有下述规定：第839条规定：“地上权消灭时，地上权人得取回其工作物及竹木。但应恢复土地原状（第一项）。前项情形，土地所有人以时价购买其工作物或竹木者，地上权人不得拒绝（第二项）。”其与第431条规定之不同为，取回或请求返还不当得利之选择权在土地所有人（不当得利之受领利益者）。第840条规定：“地上权人之工件物为建筑物者，如地上权因存续期间届满而消灭，土地所有人应按该建筑物之时价为补偿。但契约另有订定者，从其订定（第一项）。土地所有人于地上权存续期间届满前，得请求地上权人于建筑物可得使用之期限内，延长地上权之期间。地上权人拒绝延长者，不得请求前项之补偿（第二项）。”本条规定之特色为地上权人不得取回其建筑之工作物，而仅得请求按该建筑物之时价为补偿。此外，土地所有人得主张以延长地上权之期间为方法抵偿。地上权人拒绝延长者，不得请求前项之补偿。

（四）无权占有或越界建筑与不当得利

无权占有他人土地，即可能因此获得使用该土地的利益，而其所有权人则因不能使用该土地而可能受有损害。该利益之获得因无法律上原因，可构成不当得利，固无疑问。有问题者为：无权占有人事实上是否因此受有利益及其利益之数额，[①]所有权人是否因此受有损害及其损害之数额。这些都必须能够举证获得证明，该不当得利返还请求权的成立始有实益。该利益及损害之举证的问题，现行司法实务基于“土地法”上关于不动产租金限额之政策性的规定，采依法定

① “最高法院”2009年度台上字第245号民事判决：“无权占用他人土地，可能获得相当于租金之利益，为社会通常之观念，而相当于基地租金之利益数额，须斟酌基地之位置、工商业繁荣之程度、占用人利用基地所获致之经济价值及所受利益，并与邻地租金比较，始为适当。”以依社会通常之观念，无权占有人可能获得相当于租金之利益，看待无权占有人因无权占有之所受利益，则其受有利益之举证责任，在实务上将获得减轻：不待于所有权人举证，即认为至少受有相当于租金之利益。就此而论，其意旨与“民法”第233条关于金钱之债之法定迟延利息的规定相同。不过，在无权占有物为土地或房屋时，该虚拟之租金尚应受“土地法”之法定租金最高限额的限制（“土地法”第97条、第110条规定第1项参照）。

标准拟制其存在及数额的观点。[①] 不过,如有约定租金,且其金额低于或等于法定租金限额者,应以约定租金为准。[②] 司法实务上并认为:该不当得利具有租金的性质,所以其消灭时效期间适用"民法"第126条关于租金之5年短期消灭时效的规定,而不适用关于不当得利返还请求权之15年一般消灭时效期间的规定。["最高法院"1996年度台上字第2059号民事判决:"按'民法'第八百十八条所定各共有人按其应有部分,对于共有物之全部,有使用收益之权,系指各共有人就共有物之全部,于无害他共有人之权利限度内,得按其应有部分行使用收益权而言。故共有人如逾越其应有部分之范围而为使用收益时,其就超越其权利范围而为使用收益所受之利益,要难谓非不当得利。……按租金之请求权因五年间不行使而消灭,'民法'第一百二十六条定有明文。又无法律上之原因而

---

① "最高法院"1972年度台上字第1695号民事判例:"依不当得利之法则请求返还不当得利,以无法律上之原因而受利益,致他人受有损害为其要件,故其得请求返还之范围,应以对方所受之利益为度,非以请求人所受损害若干为准,无权占有他人土地,可能获得相当于租金之利益为社会通常之观念,是被上诉人抗辩其占有系争土地所得之利益,仅相当于法定最高限额租金之数额,尚属可采。""最高法院"2003年度台上字第324号民事判决:"无权占有他人土地,可能获得利益,为社会通常之观念。其依不当得利之法则请求返还不当得利,以无法律上之原因而受利益,致他人受有损害为其要件,故得请求返还之范围,固应以对方所受之利益为度,非以请求人所受损害若干为准(本院1972年台上字第1695号判例参照),唯于审酌对方所受之利益时,如无客观具体数据可资计算,请求人所受损害之数额,未尝不可据为计算不当得利之标准。"

② 台湾高等法院2008年度上易字第606号民事判决:"按请求返还不当得利,其得请求返还之范围,应以对方所受之利益为度,故无权占有他人土地,可能获得相当于租金之利益,应属社会通常之观念。又城市地方房屋之租金,以不超过土地及其建筑物申报总价年息10%为限,并为地租所准用,为'土地法'第97条第1项、第105条所明定。而所谓土地价额系指法定地价,法定地价系指申报地价,为'土地法施行法'第25条、'土地法'第148条所明定。经查系争租约既已于2007年7月9日租期届满,则上诉人自2007年7月10日起,无权占有系争房屋,自受有相当于租金之利益,且致被上诉人受有损害,故被上诉人自得依'民法'第一百七十九条规定,请求上诉人给付自2007年7月10日起至迁让交还系争房屋之日止,按月以相当于租金8万元计算之不当得利,洵属有据。"按每月8万元为双方约定之租金,既有约定租金,是否还当以法定租金标准计算无权占有其间之租金利益或损失,视该判决所引上述"土地法"规定究为强行规定或任意规定而定。今该判决既引用"土地法"关于租金之限制的规定,又以约定租金为标准认定不当得利之数额,则应叙明该约定租金是否小于或等于法定租金限额。"土地法"第97条规定:"城市地方房屋之租金,以不超过土地及其建筑物申报总价年息百分之十为限(第一项)。约定房屋租金,超过前项规定者,该管直辖市或县(市)政府得依前项所定标准强制减定之(第二项)。"第110条第1项规定:"地租不得超过地价百分之八,约定地租或习惯地租超过地价百分之八者,应比照地价百分之八减定之,不及地价百分之八者,依其约定或习惯。"由上述规定可见,该法所定之租金限制为强行规定。

获相当于租金之利益，致他人受损害时，如该他人之返还利益请求权已逾租金短期消灭时效之期间，对于相当于已罹消灭时效之利益，不得依不当得利之法则，请求返还。”“最高法院”民事判决 2003 年度台上字第 2324 号：“查无法律上之原因而获得相当于租金之利益，致他人受损害，如该他人之返还利益请求权已逾租金短期消灭时效之期间，对于相当于已罹消灭时效之租金之利益，不得依不当得利之法则请求返还。”]后来“最高法院”就共有人未经全体共有人同意将共有物全部出租，且未将租金按应有部分，分配于其他共有人的情形，改变其见解，认为因此构成之不当得利，不适用“民法”第 126 条关于租金之短期时效。其理由为：“按‘民法’第一百二十六条所谓之租金债权系指承租人使用租赁物之代价，出租人应定期按时收取租金之债权而言，故租金请求权因五年不行使而消灭，系就出租人对于承租人之租金请求权而言。本件系上诉人未得其他共有人之同意，逾越其应有部分就共有物全部为使用收益，上诉人因此受有不当得利，为被害人之被上诉人则受有损害。此种不当得利返还请求权，本属损害赔偿之性质，原非租金之替补，亦即并非基于一定之法律关系，因一年以下时间之经过而依序发生之定期给付债权，原审因认无适用‘民法’第一百二十六条短期时效之余地，难谓有何违背法令。”（“最高法院”2005 年度台上字第 1198 号民事判决）唯就对于无权占有人之不当得利返还请求权，“最高法院”后来又改变其见解，认为：“租金之请求权因五年间不行使而消灭，既为‘民法’第一百二十六条所明定，则凡无法律上之原因，而获得相当于租金之利益，致他人受损害时，如该他人之返还利益请求权，已逾租金短期消灭时效之期间，对于相当于已罹于消灭时效之租金之利益，即不得依不当得利之法则，请求返还。其请求权之时效期间，仍应依前开规定为五年，此为本院所持之见解（参照本院 1960 年台上字第 1730 号判例及 1976 年度第五次民庭庭推总会议决定（二）、1977 年度第七次民庭庭推总会议决议（一）、2006 年度第十七次民事庭会议决议）。原审竟认无权占用之不当得利返还请求权，本属损害赔偿之性质，原非租金之替补，亦即非基于一定之法律关系，一年或不及一年之定期给付债权，并无适用‘民法’第一百二十六条短期时效之余地，本件相当租金之请求权之时效为十五年云云，其法律见解，亦有可议。”（“最高法院”2007 年度台上字第 2660 号民事判决）①

按租金系租赁契约之约定的定期给付，从而“民法”第 126 条对之有短期消灭时效的规定，而不当得利返还请求权系法定之债，而法定之债无所谓给付之定期性。是故，以其所受利益参酌租金标准认定，即认为关于土地之无权占有的不

---

① 王泽鉴：《不当得利法在实务上的发展》，收录于氏著：《不当得利》，2009 年增订新版第一部分，第 66～77、81～82 页。

当得利返还请求权应适用关于租金之短期消灭时效的规定，并不妥当。盖其无约定之定期给付义务的特征。将“民法”第126条类推适用至无权占有人就占有物原有租赁契约之缔结，而因该租赁契约自始或嗣后无效，或因期间届满或终止，而承租人未返还租赁物转成无权占有，继续使用收益的情形，应是该条之类推适用的极限，不宜扩张适用至其他自始以侵权的方法，开始无权占有的情形。否则，在使用收益方面，将使物之用益权保护失去大半。此外，主张应类推适用“民法”第126条的见解，亦与“民法”第197条第2项之规范意旨冲突：在侵害性不当得利，应适用不当得利返还请求权固有之消灭时效，不适用侵权行为损害赔偿请求权之短期消灭时效。

另一值得注意之问题为：假设无权占有人在占有期间以无权占有人的地位，为土地所有权人代缴超过15年之地价税，并在土地所有权人对其请求以租金为标准计算之不当得利的返还时，主张以其代缴之地价税抵销该租金时，其得用来抵销之地价税应为5年、15年或更多？设以该不当得利之返还请求权具有租金性质为理由，将其消灭时效期间定为5年，则其得主张抵销之地价税亦应限制为5年。超出5年至15年满之地价税，类推适用“民法”第954条但书，无权占有人应以该土地之孳息的事实上享有人的地位负担之。超过15年之地价税部分，土地所有权人因得以上述理由主张由无权占有人负担，所以无以消灭时效期间经过，为抗辩的必要。

该无权占有如系因侵权行为而发生者，“最高法院”认为，纵其损害按租金标准计算，于侵权行为之损害赔偿请求权因时效而消灭时，受损害者之不当得利返还请求权，仍应适用“民法”第125条15年消灭时效之规定(“民法”第197条第2项)。[①]

越界建筑亦是一种无权占有。其不同于一般之无权占有者为：无权占有人有土地与其无权占有之土地相邻，而且在自己土地上建筑时，超出自己土地之范围，以致一部分建筑物侵入邻地。如果土地所有人建筑房屋非因故意或重大过失逾越地界者，且邻地所有人知其越界而不即提出异议，则邻地所有人不得依物

---

① 就共有人逾越应有部分为使用收益(收取之租金)，“最高法院”2007年度台上字第1479号民事判决后来又认为：“陈××等人于未征得被上诉人及其他共有人之同意，即将系争土地出租，收取租金，其不当得利之来源，系因逾越应有部分为使用收益(收取之租金)；但就被上诉人方面观之，则是其共有物之应有部分，因上诉人之侵权行为受损害，仅是其损害之金额，系以陈××等因侵权行为就被上诉人之应有部分所收取之租金为计算标准而已，并非被上诉人请求陈××等返还相当于租金之损害，是其侵权行为损害赔偿请求权纵因时效而消灭，被上诉人不当得利返还请求权，仍应适用‘民法’第一百二十五条十五年消灭时效之规定。”

上请求权或侵权行为的规定，请求移去或变更其房屋。唯土地所有人对于邻地因此所受之损害，应支付偿金（“民法”第 796 条第 1 项）。论其性质，在外观上，此为租赁之缔约强制；而论其实际是一种不当得利的返还请求权（“最高法院”1983 年度台上字第 4734 号民事判决）。该条之明文规定，除使邻地所有人不必证明不当得利的返还请求权之成立外，其得请求返还之范围究应以其所受之损害或应以越界建筑者所受利益为准？值得探讨。按该条第 1 项之文义，应以邻地所有人所受之损害为准。唯其所称之损害系“民法”第 179 条，而非“民法”第 184 条第 1 项前段意义下之损害。问题是所受之损害又当如何认定？与一般无权占有他人土地的情形相同，这应朝向以当地通常租金为准。由于在越界建筑的情形，可能有侵入之程度限于用益权或深至所有权的疑义。所以，同条第 2 项规定：“前项情形，邻地所有人得请求土地所有人，以相当之价额购买越界部分之土地及因此形成之畸零地，其价额由当事人协议定之；不能协议者，得请求法院以判决定之。”使邻地所有人得选择在用益权或所有权的层次处理其间之利益的冲突。其价额事后由当事人协议之法律手段为：缔约强制。[①] 再因无故意或过失而侵权获利的情形，是否也应让受害人方有均沾利益的机会？依该条规定，显采否定的见解。

（五）不当得利与侵权行为之竞合

不当得利与侵权行为虽同以补偿正义为其立论基础，但其分别要透过补偿，以恢复的利益状态并不相同。不当得利返还请求权要恢复者为：将一个人无正当理由获得之利益返还于因其受利益而受损害者；侵权行为之损害赔偿请求权要恢复者为：将一个人不法且有过失引起的损害，自受害人归属于赔偿义务人。从而在法律效力的规定，不当得利以义务人所受利益之返还，在侵权行为以权利

① 关于无权而在他人之土地上兴建房屋之费用返还请求权，请参考 Karl-Augus Klauser, Auferndungsersatz bei Neubauten und werterhöhenden Verwendungen auf fremden Grund und Boden, zum Problem der aufgedrängten Bereicherung, NJW 1965, 513ff..

人所受损害之赔偿为标的。[①] 二者只可择一行使。[②] 这与无因管理以费用之偿还为标的者，各有其制度上的意义。在不当得利，其构成要件固从该利益之保留无正当理由出发，但受利益而无正当理由，仍与侵权行为之有加害行为且不法，有所不同。不当得利之受领人之所以得利，不但有时全非因有可归责于受领人之不法行为，有时甚至可能是由于因不当得利事件而受损害者自己之行为。在具体案件，即使不当得利所涉之财产利益的移动由于侵权行为，其不当得利返还请求权之构成依然仅与得利有关，而与促使财产利益移动之行为的不法无关。不当得利返还请求权虽不以返还义务人之不法过失行为为要件，但该返还义务并不是一种无过失的衡平责任，而纯然是无正当理由，亦即无法律上原因之得利的恢复。[③] 不过，所以发生不当得利事件，如系由于侵权行为，则不当得利返还义务与侵权行为责任会发生竞合。[④]

例如在侵入性的不当得利，其侵入如具备故意/过失及不法要件，即可能产生不当得利返还义务与侵权行为责任之竞合。其主要态样为：明知或可得而知无权利而处分他人之物或权利、无权利而消费他人之物或权利及无权利而用益

---

① “最高法院”民事判决 1999 年度台上字第 262 号：“按依不当得利之法则请求返还不当得利，以无法律上之原因而受利益，致他人受有损害为其要件，故其请求返还之范围，应以对方所受之利益为度，非以请求人所受损害若干为准。”“最高法院”民事判决 2000 年度台上字第 2452 号：“关于侵权行为赔偿损害之请求权，以受有实际损害为成立要件，故被害人得请求赔偿之金额，应视其所受之损害而定；而依不当得利之法则请求返还不当得利，则以无法律上之原因而受利益，致他人受有损害为其要件，其得请求返还之范围，应以不当得利受领人所受之利益为度，而非以被害人所受损害若干为准。故前者以被害人所受之损害定其赔偿之金额，后者则以受益人所得利益为其返还之范围，二者并不相同。”

② “最高法院”2009 年度台上字第 1082 号民事判决：“查侵权行为乃对于被害人所受之损害，由加害人予以填补，俾恢复其原有财产状态之制度；而不当得利乃剥夺受益人之得利，使返还予受损人之制度，二者之直接目的不同，得请求之范围尤未必一致，本件原审同时依侵权行为及不当得利二种法律关系判决被上诉人胜诉，已有未合。且不当得利发生之债，乃以受益人得利为前提，所应返还者，亦以其利得为限，同时有多数受益人时，应各按其利得数额负责。”

③ Esser, Schuldrecht, 2. Aufl., 1960, Karlsruhe, § 187, Ziff. 2.

④ Esser, Schuldrecht, 2. Aufl., 1960, Karlsruhe, § 187, Ziff. 3; Esser/ Weyers, Schuldrecht Band Ⅱ Besonderer Teil, Teilband 2, 8. Aufl., 2000 Heidelberg, § 47 2; 王泽鉴:《不当得利》,2009 年增订新版,第 170～172 页。

他人之物或权利。[①] 这时不当得利返还请求权之消灭时效期间为 15 年，而侵权行为之损害赔偿请求权之消灭时效期间为自请求权人知有损害及赔偿义务人时起，2 年间不行使而消灭，自有侵权行为时起，逾 10 年者亦同（"民法"第 197 条第 1 项）。因其消灭时效期间不同，引起时效先消灭者，是否使尚未消灭者同归于消灭的疑问。就此，"民法"第 197 条第 2 项规定："因侵权行为所生之损害赔偿请求权，损害赔偿之义务人，因侵权行为受利益，致被害人受损害者，于前项时效完成后，仍应依关于不当得利之规定，返还其所受之利益于被害人。"亦即在上述不当得利返还义务与侵权行为责任竞合的情形，以法律明文规定，不从请求权规范竞合的观点，统一其消灭时效期间。唯在这种情形，其不法原因如存在于双方，为给付者，不得请求退还其给付（"民法"第 180 条第 4 款）。

侵权行为损害赔偿请求权与不当得利返还请求权在存在上虽可能竞合，但其消灭时效期间、得请求之标的及范围、共同行为人之连带责任的有无等规定，并不相同，且在行使上仅得请求其一。所以在具体诉讼案件，原告如并以侵权行为损害赔偿请求权及不当得利返还请求权为其请求之法律依据，而被告已就侵权行为损害赔偿请求权，行使时效抗辩时，则基于"民事诉讼法"所实行之处分权主义，原告应就消灭时效已经过及未经过之部分的请求，表示其请求依据，特别是，就该两种请求权之诉的主观预备合并，表示其先位及备位请求之审理顺序的法律意见及选择，不得简单推给法院为其作有利的选择。[②] 盖法院在审判上应

---

① "最高法院"1959 年度台上字第 1179 号民事判例："主债务人因窃取债权人之财物，债权人对之既得基于损害赔偿之法律关系，请求回复原状，同时又得基于不当得利之法律关系，请求返还其所受之利益，此即学说上所谓请求权之并存或竞合，有请求权之债权人，得就二者选择行使其一，请求权之行使已达目的者，其他请求权即行消灭，如未达目的者，仍得行使其他请求权。"唯如果只是窃取他人之物，而尚未发展至加以处分、消费或用益，则因窃取者尚未自其所窃取之物获得利益，尚不会成立侵害性不当得利。至其所有权层次之侵害，其返还的请求，应依所有物返还请求权。是故，在这种情形，亦无所谓侵权行为损害赔偿请求权与不当得利返还请求权竞合的情形。王泽鉴：《不当得利》，2009 年增订新版，第 322 页。

② "最高法院"1994 年度台上字第 2817 号民事判决："查侯元琴所谓：'依侵权行为及不当得利之法律关系请求'，有无先位及备位之分？原审未行使阐明权命侯元琴为适当之主张，遽以，侯元琴依侵权行为请求赔偿损害之请求权，早已罹于时效而消灭，径依不当得利之规定而为判决，尚嫌速断。倘侯元琴系先依侵权行为之规定请求损害赔偿，迨蔡森林等提出时效抗辩之后，始就超过二年时效部分，改依不当得利之规定请求给付相当于租金之不当得利，则其未逾二年时效之部分，侯元琴基于共同侵权行为之法则，请求蔡森林、蔡何秀琴连带赔偿，似无不合。原审竟全部依不当得利之规定为判决，并驳回侯元琴连带给付部分之请求，自有可议。"

维持中立的立场，在程序中固得对于当事人为必要之阐明，[①]但在请求权之行使上，当事人有选择之可能时，法院不得为任何一方当事人，代为对其最有利之请求权的选择。

1. 无权处分与不当得利

无权处分对于权利人有效的情形，除"民法"第759条之一所定关于不动产之所有权，第801条所定关于动产之所有权，第886条关于动产质权之善意取得外，主要还有因强制执行而拍卖他人之物的情形。在后一情形，拍定人之拍得的利益不受无权处分的影响，唯声请拍卖及参与分配之债权人，应将其受分配之拍得价金返还拍卖物之所有权人。此外，声请拍卖之债权人就错拍对于权利人所引起之损害并应负赔偿责任。至在具体情形，其得否主张权利人与有过失是另一个问题。

无权利而处分他人之物或权利即无权处分，需经有权利人之承认，始生效力（"民法"第118条第1项）。是故，无权处分就其处分之权利，本来不致于因无权处分，而在权利人与受让人间引起财产利益的移动，发生不当得利。从而原则上也不致侵害权利人之权利，构成侵权行为。然"民法"第759条之一第2项规定："因信赖不动产登记之善意第三人，已依法律行为为物权变动之登记者，其变动之效力，不因原登记物权之不实而受影响。""民法"第801条规定："动产之受让人占有动产，而受关于占有规定之保护者，[②]纵让与人无移转所有权之权利，受让人仍取得其所有权。"此即善意取得。受让人如依上述规定，而自无权处分人，善意取得不动产或动产，该无权处分不待于权利人之承认，便可使受让人取得其

① "最高法院"1990年度台上字第2013号民事判决："上诉人于第一审起诉，系依'民法'第二百四十四条第二项规定诉请撤销杜水树所为买卖行为，并涂销陈汉石与林翁慧敏、陈郑蜂英、詹菊江之所有权登记（上诉人诉请撤销被上诉人陈汉石与林翁慧敏等间所为买卖所为部分，业经原审判决驳回确定）。嗣于原审追加法律行为无效、侵权行为、滥用权利等原因事实，诉请涂销上开所有权登记。唯行使撤销诉权求为撤销债务人所为有偿行为，并命涂销受益人与转得人之所有权登记之判决，与主张登记有无效原因而请求涂销，各该所有权登记，其诉讼标的互有不同，一为基于有效之买卖，一为本于无效之买卖，二者不能并存，究竟以何者为先位声明，何者为备位声明，案经发回，应善尽阐明职责，令上诉人为适当之声明。"

② "民法"第801条所谓"动产之受让人占有动产，而受关于占有规定之保护"，指其受让该动产之占有，依第948条，"纵其让与人无让与之权利，其占有仍受法律之保护"而言。参照第949条规定："占有物如系盗赃或遗失物，其被害人或遗失人，自被盗或遗失之时起，二年以内，得向占有人请求回复其物。"无权让与人之取得该动产的占有原则上必须出于所有权人之自由意思。其例外为：占有物"如现占有人由公开交易场所，或由贩卖与其物同种之物之商人，以善意买得者，非偿还其支出之价金，不得回复其物"（第950条）。占有物"如系金钱或未记载权利人之有价证券，不得向其善意受让之现占有人，请求回复"（第951条）。

受让之物，使所有权人丧失其所有权，造成损害的结果。

善意取得为无权处分之效力的例外态样。无权处分虽规定于“民法总则编”第118条，其实该条规定涉及(准)物权之归属的变动。因此，与善意取得有关规定一样，都具有物权法的性质。无权处分之标的通常为所有权、其他权利及由之解析出来之价值权。是故，处分行为及无权处分行为皆以所有权或其他权利之移转，担保物权之设定为其内容。无权处分因违反私法自治及契约原则，所以其效力未定。唯倘权利人基于自由意思产生表见事实，表征他人为权利人或有处分权人，且善意第三人基于对该表见事实之信赖，而与其表征之权利人从事交易，并为关于该权利之移转或担保物权之设定的无权处分行为，善意第三人之信赖应受保护，从而善意取得其依该无权处分行为所要受让之权利或设定之担保物权。此即善意取得制度对于无权处分行为之效力的修正。在这种情形，无权处分人自其处分之权利取得利益，并使权利人受有损害，因相对于权利人无法律上原因，构成不当得利，其所受利益应返还权利人。[①]

因他人之物的买卖，而受买卖标的物之所有权的移转者，该物之授受是否构成不当得利？就所有权之受让部分，该移转行为如因无权处分后来未被承认而无效者，受让人因未取得该所有权，未受有利益，而不构成不当得利；该无权处分因善意取得而有效者，受让人系基于善意信赖让与人有移转该物所有权之权利，并承诺其移转，而自让与人取得该不动产或动产所有权，在规范上不认为该财产利益之移动发生在所有权人与受让人间，是故，所有权人还是不由于其因善意取得丧失所有权于受让人，而对于受让人有不当得利返还请求权。受让人因此所受利益，以其与让与人间之买卖契约为其法律上原因。学说上[②]虽有谓善意取得系原始取得，其实受让人受之于让与人的权利仍应论为继受取得。在让与人与受让人间授受之权利如有原始取得的情形，应以表见事实为基础，原始于让与人，而非原始于受让人。[③] 受让人依信赖保护原则，规范上可认为系自让与权利

① 王泽鉴:《不当得利》,2009年增订新版,第175页以下。

② 史尚宽:《物权法论》,1975年第4版,第514页；谢在全:《民法物权论》(上),2009年修订第4版,第423页。

③ 学说上所以将善意取得定性为原始取得，其目的在于:切断受让人之受有利益与权利人之受有损害间的因果关系，以正当化为何受让人与权利人间无利益之继受关系，从而权利人不能以其因该善意取得事件失去权利，受有损害，而受让人取得其失去之权利，受有利益为理由，对于受让人请求返还以该权利为标的之不当得利。如果在该权利之移动中，在发生上有重新开始以建构所谓之原始取得的必要，其原始取得应发生在无权而为处分之让与人。盖在权利之发生上，只有其无权而为处分才具有重新开始的意义。受让人之权利必须建立在以该表见事实为基础，拟制为存在，并始自于让与人的权利上。

者受让该权利。至于所有权人因此所受损害，视情形，得依侵权行为或不当得利的规定，对于让与人请求赔偿损害或返还利益。

无权处分人自为买卖者，其应返还之价金的范围为何？在这种情形，德国学说上有不以无权处分人得否扣除销售费用的观点立论，而以系争标的之市场价值立论。并将超出市场价值之销售收入部分论为无权处分人之服务的加值，不属于受自权利人之不当得利。所受之利益：在无权处分，无权处分人所受之利益为其自相对人取得之价金。该价金相较于所处分之物或权利的通常价值可能有高低。自不当得利的观点，在其较低的情形，固仍以实际所受之价金为其应返还之利益的范围；唯在其较高的情形，是否亦以实际所受之价金为其应返还之利益的范围，或只需返还与所处分之物或权利的通常价值等量的价金？

在无权处分，被处分之权利的权利人或所有权人，是否得请求含利润之价金的返还，在德国，其学说上正反见解之支持者旗鼓相当。[①] 德国学说上的看法：应以通常价值等量的价金为范围。其理由为：所以有超出其通常价值之价金，乃由于无权处分人之交易能力所产生的利润。该利润不属于来自因不当得利事件而受损害之当事人。［Esser/Weyers，Schuldrecht Band Ⅱ Besonderer Teil，Teilband 2，8. Aufl.，2000 Heidelberg，§ 50 Ⅱ 2 c(S. 85)："不同的见解不一定导出不同的结果。在不当得利制度之目标意义下，只有在其事实上源自请求权人之财产时，取得之利润始得指称为受领之利益。这应透过比较'事实上的因果关系'与如无该处分时'假定为存在之因果关系'认定之：如果受有利益者不为该处分时，还是会有权的就自己或他人之物为相同之处分，并取得相同之利润，则其透过无权处分取得之财产利益，仅是从事该处分之费用的节省。该节省之价值大致与处分之标的的市场价值相当。"不同见解，例如 Larenz/Canaris 认为，通说虽认为，无权处分者依德国民法第 816 条第 1 项第 1 句的文义，其所负

---

① 在无权处分之侵害性不当得利案件，受侵害之权利人或所有权人，是否得请求含利润之价金的返还，Werner Lorenz 认为，在德国学说上，正反见解之支持者旗鼓相当［Staudinger/Werner Lorenz，Kommentar zum BGB，Berlin 1999，Rdn. 23ff.（25）zu § 816］。Dieter Medicus 引述之学者的意见虽亦呈现该现象，例如 Medicus 认为 Larenz 倾向于主张，依德国民法第 812 条第 1 项前段与第 818 条第 1 项及第 2 项，无权处分人不需要将超出其通常价值之全部价金返还权利人（Larenz/Canaris，Lehrbuch des Schuldrechts，Band Ⅱ · Halbband 2，Besonderer Teil，13. Aufl.，München 1994，§ 69 Ⅱ 1 a；§ 72 I）；而 Esser/Weyers 则倾向于认为全部价金原则上皆应归属于权利人（Esser/Weyers，Schuldrecht Band Ⅱ Besonderer Teil，Teilband 2，8. Aufl.，2000 Heidelberg，S. 84）（Medicus，Bürgerliches Recht，15. Aufl.，Berlin 1991，Rdnr. 723）。唯 Esser/Weyers 及 Larenz/Canaris 在一定的情况，对其主张都有重要的修正，请参见下一批注。

返还义务之范围固当含其交易利润之全部售价，但依第 818 条第 1 项并非必如是。他们举艺品商将一幅画卖出高于行情之特别好的价钱为例，认为艺品商在该买卖之经营能力，对于成交价格的贡献特别明显。所以，其所有权人虽然依德国民法第 816 条第 1 项第 1 句得请求全部价金，但依第 818 条第 1 项则不配得到该全部价金之返还。反之，在拍卖的情形，依德国民法第 816 条第 1 项第 1 句，或依第 818 条第 2 项，权利人皆得请求全部拍得价金之返还[Larenz/Canaris, Lehrbuch des Schuldrechts, Band Ⅱ · Halbband 2, Besonderer Teil, 13. Aufl., München 1994, § 69 Ⅱ 1 a; § 72 I(S. 269f.)]。以自受让人取得之价金，替代损失之原物的返还请求权，在私法上及宪法上皆具有所有物返还请求权之替代功能(Die Vindikationsersatzfunktion)。所有权人虽因善意取得之规定而丧失其所有权，但因第 816 条第 1 项第 1 句所定之]请求权已符合宪法的规定，给予解决。所以，并无抵触德国基本法第 14 条保障之财产权的情事(Larenz/Canaris, Lehrbuch des Schuldrechts, Band Ⅱ · Halbband 2, Besonderer Teil, 13. Aufl., München 1994, § 69 Ⅱ 1 a)。]正如在价金低于通常价值的情形，权利人如要对于无权处分人请求其差额构成的损害，应依侵权行为的规定；在价金因无权处分人之经营能力而高于通常价值的情形，权利人如要对于无权处分人，请求该高于通常价值之差额构成的利益，应依不法无因管理的规定("民法"第 177 条第 2 项)。①

有疑问者为：无权处分人如委任另一善意第三人为其从事与该无权处分有关之事务，在计算应返还权利人之价金时，得否自其处分价金扣除该善意第三人处理该无权处分事务所生，含佣金之费用。应采肯定的见解。盖销售毛收入必须减除销售费用后始能求得销售净收入。该销售净收入才是无权处分人无法律上原因所受之利益。所以，受任人不仅对于无权处分人，而且对于在卖出后，出来主张其为权利人者，皆得自卖得之价金，扣除含其佣金之销售费用，仅就其余额负返还义务。②

不论无权处分人为无权处分时，是否知其为他人之物，在该无权处分基于善

① Esser, Schuldrecht, 2. Aufl., 1960, Karlsruhe, § 196, Ziff. 2(S. 810).

② Esser, Schuldrecht, 2. Aufl., 1960, Karlsruhe, § 196, Ziff. 2(S. 811)：甲将其古董托乙保管，而乙竟违约将该古董委由行纪丙卖出。丙相信乙是所有权人，将该古董卖于不知情之丁，并将卖得价金扣除佣金后之余额交付乙。乙将该款据为己有。甲得否向丙请求返还其扣除之佣金？丙因信赖乙为所有权人而善意与乙缔结行纪契约，并为该契约之履行。因其信赖应受保护，所以丙得依其与乙缔结之行纪契约，取得佣金请求权，并自卖得价金扣除之。

意取得的规定，而对于权利人有效时，权利人不得对于受让人(第三人)请求返还其受让之物或受领之利益。权利人在这种情形首先因丧失其所有物或权利，而受到损害。无权处分人如因该无权处分之原因行为，而自受让人取得对价，则无权处分人相对于权利人，便有因侵害权利人之权利，而无法律上原因受到利益的情事，构成侵害性不当得利。权利人得向无权处分人请求返还其无法律上原因所受之利益。至于受让人，其取得受让之物或权利，有其与无权处分人间之原因关系为依据时，不论该原因关系是否有偿，亦不论权利人系以不当得利或以侵权行为为其请求依据，除依穿透上之例外规定外("民法"第 183 条)，皆应以无权处分人为其义务人，一时还不能向受让人请求返还其丧失之物、权利或其价额。

这引起善意取得与不当得利之调和需要，以除去或缓和其间之规范冲突。[1]"民法"对之并无完全之明文规定。不当得利之受领人(无权处分人)自己受有利益如系善意，亦即不知其处分之物或权利系他人之物或权利，并以其所受者，无偿让与第三人，致因其所受利益已不存在，而依"民法"第 182 条第 1 项，免负返还或偿还价额之责任时，"民法"第 183 条规定，第三人于其所免返还义务之限度内，负返还责任。[2] 其反面解释为：不当得利之受领人如以其所受者，有偿让与第三人，则在其所受有偿给付的限度内，其所受利益仍然存在，并在此限度，仍负返还责任[无权处分基于善意取得的规定，而对权利人有效时，就其对于无权处分人之不当得利返还请求权，德国民法第 816 条规定："无权利人就一件标的从事一件对于权利人有效之处分者，应将其因该处分而取得之利益返还权利人。该处分系无偿而为时，因该处分而直接取得法律上利益者有相同之义务(第一项)。对于无权利人从事对权利人有效之给付者，该无权利人对权利人负返还该给付的义务(第二项)。"该条第 1 项主要适用于无权利人所从事对于权利人有效的无权处分行为。该无权处分对于权利人所以有效，乃基于物权法上关于善意取得的规定。按该处分行为之原因关系之为有偿或无偿，该项在前后句，给予不同的规定。有偿者，权利人只能对于无权处分人请求其自受让人取得之对价。无偿时，则权利人对于受让人及无权处分人皆得请求返还因该处分而取得之利益。因此，受让人及无权处分人就该利益之返还负连带清偿义务。该项规定使因无偿之原因行为，而自无权处分人善意取得权利人之物者，负不当得利之返还义务。从而使无偿之善意取得的效力，最后在实质上受到限制。然受让人得否自由选择，返还受领之物或其价额？德国联邦法院认为受让人有选择权

---

① Harm Peter Westermann, Bereicherungshaftung des Erwer-bers gestohlener Sachen: Zur "Subsidiarität" der Eingriffskondiktion—BGHZ 55, 176, JuS 1972, 18ff..

② 王泽鉴：《不当得利》，2009 年增订新版，第 180 页以下。

(Staudinger/ Werner Lorenz, Kommentar zum BGB, Berlin 1999, Rdn. 28 zu § 816)。如果权利人先向受让人请求给付,受让人得请求权利人让与其依德国民法第816条第1项第1句对于无权处分人之返还请求权。就上述请求,双方互有同时履行抗辩权。因为无偿之债(例如赠与)在履行后,债务人原则上即不再得透过撤销(德国民法第518条第2项;"民法"第408条、第416条参照),消灭自己的债务,所以受让人在上述情形请求权利人让与其依德国民法第816条第1项第1句对于无权处分人之返还请求权,犹有实益。该条第2项主要适用在对于债权之准占有人为清偿,而对于债权人生清偿效力的情形("民法"第310条第2款参照)。该法第822条并规定:"受领人将受领之利益无偿给与第三人者,在其因此免负返还义务之限度,该第三人应如同其无法律上原因,自债权人获得该给与一样,负返还义务。"("民法"第182条参照)不知无法律上原因而受利益者,本来仅就知无法律上原因时现存之利益负不当得利之返还义务,所以如其在知无法律上原因前,无偿将受领之利益给予第三人,将使其因所受利益已不存在,而免负返还义务,而第三人因此受领之利益,则因其不是自权利人受领利益,且有存在于第三人与给予人间之无偿之债为其法律上原因,而对于权利人或给予人皆不构成不当得利。自财产利益之移动的正当性论,这样的法律效力显然并不妥当,所以德国民法第822条规定,权利人得穿透给予人,直接对于该因无偿给予行为而受益之第三人,请求返还其受领之利益,有如第三人系无法律上原因直接自权利人受领该利益。依循该逻辑,权利人系以受该利益之损失者的地位,对于取得该利益者,请求不当得利的返还。第三人受领利益后,如不知无法律上原因,且所受利益同样有已不存在的情事,则依德国民法第818条第3项,该第三人同样免负返还义务。德国民法第816条第1项及第822条规定的情形同中有异。类似或相同者为:第三人皆是有因的,基于让与人之无权处分,而无偿取得属于权利人之利益。然因其取得原因系无偿,所以同样有较低之受保护的价值。不同者为:在第816条第1项规定之情形,让与人对于权利人不因该无权处分,而免除不当得利的返还义务;而在第822条规定之情形,让与人对于权利人因该无权处分,而由于受领之利益不存在,免除不当得利的返还义务。这适用于让与人不知其原受领之利益无法律上原因的情形(Larenz/ Canaris, Lehrbuch des Schuldrechts, Band Ⅱ · Halbband 2, Besonderer Teil, 13. Aufl., München 1994, § 69 IV 1 a)。让与人就其不当得利知无法律上原因,而在无偿将该利益让与第三人后,无返还其不当得利之资力者,因让与人不得依德国民法第818条第3项("民法"第182条第1项参照),以所受之利益已不存在为理由,主张免负返还或偿还价额之责任(德国民法第819条第1项,"民法"第182条第2项参照),所以,该不当得利之债权人不得依德国民法第822条

(“民法”第 183 条参照)穿透让与人,对于受让该利益之第三人请求返还。德国学者有谓,在这种情形,应容许将德国民法第 822 条类推适用至知无法律上原因之不当得利的受领人(Larenz/ Canaris, aaO. § 69 IV 1 a; Rolf Knütel, § 822 BGB und die Schwächen unentgeltlichen Erwerbs, NJW 1989, 2509)。]设约定之价金低于行情,则在低于行情之差额的限度,不当得利之受领人所受利益固因已不存在,而免负返还或偿还价额之责任。但同理,就该差额,第三人于其所免返还义务之限度内,负返还责任(“民法”第 183 条)。这亦适用在附负担之赠与的情形。其规范机制为:在这种情形,因不当得利事件而受损害者,得穿透不当得利之受领人,对该不当得利后来因无偿或低价承受,而实际归属之人请求返还。①

于是,引起一个问题:假设不当得利之受领人所为者系得对抗受损害者之有偿的善意取得,且受让人尚未给付该价金时,受损害者是否亦得穿透不当得利之受领人,直接对受让人请求给付该价金?参酌“民法”第 225 条第 2 项,应采肯定的见解。盖依该条规定,因不可归责于债务人之事由,致给付不能时,债务人如因该给付不能之事由,对第三人有损害赔偿请求权者,债权人得向债务人请求让与其损害赔偿请求权,或请求交付其所受领之赔偿物。举轻以明重,在因可归责于债务人之事由,致给付不能的情形,债权人应更得向债务人请求让与其因该给付不能之事由,而对于第三人之对待给付的请求权。与“民法”第 183 条不同的是:在不当得利之受损害者向受领人请求让与其对于第三人之对待给付的请求权时,如其不即为让与,则因“民法”第 183 条对此未明文规定,所以在司法实务上尚未对此种情形,明确表示受损害者,得穿透而为请求之见解前,仍必须周折地透过假扣押该价金债权,并依“民法”第 225 条第 2 项之类推适用,请求法院判决不当得利之受领人让与该价金债权的方式为之。有疑问者为:受损害者为向受领人请求让与其对于第三人之对待给付的请求权,是否必须承认无权处分人

---

① 关于善意取得引起之财产利益的移动,其原因行为系有偿者,在其有偿的限度,无权处分人受有利益,因此由其负侵害性不当得利的返还义务。在其无偿的情形,无权处分人究系自始未受利益,或系所受利益在无权处分时立即归于不存在,认为系自始未受利益者,以善意取得者为该不当得利的返还义务人;认为无权处分人虽先受有利益,但因无偿致所受利益,旋即不存在者,无权处分人首先亦负不当得利的返还义务,但后来因所受利益不存在,而无应返还之利益。其结果,善意取得者于无权处分人免返还义务之限度内,负返还责任(“民法”第 183 条)。关于这个问题,德国民法因有第 816 条第 1 项第 2 句规定,直接以该条为依据,不以穿透规定为权利人可直接对于取得者请求返还的规范基础(Larenz/Canaris, Lehrbuch des Schuldrechts, Band Ⅱ · Halbband 2, Besonderer Teil, 13. Aufl., München 1994, § 69 Ⅱ 2 b, c)。

与第三人为该无权处分缔结之债务契约？如采肯定的见解，该承认是否应解释为当然以"受该对待给付之请求权的让与"为其承认之停止条件。这固皆应采肯定的看法，但不是解释上之必然。[①] 然这又涉及承认之形成权的行使是否得附停止条件的疑义。[②]

与所有权之善意取得类似的态样为：对于债权之准占有人为清偿，并因债务人不知其非债权人，而对于债权人生清偿效力（"民法"第 310 条第 2 款参照）。[③] 按债权准占有人受领清偿给付生清偿效力者，清偿之债务消灭。这有若无处分权人（准占有人）处分债权人之债权于善意第三人（债务人），而对于债权人有效一般。这当中，真正权利人是债权人。他以将该债权文件化的方法，使该债权能

---

① Esser, Schuldrecht, 2. Aufl., 1960, Karlsruhe, § 196, Ziff. 2 b) bb)："只要使无权处分之承认与价金之返还同时履行，即可充分满足无权处分者及交易安全的利益。"这是另一种可行之规范机制的设计。在善意取得，权利人对于受让人不但不得请求返还所有物，而且无价金请求权。权利人之承认虽仅能使该无权处分发生效力，而不能因此对于无权处分人或受让人取得该无权处分之原因行为的价金请求权，唯承认之结果可能提高无权处分人移转该价金请求权或交付其受领之价金的意愿，或使受让人愿意配合权利人对于无权处分人行使权利。不过，过早之承认，事后亦可能因让与人不履行对待给付（移转价金债权），而遭受不利。是故，其承认应注意以与对待给付之实现同时履行的方式为之（Larenz/ Canaris, Lehrbuch des Schuldrechts, Band Ⅱ · Halbband 2, Besonderer Teil, 13. Aufl., München 1994, § 69 Ⅱ 1 c)，以避免两头落空：因承认，而丧失对于善意取得者之请求权；而后又因无权处分人无资力而无所获[Esser/Weyers, Schuldrecht Band Ⅱ Besonderer Teil, Teilband 2, 8. Aufl., 2000 Heidelberg, § 50 Ⅱ 2 b(S. 83)]。在此意义下，等于对该承认之表示，附以让与人履行对待给付为停止条件。承认对于受让人的利益为：化解为证明其取得系基于善意之举证责任可能存在之交易成本及风险。

② "最高法院"2009 年度台上字第 2381 号民事判决："终止契约之意思表示既系为形成权之行使，无待乎对方之同意即生效力，无从撤回，则该终止之单独行为，倘附以条件，是否使相对人即上诉人陷于不得任意脱退之不确定状态，而处于极不利之状态，原审未遑推阐明晰，径认附停止条件之终止契约行为对上诉人并无不利益，且与'劳动基准法'第十二条第二项规定之适用并无有所扞格，两造之劳动契约溯及于停职时发生终止之效力，进而为上诉人不利之判决，亦不免速断。"

③ "最高法院"2005 年度台上字第 2402 号民事判决："按'民法'第三百零九条第一项规定：依债务本旨，向债权人或其他有受领权人为清偿，经其受领者，债之关系消灭。此之其他有受领权人，如债权人之代理人属之。又'民法'第三百十条第二款另规定：向第三人为清偿，经其受领者，如受领人系债权人之准占有人者，以债务人不知其非债权人者为限，有清偿之效力。故'民法'第三百零九条之'其他有受领权人'与同法第三百十条之'债权之准占有人'，性质不同。"其区别为：债权之准占有人系以自己名义，而其他有受领权人则以本人（债权人）之名义，请求清偿给付。

够被他人准占有,[①]从而以该准占有,使债务人(善意第三人)相信准占有人为有受领权人,并因准占有人之请求而对其为清偿给付。债务人之清偿有若因善意信赖债权准占有人有处分该债权之权利,而以清偿的方法购买该债权,然后因混同而使该债权消灭。

按基于自由意思引起表见事实者("民法"第 948 条至第 951 条参照),对善意信赖该表见事实而为给付之人,应负信赖责任。是故,债权人将该债权文件化,并将该文件交付他人,使他人取得表征其为有受领权人之表见事实,成为该债权之准占有人,并使善意之债务人因相信该表见事实,而对于该他人为清偿给付者,债务人之清偿对于债权人应有清偿效力。至于债权人因债权消灭而受之损害,应依不当得利的规定,向因该无权处分行为而无法律上原因受利益之债权准占有人请求返还("民法"第 179 条)。该证明债权之文件如系因盗赃、遗失物或其他非基于债权人之意思而丧失其占有者("民法"第 949 条参照),是否仍然只要债务人不知该债权之准占有人非债权人,即有清偿之效力("民法"第 310 条第 2 款)?纵使证明债权之文件不一定是未记载权利人之有价证券,如果占有该证明债权之文件的表见事实,足以使债务人信赖,其准占有人有受领该债权之清偿给付的权利,则类推适用"民法"第 951 条,应认为对该准占有人之清偿,依"民法"第 310 条第 2 款,有清偿之效力。准占有人以侵权行为取得证明债权之文件者,对于债权人负侵权行为责任。

2. 无权利而用益他人之物或权利

无权利而用益他人之物(例如汽车)或权利(例如专利权、著作权或商标权),含根本无用益权,或虽有用益权,而不依契约之约定范围及方法为使用收益,或

---

① 对于无体财产权(例如债权)之占有所以称为准占有,不是因为其对于将无体财产权有体化之文件的占有与动产之占有,在物理上有何不同。盖其"对于物有事实上管领之力"("民法"第 940 条)并无不同。所不同者为所占有之标的:在动产之占有,其标的为有体物本身;而在无体财产之占有,其标的为表征该无体财产的文件。是故,就该无体财产之占有而论,其占有与有体物之占有仍有不同。因此,称透过文件占有无体财产之占有为准占有。要之,准占有仍是真占有,而不是假占有。"民法"第 966 条第 1 项规定:"财产权,不因物之占有而成立者,行使其财产权之人,为准占有人。"该项对于准占有所下的定义,在此认识下,并不正确,易引起无权之行使行为。其正确的定义是:"财产权,不因物之占有而成立者,占有表征该财产权之文件或在主管该财产权之登记的机关掌管之登记簿上登记为其权利人者,为该财产权之准占有人。"

分别共有人超出其应有部分就共有物为使用收益[①]的情形。无权利或超出权利范围而为用益时，可能因此获得财产上利益。因其用益，无法定或约定用益权为其法律上原因，透过其用益所取得之利益即构成不当得利。用益他人之物，其典型者规定于物权法中：无权占有人使用收益其占有物。实务上的难题是：无权利人因缘于用益他人之物或权利而取得之利益中，有哪些部分是其投入之其他资源产生的利益，不容易切割。

一个事业擅用他事业之专利权、著作权，或一个受雇人离职后将其自前雇主知悉之不具专利权地位的专门技术应用于其新雇主之事业，且由于其销售策略得法，使自己或其新雇主就利用该技术生产之产品，获得显著高于其原雇主的营业额及利润。未经授权而使用他人之专门技术，不论该技术是否具有专利权、著作权，只要取得该技术的方法不正当，其因此取得之利益，即属或含有无法律上原因而取得之利益。有疑问者为：如何界定其无法律上原因取得利益之范围。盖要自一件商品获利，至少技术研发及生产管理与销售活动皆有其贡献。在擅用他人技术的情形，为计算因擅用他人技术而取得之利益，必须调查其获益有多少比例系来自于生产管理与销售活动，而非来自于技术之擅用。为避开该认定的困难，并保护技术人之利益，关于专利权、著作权或营业秘密之保护的法律，不以权利人所受损害或擅用者所受利益为标的，依侵权行为或不当得利请求赔偿损害或返还利益，而依不法无因管理的规定，给予救济。专利权、著作权或营业秘密被擅用者，依无因管理请求管理利益，负担管理费用，在实务上产生的影响是：权利人只就擅用者因侵害行为所得之管理利益（收入）负举证责任。而擅用者应就其管理费用（成本或必要费用）负举证责任。如擅用者不能证明其管理费

---

① “最高法院”1966 年度台上字第 1949 号民事判例：“‘民法’第八百十八条所定各共有人按其应有部分，对于共有物之全部有使用受益之权。系指各共有人得就共有物全部，于无害他共有人之权利限度内，可按其应有部分行使用益权而言。故共有人如逾越其应有部分之范围使用收益时，即系超越其权利范围而为使用收益，其所受超过利益，要难谓非不当得利。”“最高法院”1996 年度台上字第 2059 号民事判决同此见解。“最高法院”2010 年度台上字第 651 号民事判决：“按继承人有数人时，在分割遗产前，依‘民法’第一千一百五十一条规定，各继承人对于遗产全部为公同共有关系，固无应有部分。然共有人（继承人）就继承财产权义之享有（行使）、分担，仍应以应继分（潜在的应有部分）比例为计算基准，若逾越其比例，于共有人间自构成不当得利。”王泽鉴：《不当得利》，2009 年增订新版，第 190 页以下。

用，其结果，便以其侵害行为所得之全部收入，为其所得利益。[①] 这是过度推计之所得利益，含有惩罚的意味。在不能举证证明其管理费用时，擅用者是否得主张按其收入，以同业利润标准计算其管理之净利益，实务上尚待印证。在不能举证证明其管理费用时，不准其减除通常的管理费用，显然过苛，并不妥当。盖苛刻于私法关系的法律思想，有一天必然会苛刻于公法关系。

在发生专利权或著作权之侵害行为后，其权利人始将该权利让与他人者，其让与之权利的范围是否含已发生而尚未行使之损害赔偿请求权或不当得利返还请求权？应采否定的见解。盖专利权或著作权皆有一定之存续期间。因时光不回，已经过之期间不能恢复。其让与价格原则上当亦应解释为仅与其余存期间相关联。是故，除有特别约定外，其权利人让与之专利权或著作权应限于尚未经过之期间，而不包括已经过之期间的权益。是故，因第三人在让与前侵害该权利，而已发生之损害赔偿请求权或不当得利返还请求权，除有特约外，原则上应不包含在让与之标的中。[②] 要特别小心的是：即便受让人就是该侵害人，其在受让前，已因侵害该让与标的，而对于让与人所负之损害赔偿或不当得利返还义务，亦不当然因受让该权利，而获得免除。盖侵害人与权利人间关于侵害标的之事后的买卖，不当然含有双方对于已发生之侵害之和解的让步效力。

3. 无权利而消费他人之物或权利

无权利而消费他人之物（例如食用他人之食物）或权利（例如擅取他人的戏票去看戏，或车票去乘车）。此外，还有像自己饲养的动物吃他家之饲料的问题。

---

① 例如下列条文规定，得按侵害人所得利益计算其损害。“专利法”第 85 条第 1 项第 2 款规定：“二、依侵害人因侵害行为所得之利益。于侵害人不能就其成本或必要费用举证时，以销售该项物品全部收入为所得利益。”“营业秘密法”第 13 条第 2 项第 2 款：“二、请求侵害人因侵害行为所得之利益。但侵害人不能证明其成本或必要费用时，以其侵害行为所得之全部收入，为其所得利益。”“著作权法”第 88 条第 2 项第 2 款规定：“二、请求侵害人因侵害行为所得之利益。但侵害人不能证明其成本或必要费用时，以其侵害行为所得之全部收入，为其所得利益。”这里所称“所得利益”即无因管理之管理利益。依无因管理的规定，管理利益归本人享受，管理费用由本人负担。其在无因管理法的规范基础为“民法”第 177 条第 2 项。该项规定：第 1 项规定“于管理人明知为他人之事务，而为自己之利益管理之者，准用之”。

② “最高法院”2011 年度台上字第 310 号民事判决：“按专利权为无体财产权、准物权，与侵害专利权所生损害赔偿请求权或无法律上原因利用专利权所生不当得利返还请求权，系因债之关系所生权利不同，为各别之权利，让与专利权时，就让与前已生之侵权行为损害赔偿请求权或不当得利返还请求权，并不当然随同移转，上开债权让与时，仍非经让与人或受让人通知债务人，对于债务人不生效力，且债务人于受通知时，所得对抗让与人之事由，皆得以之对抗受让人，此观‘民法’第二百九十七条第一项、第二百九十九条第一项规定自明。”

上述情形除可能使无权利人无法律上原因获得利益构成不当得利外，[①]如具备因故意或过失，不法侵害他人之权利（“民法”第184条第1项），或占有之动物加损害于他人的要件（“民法”第190条），亦可构成侵权行为。这时，不当得利返还请求权与侵权行为之损害赔偿请求权构成请求权（规范）竞合。

有趣的例子是：蜂农与果农关于采蜜与传播花粉的关系。早期认为养蜂及种果树，互有正面的外部性。蜂农与果农皆可从中两蒙其利。蜂农得蜜，果农获得传播花粉之服务的利益。双方也因此互不对于他方给付报酬。不过，在美国后来之发展为：为使蜂农养比较多的蜜蜂，以比较周到地传播花粉，增加水果的结果率，果农与蜂农缔约，由果农对蜂农支付租金，使其在约定的期间，将约定数量的蜂箱置于约定的地点。基于该约定，蜜蜂对于果农提供之传播花粉的服务成为一个由动物执行之可以交易的劳务。[②] 这当中必须注意，动物必须在可受支配的情形，其本身或其劳务始能成为物权的客体，作为交易之标的。植物的成分，例如蜂蜜，亦然。尚未受支配之动物是无主物。植物首先视其是否定着于一个人有所有权或用益权之物上，成为其成分而后定其归属。植物或其花蜜虽一度为土地所有人之土地或植物的成分为其所有，但该天然孳息之归属后来受其收取权及收取之自然条件的制约。“民法”第70条规定：“有收取天然孳息权利之人，其权利存续期间内，取得与原物分离之孳息。”该条规定之意旨仅止于如何按收取权之存在期间归属与原物分离之孳息，并不及于该收取权的权源。其权源首先来自对于产生孳息之原物的所有权，而后来自以该物之所有权或占有为基础之收取权。然由上述关于蜂蜜之收取的例子显示，其收取权的归属除取决于该孳息与其所属之物的关系外，尚取决于交易习惯及物之所有权人以事实上管领之力，支配该物之孳息的可能性。

对于财产之事实上管领之力与享有该财产之利益的排他可能性有关。如不能管领则事实上权利人不能防止他人未经其同意，自该财产得到利益。此即经济学上所称正面外部性的问题。所谓正面外部性，指财产之效益依其存在特征，权利人不能有效防止该效益外溢至其管领力之范围外，以致他人有可能，不侵入该财产而即能不妨碍权利人之用益的情形下，自该财产得到利益。该效益之外溢必须借助于法律，肯认其提供者或原创者之专用实施权，以禁止他人未经其授权不得为利用，才能将该效益内部化，以置于其权利人之管领下。例如经由专利法或著作权法利用专利权或著作权之赋予，肯认专门技术或著作之专用实施权，

---

① 王泽鉴：《不当得利》，2009年增订新版，第195页以下。

② R. Glenn Hubbard/Anthony P. O'Brien, Economics, 2006 Peason Education Inc., p. 140; N. Gregory Mankiw, Priciples of Economics, 3. Ed. 2004, p. 210.

将其用益之权益归属于其原创者。从而如果有人未经其授权而擅为实施，并取得利益时，即可认为有财产利益自智财权人向擅为实施者移动，构成侵害性不当得利。[①] 然有时即便肯认智财权或所有权也不一定能管领住其效益。例如露天球场或歌舞团之经营者虽在表演场地架设围篱，但仍未能完全防止他人爬上邻地屋顶或大树，不购买门票入场而在场外远眺观赏。这时，因该经营者不能管领该外溢之观赏效益，所以远眺观赏者虽受有该外溢效益的利益，但尚不能认为有受法律保护之财产利益自该经营者向远眺观赏者移动。是故，在其间不构成不当得利。然纵使有时房屋窗口对于外面之活动或景观之观赏利益可能影响其租金水平，例如举办庆典游行时，游行队伍所经路段两旁建筑物之邻路有窗房间的租金，在该时段会较高。但远眺观赏者自该邻地屋顶或大树的用益权人是否取得利益及其范围，仍应按其一般之租赁利益论断，而不直接以该观赏利益为标准。[②] 要之，正面外部效益，虽有经济价值，但在未经法律利用专用实施权之赋予。[③] 内部化给其提供者前，在规范上尚非归属其提供者之权益的内容。是故，依权益归属说，第三人虽无法律上原因，自该外溢之正面外部效益受有利益，对于其提供者还是不构成不当得利。

4. 添附

添附，可能由承揽人基于承揽契约依约为之，或由用益权人对于用益标的支付有益费用，或由第三人基于无因管理或侵权行为而发生。其依契约而发生者，属于契约之履行问题，应依契约定其权利义务，与物权法关于添附或不当得利之规定无关。其因契约而发生者，视情形，固仍可能构成不当得利或侵权行为，唯各相关有名契约的法律有明文规定时，应优先适用该明文规定。例如“民法”第431条第2项关于承租人就租赁物所增设之工作物的取回规定，可排斥“民法”第816条关于添附规定；第456条第1项关于承租人之偿还费用请求权及工作物取回权之短期消灭时效的规定，可排斥不当得利之一般消灭时效期间的适用。

第三人基于无因管理而发生者，本人如表示不欲享受管理利益时，本人如实际上受有利益，本人得否请求不适法无因管理之管理人取回，并恢复原状，以免除其不当得利的返还义务？参酌“民法”第840条规定：“土地所有人于地上权存

---

① 王泽鉴：《不当得利》，2009年增订新版，第201～202页。

② Larenz/ Canaris, Lehrbuch des Schuldrechts, Band Ⅱ · Halbband 2, Besonderer Teil, 13. Aufl., München 1994, § 69 I 2 a).

③ 赋予外部正面效益之提供者专用实施权，是利用创设财产权加以内部化的方法，但不是唯一的方法。另一常见的方法是，由国家代表一切可能的受益者，对于其提供者给予补贴，以为补偿。N. Gregory Mankiw, Priciples of Economics, 3. Ed. 2004, p. 207.

续期间届满前,得请求地上权人于建筑物可得使用之期限内,延长地上权之期间。地上权人拒绝延长者,不得请求前项之补偿。”举重以明轻,应采肯定之见解。① 盖有用益权人支出有益费用强加利益于所有权人时,其所有权人已得拒绝享受利益,请求取回;何况是无用益权人支出有益费用强加利益于所有权人。“民法”第431条不足为不同意见的依据。盖承租人就租赁物支出有益费用,因而增加该物之价值时,该条以出租人知其情事而不为反对之表示为要件,容许承租人于租赁关系终止时,选择取回增设之工作物恢复租赁物之原状,或在其现存之增价额限度,请求出租人偿还其费用。

因侵权行为而发生添附时,非侵权行为人而因此受损害者,原则上得依关于不当得利之规定,请求偿还价额(“民法”第816条)固无疑问。有疑问者为:因添附而受利益之非侵权行为人为善意,且就添附与侵权行为人有债务契约(例如承揽契约)为其法律上原因时,有无善意取得规定之类推适用?这应采肯定见解。② 其类推适用的结果为:善意取得之非侵权行为人只对该侵权行为人依该契约负给付义务,而不依“民法”第816条对受损害之所有权人,负不当得利的返还义务。盖其得利有其与为添附之侵权行为人间之债务契约为法律上原因。

---

① Esser, Schuldrecht, 2. Aufl., 1960, Karlsruhe, § 195, Ziff. 5.

② Larenz/ Canaris, Lehrbuch des Schuldrechts, Band Ⅱ · Halbband 2, Besonderer Teil, 13. Aufl., München 1994, § 69 Ⅱ 1 b).“如果相当之法律行为在相同的情况下亦可导致所有权之移转的结果,则可将德国民法第八一六条第一项第一句关于善意取得之价金返还义务的规定,类推适用于依添附规定(德国民法第九四六条以下)引起所有权之移转的事实行为。”德国民法要将第816条第1项第1句关于所收价金之返还义务的规定适用于添附,所以必须借助于类推适用,乃因该条非以添附之事实行为,而以无权处分(法律行为)为规范对象。类推适用的结果,肯认在善意添附之类型,材料之原所有权人不得对于因添附而受利益之工作物的新所有权人,请求添附之不当得利(相当于“民法”第816条)的偿金,而应改对造成添附者,请求其自新所有权人取得之价金或报酬。如果不该当善意取得的要件,例如定作人是恶意或该材料是遗失物,则原所有权人得类推适用德国民法第185条第2项(相当于“民法”第118条第1项)承认该无权处分行为,以取得类推适用第816条第1项第1句,对于新所有权人之相对人(即添附者或无权处分人)关于所收价金之返还的请求权,而不依第951条及第812条,适用不当得利的规定,对新所有权人请求偿还添附之材料价额。对于上述请求之依据及对象,该因恶意添附而受损害之材料的原所有权人,有选择权[Larenz/ Canaris, Lehrbuch des Schuldrechts, Band Ⅱ · Halbband 2, Besonderer Teil, 13. Aufl., München 1994, § 70 Ⅲ 2 b); Thielmann, Gegen das Subsidiaritätsdogma im Bereicherungsrecht, AcP 187(1987), 34ff.]。为该类推适用,因添附而丧失所有权之物不可以是窃盗物,新所有权人就添附事件同样必须是善意;或虽不该当于善意取得要件,但权利人承认该(准)无权处分行为(Esser/Weyers, Schuldrecht Band Ⅱ Besonderer Teil, Teilband 2, 8. Aufl., 2000 Heidelberg, § 50 Ⅱ 2 a)。

另受损害者(丧失权利者)如为侵权行为人,受利益者得否请求取回其物,如有损害,并请求赔偿?这亦应属肯定。例如甲在乙之房屋的外墙上作画,乙不喜欢,乙想利用该外墙挂贴广告。在这种情形,乙除得请求甲恢复原状外,并得请求赔偿因为不能使用外墙供为广告之期间的损失。此外,该为添附支出费用而受损害者并因此丧失其依"民法"第 816 条得请求偿还价额之权利。此为违反他人之意思,使其获得利益可能的发展之一。

反之,受利益者如为侵权行为人或合法引起添附者,受损害者(丧失权利者)得否不依该条规定请求偿还价额,而请求取回其物,或依侵权行为的规定请求赔偿其损害?请求取回其物,应属否定;但请求损害赔偿,则应属肯定。盖添附之意旨为:当充分添附要件时,维持添附所造成的状态始符合物尽其用的私益与公共利益,并在该基础上进行善后。相反的主张违反诚信原则。是故,不得请求取回其物,而只能在不当得利之返还或侵权行为之损害赔偿,寻求救济。"民法"第 816 条虽就不当得利的返还加以规定,但还不是无条件地赋予价额的返还请求权,尚必须具备不当得利的要件。[①] 而所以就不当得利明文规定,当因其原则上会充分不当得利的要件。至于能够请求返还多少,丧失之权利的价额固为上限的限制,但尚非下限的保证。依侵权行为的损害赔偿请求权,请求赔偿其损害之实益为,因添附而丧失权利者所受损害如大于侵害者所受利益,必须依侵权行为的规定,始能获得完全之赔偿。盖不当得利返还义务人所负返还义务,以所受利益为其标的。当所生损害大于所受利益时,超过部分并未为受利益者取得,不在其应返还之范围内;而当所受利益大于所生损害,该利益认定为不是来自于受损害者。其结果,不当得利事件以所生损害及所受利益二者之小者为其返还义务之范围。

5. 不公平竞争

一个事业如未践行《"行政院"公平交易委员会对于事业发侵害著作权、商标权或专利权警告函案件之处理原则》第三点或第四点规定之先行程序,而对与其有竞争关系之他事业的交易相对人或潜在交易相对人散发警告函,宣称他事业侵害其著作权、商标权或专利权,以吓阻该等交易相对人与其竞争者交易时,其

① 王泽鉴:《不当得利》,2009 年增订新版,第 291 页以下。

足以影响交易秩序之欺罔或显失公平行为者，构成“公平交易法”第 24 条之违反。[①] 在此种情形，除“行政院”公平交易委员会得依“公平交易法”第 41 条限期命其停止、改正其行为或采取必要更正措施，[②]并处以罚锾外，事业违反本法之规定，致侵害他人权益者，并应负损害赔偿责任(“公平交易法”第 31 条)，构成侵权行为。“公平交易法”第 31 条是“民法”第 184 条第 2 项所定保护他人之法律。受害法益为竞争者之营业权。侵害他人权益者，如因此受有利益，并构成侵害性不当得利。因侵权行为受利益，致被害人受损害者，于侵权行为之损害赔偿请求权时效完成后，仍应依关于不当得利之规定，返还其所受之利益于被害人(“民法”第 197 条第 2 项)。

例如甲自称其就 A 产品有专利权，并授权乙制造、销售，约定按乙之销售额计付权利金。丙亦以相同技术生产相同产品，批售给丁。甲认为丙侵害其专利权，并发函对丁警告。于是，丁转向乙进货。甲因而自乙获得按销售额计算之权

---

① “最高法院”2010 年度台上字第 202 号民事判决：“为维护交易秩序与消费者利益，确保公平竞争，促进经济安定与繁荣，‘公平交易法’第二十二条、第二十四条分别有禁止事业为竞争之目的，而陈述或散布足以损害他人营业信誉之不实情事，及禁止事业有其他足以影响交易秩序之欺罔或显失公平行为之规定。原审既认定上诉人于 2003 年 12 月 12 日寄发客户之警告函未叙明系争假处分之具体事实，并称其专利权范围及于‘许多国家’之‘多项专利’，影射被上诉人之全部活动构成非法侵害而遭法院禁止，以该不实及引人错误之陈述，足以损害被上诉人营业商誉及其他商业利益，则其行为已违反上开禁止之规定，被上诉人自得依‘公平交易法’第三十四条规定，请求上诉人负担费用回复其营业信用。”在本案件，其实被上诉人除“公平交易法”第 34 条规定，得请求上诉人负担费用恢复其营业信用外，尚可依“民法”第 184 条第 2 项请求损害赔偿，或依第 179 条以下之规定，请求返还不当得利。特别是依“公平交易法”第 31 条、第 32 条请求损害赔偿。侵害人如因侵害行为受有利益者，被害人依第 32 条第 2 项，并得请求专依该项利益计算损害额。“公平交易法”第 31 条、第 32 条是“民法”第 184 条第 2 项所定保护他人的法律。唯“公平交易法”上述规定所定之“请求权，自请求权人知有行为及赔偿义务人时起，二年间不行使而消灭；自为行为时起，逾十年者亦同”(“公平交易法”第 33 条)。有疑问者为：在“公平交易法”第 33 条所定期间经过后，是否还有“民法”第 197 条第 2 项之适用：“损害赔偿之义务人，因侵权行为受利益，致被害人受损害者，于前项时效完成后，仍应依关于不当得利之规定，返还其所受之利益于被害人。”鉴于“公平交易法”第 33 条所定者为特种侵权行为，所以“民法”第 197 条第 2 项关于侵权行为之损害赔偿请求权与不当得利返还请求权之竞合关系的规定，应仍有其适用性。

② “行政院”公平交易委员会 2007 年公处字第 097096 号处分书略谓：“×××股份有限公司(下称被处分人)涉嫌三度以电子邮件滥发警告函予检举人之交易相对人及关系人，表示 MotorolaV300 及 V3 两种型式之手机镜头模块，侵害被处分人之台湾地区 152172 号发明专利。……被处分人于未向专责机关完成第 158761 号发明专利授权登记前即对第三人发函主张其权利，属足以影响交易秩序之显失公平行为，违反‘公平交易法’第二十四条规定。被处分人自本处分书送达之次日起，应立即停止前项违法行为。”

利金。嗣后,丙以甲之系争专利技术不具进步性为由,向“经济部”智慧财产局(下称智财局)提出举发,并经智财局审定举发成立而撤销系争专利权。系争专利权经撤销后,法院在确定判决认定,甲前述对丁之警告行为违反公平交易法,侵害丙之营业权。丙得否对甲请求不当得利之返还?①

这个问题涉及营业权的承认及其保护程度之界定。营业权属于新兴的现代权利,其保护有若一般人格权,有是否得因其受侵害而请求损害赔偿,或对于侵害者就其因侵害而取得之利益,依不当得利之规定请求返还的问题。在“行政院”公平交易委员会将据专利权对于竞争者之交易相对人发出警告函的事件,论为违反“公平交易法”第24条之不公平竞争行为后,该种营业权已有保护他人之法律对之提供保护,从而不但依“公平交易法”第31条、第32条,而且依“民法”第184条,其受害者皆得就因此所受损害请求赔偿。此外,依第32条第3项:“侵害人如因侵害行为受有利益者,被害人得请求专依该项利益计算损害额。”依该项规定,其侵权行为之损害赔偿与不当得利之返还范围已无大异。唯该项所定者仍属侵权行为之损害赔偿请求权。在其消灭时效期间经过后,若要依不当得利的规定请求侵害人,返还其取得之不当得利,仍应依不当得利的规定。

按在上述案例中,甲之取得利益以其与乙之授权契约为其原因关系,而丙之所以受有损害,以丁改向甲之被授权人乙订购,导致丙未能取得“依已定之计划或其他特别情事,可得预期之利益”,而有所失利益之损害(“民法”第216条第2项)。在一般情况下,会认为甲之该利益的取得与丙之受有该损害间无因果关系。这是债权或营业权之侵害特有之因果关系的问题。盖该债权或营业权之侵害行为,对于因此造成之损害间,通常情形有间接性。其直接性需要利用加害故意将之联结起来。例如因甲有加害于丙对于丁之销售关系的意思,而对丁为警告,使丁因此改向甲之被授权人乙购买,以取得按乙之销售额计算之权利金。基于该意思,甲之受利益与丙之受损害间便有直接性,从而可论为有因果关系。因此,在不当得利法上亦可认为,系因丙之受有损害,而使甲受有利益,从而可构成侵害性不当得利。

(六)受领无偿给付与不当得利

基于法律上原因所为之有效的无偿给付,而取得的财产利益,不论是由无权

① 该设例取材自王泽鉴:《不当得利》,2009年增订新版,第293页;Larenz/ Canaris, Lehrbuch des Schuldrechts, Band Ⅱ · Halbband 2, Besonderer Teil, 13. Aufl., München 1994, § 83 V 2(S. 594ff.)及“行政院”公平交易委员会2007年公处字第097096号处分书、“最高法院”2010年度台上字第202号民事判决。

利人或由有权利人给予，如果其以他人之不利代价而为之，在规范上皆不一定有受保护之价值。现行债法有“民法”第183条本于该思想而为规定。这是债之相对性的例外规定。学说上以当事人之穿透，说明其规范机制。类似的规定还见于关系企业法中关于对抗法人关系之滥用的规定，以规范或导正非常规交易所扭曲之交易关系的内容，正确呈现经济利益在关系企业中之控制企业与从属企业的归属。[①]

关于法律行为，在区分负担行为/债权行为与处分行为/物权行为的情形，负担行为/债权行为是处分行为/物权行为的原因行为。为稳定处分行为/物权行为的效力，以维护交易安全，并将处分行为/物权行为无因化，使处分行为/物权行为不因负担行为/债权行为之无效而无效。只是负担行为/债权行为无效时，为履行由之所生债务而为之给付因此欠缺法律上原因，从而构成因给付而生之不当得利（给付性不当得利）。基于处分行为/物权行为之无因性，固无所谓有偿或无偿，唯其原因行为则视对价之有无，而可区分为有偿与无偿。受领“相对人因履行无偿之原因行为所生债务而为之给付”，即受领无偿给付。该给付之受领，因有清偿无偿之原因行为所生债务之履行目的（给予目的）为其原因，本来固不构成不当得利。唯给付之标的如系给付者对于他人所负之不当得利返还义务之标的，且给付者因该无偿给付致所受利益不存在，而免该不当得利的返还义务时，则依“民法”第183条，该给付之受领人（第三人）于给付者所免返还义务之限度内，对于该他人负返还责任。该条规定在结果上，虽似赋予该不当得利返还请求权以对物的追及力，但其实不是。其追及力的联结外观来自于对原返还义务人免该不当得利的返还义务并穿透之。假设不因其无偿地将所受之利益让与第三人，而免负返还义务，第三人亦不致在受领人免负返还义务之限度内，负返还责任。这是以对于原返还义务人之“不当得利的返还请求权丧失”与第三人之“利益的无偿取得”间有因果关系为基础的价值判断。

在上述情形，因为第三人取得该利益虽然无偿，但依然有存在于其与原返还义务人间之有效的原因关系，所以要课第三人以不当得利的返还义务，必须有像“民法”第183条之特别规定。关于该情形之规范所需之特别规定，德国民法第822条利用拟制的方式规定：“第三人应如其无法律上原因而自该债权人取得该给与般，负返还义务。”该拟制之规定方式的实用意义为：德国民法第818条至第

① “公司法”第369条之四规定：“控制公司直接或间接使从属公司为不合营业常规或其他不利益之经营，而未于会计年度终了时为适当补偿，致从属公司受有损害者，应负赔偿责任（第一项）。控制公司负责人使从属公司为前项之经营者，应与控制公司就前项损害负连带赔偿责任（第二项）。”

820 条关于返还范围之规定对其亦可适用。[①] 反之，按“民法”第 183 条之规定方式：“……受领人因此免返还义务者，第三人于其所免返还义务之限度内，负返还责任。”因该条未透过拟制第三人无法律上原因，直接自债权人取得该给予的利益，建构其构成要件事实，课予第三人不当得利返还义务，而直接以受领人因此免返还之限度，为第三人之责任范围。于是，第三人所负之返还义务范围，是否还可依“民法”第 182 条，以自己“不知无法律上之原因，而其所受之利益已不存在”为理由，主张“免负返还或偿还价额之责任”，产生疑问。

甲将其古董花瓶价卖于乙。乙购得该花瓶后，将之赠与丙，丙又将之赠与丁。在上述情形，甲后来如因该契约有得撤销之事由，而撤销其与乙间之该花瓶的买卖契约时，不知事后法律上原因会不存在之乙（善意的受领人），因已将该花瓶赠与丙，致所受之利益已不存在，而对甲免负返还或偿还价额之责任（“民法”第 182 条）。此时，依“民法”第 183 条，甲得穿透乙，在乙因此免负返还义务之限度内者，对丙请求返还。丙已转赠者，基于相同理由，甲得在丙因转赠而免负返还义务之限度内者，对丁请求返还。设丙原有意购买一艺术品赠丁，而适因乙赠丙该花瓶而未另购艺术品，改以受赠自乙之花瓶赠丁。是则，丙在转赠该花瓶时，因不用购买意想中之赠品，而有与该意想赠品之价值相当之费用的节省，从而在节省的限度，尚有来自乙之赠与的利益。于是，在该尚存之利益的限度，甲对丙之不当得利返还请求权不因丙转赠丁而消灭。在丙尚存之不当得利返还义务的限度，亦相应缩减丁对甲之不当得利的返还义务。此外，设乙自始即知甲就该买卖契约有撤销权（恶意的受领人），并在甲对其为撤销之意思表示前，将该花瓶赠送丙，则因乙对甲之不当得利返还义务，[②]依“民法”第 182 条第 2 项，不因乙将该花瓶赠送丙而消灭，所以甲对丙亦无不当得利返还请求权。其结果，因为“民法”第 183 条只适用于依第 182 条第 1 项所定之善意受领人的情形，而不适用于第 182 条第 2 项所定之恶意受领人，以致发生自恶意受领人受领利益者，反而受到更确实之保护的稀有情况。德国民法第 822 条之规定内容与“民法”第

---

① Esser, Schuldrecht, 2. Aufl., 1960, Karlsruhe, § 197, Ziff. 2.

② “民法”第 114 条规定，法律行为经撤销者，视为自始无效。当事人知其得撤销，或可得而知者，其法律行为撤销时，准用第 113 条之规定，负恢复原状或损害赔偿之责任。该条规定之恢复原状的责任如系指不当得利之返还义务，则其一般规定以“知其得撤销，或可得而知”为成立要件，与第 179 条规定不以受领人是否知情为主观要件的情形不一致。该体系冲突并未为“最高法院”所发现。例如该院 1995 年度台上字第 844 号民事判决认为：“法律行为经撤销者，须当事人知其得撤销或可得撤销者，始应依‘民法’第一百十四条准用同法第一百十三条规定，负回复原状或损害赔偿责任。”其实，依“民法”第 182 条，受领人就无法律上原因知情与否，所关连者不是不当得利返还责任之成立要件，而是决定其返还责任之范围的要件。

183 条所规定者类似，所以该稀有情况亦存在于德国民法第 822 条之规定所引起的规范情势。[①] 上述情形，如果乙已对甲给付价金，甲尚可类推适用“民法”第 261 条，以乙不能返还该花瓶为理由，拒绝返还价金。

不当得利返还请求权系债法上的请求权，具有债之主体相对性的特征，无物权之对物的追及性。“民法”第 183 条规定：“不当得利之受领人（乙），以其所受者，无偿让与第三人（丙），而受领人因此免返还义务者，第三人于其所免返还义务之限度内，负返还责任。”该条规定之效力虽使该条所定之不当得利返还请求权看似具有对物的追及力，但其实该条系从穿透理论发展出来的规定。所谓穿透，指一方（甲）与他方（丙）之法律关系的直接性被（甲）之形式上相对人（乙）的权利能力阻断时，将该形式上之相对人（乙）视为不存在，以建立（甲）（丙）双方之法律关系的直接性。这当中将（甲）之形式上相对人（乙）的权利能力视为不存在，等于是穿透过（乙）之权利能力，[②]以建构该双方（甲与丙）之法律关系的直接性。不过，在这种情形，第三人（丙）对（甲）所负之返还义务相对于原不当得利之受领人（乙）对（甲）所负者，具有候补性[③]：（乙）对（甲）免负返还义务时，（丙）对（甲）始负返还义务。

其次，“民法”第 183 条是否亦得类推适用于：不当得利之受领人（乙），以其所受者，无法律上原因让与第三人（丙），而受领人（乙）对于第三人（丙）之不当得利返还请求权，因“民法”第 180 条不得请求退还，或因第三人（丙）无支付能力不能请求返还，以致所受之利益已不存在，而免负返还或偿还价额之责任（“民法”第 182 条）等情形。如可，其意义等于：第三人（丙）不得对于原不当得利返还请求权人（甲）（以下简称债权人）主张“民法”第 180 条之除外事由。鉴于该除外事由之适用的正当性存在于受领人（乙）之于第三人（丙），而非第三人（丙）之于债权人（甲）。所以在这种情形，透过“民法”第 183 条之类推适用，以排除“民法”第 180 条之除外事由对于债权人（甲）之适用，应属妥当。[④]

（七）不当得利返还请求权间之关系

关于不当得利之构成要件，当采分别说（非统一说）时，引起一个问题：同一

---

① Esser, Schuldrecht, 2. Aufl., 1960, Karlsruhe, § 197, Ziff. 3.

② 与“民法”第 183 条相对应之德国民法为第 822 条。关于穿透（der Durchgriff），请参考 Staudinger/ Werner Lorenz, Kommentar zum BGB, Berlin 1999, Rdn. 1, 4 zu § 822; Esser/Weyers, Schuldrecht Band Ⅱ Besonderer Teil, Teilband 2, 8. Aufl., 2000 Heidelberg, § 48 Ⅲ 3 b, c.

③ Staudinger/ Werner Lorenz, Kommentar zum BGB, Berlin 1999, Rdn. 3 zu § 822.

④ Esser, Schuldrecht, 2. Aufl., 1960, Karlsruhe, § 197, Ziff. 3.

法律事实,有无可能依不同之不当得利构成要件,发生两个互相竞合的不当得利返还请求权。在两个当事人间,无法律上原因而有一笔财产利益之移动时,原则上不会有既构成给付性不当得利,又构成侵害性不当得利。盖一笔财产利益之移动不能既是给付,又是非给付。[①] 必须该增益财产之标的不是由任何人对于取得利益者给付时,才可能发生非给付性,特别是侵入性不当得利。因此,学说上有认为:非给付性不当得利有候补性,给付性不当得利有优位性。

不过,在三方关系,便有可能。例如为履行买卖契约或赠与契约,甲将乙之计算机的所有权移转于善意之买受人或受赠人丙;为履行承揽契约,甲将乙的建材添附于定作人丙的建筑物中。如果甲丙间之契约无效,甲对丙会有给付性不当得利返还请求权;而乙对甲无论如何会有侵害性不当得利返还请求权。有疑问者为:乙对于丙是否也有非给付性不当得利返还请求权?丙得否以甲丙间之原因关系或给付性不当得利的关系对抗乙?这个问题,学说上有以侵害性不当得利返还请求权相对于给付性不当得利返还请求权之后补性来说明。[②] 依物权法而善意取得或发生之添附固然决定相关物权之归属,但犹如物权行为只决定物权之归属的变动,不同时是其变动之法律上原因一般,该等物权法上的规定不同时是移动该物之利益的法律上原因。如其财产利益之移动欠缺法律上原因,固应依不当得利的规定返还。但不能因此使善意取得之保护转眼成空。是故,一个善意取得者在其原因契约有效时,其取得有法律上原因,不生不当得利的问题;在其原因契约无效时,亦只对于让与人负不当得利的返还义务。有疑问者为,如善意取得之原因行为系无偿行为,而让与人不因此免返还义务者,得否类推适用或目的性扩张适用"民法"第 183 条,让该物之所有权人得对无偿善意取得者请求返还?这应采肯定的见解。添附如非因受添附之物的所有权人,而是因与其缔结承揽契约之承揽人,擅自使用第三人材料而发生时,其取得添附材料之所有权虽非基于善意取得,而直接基于添附之事实。但其事态如与善意取得的情形类似,同样的观点亦应适用于添附的情形。[③]

---

① Larenz/ Canaris, Lehrbuch des Schuldrechts, Band Ⅱ · Halbband 2, Besonderer Teil, 13. Aufl., München 1994, § 67 IV 2 a. 例如无票搭机:如果服务人员因该乘客出示伪造之机票,而同意其入舱搭机,则其无法律上原因取得之搭载服务,属于航空公司对其提供之给付,应构成给付性不当得利;反之,如该乘客系自行潜入搭乘,则属侵入性不当得利。

② Esser/Weyers, Schuldrecht Band Ⅱ Besonderer Teil, Teilband 2, 8. Aufl., 2000 Heidelberg, § 50 IV(S. 90); Larenz/ Canaris, Lehrbuch des Schuldrechts, Band Ⅱ · Halbband 2, Besonderer Teil, 13. Aufl., München 1994, § 67 Ⅲ 2 c, IV 3.

③ Esser/Weyers, Schuldrecht Band Ⅱ Besonderer Teil, Teilband 2, 8. Aufl., 2000 Heidelberg, § 50 IV(S. 91).

五、不当得利返还请求权之内容与范围

“无法律上之原因而受利益，致他人受损害者，应返还其利益。”(“民法”第179条)此即不当得利的返还义务。受利益者为债务人，受损害者为债权人。一方受利益，他方受损害，构成其当事人间之财产利益的移动。按所以造成财产利益在当事人间之移动的事由，固可将不当得利区分为给付性、费用性、侵害性及自然性的不当得利。但“民法”在不当得利的规范规划上，并未如德国民法，以之为基础将不当得利的构成要件加以分类。

债务人因不当得利事件取得利益时，应返还其利益。所以其取得之利益为决定其返还义务之内容及范围的出发点。在界定其返还义务的范围，该出发点有正反两面的意义：取得之利益固应返还，但也以此为度。此外，依“民法”第182条，善意债务人因所受之利益已不存在，而缩减乃至免负返还或偿还价额之责任；恶意债务人除应返还知无法律上原因时，所现存之利益外，并应附加利息，一并偿还，如有损害，并应赔偿。要之，依该规定，视债务人就法律上原因之为善意或恶意，缩减或扩张其返还范围。于是，在因有偿转让善意第三人而致不能返还取得利益之原物，而应返还其价额时，引起其返还价额应以实际转让价额或以行情价额为准的问题。自不当得利之制度精神即在于不使任何一方当事人无法律上原因而受利益出发。在此种情形，就善意债务人，德国通说认为应以实际转让价额及行情价额中之低者；就恶意债务人，应以行情价额为准。所以有此差别，乃因善意债务人以受请求时现存之利益为返还范围(“民法”第182条第1项)。实际转让价额低于行情价额者，其差额构成之利益，已不存在。不过，返还范围还是一般的因取得之利益或其代位物之使用而扩大(“民法”第181条前段)。尚有疑问者为：在恶意债务人占有中，其行情之涨跌的利益与危险应由债务人或债权人享受或负担？自“民法”第182条规定，恶意债务人应就“知无法律上之原因时，所现存之利益”负返还义务而论，该利益与危险应由恶意债务人享受或负担。

虽按债务人是否知其无法律上原因而受利益，将其返还范围区分为较轻与较重之返还义务；但是否因其知情而并构成侵权行为，应另依侵权行为的规定判断。只要债权人依不当得利的规定请求返还，其返还内容及范围还是以不当得利之规定为依据。债务人(不当得利之受领人)知情后始返还者，应将其知情时现存之利益，附加利息，一并偿还，如有损害，并应赔偿(“民法”第182条第2项)。该利息之附加及损害之赔偿，皆属于迟延损害的赔偿。

(一)请求权之内容:受领利益或价额

1. 概说

不当得利之制度的主要意旨,在于将无法律上原因而发生之财产利益的移动恢复至如移动前的状态。因此,除其返还请求权之成立要件不含债务人之主观要件外:①事件之发生的故意或过失;②就无法律上之原因而受利益是否知情(善意或恶意)。债务人所负之返还义务首先亦以财产上所受之利益(das Erlangte)为内容。[①] 这指取得之利益的原物。[②] 直到依其利益之性质或其他情形不能返还,亦即所受之利益的返还有给付不能之情形时,[③]始改以价额(der Wertersatz)为内容("民法"第181条但书)。[④] 此为以法律为依据之债务客体的变更。不论是债权人或债务人就返还之内容,亦即在所受之利益或价额间,皆无片面改变其内容之选择权("民法"第208条、第319条、第320条参照)。然债务

---

① 有疑问者为:"德国民法与瑞士债务法一样,出于合适的理由,仅肯认能以簿记确定之财产上的差额为所受之利益,而不肯认透过享受或消费而取得之人身的利益(这与奥地利及法国的学说不同)。借他人之资产获得的自由、健康或生活乐趣不能经由不当得利的途径偿还。"(Esser, Schuldrecht, 2. Aufl., 1960, Karlsruhe, § 198, Ziff. 2; Esser/Weyers, Schuldrecht Band Ⅱ Besonderer Teil, Teilband 2, 8. Aufl., 2000 Heidelberg, § 51 I 3)

② 王泽鉴:《不当得利》,2009年增订新版,第234页。

③ "民法"第181条但书规定之内容与债法关于给付不能之一般规定不同。该条但书之规定限于返还义务之内容。至其范围则由"民法"第182条分按善意及恶意受领人规定之。在善意受领人,以现存利益为范围,亦即有什么及有多少便返还什么及多少。反之,在恶意受领人应返还知无法律上之原因时,所现存之利益,附加利息,一并偿还,如有损害,并应赔偿。此为给付迟延,而非给付不能之返还范围。如此规定的理由为:恶意受领人自始陷于给付迟延,应负迟延责任。

④ 在不当得利返还请求权的行使,在实务上有清楚之返还内容与返还范围之两个不同的层次问题。首先具体的应以原物,在其不能返还时,始以其价额抽象地决定其应返还的内容。更不自始以不当得利事件发生前后债务人之财产差额为准。财产差额只能用来决定不当得利返还请求权之范围,而不能用来决定其标的之内容。如非以原物,而以财产差额为返还内容,则在双务契约可能因双方已为之给付等值,而在其无效时,因相对人无财产差额意义下之得利,而不能以其法律上原因不存在为理由,请求返还("民法"第179条)(Esser, Schuldrecht, 2. Aufl., 1960, Karlsruhe, § 199, Ziff. 1)。针对法律上原因,事后不存在的情形,"民法"第179条虽然已有一方受利益,而致他人受损害者,应负返还其利益的规定,但"民法"第259条关于契约解除时,当事人双方互负恢复原状之义务的规定,对上述疑问的厘清还是有积极意义的。

人取得之利益如为金钱,则基于金钱之可代替性,除以外国通用货币定给付额者外,[①]在其返还之给付义务的内容上,无原物或其价额之区别问题。必须法律有明文之不同规定时,①始不以取得之利益的原物为返还之给付义务的内容。例如"民法"第816条所定因添附而受损害者,依关于不当得利之规定,纵使原物之返还尚有可能,[②]亦仅得请求偿还价额,而不得请求返还所受利益之原物,以回复原状;或②始容许当事人之一方有权选择,返还原物或偿还价额。[③] 例如①"民法"第431条规定,承租人就对租赁物所增设之工作物,得选择取回或请求出租人在现存之增价额的限度内,偿还其增设费用。②"民法"第839条规定,地上权消灭时,土地所有人得选择以时价购买地上权人在其土地上种植之工作物或竹木,或容许地上权人取回其工作物及竹木。但地上权人应恢复土地原状。在此,土地所有人以时价购买,虽以对于地上权人之缔约强制为之,但其实就是不当得利之返还方式。只是其规范方式不以不当得利之返还,而以买卖的形式表现出来。上述两例之共同点为:以取回作为除去得利状态的方法。不同之点为:选择权人异位。在前者,选择权人为造成相对人得利之人。这导致承租人能够使出租人不得不接受承租人之费用性利益,而后负费用之返还义务。在后者,选择权人为相对人。这使土地所有人得主动决定是否承受地上权人之费用性利益。这两种规定之价值观点的分野是:当事人之一方得否强使他方偿付费用,接受其提供之利益。依上述规定,在租赁关系采肯定,在地上权关系采否定的立场。

---

① "民法"第202条规定:"以外国通用货币定给付额者,债务人得按给付时、给付地之市价,以台湾地区通用货币给付之。但订明应以外国通用货币为给付者,不在此限。"这可能发生于以外国通用货币约定为价金之货币单位,而后来因买卖契约无效,或经撤销、解除而应返还已受领之价金的情形。在这种情形,纵使当初以约定之外国通用货币给付价金,亦不即可解释为:双方已订明后来如发生返还债务,亦应以外国通用货币为给付。

② 例如窗装入建筑物之窗框后,虽然拆卸不难,但实务上还是将之论为该建筑物之成分(Larenz/ Wolf, Allgemeiner Teil des Bürgerlichen Rechts, 9. Aufl., 2004 München, § 20 Rn. 54),构成添附。例如"最高法院"1996年度台上字第1849号民事判决:"上诉人抗辩系争房屋之结构体完成后,因能源危机,该房屋之门窗、纱门窗、灯具、地板等由其出资雇工完成,并提出被上诉人人事室函为证,堪予采信。唯按'民法'第八百十一条规定,动产因附合而为不动产之重要成分者,不动产所有人取得动产所有权。上开门窗、地板等动产既已附合于系争房屋,即属台湾省所有,上诉人自不得执此,谓其享有系争房屋之部分所有权,进而辩称其为有权占有。"汽车轮胎在装上汽车后,与窗户一样,成为该汽车之成分。唯如只是置于行李箱作为其备胎,则备胎仅是该汽车之从物,而非其成分(Larenz/ Wolf, aaO., § 20 Rn. 66)。是故,轮胎之于汽车必须装上,其装配始构成添附。

③ Esser, Schuldrecht, 2. Aufl., 1960, Karlsruhe, § 198, Ziff. 1.

受利益者，除返还其所受之利益外，如本于该利益更有所取得者，并应返还（“民法”第181条前段）。本于该利益更有所取得之利益有可能指：①受领之物或权利的使用收益，含自己之使用收益及因授权他人为使用收益，而收取之法定孳息。这可概称为用益利益（die Nutzungen）。[①] ②因他人对于该物或权利的夺取、毁损或灭失，而取得相当于原物之替代物（das Äquivalent）：返还请求权、损害赔偿请求权或受领之赔偿物等。这可概称为所受利益之代位物（die Surrogate）。在这种情形，法律不即以价额之偿还替代所受利益之返还，而改以对代位物之请求权的形式，维持所受利益之返还请求权。至于因转卖而取得之价金，属于后述因主观给付不能，而应偿还价额的类型。

2. 用益利益

该用益利益包含就取得之利益本身及其代位物之使用的利益及收取的孳息。[②] 土地之无权占有人是否因占有而受有用益利益，应以实际有使用收益之可能为要件，不像金钱之挪用，得依“民法”第233条视为至少必受有相当于法定利息之利益。［“最高法院”2010年度台上字第1001号民事判决：“查系争土地参加市地重划，文山自办市地重划会自2001年1月5日起开始办理地上物拆除，同年12月30日完成重划，并于2002年4月19日办理点交土地，为原审确定之事实。上诉人抗辩重划期间，伊均无法耕种、收益，嗣后种植芒果、椰子，亦尚未采收，而未受有利益，被上诉人请求返还自2000年7月1日起算之不当利益，为无理由等语，并经原判决载明。乃原审既援引本院1972年台上字第1695号判例意旨谓：依不当得利之法则请求返还不当得利，以无法律上之原因而受利益，致他人受损害为其要件，故得请求返还之范围应以对方所受之利益为度，非以请求人所受损害若干为准，而无权占有他人土地，可能获得相当于租金之利益，乃为社会通常之观念云云。竟未详加审究上诉人前开防御方法有无理由？

---

① Esser, Schuldrecht, 2. Aufl., 1960, Karlsruhe, § 198, Ziff. 3. 德国民法第818条在使用及代位物之返还外，另有基于取得之权利而获得之利益的类型。该类型指基于权利之行使而取得之利益。从而与单纯之使用或代位物之取得，未涉及对他人行使权利者不同。所谓对他人行使权利而取得之利益，例如请求履行债务而取得之清偿给付、行使担保物权而取得之执行给付。唯不含业务收入。这特别指因转卖而取得之收入。在这种情形，依德国民法第818条第2项应返还其行情价额，而非实际取得之价额。实际取得之价额可能低于或高于行情价额。但都不是依第818条第2项，据以决定返还范围之标准。然依同法第816条第1项第1句，无权处分人应返还其因对于权利人有效之无权处分取得之给付。该两条规定之适用分际，细微：对于权利人有效之无权处分。

② Larenz/ Canaris, Lehrbuch des Schuldrechts, Band Ⅱ · Halbband 2, Besonderer Teil, 13. Aufl., München 1994, § 72 Ⅱ.

计算相当租金之不当得利，应否扣除重划期间，暨说明上诉人该项防御方法，是否可采，即为其败诉之判决，自有判决理由不备之违法。”]唯在土地之无权占有，就无权占有人所受利益之多寡的认定，并不按其实际所受利益之数额，而按法定之推计标准认定之。[①]

就此，“民法”第181条前段规定：“不当得利之受领人，除返还其所受之利益外，如本于该利益更有所取得者，并应返还。”事实上已收取之孳息固构成受利益者本于所受利益更有所取得之利益。有疑问者为：“本于该利益更有所取得”是否及于可能收取之孳息？如有可能收取孳息，但未收取时，就该未收取之孳息，债务人是否亦负返还义务？在善意占有人，因其得就占有物收取孳息，所以无孳息之返还义务的问题。其代价为：因其得收取孳息，所以当其有收取孳息，即不得向恢复请求人，请求偿还其因保存占有物所支出之必要费用（“民法”第954条）。在恶意占有人，适用相同规定，虽看似亦以实际收取者为限，始负返还义务。但因“民法”第958条规定，“恶意占有人，负返还孳息之义务。其孳息如已消费，或因其过失而毁损，或怠于收取者，负偿还其孳息价金之义务”（德国民法第987条参照）。所以，恶意之受领利益者依“民法”第181条所当负之孳息的返还义务，应含怠于收取之孳息。该孳息之返还义务不以其所有权人如自为占有时，是否会收取之假定的情况为要件。盖在不当得利，不以债权人所受之损害的填补，而以债务人所受利益之返还为目标。[②] 不过，所有权人或权利人如自为占有时，是否能收取之假定的情况，在不当得利之有无及范围的认定仍有重要的意义。例如未经著作权人授权，而擅自发行他人之著作，特别是在将小说改拍成电影的情形，该纸本著作的作者常因此而更有名，其纸本著作物常因此而卖得更好。在上述情形，其作者固显然未因他人侵害其著作权而受损害，但其侵害者却显然受有利益。由于依不当得利之规定，请求返还该因擅用他人著作权而取得之利益，与不当得利返还请求权关于“无法律上之原因而受利益，致他人受损害”之因果关系的成立要件不尽不符。所以，关于著作权或专利权之侵害的侵权行为或不当得利的问题，需要针对其特殊情况另为妥适的规范规划，以一方面适当地保护著作权或专利权之权利人的利益，另一方面正确评价其侵害者在其擅用

① “最高法院”2010年度台上字第1618号民事判决：“无权占有他人土地，可能获得相当于租金之利益，为社会通常之观念。且经法院斟酌实情，如认以公告现值较申报地价为准确，而以公告现值为不当得利之计算基准，亦非当事人所得任意争论多寡。”

② “最高法院”2009年度台上字第222号民事判决：“依‘民法’第一百七十九条之不当得利规定请求返还者，为他方所受之利益，而非请求权人所受之损害金（本院1972年台上字第1659号判例参照）。”

的营业行为中之经营贡献。[①] 在未经授权而使用他人之著名商标亦有类似的问题。例如无权用户之商品或服务质量如维持在该著名商标权人自己之商品或服务质量以上，使其无权使用之结果，真品与跟从者间，相得益彰，则该著名商标权人可能不但不因该无权使用而受损害，而且还受有利益。实际上可能损失者为：在将来失去以该著名商标产销被他人捷足先登之跟从商品或服务的机会。鉴于著名商标之保护范围的扩大，主要在防止有害的跟随，所以，关于著名商标不适合从不当得利制度寻求保护。[②]

3. 代位物

在法律上，代位物指原来标的之财产利益的替代。"民法"第 181 条规定："不当得利之受领人，除返还其所受之利益外，如本于该利益更有所取得者，并应返还。但依其利益之性质或其他情形不能返还者，应偿还其价额。"关于代位物之返还，该条规定虽不清晰，但已有该意旨。[③] 最为典型的情形是一定之物或权利被夺取、毁损或灭失时，而取得其相当之替代的权利或物：返还请求权、损害赔偿请求权或受领之赔偿物。例如抵押物或质物消灭时，改以其代位物（抵押人或出质人因灭失得受赔偿或其他利益）为担保物。抵押物因毁损而得受之赔偿或其他利益，亦同（"民法"第 881 条第 1 项、第 2 项、第 4 项；第 899 条第 1 项、第 2 项、第 5 项）。另善意占有人，因可归责于自己之事由，致占有物灭失或毁损者，对于恢复请求人，仅以因灭失或毁损所受之利益为限，负赔偿之责（"民法"第 953 条）。因不可归责于债务人之事由，致给付不能者，债权人得依"民法"第 225 条第 1 项及第 266 条互免给付义务，其已为全部或一部之对待给付者，依关于不当得利之规定，请求返还。但这不是债权人之唯一的选项。债务人因前项给付不能之事由，对第三人有损害赔偿请求权者，依"民法"第 225 条第 2 项，债权人

---

① Esser, Schuldrecht, 2. Aufl., 1960, Karlsruhe, § 198, Ziff. 4.

② 关于著名商标之保护，"公平交易法"第 20 条第 1 项第 3 款规定："事业就其营业所提供之商品或服务，不得于同一商品或同类商品，使用相同或近似于未经注册之外国著名商标，或贩卖、运送、输出或输入使用该项商标之商品者。"该款规定仅保护外国著名商标，且系未经注册之外国著名商标。这不是妥适的规定。盖商标之保护采注册主义。对于外国商标权人，这并不是一项不容易满足的保护要件。所以一个外国著名商标权人，如果一方面根本不遵守台湾地区商标法的规定申请注册，而却主张其应受保护，这不是适当之作客之道。唯应注意该款对于著名商标之保护限于其原来注册使用之商品类别。这与已注册著名商标之保护，基于对其提供优惠之保障，并防止鱼目混珠之考虑，主要在扩及其未注册之商品类别不同。至于外国著名商标之抢注册是另一个问题。

③ Larenz/ Canaris, Lehrbuch des Schuldrechts, Band Ⅱ · Halbband 2, Besonderer Teil, 13. Aufl., München 1994, § 72 I; Esser/ Weyers, Schuldrecht Band Ⅱ Besonderer Teil, Teilband 2, 8. Aufl., 2000 Heidelberg, § 51 I 3 d.

得选择向债务人请求让与其损害赔偿请求权，或交付其所受领之赔偿物。其依"民法"第 225 条第 2 项请求给付之内容即原来之给付的代位物。在给付不能情形，债权人有上述选择权。选择给付代位物，该契约必须继续存在。反之，选择互免给付义务，其选择自当兼有解除契约之意涵。[①] 盖该契约如继续存在，双方无法互免给付义务，并依关于不当得利之规定，请求返还已为之全部或一部的给付，而应依该契约，负原来之给付义务，并享有请求相对人，为对待给付之权利。同理，原来标的之代位物如再次转化为另一有替代性之财产利益，则该再代位物亦应论为原来标的之代位物。例如受领特定物 A 构成之利益者，将该物变卖为金钱后，复以该笔金钱全部购买特定物 B 时，受领人所受利益依然存在，只是其所受利益之形态由特定物 A 转为金钱后，又转为特定物 B。其中该笔金钱及特定物 B 相继为特定物 A 之代位物。唯特定物 A、该笔金钱及特定物 B 若不等值，则依"民法"第 182 条，在受领时，受领人不知无法律上之原因者，其返还义务的范围会因其价值之变小而缩小；如知无法律上之原因或其后知之者，则自知无法律上之原因时起，其所负返还义务的范围不再随其代位物之价值变小而缩小。[②]

4. 价额

依其利益之性质或其他情形不能返还者，应偿还其价额（"民法"第 181 条但书）。["最高法院"1952 年度台上字第 637 号民事判例："'民法'第一百八十二条所谓其所受之利益已不存在者，非指所受利益之原形不存在者而言，原形虽不存在，而实际上受领人所获财产总额之增加现尚存在时，不得谓利益已不存在。" Esser/ Weyers, Schuldrecht Band Ⅱ Besonderer Teil, Teilband 2, 8. Aufl., 2000 Heidelberg, § 51 I 4; Larenz/ Canaris, Lehrbuch des Schuldrechts, Band Ⅱ · Halbband 2, Besonderer Teil, 13. Aufl., München 1994, § 72 Ⅲ; Heinrich Goetzke, Subjektiver Wertbegriff im Bereiche-rungsrecht? AcP 173(1973) 289ff.; Hans-Georg Koppensteiner, Probleme des. bereicherung-srechtlichen Wert-ersatzes, NJW 1971, 588f., 1769ff..]依其利益之性质不能

---

① "最高法院"1996 年度台上字第 1009 号民事判决："双务契约因不可归责于双方当事人之事由，致一方给付不能，而他方已就该部分为对待给付者，得依不当得利之规定，请求返还（'民法'第二百六十六条第二项），无待乎契约当事人另为解除权之行使。"该判决之意旨应当不是"依不当得利之规定，请求返还"无须解除契约，而是其请求兼有解除契约之意涵。

② 不同见解，王泽鉴：《不当得利》，2009 年增订新版，第 274 页：受领人甲将其受领之利益（A 画）变卖为金钱后，再以该笔金钱购买特定物（B 车）赠与第三人时，受领人甲应返还之标的应为该笔金钱，而非 B 车。从而受损人如得依"民法"第 183 条直接对无偿受让之第三人请求返还，其得请求返还之内容，亦为该价额，而非该项物品（B 车）。

返还，指客观给付不能的情形，其主要类型为：受领之利益是人之劳务，或物及权利之使用；依其他情形不能返还的情形，其主要类型为：受领之利益为有体物之让与，而嗣后发生毁损灭失，或因赠与或价卖为他人所取得而不能恢复，[①]这含主观及客观给付不能。一旦发生给付不能，返还义务人即因无返还所受利益之原物的可能，而只负返还其按行情所定之价额的义务。[②] 在不当得利返还前，所受之利益的行情或价值有涨跌时，发生应以取得利益时或以返还时之（价金、租金[③]或工薪）行情，决定其应返还价额的问题。这应视不当得利之受领人，不知或知无法律上原因而定。不知无法律上原因者，按现存之利益，负返还或偿还价额之责任。亦即不知无法律上原因者，涨跌风险之利益或不利益悉归债权人。知无法律上原因者，以知无法律上原因时，所现存之利益，附加利息，一并偿还，如有损害，并应赔偿（"民法"第 182 条）。知无法律上原因者，依该规定，其涨跌风险之利益或不利益固当悉归债务人。其实是：跌价风险归债务人，因其应按知无法律上原因时，所现存之利益负返还义务；涨价时其利益归债权人，盖就涨价部分，债权人可能以其系因不当得利事件而不能享有该涨价利益，从而受有损害

① 最高法院 1941 年上字第 40 号民事判例："不当得利之受领人，依其利益之性质或其他情形不能返还者，依'民法'第一百八十一条但书之规定，固应偿还其价额，唯受领人因将原物出卖而不能返还者，其所受之利益既仅为卖得之价金，即应以卖得之价金为其应偿还之价额。"关于该判例之简评，请参见王泽鉴：《不当得利》，2009 年增订新版，第 241～242 页。

② 王泽鉴：《不当得利》，2009 年增订新版，第 237～239 页；Larenz/ Canaris, Lehrbuch des Schuldrechts, Band Ⅱ · Halbband 2, Besonderer Teil, 13. Aufl., München 1994, § 72 Ⅲ 2 b)：应返还者为物时，其价金；为物之使用时，其租金；为金钱时，其利息；为劳务时，其工资。这些都以其通常行情为准。容易引起争议者为：无效承揽契约之工作的报酬。因承揽契约原以完成工作为报酬义务的要件，所以契约虽然无效，工作还是必须完成，始有报酬请求权。至其得请求之额度，约定之报酬数额固为认定上之重要参考，但完成之工作物的价值，以及该契约所以无效之事由，在其最后酌定皆有影响。另给付之物或工作有瑕疵时，应返还之利益的价值自亦当相应减少。Fikentscher, Schuldrecht, 11. Aufl., Rn. 1516："应返还者一直是以金钱表现之一般价值（交易价值）。该价值应与损害及利益相区别……该价值应客观的，独立于不成功之契约，且不考虑可取得或失去之利润及其他损害计算之……"

③ "最高法院"1972 年度台上字第 1695 号民事判例："无权占有他人土地，可能获得相当于租金之利益为社会通常之观念，是被上诉人抗辩其占有系争土地所得之利益，仅相当于法定最高限额租金之数额，尚属可采。"基于租赁契约使用他人土地，应给付约定之租金。契约终止后继续为租赁物之使用者，属于无权占有使用他人之土地，应负相当于租金之不当得利的返还。二者虽皆为使用土地之代价，但规范基础不同。是故，"租金给付请求权与不当得利返还请求权或损害赔偿请求权，为不同之诉讼标的（本院 1954 年台抗字第 54 号判例参照）"（"最高法院"2010 年度台上字第 948 号民事判决）。关于该判例的简评，请参见王泽鉴：《不当得利》，2009 年增订新版，第 246～248 页。

为理由，依“民法”第 182 条第 2 项后段，对债务人请求赔偿。[①] 其结果，跌价风险归债务人，涨价利益归债权人。

所谓行情是客观的市价。然在债务人将其取得之利益(标的物)价卖他人的情形，他可能取得高于或低于一般行情的价金。有疑问者为：如果其取得者为高于一般行情的价金，债权人得否主张以该价金为债务人不能返还受领之利益时，应返还之价额？这涉及该价金是否含债务人之经营利益的问题。在返还债务人不知无法律上原因的情形，应采否定的见解；反之，在知无法律上原因的情形，应采肯定的见解(“专利法”第 85 条、“营业秘密法”第 13 条、“公平交易法”第 32 条参照)。[②]

(二)请求权之范围：含利息或损害

1. 概说

该给付义务之范围首先受义务人“所受利益”与债权人“所受损害”间之因果关系的限制。该因果关系在于限制确有财产上利益自不当得利返还请求权之债权人向债务人移动。[③] 其次，不当得利之受领人，除返还其所受之利益外，如本于该利益更有所取得者，并应返还(“民法”第 181 条前段)。这固扩张了返还义务之范围，但债务人以所受利益为基础之加工或经营利益，并不在返还义务之范围内。唯不当得利之受领人，不知无法律上之原因(善意债务人)，而其所受之利益已不存在者，免负返还或偿还价额之责任(第 182 条第 1 项)。所谓不知无法

---

① Esser, Schuldrecht, 2. Aufl., 1960, Karlsruhe, § 198, Ziff. 5.

② Rainer Frank, Anwendbarkeit des § 281 BGB auf den ver-schärfthaftenden Bereicherungsschuldner—BGHZ 75, 203, JuS 1981, 102.

③ “最高法院”2009 年度台上字第 33 号民事判决：“按依不当得利之法则请求返还不当得利，以无法律上之原因而受利益，致他人受有损害为其要件，故得以请求返还之范围，应以对方所受之利益为度，非以请求人所受损害若干为准。”“最高法院”2009 年度台上字第 2412 号民事判决的意旨相同。“最高法院”2010 年度台上字第 842 号民事判决：“按不当得利制度不在于填补损害，而系返还其依权益归属内容不应取得之利益，故依不当得利法则请求返还之范围，应以受领人所受之利益为度，非以请求人所受损害若干为准(本院 1972 年台上字第 1695 号判例参照)，且关于应返还数额之计算，应以返还义务成立时为准。”

律上之原因，并不以无过失者为限；即使因过失而不知，亦有上开规定之适用。[①]这缩小了返还义务之范围。反之，受领人于受领时，知无法律上之原因或其后知之者（恶意债务人），应将受领时所得之利益，或知无法律上之原因时，所现存之利益，附加利息，一并偿还，如有损害，并应赔偿（第 182 条第 2 项）。这又扩张了返还义务之范围。[②]

2. 现存利益

在不当得利，受利益者所受利益事后可能减损。但限于在不当得利事件发生后，与所受利益有因果关系之减损始得扣除。扣除减损后之余额即成为不当得利之返还债务人所受利益之现存价值。“民法”第 182 条规定：“不当得利之受领人，不知无法律上之原因，而其所受之利益已不存在者，免负返还或偿还价额之责任（第一项）。受领人于受领时，知无法律上之原因或其后知之者，应将受领时所得之利益，或知无法律上之原因时，所现存之利益，附加利息，一并偿还，如有损害，并应赔偿（第二项）。”对于善意及恶意债务人之返还范围的界定，该条第 1 项、第 2 项就现存利益，所以有不同标准时点的规定，乃因善意债务人信赖其取得利益有法律上原因。唯该标准时点的不同，其实是形式的。归纳该条规定，该现存价值之算定的标准时点，实质上是相同的。皆以“知无法律上之原因时”为其标准时点。这一体适用于自始及嗣后知无法律上之原因的情形。只是因善意及恶意受领人知无法律上之原因的时点不同，而致其有不同的界定时点。其自始不知无法律上之原因者，不当得利之返还债务人至迟于受不当得利之返还请求时，知无法律上之原因。其透过其他渠道知无法律上原因者，以其实际知悉时为准。不当得利因为以知无法律上之原因时之现存价额为返还范围，所以在不知无法律上之原因，亦即在善意受领的阶段，不当得利返还请求权之债权人负该利益之丧失的危险。[③] 依该条规定，所受利益之减损或灭失的危险固由债权

---

① “最高法院”2010 年度台上字第 330 号民事判决：“按不当得利之受领人，不知无法律上之原因，而其所受之利益已不存在者，免负返还或偿还价额之责任，‘民法’第一百八十二条第一项定有明文。所谓不知无法律上之原因，并不以无过失者为限，即因过失而不知，亦有上开规定之适用。又依本条项规定，受领人为善意时，仅于现存利益之限度内负返还之责任，此现存利益，则应以受返还请求之时，确定之。”该判决要旨末句所谓“此现存利益，则应以受返还请求之时，确定之”与“民法”第 182 条第 2 项的规定不尽相符。该依该项规定，其后知无法律上之原因者，应将知无法律上之原因时，而非受返还请求之时，所现存之利益，附加利息，一并偿还，如有损害，并应赔偿。

② 王泽鉴：《不当得利》，2009 年增订新版，关于善意受领人的返还义务，第 250～266 页；关于恶意受领人的返还义务，第 266～272 页。

③ Esser/ Weyers, Schuldrecht Band Ⅱ Besonderer Teil, Teilband 2, 8. Aufl., 2000 Heidelberg, § 51 Ⅱ; Bernhard Rengier, Wegfall der Bereicherung, AcP 177(1977) 418.

人负担。但如上所述，也不是在返还前发生之一切不利皆归属于债权人。这当中仍应有恰如其分的限制。

所受利益由有体物构成者，消费或灭失使其本体不再存在。这时如果债务人因此自己有费用的节省，或对第三人有费用偿还或损害赔偿请求权，则所受利益不因其本体不再存在而完全丧失，而在所节省之费用、取得之费用偿还或损害赔偿请求权，或受偿还或赔偿给付的限度内，继续存在。[①] 唯物为第三人无权取去或消费而丧失时，债务人之利益最后是否丧失，尚视其能否自第三人恢复其利益，或恢复之程度而定（“民法”第 225 条第 2 项参照）。

债务人所受利益还可能因所受利益之标的减损或丧失以外之事由而减少、不存在或转为代位物。例如债务人无偿处分其所受利益于第三人者，有法律上原因时，所受利益不存在；无法律上原因时，所受利益以对于第三人之不当得利返还请求权的形态继续存在。所谓有费用的节省，指因所受利益之使用、消费或给予第三人，而不需支出预计支出之费用。这包含用以供生活所需、赠与或清偿债务所需费用之节省。归纳之，债务人如因所受利益减损或丧失而有费用之节省或取得代位物者，在节省之费用及取得之代位物的限度内，该利益继续存在，并以之为其不当得利返还义务的内容。

与其取得有因果关连或费益关系之不利应得扣除；反之，无因果关连或费益关系之不利不得扣除。只要是善意，这适用于给付性、费用性及自然性等不当得利的类型。不过，可以理解的是：在侵害性的不当得利，债务人在受利益时，通常知无法律上之原因。依该标准，下列不利可扣除：①取得费用：债务人所受利益可能因取得费用之支出而有减少。不论该费用是否必要或有益，对于取得标的、代位物或为其使用而支出之费用皆应认定为其所受利益之计算上的减项。这影响其返还范围的界定。例如为取得该利益而支出之保险费、运费、税捐（例如关税、货物税、营业税、印花税、所得税）、规费；为保存该利益而支出必要费用；因维

---

① “最高法院”2004 年度台上字第 1980 号民事判决：“‘民法’第一百八十二条第一项所谓‘所受之利益已不存在’，非指所受利益之原形不存在者而言，原形虽不存在，而实际上受领人所获财产总额之增加现尚存在，不得谓利益不存在。如不当得利之受领人所受利益为金钱时，因金钱具有高度可代替性及普遍使用性，只需移入受领人之财产中，即难以识别。是原则上无法判断其存在与否，除非受领人能明确证明确以该金钱赠与他人，始可主张该利益不存在。”“最高法院”2010 年度台上字第 339 号民事判决：“按‘民法’第一百八十二条第一项所谓‘所受之利益已不存在’，非指所受利益之原形不存在者而言，原形虽不存在，而实际上受领人所获财产总额之增加现尚存在，不得谓利益不存在。本件上诉人所领取系争土地补偿费，其等受领利益系为金钱，该金钱均已移入上诉人之财产中，其等所获财产总额均各有增加，所受利益自尚存在，上诉人抗辩所受利益已不存在，委无可采。”

持该利益而支出较多之财产税、投入工料的费用;因该利益而更有取得时支出工料的费用、营业税、所得税。②维护费用因与用益互抵,不得扣除。③由于该利益而增加之生活支出及负担之机会成本。

有疑问者为:①因信赖一定之法律上原因,而停止一定之工作,以致在该法律上原因嗣后不存在时,遭受损失。[1] ②取得该利益而负担之机会成本,例如不与第三人缔结有替代性之契约,或对于真正债务人之请求权因消灭时效期间经过或未实时采取催讨措施而不能实现;所受之利益对于债务人造成损害(例如拾得动物者,因动物伤人损物,物件之危险引起损害)。[2] 德国通说认为这些不利益只要与该利益之取得有相当因果关系,皆得自其所受利益扣除。盖债务人固应返还利益,但也不当因此变得比无该不当得利事件时为穷。Esser 不赞成如此一般的看法。他认为,因果关系的标准适合用为责任之成立要件,而不适合用为责任之免除要件。[3] 关于财产之增加的认定,因果关系的标准固有理由,但对

---

① "最高法院"1998 年度台上字第 937 号民事判决:"(一)按不当得利之受领人,不知无法律上之原因,而其所受之利益已不存在者,免负返还或偿还价额之责任,为'民法'第一百八十二条第一项所明定。故利得人为善意者,仅负返还其现存利益之责任;所谓现存利益,系指利得人所受利益中于受返还请求时尚存在者而言;于为计算时,利得人苟因该利益而生具因果关系之损失时,如利得人信赖该利益为应得权益而发生之损失者,于返还时亦得扣除之,盖善意之利得人只需于受益之限度内还尽该利益,不能因此更受损害。查,被上诉人于土地征收计划未核定前,亟须使用土地,对上诉人先行发放系争补偿费,上诉人则同意将土地先行提供于被上诉人施工使用,既为原审确定之事实。则上诉人放弃耕作以提供土地,系因信赖两造先行使用土地之约定,得领取系争补偿费,其受领自难谓非善意,虽因征收计划撤销,解除条件成就,致系争补偿费之受领失其权源,然依上说明,其应负返还责任者,仅被上诉人请求返还时之现存利益而已;倘彼时上诉人有因领取补偿而放弃耕作致生果树之损失,于计算利益时即得扣除之。"

② Esser, Schuldrecht, 2. Aufl., 1960, Karlsruhe, § 199 S. 818(例一), 820:甲向乙买了一只狗,甲自乙受该狗之交付,并带回家后,该狗除咬伤甲之客人丙外,并将甲之名贵沙发抓破。事后甲发现该买卖契约因双方关于买卖标的物之意思表示并不一致,而未成立。以买卖契约无效为依据,甲除向乙请求返还价金外,并请求赔偿其因对客人丙赔偿及因沙发抓破所遭受之损害。另甲对于乙关于该狗之返还的请求,有无同时履行抗辩权或留置权?该狗之给付与其价金之给付间具有对价关系。所以类推适用"民法"第 261 条关于当事人因双务契约之解除而生之相互义务,准用第 264 条之规定,就此部分,甲对于乙关于该狗之返还的请求,有同时履行抗辩权。至于甲因对客人丙赔偿及因沙发抓破所遭受之损害,乃属动物加害他人之身体或财产而造成之损害,依"民法"第 190 条第 1 项由其占有人负损害赔偿责任。在上述损害发生时甲自己为该狗之占有人,应由其对受害之第三人负赔偿责任,其自己为受害人者,因权利与义务同归一人而不生赔偿责任。

③ Esser, Schuldrecht, 2. Aufl., 1960, Karlsruhe, § 199, Ziff. 2.

于得扣除之不利益的认定,因果关系不是适合的标准。这与在损益互抵的情形,对于得扣抵之利益的认定相同。[①]

归纳上述费用或不利益之扣除容许性的考虑,除因果律下原因与结果的关系外,还有立基于成本费用(不利益)与收入(利益)间之投入与产出的配合关系(费益关系)。其减项的妥当标准尚待实务上逐步验证。

取得之物对于债务人及其财产引起之损害,从危险之管领的观点认为,除非依双方之法律关系,法律另有不同的规定,应由债务人负担,不能请求自其所受利益扣除。其理由为:管领危险源者,应负担因该危险引起之损害,而债务人因占有而管领其取得之物构成之危险源。法律可能有之不同规定,例如因一方给付之标的物有瑕疵,致相对人(返还义务人)受到损害时,则契约未缔结成功、自始无效或因撤销而无效者,依缔约上过失;契约嗣后始因解除而无效者,依积极侵害债权,相对人还是得请求损害赔偿,[②]从而得自其应返还之利益扣除。

债务人固有返还所受利益之义务,但其并不以债权人之住所地为清偿地("民法"第 314 条)。所以,不但返还所受利益之运费在观念上不属于债务人所受之不利益,而是债权人应负担之费用,而且为返还该利益而送交之物在运送中毁损或灭失者,债务人免其返还义务("民法"第 374 条参照)。如果债务人先支付该费用,事后得对债权人请求返还。就该费用之返还的请求,在返还原物或代位物的情形,债务人得主张同时履行抗辩权;在返还价额的情形,得为抵销。[③]

在双务契约,关于现存利益的计算有来自对待给付之考虑的特殊问题。首先有双方之给付价值既属相当,在皆为给付后,即使契约自始或嗣后无效,是否生不当得利问题的疑问。对此,"最高法院"曾采否定的看法。[④] 唯给付性不当得利制度的设计原本从单方的返还请求权出发。因此,一个双务契约履行后,如发现其自始无效,或因撤销或解除而使其给付丧失法律上原因时,便自然认为构成两个互相独立之返还请求权。此即德国学说上所称之双返还请求权说(die Zweikondiktionentheorie)。[⑤] 在解除契约的情形,"民法"第 261 条规定,当事人

---

① Esser, Schuldrecht, 2. Aufl., 1960, Karlsruhe, § 63.

② Esser, Schuldrecht, 2. Aufl., 1960, Karlsruhe, § 199, Ziff. 3.

③ Esser, Schuldrecht, 2. Aufl., 1960, Karlsruhe, § 199, Ziff. 3(S. 821).

④ "最高法院"2004 年度台上字第 910 号民事判决:"买卖契约为双务契约,双方之给付,依其经济上之交换目的构成一整体。是以买卖契约纵然无效,倘当事人双方事实上均已履行,则给付与对待给付仍应一并观察计算。若买受人所支付之价金与出卖人所交付物品之价额相当,自难谓买受人受领买卖标的物获有不当得利。"

⑤ Esser/ Weyers, Schuldrecht Band Ⅱ Besonderer Teil, Teilband 2, 8. Aufl., 2000 Heidelberg, § 51 Ⅱ 3 c(S. 116).

因契约解除(依第 259 条)而生之相互义务,准用第 264 条(关于同时履行抗辩)、第 265 条(关于不安抗辩权)、第 266 条(关于危险负担)至第 267 条(关于损益相抵)等关于双务契约之给付与对待给付之关连的规定。依"民法"第 261 条,上述返还请求权以反向之对价关系关连起来。其结果,返还债权人如不能返还所受领之对待给付,则不得请求返还;返还债权人能返还所受领之对待给付,而债务人所受利益尚存在者,在存在的限度,则互有返还的可能与义务。反之,如债务人所受利益已不存在,则互无返还请求权。双务契约之当事人,就受领之给付,并无为将来可能之返还义务,对于相对人负保管义务。任何一方在不能返还时,极其量只是使双方因此不负返还义务,不引起损害赔偿责任。所以,"民法"第 262 条亦只规定:"有解除权人,因可归责于自己之事由,致其所受领之给付物有毁损、灭失或其他情形不能返还者,解除权消灭;因加工或改造,将所受领之给付物变其种类者亦同。"是故,在双务契约之返还关系,给付之标的及对待给付之标的之毁损或灭失的危险皆由返还债权人负担:自己给付于相对人之给付标的之危险发生时,不能请求返还;自己受领自相对人的对待给付之标的之危险发生时,自己固无返还义务,但也不得向相对人请求返还。[①] 在双方有不能返还原物而所受利益尚存在的情形,"民法"第 261 条适用之结果等于是按结算之差额由

① Esser, Schuldrecht, 2. Aufl., 1960, Karlsruhe, § 199 S. 818(例二):甲将一幅画卖给乙。交付后发现该买卖契约无效,而所有权之移转的物权契约有效。然该画在返还甲前,因不可抗力而灭失。乙如果是限制行为能力人,对双方之法律关系是否会有影响?首先乙之不当得利的返还义务的范围取决于乙何时知其无法律上原因而受利益。在乙知其无法律上原因前,该画如已灭失,则乙因所受利益不存在而免负该画之返还义务。唯其价金之返还请求权,亦因自己不负返还义务,而不能对甲请求返还。反之,如在乙知其无法律上原因后,该画始灭失,则乙应负该画之返还义务,其不能返还者应偿还其价额。这时因该画之价值与双方约定之价金相当,不论是依抵销,或依"民法"第 261 条,乙皆不能向甲成功请求返还其价金。其结果,不论该画系在乙知无法律上原因前或后灭失,乙在该画灭失前,如已给付价金,皆不能请求返还该价金。要之,买受人负担给付及对待给付之危险。乙如果是限制行为能力人,因其与甲缔结之买卖契约及履行契约皆效力未定。设该两契约后来皆因乙之法定代理人拒绝承认而无效。则甲只能依所有物返还请求权,请求乙返还该画,且返还前该画如因不可抗力而灭失,其危险归所有权人甲负担。乙给付之价金,得向甲请求返还。乙如果是限制行为能力人,其法律效力所以会有影响的理由为:在这种情形,该画之危险负担归所有权人甲。甲不得以其画已灭失为理由,对乙拒绝返还价金,用符限制行为能力制度在于保护限制行为能力人的意旨。另请参考 Werner Flume, Die Entreicherungsgefahr und die Gefahrtragung bei Rücktritt und Wandlung, NJW 1970, 1161ff..

一方给付他方。德国学说上称此种规定之理论基础为结算说(die Saldotheorie)。[①]

在解除契约的情形,因为有"民法"第 261 条之规定,并无来自双返还请求权说的问题。然在双务契约自始无效或因撤销而无效的情形,因"民法"仅于第 113 条规定:"无效法律行为之当事人,于行为当时知其无效,或可得而知者,应负回复原状或损害赔偿之责任。"于第 114 条第 2 项规定:"当事人知其得撤销,或可得而知者,其法律行为撤销时,准用前条之规定。"而未针对双务契约之自始无效或因撤销而无效,为相当于"民法"第 261 条之规定。双方之返还请求权依然有双返还请求权说所示的问题。鉴于双务契约之给付与对待给付间本有对价关系,其履行有同时履行抗辩之保障。而当将其先前分别所为之给付与对待给付所构成之不当得利的返还分别独立对待时,可能发生前述之不公平的结果:一方因所受之利益已不存在,而依"民法"第 182 条,免负返还或偿还价额之责任时,他方却因所受之利益还存在,而仍负返还义务。是故,应将"民法"第 261 条类推适用于双务契约自始无效或因撤销而无效的情形,俾其无效后之返还,如有一方所受利益不存在时,他方亦可相应免负返还义务。[②]

---

① Esser, Schuldrecht, 2. Aufl., 1960, Karlsruhe, § 199, Ziff. 4 a)(S. 822):"并非将两个返还请求权并而为一,也非反正少有发生之可能的结算是结算说之决定性的优点,而是其就给付与对待给付之经济结合性如是重视,与双返还请求权说不同,认为给付之返还请求权应系于债权人之对待给付的返还。结算说完善了德国民法第八一八条第三项之危险的分配。返还债权人不仅负给付危险,而且就相对人对其所为之对待给付的灭失及毁损负担危险:对待给付的危险。"Thomas Honsell, Die Saldotheorie—Erweiterung oder Restriktion des § 818 Abs. 3 BGB? JZ 1980, 802f..

② "最高法院"2000 年度台上字第 594 号民事判决:"因契约互负债务者,于他方当事人未为对待给付前,得拒绝自己之给付,'民法'第二百六十四条第一项前段定有明文。又按双务契约当事人之一方负担的给付与他方负担的对待给付有牵连关系,此项牵连关系于双务契约罹于无效以后仍然存在。是以,于买卖契约罹于无效后,买方固得以不当得利法律关系请求卖方返还收受之价金,卖方亦得依不当得利法律关系请求返还交付之房屋,双方似得依此为同时履行抗辩权之主张。""最高法院"2002 年度台上字第 1991 号民事判决:"按契约互负债务者,于他方当事人未为对待给付前,得拒绝自己之给付,'民法'第二百六十四条第一项前段定有明文。双务契约被撤销,当事人就其所受领之给付,系无法律上原因而受利益,致他人受损害,应依不当得利之规定负返还义务,即令另一方又主张回复原状,唯双方因而互负返还之债务,亦系基于同一经撤销之契约而发生,互有对待给付之关系,自应类推适用'民法'第二百六十四条规定,认双方就此得为同时履行之抗辩。"该两号判决之意旨基本上相同。其不同者为,前一判决未注意到:"民法"第 264 条不是关于双务契约之不当得利返还请求权的直接规定。因此其适用必须透过类推适用。

3. 附加利息或损害

"受领人于受领时，知无法律上之原因或其后知之者，应将受领时所得之利益，或知无法律上之原因时，所现存之利益，附加利息，一并偿还，如有损害，并应赔偿。"("民法"第182条)该条所定之返还范围与"民法"第233条关于金钱之债之迟延损害所定之迟延责任的范围相当。该规定意指受不当得利者，于知无法律上原因时，应即返还所受利益。否则，即陷于给付迟延，应负迟延责任。因其以受利益者知无法律上原因为要件，所以可将之称为恶意返还义务人(债务人)之返还责任。相对于善意债务人，其责任范围较大，所以德国学说上称之为加重的不当得利返还责任(die verschärfte Bereicherungs-haftung)。[①] 在该上位概念下，德国民法并有以下"民法"所无之规定：①第819条第2项：受领人因受领该给付而违反法律之禁止规定或善良风俗者，受领人自受领时起负与知无法律上原因相同的返还义务。②第820条："给付以一定成果为目的，而依法律行为之内容，该成果之达成不确定者，则在该成果不达成时，受领人应如返还请求权在受领时已系属于法院般，负返还义务。因一个法律上原因而为给付，而该法律上原因依法律行为之内容可能丧失，且该法律上原因丧失者，亦同(第一项)。自受领人知该成果不达成或该法律上原因丧失时起，受领人应给付利息。知悉时所受之利益已不存在者，不负用益价额之返还义务(第二项)。"在具体案件，是否有第820条第1项所定关于目的之达成不确定，或关于法律上原因可能丧失之情事，德国通说认为皆应客观认定之。[②] 德国民法第820条的规定可以缓和不当得利之受利益者，滥用善意受利益的抗辩，主张所受利益在受返还之请求时已不存在。

不论是自始或嗣后始知无法律上原因而受利益，致他人受损害。在不当得利的范畴内，"民法"第182条并无课不当得利债务人以损害赔偿责任的意义，而只在于固定其应付之返还义务的给付范围。因返还范围已界定为知无法律上原因时现存之利益，所以不再得扣除往后发生有因果关系之不利益。至于对待给付因为不是当事人之一方有无受利益之认定上得扣除之项目，与有无受利益或所受利益之丧失皆无关连，而是在返还之请求上，基于给付与对待给付之对价关系而应受限制的抗辩。是故，其斟酌不受当事人之一方是否知无法律上原因的影响。

---

① Esser/ Weyers, Schuldrecht Band Ⅱ Besonderer Teil, Teilband 2, 8. Aufl., 2000 Heidelberg, § 51 Ⅲ; Larenz/ Canaris, Lehrbuch des Schuldrechts, Band Ⅱ · Halbband 2, Besonderer Teil, 13. Aufl., München 1994, § 69 I 3 a);. § 71 Ⅱ 2.

② Esser, Schuldrecht, 2. Aufl., 1960, Karlsruhe, § 200, Ziff. 2.

该条第 2 项后段关于“附加利息，一并偿还，如有损害，并应赔偿”的规定，其实是给付迟延后的发展。该段所定之损害赔偿，系已界定之返还义务的迟延责任。因此，在该条第 2 项所定情形，债务人对于因不可抗力而生之损害，亦应负责。但债务人证明纵不迟延给付，而仍不免发生损害者，不在此限(“民法”第 231 条第 2 项)。与善意受利益的情形相较，主要受到影响者为：因恶意占有人就占有物无用益权，应返还知无法律上原因取得之用益利益，所以得自所受利益扣除必要费用，至于有益费用之偿还的请求，应依无因管理的规定。[①]

4. 法定上限

法律对于一定之物有用益租金之上限规定者，例如“土地法”第 97 条、第 105 条关于房屋及基地计收租金之规定。在无法律上原因而为他人之物的使用收益时，如法律对于该种物有上述租金上限之规定时，该上限规定对于因此发生之不当得利返还请求权的范围亦有适用。[②]

(三)返还的方法

不当得利之返还，视应返还之利益的种类而有不同的返还方法。例如所有权、其他绝对权及对于第三人之债权、他项物权可透过(准)物权行为将该权利移转于返还请求权人；无法律上原因取得对于返还请求权人之债权可透过免除，他项物权可透过同意涂销，消灭该债权或他项物权；其他权利可透过抛弃或移转消灭或返还该权利；直接占有可透过交付，间接占有可透过指示交付，亦即将对于该物之直接占有人的占有物返还请求权，让与不当得利返还请求权人(例如在他人之物的租赁，无权的出租人将其对于承租人之租赁物返还请求权让与所有权人)；债务人与第三人就应返还之标的物缔结之租赁契约，应予终止。他人之物的租赁有无买卖不破租赁的适用(“民法”第 425 条)？应采否定的见解。债务人于受利益后返还前，就返还标的物设定于第三人之他项权利(例如抵押权、质权或地上权)应予涂销。如有因不当得利事件，致返还请求权人对于债务人之权利消灭者，应依相关规定，以(债务)承认、(他项物权)设定等方法恢复其存在与效

① Esser, Schuldrecht, 2. Aufl., 1960, Karlsruhe, § 200, Ziff. 3.

② “最高法院”2000 年度台上字第 2273 号民事判决：“按依不当得利之法则请求返还不当得利，以无法律上之原因而受利益，致他人受有损害为其要件，故其得请求返还之范围，应以对方所受之利益为度，非以请求人所受损害若干为准。又‘土地法’第九十七条、第一百零五条关于房屋及基地计收租金之规定，于计算损害赔偿或不当得利事件时，虽非不可据为计算之标准，唯依‘土地法’第一百零五条准用同法第九十七条规定计算基地租金之最高限制，系就租用基地建筑房屋之情而设，如其地上物属市场摊位使用，则使用基地之人，其获有之利益除使用该土地之对价外，尚包括享受整个市场之特殊利益。”

力。因不当得利事件而节省费用，致受利益者，应偿还其节省之费用，而非其使用或消费之物品的价值。[①]

(四)消灭时效

“民法”并没有特别为不当得利规定其消灭时效期间，所以原则上应适用“民法”第 125 条所定之一般时效期间：因 15 年间不行使而消灭。[②] 唯因不当得利返还请求权常与侵权行为之损害赔偿请求权、物权法上之请求权或与以契约为规范基础之请求权竞合，因此引起是否应依规范竞合的观点，调整其应适用之时效期间的问题。就其与侵权行为之损害赔偿请求权竞合的情形，因“民法”第 197 条第 2 项规定：“损害赔偿之义务人，因侵权行为受利益，致被害人受损害者，于前项时效完成后，仍应依关于不当得利之规定，返还其所受之利益于被害人。”其不当得利返还请求权的时效期间显然不因与侵权行为之损害赔偿请求权竞合而受到影响，应分别独立计算。这可谓是就该竞合采请求权竞合的观点，所作之规定。不过，也有按所受利益或所受损害的性质之所属，依其所属之利益定其应适用之时效期间者。[③] 就其与物权法上之请求权竞合的情形，物权法如有像“民法”第 816 条，“依关于不当得利之规定请求”的规定，则其消灭时效期间应适用物权法所引用之其他法律的规定。反之，如无引用他法的规定，且物权自己

---

① [illegible] Aufl.，1960，Karlsruhe，§ 198，Ziff. 2.

② [illegible]上字第 339 号民事判决：“关于不当得利请求权之消灭时效，‘民法’[illegible]依‘民法’第一百二十五条之规定为十五年，并自请求权可行使[illegible]

[illegible]999 年度台上字第 3418 号民事判决：“按无法律上之原因而受利益，致他人受损害者，应返还其利益，‘民法’第一百七十九条前段定有明文。又无权占有他人土地，可能获得相当于租金之利益为社会通常之观念。……末按无法律上之原因而获得相当于租金之利益，致他人受损害时，如该他人之返还利益请求权已逾租金短期消灭时效之期间，对于相当于已罹于消灭时效之租金利益，不得依不当得利之法则，请求返还（‘最高法院’1976 年度第五次民庭庭推总会议决定二参照）。”该号判决所引民庭庭推总会决议以“最高法院”1960 年台上字第 1730 号判例要旨为基础：“租金之请求权因五年间不行使而消灭，既为‘民法’第一百二十六条所明定，至于终止租约后之赔偿与其他无租赁契约关系之赔偿，名称虽与租金异，然实质上仍为使用土地之代价，债权人应同样按时收取，不因其契约终止或未成立而谓其时效之计算应有不同。”

亦无消灭时效之规定时，应依“民法”第 125 条之一般时效期间的规定。[①] 与契约法规定之请求权竞合者，适用契约法关于该请求权之消灭时效的规定，例如“民法”第 431 条规定之承租人之偿还费用请求权及工作物取回权，依第 456 条第 1 项均因 2 年间不行使而消灭，不适用一般时效期间的规定。[②] 其时效应自请求权可行使时起算。[③]

有疑问者为：因无权占有而发生之相当于租金的不当得利返还请求权，是否应类推适用“民法”第 126 条关于真正租金之 5 年短期时效期间，而不适用“民法”第 125 条的一般时效期间：15 年？

对于这个问题，“最高法院”第一次在该院 1960 年度台上字第 1730 号民事判例，就租赁契约终止或未成立，而其承租人还是为租赁物之使用的赔偿，表示：“租金之请求权因五年间不行使而消灭，既为‘民法’第一百二十六条所明定，至于终止租约后之赔偿与其他无租赁契约关系之赔偿，名称虽与租金异，然实质上仍为使用土地之代价，债权人应同样按时收取，不因其契约终止或未成立而谓其时效之计算应有不同。”在租赁契约终止或未成立，而其承租人仍为租赁物之使

---

① “最高法院”2004 年度台上字第 1853 号民事判决：“利息、红利、租金、赡养费、退职金及其他一年或不及一年之定期给付债权，其各期给付之请求权，因五年间不行使而消灭，固为‘民法’第一百二十六条所明定，唯查‘民法’第一百八十二条所定之附加利息，系受领人受领利益时，就该利益使用所产生之利益，该附加利息性质上仍属不当得利，仅其数额可以利息之计算方式来确定，是该附加利息如得以非利息计算之方式上确定其金额，亦无不可计为返还之范围。准此，该附加利息之请求权消灭时效，仍应适用‘民法’第一百二十五条所定十五年之时效。上诉人辩称上开附加利息应适用‘民法’第一百二十六条所定五年短期消灭时效云云，并不可采。”

② “最高法院”2009 年度台上字第 796 号民事判决：“按‘民法’第四百三十一条有关租赁关系终止后，承租人得请求出租人偿还有益费用之规定，系基于不当得利之理由而设，为‘民法’第一百七十九条之特别规定，依特别法优于普通法之原则，应优先适用。‘民法’第四百五十六条第一项既明定有益费用偿还请求权之消灭时效期间为二年，自无再依‘民法’第一百七十九条、第一百二十五条规定，适用十五年之消灭时效期间。”

③ “最高法院”2006 年度第 16 次民事庭会议：“二、2006 年民议字第六号提案决议：采乙说：按‘民法’第一百二十八条所谓请求权可行使时，系指行使请求权在法律上无障碍时而言，请求权人因疾病或其他事实上障碍，不能行使请求权者，时效之进行不因此而受影响[本院 1942 年 11 月 19 日决议(一)]。权利人主观上不知已可行使权利，为事实上之障碍，非属法律障碍。‘民法’第一百八十二条之附加利息，性质上属不当得利，权利人于不当得利返还请求权发生时即得请求返还不当得利，其时效自请求权可行使时起算。”“最高法院”2012 年度台再字第 52 号民事判决：“权利人主观上不知已可行使权利，为事实上之障碍，非属法律障碍，是以‘民法’第一百七十九条规定之不当得利返还请求权，权利人于该请求权发生时即得请求返还不当得利，其时效应自请求权可行使时起算。”Esser/ Weyers, Schuldrecht Band Ⅱ Besonderer Teil, Teilband 2, 8. Aufl., 2000 Heidelberg, § 51 IV.

用的情形，该判例要旨将其承租人应赔偿之用益代价，等同于租金。

土地所有权人与使用人间，虽争执租赁关系之存在，但就争执之标的物的用益赔偿，"最高法院"1980年度台上字第3912号民事判决认为："无法律上之原因而获得相当于租金之利益，致他人受损害时，如该他人之返还利益请求权已逾租金短期消灭时效完成之期间，其对相当于已罹消灭时效之租金利益，本亦因债务人主张消灭时效抗辩权，而不能依不当得利之法则请求返还。"与前一判例意旨相较，本判决将该意旨适用至根本是否有租赁契约，双方有争执的情形。这虽与租赁契约未成立类似，但通常契约未成立应指双方曾为缔约之协商，而后来未达成协议，或虽达成协议，但因其意思表示有瑕疵而自始无效，或得撤销并经撤销者而言。至于根本是否有租赁契约之争执，则可能发生在为租赁契约之缔结，就系争标的物，双方未曾开始协商的情形。

"最高法院"1996年度台上字第711号民事判决进一步将该意旨适用至无权占有他人土地的情形，认为："土地所有人请求无权占有人给付相当于租金之不当得利，名称虽与租金异，然实质上仍为使用土地之代价，依其性质，债权人应按时收取，自应有'民法'第一百二十六条短期时效规定之适用。……按租金之请求权因五年间不行使而消灭，既为'民法'第一百二十六条所明定，则凡无法律上之原因而获得相当于租金之利益，致他人受损害时，如该他人之返还利益请求权已逾租金短期消灭时效之期间，债务人并为时效之抗辩者，其对于该相当于租金之利益，不得依不当得利之法则，请求返还。""最高法院"2000年度台上字第1902号民事判决亦肯定相同意旨。[①] 至此，可谓无权占有使用他人之土地的赔偿，其范围应相当于租金，其消灭时效期间应适用"民法"第126条关于租金之短期时效的规定，已是该院一贯之见解。

因为无权占有与有权占有在法律评价上有根本的不同，所以虽然无权占有

---

① "最高法院"2000年度台上字第1902号民事判决："按无权占有他人之土地，可获得相当于租金之利益，而土地所有人则受有相当于租金之损失，为社会通常观念，土地所有人自得依'民法'第一百七十九条前段不当得利之规定，请求无权占有人给付相当于租金之损害金，'最高法院'1972年台上字第1695号判例亦同此意旨。本件上诉人自1990年3月10日向诉外人许希哲买受系争建物时起，即占有被上诉人所有之系争土地，为上诉人所不争执，其占用被上诉人之系争土地属无权占用，上诉人自属无法律上之原因而受有利益，致被上诉人受有相当于租金之损害。然租金之给付债权，其各期给付请求权，因五年间不行使而消灭，'民法'第一百二十六条定有明文，被上诉人请求相当于租金之损害，自有该条规定之适用，其逾五年之请求权已因罹于时效而消灭，又被上诉人自上诉人占用系争土地时，即得行使其请求权，其请求权消灭时效亦应自上诉人占用土地时起算，故被上诉人就上诉人三人之不当得利请求权均应自起诉时即1997年10月27日回溯五年即1992年10月28日起算。"

与租赁皆具有使用他人之物的特征，但该类似性应尚不足以正当化将适用于租赁之定期契约之债的短期时效规定，类推适用至无权占有使用他人之物的情形。这与双方原有租赁关系存在而后终止，[①]或曾为契约之缔结协商并因此交付租赁物，而后因意思表示有瑕疵以致不成立、自始无效或经撤销者，尚有不同。在这些情形，双方之给付，在终止或无效时，固构成不当得利，但因其受领之给付为物之使用，应照受领时之价额，以金钱偿还之（“民法”第259条第3款参照），不纯粹是无权占有的赔偿，所以可论为具有租金之性质，从而得类推适用“民法”第126条关于租金之短期时效的规定。至于纯粹之无权占有的赔偿，应不适合，以免在制度上演变为鼓励无权占有之侵权行为的优惠规定。[②]

六、不当得利之债权人与债务人

（一）给付性不当得利

为履行债务而为给付，如果是由债务人直接向债权人为清偿，而无第三人为债务人给付，亦无债务人依债权人之指示向第三人给付的情形，亦即其给付如果仅单纯地发生在债务人与债权人两个当事人间，而没涉及第三人之介入或参与的情形，则因该给付而引起之给付性不当得利，当以造成该财产利益之移动的给付关系中之给付者为不当得利之债权人，给付受领者为不当得利之债务人。

在涉及第三人之给付，其给付关系究竟存在于谁与谁间，在规范上不能表面地从事实上由谁给付谁来判断，而应先从其给付之给予目的，认定其给付的原因关系，而后以该原因关系为基础，认定其规范上之给付关系存在于谁与谁间。例如就一笔债务约定由第三人给付时，外观上虽是由第三人直接对于债权人给付，

---

① 德国联邦法院认为：“租赁契约终止后，承租人不返还租赁物者，就租赁物，承租人因此有继续使用之可能性构成之不当得利。由之产生之损害赔偿请求权，或透过继续使用节省之支出的价额之返还请求权等，相同于其原发生之种类：租金请求权。是故，就消灭时效，将与德国民法第557条第1项第1句竞合之请求权相同处理，出租人之利益还是受到适当的维护。不论该请求权之规范基础为何及处于何地，为行使连接于不返还租赁物之请求权，四年的时效期间是足够的期间。”[BGH, Urteil vom 27. 4. 1977-Ⅷ ZR 246/75(Hamm) NJW 1977, 1335ff.]德国民法第557条第1项原规定：“承租人在租赁契约终止时不返还租赁物者，出租人在其不返还期间得请求约定之租金作为赔偿；在房间之租赁，出租人得不请求该约定租金，而请求当地一般与之相当之房间的租金。如有损害并得请求赔偿。”唯该规定之内容在现行法已删除。

② 王泽鉴：《不当得利》，2009年增订新版，第287～289页。

但按其给予目的，该给付关系可解析或展开为第三人对于债务人间及债务人对于债权人间之给付关系。该第三人与债权人间反而无给付关系。[①] 该两给付关系各自需要与之对应的原因关系。该两原因关系隐藏于由第三人给付的给付关系中。该隐藏之原因关系分别决定前后当事人间之给付关系的真正目的及对象。要之，就造成财产利益之移动的给付关系，应按其给予目的构成之原因关系，认定其给付者及受领给付者。各该给付如果欠缺该给予目的构成之法律上原因，而发生给付性不当得利，该原因关系中之给付者才是该不当得利的债权人，给付受领者才是该不当得利之债务人。这在两个原因关系皆无效的情形，亦然。

在两个原因关系皆欠缺的情形，学说上有从缩短或减少请求关系之经济性，或在第一个给付受领者有支付困难时，从公平性的考虑，提出下述看法：认为应当容许第一个原因关系之给付者穿透其给付受领者，直接对于第二个原因关系之给付受领者请求返还不当得利。[②] 德国通说否定该有争议的想法。[③]

为说明债务人甲，为清偿其对于债权人乙所负之债务，而指示第三人或由第三人丙给付之原因关系，学说上多以图 2-4 表示之：[④]

在图 2-4 所示之参与者间，认为系争给予，外表上虽由第三人（指示关系中之被指示人）依债务人（指示关系中之指示人）之指示直接对于债权人（指示关系中之领取人）为之（“民法”第 710 条参照）。但因第三人只是债务人对于其债权人之给付的中介者，所以在规范上认定该给予发生在债务人与其债权人间，论为债务人 S 基于其与债权人 G 之对价关系，对于债权人 G 之给予。此外，第三人 D 所以愿意依债务人 S 之指示，对于债权人 G 为给付，乃为履行其依其与债务人 S 间之补偿关系对于债务人 S 所负之债务。是故，第三人 D 对于债权人 G 之给付，在规范上同时是第三人 D 对于债务人 S 之给付。倒是第三人 D 对于债权人 G 之事实上的给付，因系为他人而为，所以不构成第三人 D 在规范上对于债权人 G 之给付。是故，在上述对价关系或补偿关系（基础关系）有欠缺或无效，而致上述给付无法律上原因时，分别按其欠缺或无效发生在哪一对参与者间，循

① Larenz/ Canaris, Lehrbuch des Schuldrechts, Band Ⅱ · Halbband 2, Besonderer Teil, 13. Aufl., München 1994, § 69 I 3 a);. § 70 Ⅱ 1 b, 2.

② Esser/Weyers, Schuldrecht Band Ⅱ Besonderer Teil, Teilband 2, 8. Aufl., 2000 Heidelberg, § 48 Ⅲ(S. 49).

③ Larenz/ Canaris, Lehrbuch des Schuldrechts, Band Ⅱ · Halbband 2, Besonderer Teil, 13. Aufl., München 1994, § 69 I 3 a);. § 70 I 1.

④ Esser/Weyers, Schuldrecht Band Ⅱ Besonderer Teil, Teilband 2, 8. Aufl., 2000 Heidelberg, § 48 Ⅲ(S. 49).

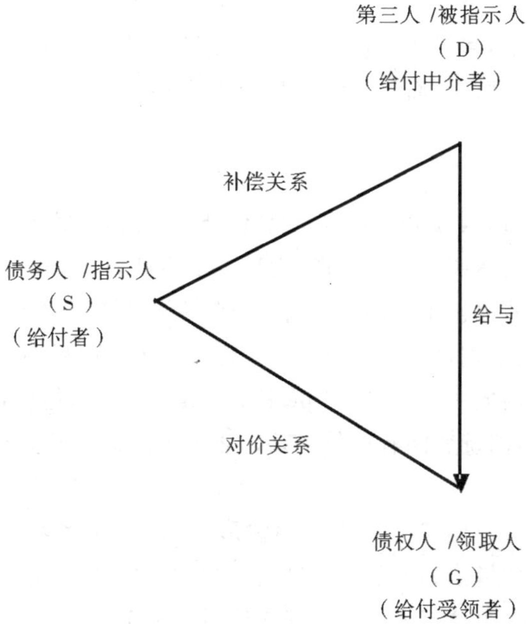

图 2-4

上述给付之反方向，仅债务人 S 对于债权人 G(对价关系有欠缺或无效)或第三人 D 对于债务人 S(补偿关系有欠缺或无效)有不当得利返还请求权。该不当得利返还义务之依据及负义务者，影响对该返还请求权之抗辩权的有无、内容，以及其清偿风险(das Insolvenzrisiko)的负担。虽然仅第三人 D 对于债权人 G 为事实上的给付，但各基础关系之参与者，应负担其契约相对人之清偿风险，应面对来自其基础关系之抗辩。[①] 唯如果第三人 D 对于债务人 S 间之补偿关系有欠缺或无效，而债务人 S 对于债权人 G 之对价关系虽有效，但是无偿时，第三人 D 是否得穿透债务人 S 对于债权人 G 直接请求返还不当得利？依“民法”第 183 条，不当得利之受领人(债务人 S)，以其所受者，(基于赠与契约)无偿让与第三人(债权人 G:受赠人)，而受领人因此免返还义务者，第三人于其所免返还义务之限度内，负返还责任。犹如 G 直接从 D 取得该不当利益一般。不过，因“民法”第 182 条第 1 项规定，不当得利之受领人，不知无法律上之原因，而其所受之利益已不存在者，始免负返还或偿还价额之责任。所以如受领人(债务人 S)知

① Esser/Weyers, Schuldrecht Band Ⅱ Besonderer Teil, Teilband 2, 8. Aufl., 2000 Heidelberg, § 48 Ⅲ 1 b.

无法律上之原因时，是否还有第183条之穿透规定的适用，引起疑问。这应采肯定的见解。[①] 盖在这种情形，为不当得利返还请求权之保护，重要的不是其义务人是否知无法律上原因，而是其转受益者是无偿受领给付。

(二)给付链

现代的销售通路，常由不同的事业以多阶段之销售的形式构成。于是，其销售之货物如先从制造商卖给经销商，而后再由经销商卖给最后购买人(消费者)，且该货物由制造商移转于经销商，再由经销商移转给消费者。则该货物之销售虽涉及三人，但其个别之买卖及履行关系皆仅发生在前后两个当事人间。是故，其先后之给付虽构成一串给付链(die Leistungs-kette)，但仅该制造商与该经销商，该经销商与该消费者间有给付关系。从而在其间之买卖关系有一个无效时，亦仅在该制造商与该经销商，或在该经销商与该消费者间有不当得利的关系。此与后述由第三人或向第三人给付的情形不同。[②] 在多阶段的销售关系中，中间阶段之销售人如指示其前阶段之销售人(供货商)直接向自己之客户给付，则该给付链将质变为由第三人或向第三人给付的关系。

在构成给付链之接续的给付，如果第一个给付，不仅其原因关系，而且其财产权之移转的效力亦有欠缺，致第一个给付受领者未取得所有权，则第二个给付将成为无权处分。第二个给付受领者不是单纯依其与第二个给付者(第一个给付受领者)之原因关系，而尚必须依善意取得的规定，始能对抗第一个给付者之所有物返还请求权。倘第一个给付者之移转行为所以无效，乃因其欠缺行为能力，则其丧失系争所有物之占有的事由便非基于自由意思。因此，纵使现占有人之受让为善意，有如遗失的情形，其“遗失人，自被盗或遗失之时起，二年以内，得向占有人请求回复其物”(“民法”第949条)，第一个给付者在2年以内，得向占有人(第二个给付受领者)请求恢复其物。第二个给付受领者自第二个给付者(第一个给付受领者)受该财产之移转时，是恶意者，亦不能对抗第一个给付者之

---

① 就德国民法上相同的问题，Esser/Weyers认为：“仅在债务人S与债权人G间之基础关系约定为无偿给付的情形，应例外类推适用德国民法第八二二条之意旨(按：相当于‘民法’第一百八十三条)。务使第三人D对于债权人G有直接请求权。”(Esser/Weyers, Schuldrecht Band Ⅱ Besonderer Teil, Teilband 2, 8. Aufl., 2000 Heidelberg, § 48 Ⅲ 3 a)

② Esser/Weyers, Schuldrecht Band Ⅱ Besonderer Teil, Teilband 2, 8. Aufl., 2000 Heidelberg, § 48 Ⅲ 2; Larenz/ Canaris, Lehrbuch des Schuldrechts, Band Ⅱ · Halbband 2, Besonderer Teil, 13. Aufl., München 1994, § 69 Ⅰ 3 a; § 70 Ⅰ 1.

所有物返还请求权。[1]

如果第一个给付，仅其原因关系之效力有欠缺，而其财产权之移转行为有效，则第一个给付之受领者取得该财产之所有权。从而第二个给付将成为有权处分。于是，第一个给付者对于其给付之受领者虽有不当得利返还请求权，但其给付之受领者已不能返还原物。是故，第一个给付者只能请求返还其价额。假设第二个给付之原因关系之效力亦有欠缺，但财产权之移转行为有效，则第二个给付者对于第二个给付之受领者有不当得利返还请求权。因此，第一个给付受领者之不能将原物（原受领之利益）返还第一个给付者，只是一时而非永久，且其所以不能返还原物乃因第二个给付之移转的物权行为有效，成立不当得利关系的缘故。于是，引起问题：第一个给付者得否选择以给付不能为理由，请求第一个给付受领者偿还价额（"民法"第 181 条但书），或选择请求让与其对于第二个给付受领者之不当得利返还请求权？类推适用"民法"第 225 条第 2 项，应采肯定的见解。该项规定："债务人因前项给付不能之事由，对第三人有'损害赔偿'请求权者，债权人得向债务人请求让与其'损害赔偿请求权'，或交付其所受领之赔偿物。"其类推适用的结果，等于是将该条规定中之"损害赔偿请求权"替换为"不当得利返还请求权"，调整其内容成为："债务人因前项给付不能之事由，对第三人有'不当得利返还请求权'者，债权人得向债务人请求让与其'不当得利返还请求权'，或交付其所受返还之'利益'。"

有疑问者为：在第一个给付者选择请求第一个给付受领者让与其对于第二个给付受领者之不当得利返还请求权后，如果其请求不能获得圆满的清偿，得否又回头选择对第一个给付受领者，请求返还价额？其请求所以可能不圆满，乃因第二个给付受领者可能陷于无资力，或行使其对于第二个给付者（第一个给付受领者）之抗辩权。[2] 虽然可能以形成权（选择权）之行使不得撤销为理由，认为第一个给付者在选择请求让与不当得利返还请求权后，不得再为反悔，更行请求返还价额。然鉴于"让与不当得利返还请求权以回复对于原物之所有权的请求权"与"返还价额之请求权"间，有类似于间接给付的关系，该两请求权有竞合的关系，不得同时行使。所以，应容许第一个给付者先位请求让与不当得利返还请求权，在行使该请求权不能获得满足时，才备位请求返还价额（"民法"第 712 条第

① Larenz/ Canaris, Lehrbuch des Schuldrechts, Band Ⅱ · Halbband 2, Besonderer Teil, 13. Aufl., München 1994, § 69 I 3 a; § 70 I 2.

② 王泽鉴：《不当得利》，2009 年增订新版，第 92～94 页。

1 项、第 2 项参照)，以便纷争可符合诉讼经济，一次解决。[①]

有疑问者为：第一个给付受领者是否得选择让与不当得利返还请求权替代返还价额？应采否定的见解。盖其所受利益如尚不能返还，便应偿还其价额("民法"第 181 条)，且第一个给付受领者不得将第二个给付受领者之抗辩或清偿资力的风险转嫁于第一个给付者。不过，第一个给付受领者如果能够依其不当得利返还请求权，尽快从第二个给付受领者取得原物，以使其所受利益之返还再次成为可能，则第一个给付者便不再能请求偿还原物之价额。

在连锁发生之接续的买卖契约，如果不是利用由第一个出卖人以现实交付的方法，移转买卖标的物之所有权给第一个买受人，再由第一个买受人(第二个出卖人)以现实交付的方法，移转买卖标的物之所有权给第二个买受人，而是在第一个出卖人移转买卖标的物之所有权给第一个买受人前，由第一个买受人(第二个出卖人)以类似于"指示交付"之"让与买卖债权"的方法，对于第二个买受人履行其移转买卖标的物之所有权的债务时，该为接续买卖而从事之给付链，是否一样地转化为具有"指示给付"特征之"由第三人或向第三人给付"？应采否定的见解。盖以让与请求移转买卖标的物所有权之债权或以指示交付的方法("民

---

① "最高法院"2009 年度台上字第 2099 号民事判决："按同一(非单一)原告对于同一(亦非单一)被告在同一诉讼程序主张两个以上之诉讼上请求(含诉讼标的及诉之声明)，除定有专属管辖、不得行同种诉讼程序及法律明文禁止者外，基于'民事诉讼法'所实行之处分权主义，原告得合并提起，并得排列各请求之审理顺序，于未违反相关规定及无害公益之前提下，法院应予尊重。"此为诉之客观预备合并。以"原告主张之数项法律关系不能并存为要件。如所依据之法律关系相同，不生诉之预备合并问题。本件被上诉人于原审 2009 年 10 月 14 日民事言辞辩论意旨状中虽提出有先位答辩声明、备位答辩声明(见原审卷第一七×页)，唯均系本于物上请求权之单一法律关系，就其权利如何行使之表示，即不可谓为诉之预备合并，应认仅系预备之攻击方法"("最高法院"2010 年度台上字第 570 号民事判决)。"所谓诉之预备之合并(或称假定之合并)，系指原告预防其提起之此一诉讼无理由，而同时提起不能并存之他诉，以备先位之诉无理由时，可就后位之诉获得有理由之判决之诉之合并而言，例如以恶意遗弃为理由，请求离婚，预防该离婚之诉，难获胜诉之判决，而合并提起同居之诉是。"("最高法院"1975 年度台上字第 82 号民事判例)亦即"预备的诉之合并，系以先位之诉有理由，为备位之诉之解除条件，先位之诉无理由，为备位之诉之停止条件"("最高法院"2011 年度台上字第 536 号民事判决)。因此，在"诉之客观预备合并，法院如认先位之诉为无理由，而预备之诉为有理由时，就预备之诉固应为原告胜诉之判决，唯对于先位之诉，仍须于判决主文记载驳回该部分之诉之意旨。原告对于驳回其先位之诉之判决提起上诉，其效力应及于预备之诉，即预备之诉亦生移审之效力。第二审法院如认先位之诉为有理由，应将第一审判决之全部(包括预备之诉部分)废弃，依原告先位之诉之声明，为被告败诉之判决。否则将造成原告先位之诉及预备之诉均获胜诉且并存之判决，与预备之诉之性质相违背"("最高法院"1994 年度台上字第 787 号民事判例)。

法"第761条第3项参照)履行债务,虽使第二个买受人取得直接对于第一个出卖人请求移转买卖标的物所有权或请求交付买卖标的物之占有的请求权,但其请求权及受领给付并不是基于第一个买受人(第二个出卖人)对于第一个出卖人之给付的指示,而是基于第二个买受人自第一个买受人受让对于第一个出卖人之(请求移转所有权或请求交付占有的)债权。因此,后来如果因第一个买卖契约无效,致第一个买受人所让与之债权不存在时,第一个出卖人固然对于第二个买受人有不当得利的返还请求权,得直接请求其返还。但在第二个买卖契约有效时,第一个买受人(第二个出卖人)对于第二个买受人应负债务不履行的责任。此与第一个出卖人基于第一个买受人之指示,对于第二个买受人给付买卖标的物的情形不同。在后一情形,仅在第一个出卖人与第一个买受人间,及在第一个买受人(第二个出卖人)与第二个买受人间有给付关系;在第一个出卖人与第二个买受人间无给付关系。

(三)让与不存在或无效之债权

有时债务人(指示人)为履行债务,而指示第三人(被指示人)对债权人(受领人)为给付;有时债权人(指示人)为行使债权,而指示债务人(被指示人)对第三人(受领人)为给付。其共同特征为:有一个指示人,指示被指示人向受领人为给付。二者虽有由第三人或向第三人给付的区别,但都是一种指示给付。指示给付无法律上原因时,视情形,仅被指示人对于指示人,及/或指示人对于领取人可能有不当得利返还请求权。除非有例外容许穿透指示人而为请求的情形,否则,被指示人事实上虽是对于领取人为给付之人,但原则上对于领取人无不当得利返还请求权。

在债权之让与,债务人之所以对于受让人为给付,不是因为让与人之指示,而是基于债务人因该经让与之债权,对于受让人所负之债务。在债权之让与关系,债权人所让与之债权不存在或无效,而其债务人在受债权之让与通知时,误以为该债权存在且有效,并应受让人之请求,而对其为清偿给付者,债务人之清偿给付无法律上原因,构成不当得利。[①] 有疑问者为:债务人得向让与人或受让人请求返还不当得利?[②]

① Walter Bayer, Bereicherungsausgleich nach Zession euner unwirk-samen Forderung—BGHZ 105, 365, JuS 1990, 883ff..

② Heinrich Dörner, Kondiktion gegen den Zedenten oder gegen den Zessionar? NJW 1990, 473ff..

"对受让人请求说"[①]:基于债权让与行为之无因性,在履行后,所让与之债权如果不存在,应仅债务人对于受让人可能有非债清偿之不当得利返还请求权。[②] 债权让与之原因关系有效时,受让人对于让与人有依该原因关系请求履行债务,或依债务不履行的规定请求赔偿损害的请求权。盖自债权让与后,债权人(让与人)原则上即脱离该债权债务关系。由受让人取代让与人成为该债权债务关系之当事人观之,该给付关系应认为存在于债务人与受让人间,由债务人向受让人给付。所以,如果因该债权不存在或无效而不能充为该给付之原因关系,应认为债务人得对受让人请求返还不当得利。受让人在返还后,对让与人得另依债务不履行的规定请求履行债务或赔偿。让与债权之原因关系无效时,因让与人所让与之债权不存在或无效,所以,受让人如因该让与行为对于让与人有支付对价,则让与人因受领该对价而受有利益,受让人因支付该对价而受有损害,依"民法"第 179 条,受让人得请求让与人返还其所受之利益。

"对让与人请求说"[③]:按在债务之清偿,债务人之给付在清偿其误以为存在之原债权人(让与人)的债权。虽因该债权之让与而发生债权人之变更,但因债务人并未参与该债权让与的行为,所以,债务人虽有依债权让与之通知,而对受让人给付之义务,但不应使债务人因此处于较不利的地位。是故,给付后,发现该债权不存在或无效时,债务人应得对让与人请求返还不当得利。何况,原则上让与人会因受让人自该给付受有利益,而达到其对于受让人为一定给付之目的。

"对受让人请求说"及"对让与人请求说"皆各言之成理:"对受让人请求说"

---

① Dieter Medicus, Bürgerliches Recht, 15. Aufl., Berlin 1991, Rdnr. 685; Fikentscher, Schuldrecht, 11. Aufl., Rn. 1156:对受让人(gegen den Zessionar)请求返还不当得利。

② "最高法院"2010 年度台上字第 1867 号民事判决:"本院 2003 年度台上字第六二四号民事判决虽曾谓:债权让与系属准物权行为具独立性,于让与契约发生效力时,债权即移转于受让人,其原因关系之存否,于既已成立生效之债权让与契约并无影响。是以债权让与为清偿债务之方法,纵其债务不存在,亦仅生让与人得否请求受让人返还不当得利之问题,要难谓其不生债权移转之效力。"

③ 此为德国通说的见解。Esser/Weyers, Schuldrecht Band Ⅱ Besonderer Teil, Teilband 2, 8. Aufl., 2000 Heidelberg, § 48 Ⅲ 3 d(S. 58); Larenz/ Canaris, Lehrbuch des Schuldrechts, Band Ⅱ · Halbband 2, Besonderer Teil, 13. Aufl., München 1994, § 70 V 1 a; Staudinger/ Werner Lorenz, Kommentar zum BGB, Berlin 1999, Rdn. 41 zu § 812; Lorenz, Abtretung einer Forderung aus mangelhaften Kausalverhältnis: Von wem kondiziert der Schuldner? AcP 191, 279ff.:对让与人(gegen den Zedenten)请求返还不当得利。王泽鉴认为:"从利益衡量的观点,实应肯定债务人得向让与人行使不当得利请求权。"《不当得利》,2009 年增订新版,第 120 页。

比较符合该债权让与后，债务人与受让人及让与人间存在之债务关系；然采“对让与人请求说”，其法律关系的发展或恢复较为经济。[①] 盖采后说，为解决因该债权不存在或无效而引起之恢复原状的问题，只需要由让与人对于债务人返还其因此取得之利益；而在让与人和受让人间，除非所以让与该债权之法律上原因亦不存在，否则，原则上并无受领之利益必须回复原状的问题。

“连带债务说”：若让与人和受让人间之让与行为亦无法律上原因，应让债务人得自由选择向让与人或受让人请求返还不当得利。[②] 另鉴于让与之债权既然不存在，则让与人因让与或受让人因债务人之履行，而取得利益，皆欠缺其正当性。是故，一概容许债务人得自由选择，向让与人或受让人请求返还不当得利，亦无妨。容许债务人可任意选择向让与人或受让人请求返还不当得利的见解，可称为“连带债务说”。债务人得对于受让人或让与人中之一人或其全体，同时或先后请求全部或一部之给付。连带债务未全部履行前，全体债务人仍负连带责任。亦即就该债务之清偿，对于受让人或让与人有外部连带之效力（“民法”第273条参照）。受让人或让与人中之一人，因清偿、代物清偿、提存、抵销或混同，致他债务人同免责任者，原则上得向他债务人请求偿还各自分担之部分，并自免责时起之利息（“民法”第281条第1项）。有各自应分担之部分，从而先为清偿者得向其他债务人求偿的效力，称为内部连带。唯如前所述，若该债务最后应由让与人负担时，让与人在清偿后，对于受让人无求偿权。

（四）三角关系中之给付性不当得利

在债之清偿，如有(1)第三人代理或替代债务人履行，或第三人代债权人受领；(2)第三人清偿；(3)利用第三人清偿等情形，其清偿关系之发展便有三方参与的情形。该三方中之两方间的基础关系不但决定其给付是否构成不当得利，

---

① Esser/Weyers, Schuldrecht Band Ⅱ Besonderer Teil, Teilband 2, 8. Aufl., 2000 Heidelberg, § 48 Ⅲ 3 d(S. 58).

② 德国通说认为在让与债权及让与行为两皆欠缺法律上原因时，应以受让人为请求返还不当得利之对象（Larenz/ Canaris, Lehrbuch des Schuldrechts, Band Ⅱ · Halbband 2, Besonderer Teil, 13. Aufl., München 1994, § 70 V 1 c; Staudinger/ Werner Lorenz, Kommentar zum BGB, Berlin 1999, Rdn. 41 zu § 812）。

而且决定谁对谁，以及其利益之返还的方式。[①] 由此显示：给付性不当得利关系与该给付之基础法律关系的关联性。[②]

1. 代理清偿或代理受领

债之给付关系的最简单流程为：由债务人直接对于债权人为给付。其进一步演变为：由债务人之代理人直接对于债权人方之受领权人为给付。到此限度都还认定为：由债务人直接对于债权人为给付。盖分别对其相对人而言，债务人与其代理人，或债权人与其受领权人间之关系属于其间之内部关系。债务人之代理人之给付直接对于债务人；债权人之受领权人的受领直接对于债权人发生清偿效力（"民法"第309条第1项）。在债之清偿需要法律行为的情形，债务人及债权人分别得使用代理人为其提出给付及受领给付。在这种情形，其代理人之所为即代理清偿及代理受领。当清偿及受领仅需或兼需事实行为时，代理的概念不适合用来说明其间之辅助履行或辅助受领的全部关系，因此发展出涵盖较广之"履行辅助人"的概念，指称辅助债务人履行债务之代理人或使用人（"民法"第224条）。至于辅助债权人受领清偿给付之代理人或使用人，"民法"第309条第1项泛称为"其他有受领权人"。亦可称为"受领辅助人"。

"民法"第309条第1项所称其他有受领权人，指依法律或依债权人之授权而有代理权或受领权，以债权人之名义，受领清偿给付之人。对于有受领权人之清偿所以能生清偿效力，以其有代理或代为受领之权限为依据。[③] 经债务人委任代理清偿者，其自债务人受领供为清偿给付之标的，尚属债务人与其代理人间

---

① Esser/Weyers, Schuldrecht Band Ⅱ Besonderer Teil, Teilband 2, 8. Aufl., 2000 Heidelberg, § 48 Ⅲ; v. Caemmerer, Bereicherungs-anspüche und Drittbeziehungen, JZ 1962, 387; Canaris, Der Berei-cherungsausgleich bei Zahlung des Haftpflichtversischerer an einen Scheingläubiger, NJW 1992, 868; Dörner, Kondiktion geen den Zedenten oder gegen den Zessionar? NJW 1990, 473; Flume, Zum Bereicherungsausgleich bei Zahlungen in Drei-Personen-Verhält-nissen, NJW 1991, 2521; Jakobs, Die Rückkehr der Praxis zur Regelanwendung und der Beruf der Theorie im Recht der Leis-tungskondiktion, NJW 1992, 2524; Lorenz, Gläubiger, Schuldner, Dritte und Bereicherungsausgleich, AcP 168(1968), 286.

② Esser/Weyers, Schuldrecht Band Ⅱ Besonderer Teil, Teilband 2, 8. Aufl., 2000 Heidelberg, § 47 1 c; Volker Beuthien, Leistun und Aufwendung im Dreiecksverhältnis—Grenzen des Handelns im Doppelinteresse, JuS 1987, 841ff..

③ 最高法院1934年上字第917号民事判例："依债务本旨向有受领权人为清偿，经其受领者，债之关系即归消灭，纵令债权人不因其受领而受利益，亦无据以对抗债务人之余地。"

之内部行为，对于债权人不构成清偿给付。[①]

销售货物之业务代表有无为其雇主受领其销售之货物之货款的权限？此为业务代表之代理权限范围的问题。原则上应采肯定的见解。[②] 该代理权于其离职时，固因其所由授予之法律关系消灭，而同归于消灭（“民法”第 108 条第 1 项）。但其雇主如未将该代理权消灭之事实，通知该业务代表曾对之为货物之销售并受领货款的客户，以致该客户误向其清偿在其离职时尚未结清之货款时，依“民法”第 107 条不得以该业务代表因离职而不再有代理权或受领权之事实，对抗该善意之客户。但该客户因过失而不知其事实者，不在此限。同理，内勤之受雇人是否有签收供货商之来货的受领权，应视具体情形而论。[③]

在上述情形，只要有代理权及受领权，因其给付及受领给付皆直接对于本人发生效力，所以如果所清偿之债务不存在，仅在债务人与债权人间发生不当得利的法律关系：债务人对于债权人有不当得利返还请求权。至于债务人与其代理人，或债权人与其受领权人间分别依其内部关系处理。唯该代理人如无代理权，则其清偿之法律行为成为无权代理，首先应依无权代理的规定，定其效力：本人（债务人）承认者，其给付对于债务人有效；代理人视情形，可依无因管理或委任的规定对债务人请求偿还其因给付而发生之费用（“民法”第 176 条至第 178 条）。本人拒绝承认者，该给付应转为第三人清偿，并视该无权代理人就其清偿是否有利害关系，分别定其效力。

---

① 最高法院 1959 年度台上字第 190 号民事判例：“债务人依债务本旨，向债权人以外有受领权之第三人为清偿，并经其受领者，依“民法”第 309 条第 1 项固使债之关系趋于消灭，唯该第三人如非基于受领权，而系受债务人委任代向债权人本人而为清偿时，则债之关系是否消灭，仍应视债权人实际已否受领清偿为断。”

② “最高法院”1991 年度台上字第 1123 号民事判决：“按依债务本旨，向债权人或其他有受领权人为清偿，经其受领者，债之关系消灭，‘民法’第三百零九条第一项定有明文。查吕绍一为被上诉人之业务代表，上诉人向被上诉人购买养鸡饲料之货款，均由上诉人签发支票交付予吕绍一收受，系争货款五十六万九千三百九十元由上诉人签发云林县二仑乡农会之支票六张交付予吕绍一，为两造不争之事实。倘上诉人交付支票予吕绍一，即为其清偿被上诉人货款之方法，则于吕绍一收受支票时，是否不发生清偿之效力？即值推求。”

③ “最高法院”1977 年度台上字第 1893 号民事判例：“法定代理人通常固有受领清偿债之权限，如为意定代理人，受领权之有无，尚应依授与代理权之范围定之。本件上诉人受雇人林烈明既非上诉人之法定代理人，而其雇佣契约复未明定其有受领清偿之权。至被上诉人送货员吴龙渊所证：老板交代有权收货一节，又系听自林烈明之自述，殊无从确信该林烈明已有代理受领清偿之权限。故其受领，除合于‘民法’第三百十条所列各款之情形，得认已生清偿之效力外，尚难遽认被上诉人之给付义务已因林烈明之受领而消灭。”

同理，如果受领人无受领权，且债权人拒绝承认，则其给付定性为向第三人为清偿。[①] 例如第三人甲虽受债务人乙委任，代理其对债权人丙为清偿，而甲误认非债权人丁为债权人丙而为清偿者，除有"民法"第 310 条各款所定情形外，原则上不生清偿效力。在其不生清偿效力的限度，甲仅能对丁依不当得利请求返还，而不能对乙请求偿还费用（"民法"第 179 条）。

债权之准占有人中，如未经债权人授权受领清偿给付，无受领权。对其为清偿给付，以债务人不知其非债权人或非有受领权者为限，有清偿之效力（"民法"第 310 条第 2 款）。[②] 在无受领权人受领清偿给付所构成对于债权之无权处分中，债务人对于债权之准占有人之善意清偿的类型特征相当于动产所有权之善意取得，所以"民法"第 310 条第 2 款规定之效力，亦相当于动产所有权之善意取得：有清偿之效力。债务人对于债权准占有人之善意清偿，经其受领而有清偿效力时，债务人之债的关系消灭，不再负有给付义务（"民法"第 309 条第 1 项）。债权人因此受有损害，而债权准占有人受有利益，构成侵害性不当得利，债权人对于债权准占有人有不当得利返还请求权。

2. 第三人清偿

典型的第三人清偿指非债务人，且非以债务人之代理人的身份，亦非基于债务人之指示，而以第三人名义，基于自己之意思，直接对于债务人之债权人清偿债务。[③] 第三人就该债务之履行，有利害关系者，于其清偿之限度内承受债权人

---

① 最高法院 1929 年上字第 1865 号民事判例："债务之履行应向债权人为之，其向第三人而为给付者，应以债权人承认者为限，始生清偿之效力。"

② "最高法院"2005 年度台上字第 2402 号民事判决："'民法'第三百零九条第一项规定：依债务本旨，向债权人或其他有受领权人为清偿，经其受领者，债之关系消灭。此之其他有受领权人，如债权人之代理人属之。又'民法'第三百十条第二款另规定：向第三人为清偿，经其受领者，如受领人系债权人之准占有人者，以债务人不知其非债权人者为限，有清偿之效力。故'民法'第三百零九条之'其他有受领权人'与同法第三百十条之'债权之准占有人'，性质不同。"

③ "最高法院"1991 年度台上字第 1189 号民事判决："按第三人清偿，既系由债务人以外之第三人清偿债务人之债务，故第三人于清偿时应表明债务人为何人，俾资辨别其系就他人之债务而为清偿。但所谓表明债务人为何人，并非必须由第三人主动表明，倘债权人向第三人明示债务人之债务并未清偿，要求第三人代为清偿，第三人未予拒绝而为清偿，亦应认系第三人清偿。"

之权利，但不得有害于债权人之利益（“民法”第 312 条）。[①] 其结果，债权人虽可能因其债权受满足而退出该债务关系，但该债权并不因清偿而消灭，只是法定地移转于该有利害关系之第三清偿人。[②] 债务人因未受有利益，所以不因该给付而对第三人依不当得利的规定负返还义务。第三人就该债务之清偿无利害关系者，视情形依不当得利或无因管理的规定处理其与债务人间之关系。第三人就债之履行有或无利害关系的意义，除上述效力之区别外，尚有债权人不得拒绝就债之履行有利害关系之第三人的清偿（“民法”第 311 条第 2 项）。在各种有利害

① 就债之清偿，连带债务人、保证人皆是有利害关系之人。所以，其清偿之求偿的规定，与“民法”第 312 条就有利害关系之第三人清偿所定者相同：为清偿之连带债务人对其他连带债务人得按其应分担部分求偿。求偿权人于求偿范围内，承受债权人之权利。但不得有害于债权人之利益（“民法”第 281 条）。同理，“保证人向债权人为清偿后，于其清偿之限度内，承受债权人对于主债务人之债权。但不得有害于债权人之利益”（“民法”第 749 条）。唯因连带债务人与保证人就所清偿之债务具有债务人或从债务人的身份，不是单纯之第三人。所以，其清偿之债务如不存在，为清偿之连带债务人或保证人对其对之为清偿之债权人有不当得利返还请求权，不迂回透过其他连带债务人或主债务人（Esser/Weyers, Schuldrecht Band Ⅱ Besonderer Teil, Teilband 2, 8. Aufl., 2000 Heidelberg, § 48 Ⅲ 5）。王泽鉴：《不当得利》，2009 年增订新版，第 122～123 页。

② “最高法院”1995 年度台上字第 1688 号民事判决：“按‘民法’第三百十二条所称之第三人代位权系一种法律上之债权移转，同法第二百九十五条第一项有关‘让与债权时，该债权之担保及其他从属之权利，随同移转于受让人’之规定当应类推适用。若就债之履行有利害关系之第三人为全部清偿者，其得行使代位权之范围，应为债权人原权利之全部，并及于人之担保或物之担保等一切从属之权利，此固为当然之解释。唯所谓第三人代位权，应仅系债权经法律规定移转后，第三人得居于债权人之地位，以自己名义代位行使权利而已，原债权人并不负何移转之义务。亦即原债权及其从属之担保权，无待乎原债权人之移转，因法律之规定当然移属于该第三清偿人。次按给付之诉，原告须对被告有私法上之请求权存在，而被告对于原告有给付之义务，原告之诉权始克成立。否则，不得提起给付之诉。”“最高法院”1994 年度台上字第 1395 号民事判决：“按就债之履行有利害关系之第三人为清偿者，得按其限度就债权人之权利，以自己之名义，代位行使。‘民法’第三百十二条前段定有明文。查本件参加人于清偿上开债务时，系以抵押物所有人之资格为之，如得认其就债之履行为有利害关系之第三人，则因清偿之结果，当得代位行使债权人即上诉人之权利。又因其得代位行使之结果，上诉人之债权及该债权之担保，当然移转于参加人，债务人之债务并不消灭，上诉人自得据以拒绝涂销系争抵押权设定登记。原审谓参加人之清偿是否代位清偿，及其得否代位行使系争抵押权，均非上诉人得据以拒绝涂销登记之事由，非无可议。”

关系之第三人清偿的类型中，以保证人、物上担保人[①]及连带债务人[②]之清偿最为常见。其清偿之效力（“民法”第 281 条第 2 项、第 749 条、第 879 条）亦与“民法”第 312 条所定者相近。在这些情形，不因有利害关系之第三人清偿，而使第三人对于债务人有不当得利返还请求权。该为清偿之第三人应据其依相关规定法定受让之债权，对于债务人请求给付。

因第三人并无透过清偿债务人对于其债权人所负之债务，增益该债务人之财产的意思，所以因此构成之不当得利应属于非给付性不当得利中之费用性不当得利。然在第三人清偿，如果所清偿之债务不存在，第三人只能直接对于该表见债权人，请求返还其因此所受之不当得利。[③]

除保证人、物上担保人及连带债务人之清偿及其类似的情形，应定性为有利害关系之第三人清偿外，在其他情形，为清偿之第三人得自由选择，是否证明其就该债务之履行有利害关系，并为有利害关系之主张。所以即便其能证明有利

---

① “最高法院”2000 年度台上字第 123 号民事判决：“第三人提供之抵押物经拍卖时，债权人行使抵押权，以拍卖所得价金清偿债务人之债务，系先基于第三人与债务人、债权人间设定抵押权之约定，再由于法律规定准予行使抵押权所致。债务人虽因而免除对债权人之债务而受利益，第三人虽为债务人清偿债务而受损害，但此并非无法律上之原因所致，至为明确，第三人对债务人并无不当得利返还请求权可行使。”第三人抵押人在其抵押物被拍卖，以清偿所担保之债务后，对于该债务人所以无不当得利返还请求权可行使，不是因为该拍卖清偿有法律上之原因，而是因为其清偿的结果，所清偿之债务并不消灭，而只是法定移转于该抵押人（“民法”第 879 条），从而债务人并未受有利益。是故，抵押人因该拍卖清偿所受之损害，应透过行使其法定受让之债权，对于债务人请求给付的方法求偿。

② “最高法院”1985 年度台上字第 1367 号民事判决：“因遗产而生之捐税及费用，应由继承人按其应继分负担之，此为继承人间之内部关系，从而继承人之一代他继承垫支上开捐税及费用者，该垫支人得依不当得利规定向他继承人请求返还其应负担部分。至‘民法’第一千一百五十条规定得向遗产中支取，并不阻止垫支人向他继承人按其应继分求偿，尤其于遗产分割后，更为显然。”按遗产在分割前为继承人之公同共有财产。“税捐稽征法”第 12 条后段亦规定：共有财产，“其为公同共有时，以全体公同共有人为纳税义务人”。所以，关于因遗产而生之捐税及费用的债务，继承人应属于连带债务人。是故，继承人之一清偿该债务者，应依“民法”第 281 条向他债务人请求偿还各自分担之部分，而非依不当得利的规定请求返还。

③ 德国通说采此见解。请参见 Esser/Weyers, Schuldrecht Band Ⅱ Besonderer Teil, Teilband 2, 8. Aufl., 2000 Heidelberg, § 48 Ⅲ 4 (S. 59); Larenz/ Canaris, Lehrbuch des Schuldrechts, Band Ⅱ · Halbband 2, Besonderer Teil, 13. Aufl., München 1994, § 70 V 3 b; Staudinger/ Werner Lorenz, Kommentar zum BGB, Berlin 1999, Rdn. 43 zu § 812; Dieter Medicus, Bürgerliches Recht, 15. Aufl., Berlin 1991, Rdnr. 684f.. 不同意见，例如 Eike Schmidt, Der Bereicherungsausgleich beim Vertrag zu Rechten Dritter, JZ 1971, 606f.; Heinrich Wieling, Drittzahlung, Leistungsbegriff und fehlende Anweisung, JuS 1978, 801ff..

害关系，第三人还是得依无利害关系之规定，主张其代为清偿之效力。然第三人就系争债务之清偿，纵有利害关系，如该债务所涉债权，对该第三人无让与性，则仍不能因其清偿，而法定让与第三清偿人。例如第三人代为清偿土地增值税，[①]汽车出卖人缴纳在交车后才发生之燃料使用费等税费，应依不当得利的规定请求返还。[②] 在此种情形，其清偿效力还是应依无利害关系之第三人清偿的规定。

无权代理人所为之清偿，因债务人拒绝承认而经论为第三人清偿者，对于清偿人而言，其效力基本上固无经济上的不利，皆得对于债务人请求与清偿之债务额相当之费用的偿还或利益的返还。然仍可能有些许利益的出入：所清偿之债务的消灭时效期间如已完成或已濒临完成，其未经授权之清偿可能妨碍债务人之时效消灭的利益。该不利益应由第三清偿人负担[③]。盖有利害关系之第三清

---

① "最高法院"1983 年度台上字第 1276 号民事判决："缴纳土地增值税为公法上之负担，与债之发生系基于私法关系者不同，故上诉人代被上诉人缴纳土地增值税，非属'民法'上代为债之清偿，不能依'民法'第三百十二条主张代位国库请求纳税义务人即被上诉人偿还。因认上诉人本于第三人清偿代位权之法律关系，请求被上诉人偿还其代缴之土地增值税款新台币三万六千二百零三元及其利息，即非正当，而为上诉人败诉之判决，核无违法之可言。上诉人提起第三审上诉虽谓：被上诉人应依不当得利或无因管理之法律关系，返还垫款云云，唯此系新攻击方法，依法本院不予斟酌，并此说明。""最高法院"1985 年度台上字第 1367 号民事判决："因遗产而生之捐税及费用，应由继承人按其应继分负担之，此为继承人间之内部关系，从而继承人之一代他继承人垫支上开捐税及费用者，该垫支人得依不当得利规定向他继承人请求返还其应负担部分。"

② "司法院"1985 年厅民一字第 911 号函复台高院："[法律问题]甲将自用小客车一辆出售与乙，并将车辆及有关证件交与乙，约定应由乙向监理机关办理过户登记。嗣乙逾期未办理该登记手续，致纳税名义人仍为甲，使税捐机关仍向甲征收燃料使用费等税费，甲于缴纳后，能否对乙起诉请求返还前开费用？如能请求，应依何种法律关系请求？["司法院"第一厅研究意见]一、甲出售车辆予乙，既已交付车辆及有关证件，物权自已移转予乙，乙应负纳税之义务。甲仅为纳税名义人，其于缴税之后，自得向乙请求偿还。二、乙既为应负担纳税之义务人，却由甲缴纳，是无法律上原因而受有利益，致甲受有损害，甲得本于不当得利请求乙返还。且甲乙既订有买卖契约，约定乙应向监理机关办理过户登记，而乙迟延未办，致使甲仍须纳税而受有损害，故甲亦得依债务不履行请求损害赔偿。三、问题一，以采乙说为当，问题二，研讨结论采丁说，核无不合。问题一：能否对乙起诉[讨论意见乙（肯定）说]因甲既已将车辆出售与乙，并将车辆及有关证件交付与乙，则该车辆自交付后之税费，自应由买受人即乙负担，是甲虽为纳税名义人，于其缴纳后，仍得向实际应负担者之乙请求。问题二：诉讼标的[讨论意见丁说]依'不当得利'与'债务不履行损害赔偿'请求权竞合。"

③ "最高法院"1988 年度台上字第 2215 号民事判例："就债之履行有利害关系之第三人为清偿后，依'民法'第三百十二条规定，以自己之名义所代位行使者，系债权人之权利，而非第三人之求偿权。第三人之求偿权虽于代为清偿时发生，但第三人以自己之名义代位行使债权人之权利时，其请求权是否因罹于时效而消灭，应以债权人之请求权为准。"

偿人透过该债权之法定让与，应继受对原债权人本来存在之抗辩权（“民法”第312条、第313条），而对无利害关系之第三清偿人的保护，在范围上应不大于有利害关系之第三清偿人。此外，自该不利益减损债务人因第三人清偿所受之利益而论，该不利益亦应由第三清偿人负担。唯经无利害关系之第三人清偿，而由原来之债务关系转为不当得利之返还关系，其结果不但会改变债之同一性及其债权人，而且也重新起算消灭时效期间。无利害关系之第三人清偿的费用偿还，虽然不是以原债权之法定移转为其依据，但只要所清偿之债务有抗辩权，该抗辩权仍将成为债务人是否因清偿而受有利益的判断因素，从而影响债务人之不当得利返还义务的范围。

无权代理人所清偿之债务如果不存在，无权代理人之履行对于债务人（本人）而言，便无为其履行债务之意义。当债务人拒绝承认，或解释为其拒绝承认后，无权代理人以本人名义所为之法律行为，终局失其效力。其为履行所为之清偿给付，因欠缺法律上原因，而构成不当得利，无权代理人得向表见债权人请求返还其因该无权代理之履行而取得之利益。当中，该表见债权人有因清偿之事实行为而受利益者，亦同。

类似的问题亦发生在无因管理中。适法无因管理依“民法”第176条应如同受有委任般处理，亦即相当于管理人因受本人之指示而对于债权人为给付的情形一样。在管理人与本人，或在本人与债权人间如欠缺法律上原因，则管理人对于本人，或本人对于债权人有不当得利返还请求权。有问题的是：该债务如不存在，管理人之履行对于本人是否还能构成适法无因管理。恐怕要构成（不适法）无因管理根本都有要件上的欠缺。管理人之履行如论为不适法无因管理，且本人不愿承认，则在所清偿之债务存在时，应依“民法”第177条定其效力；在所清偿之债务不存在时，管理人仅对于该表见债权人有不当得利返还请求权。[①]

第三人清偿与指示第三人清偿不同。在第三人清偿，第三人基于自己之意思；而在指示第三人清偿，第三人则系基于债务人之指示，亦即基于债务人之意思，而对债权人为履行。该驱动第三人为履行之意思的区别，首先决定其清偿之给付的对象，而后在所清偿之债务不存在时，决定谁对谁有不当得利返还请求权。在第三人清偿，第三人为履行该债务，而直接对于债权人，亦即以债权人为该给付之对象。是故，如前所述，如果所清偿之债务不存在，第三人只能直接对于该表见债权人请求返还因此所受之不当得利。[②] 反之，在债务人指示第三人

---

① Georg Thielmann, Gegen das Subsidiaritätsdogma im Bereiche-rungs-recht, AcP 187 (1987), 52ff..

② 王泽鉴：《不当得利》，2009年增订新版，第126页。

清偿，外部表现出来，第三人对于债权人之给付，在规范上解析为：第三人对债务人为给付，以及债务人借助于第三人，对于其债权人为给付。是故，第三人与债务人间或债务人与债权人间之基础关系如不存在，详如后述，视情形，第三人对债务人或债务人对债权人始有不当得利返还请求权。

另有一种情形，第三人虽非基于债务人之指示，但由债务人促成其对于债权人为给付。在这种情形，债务人虽未指示第三人对于债权人为给付，但因第三人系由于债务人之促成，始对于债权人为给付，所以其给付关系之形式，在外观上虽为第三人基于自己之意思，而对债权人为给付。不过，论其实质，第三人却类似于依债务人之指示而对其债权人而为给付。例如在责任保险，其保险人就保险契约中所定被保险人应负责之损害，对于赔偿请求权人（受害人）为给付时，保险人之给付论为被保险人对于其受害人之赔偿给付。亦即在规范上，当成被保险人对于想定之受害人为给付，而后依补偿关系，自其保险人获得退还。[①] 因此，若履行之债务事实上不存在，其不当得利应类推适用指示第三人给付（由第三人给付）的规定，第三人对于债务人，债务人对于债权人始有不当得利返还请求权。［汽车强制责任保险系以汽车驾驶人为被保险人之责任保险。以汽车交通事故之受害人为请求权人。被保险人虽不因所驾驶之汽车有投保汽车强制责任保险而免其赔偿责任。但汽车强制责任保险之赔付请求权与加害人（驾驶人）之损害赔偿责任间，如无特约，有请求权竞合关系。是故，“保险人依本法规定所为之保险给付，视为被保险人损害赔偿金额之一部分；被保险人受赔偿请求时，得扣除之”（第 32 条）。由此可见，汽车强制责任保险实质上以被保险人为受益人。是故，被保险人可决定是否在汽车强制责任保险之外，再为给付。亦即决定是否将保险人依本法规定所为之保险给付，视为被保险人损害赔偿金额之一部分。在被保险人与受害人就汽车交通事故所致损害之赔偿为和解时，如未为明白约定，被保险人已为一部之赔偿者，请求权人与被保险人是否有不得扣除之约定，容易引起疑义。因此，第 31 条规定：“被保险汽车发生汽车交通事故，被保险人已为一部之赔偿者，保险人仅于本法规定之保险金额扣除该赔偿金额之余额

---

① “强制汽车责任保险法”第 32 条规定：“保险人依本法规定所为之保险给付，视为被保险人损害赔偿金额之一部分；被保险人受赔偿请求时，得扣除之。”Esser/Weyers, Schuldrecht Band Ⅱ Besonderer Teil, Teilband 2, 8. Aufl., 2000 Heidelberg, § 48 Ⅲ 4 (S. 60); Larenz/ Canaris, Lehrbuch des Schuldrechts, Band Ⅱ • Halbband 2, Besonderer Teil, 13. Aufl., München 1994, § 70 V 3 a; Canaris, Der Bereicherungs-ausgleich bei Zahlung des Haftpflichtversischerer an einen Schein-gläubiger, NJW 1992, 868ff.; Staudinger/ Werner Lorenz, Kommen-tar zum BGB, Berlin 1999, Rdn. 44 zu § 812; Georg Thielmann, Gegen das Subsidiaritätsdogma im Bereicherungsrecht, AcP 187(1987), 51f..

范围内,负给付责任。但请求权人与被保险人约定不得扣除者,从其约定(第一项)。前项被保险人先行赔偿之金额,保险人于本法规定之保险金额范围内给付被保险人。但前项但书之情形,不在此限(第二项)。"设请求权人与被保险人有得扣除之约定,而保险人因不知有该特约,而对请求权人为全额之给付时,谁对谁有不当得利返还请求权?应依第三人(保险人,被指示人),因债务人(被保险人)之指示,而对债权人(受害人,请求权人)为给付的案例处理。亦即被保险人对于请求权人有不当得利返还请求权。其理由为:不但被保险人与请求权人间才有给付关系,而且他们间之该得扣除的约定系为被保险人之利益,而非为减少保险人之给付义务。另在由被保险人与请求权人就赔偿给付为和解的情形,如无特约应解释为:其和解给付金额是强制责任保险给付之外加的金额。请参考 Frank Wertheimer, Bereicherungsanspruch des Haftpflichtversicherers wegen Zahlung an vermeintlichen Zessionar—BGH NJW 1991, 919, JuS 1992, 284ff.:在该判决,德国联邦法院认为在责任保险,如保险人误向被保险人对其无该保险所承保之责任的第三人为保险给付时,保险人应,而且得直接对于该受领保险给付之第三人,而非其被保险人,请求不当得利的返还。对于相同判决,另有评释请参见,Canaris, Der Bereicherungs-ausgleich bei Zahlung des Haftpflichtversicherers an einen Schein-gläubiger, NJW 1992, 868ff..]唯在具有为照顾第三人而缔结之保险契约,例如为抚恤受雇人之遗族而缔结以其遗族为受益人之人寿保险契约。有谓该受益人在这种情形,系无偿的取得该利益第三人契约的利益。因此,如果该保险契约不存在或无效,保险人得直接对于受益人请求不当得利的返还。[①] 如果就受益人之取得该照顾性保险给付的请求权,可评价为无偿取得,则该法律效力的结论得以"民法"第 183 条(相当于德国民法第 822 条)为依据,为该利益第三人契约之不当得利返还请求权,尚不必建立例外容许债务人直接对于受益人,请求不当得利之返还的类型。[②]

3. 指示给付

债务关系具有主体上之相对性,原则上仅债务人对于债权人有给付义务;仅债权人得对于债务人有请求给付的权利。唯债务人为履行债务,可能在该债务契约外,指示履行辅助人或第三人给付;在该债务之发生依据的契约中与债权人约定由第三人给付("民法"第 268 条);或甚至在另一契约中与第三人约定,由该第三人承担债务("民法"第 300 条)。不论是指示或约定由第三人给付,皆有依

---

① 王泽鉴:《不当得利》,2009 年增订新版,第 116～117 页。

② Esser/Weyers, Schuldrecht Band Ⅱ Besonderer Teil, Teilband 2, 8. Aufl., 2000 Heidelberg, S. 57; Medicus, Bürgerliches Recht, 15. Aufl., 1991, Rdn. 682.

债务人之指示，向债权人给付的意义。在这种情形，关于系争债务之履行，第三人虽对于债权人为该债务之履行，但因其给付之目的在于清偿第三人对于指示人（债务人）之债务，而债务人所以为指示之目的，则在于清偿其对于债权人所负之债务，所以，仅第三人与指示人（债务人）间，债务人与债权人间有给付关系。反之，在第三人对于债权人并无给付目的存在。是故，第三人与债权人间虽有财产利益之授受的（准）物权行为，但并不因此而有以清偿特定债务为给付目的之履行行为所构成之给付关系。至于在债务之承担的情形，债务承担人自己已成为该债务之债务人，所以其履行所构成之给付关系存在于债务承担人与债权人间。

类似的，债权人为行使债权，可能在该债务契约外，授予第三人受领权或指示债务人向第三人给付；或在该债务之发生依据的契约中与债务人约定向第三人给付（“民法”第269条）；或甚至在另一契约中与第三人约定，将该债权让与第三人（“民法”第294条）。不论是授予第三人受领权或指示债务人向第三人给付；或在该债务之发生依据的契约中与债务人约定向第三人给付，皆有依债权人之指示，向第三人给付的意义。在这种情形，关于系争债务之履行，债务人虽向第三人为该债务之履行，但其给付之目的在于清偿债务人对于债权人所负之债务；而债权人所以为指示之目的，则在于清偿其对于第三人所负之债务。所以，债务人与债权人间，债权人与第三人间，有给付关系。反之，在债务人对于第三人并无给付目的存在。是故，债务人与第三人间虽有财产利益之授受，但并不因此而有给付关系。至于在债权之让与的情形，债权受让人自己已成为该债务之债权人，所以债务人之履行所构成之给付关系存在于债务人与债权受让人间。

本来应存在于上述有给付关系之人间的原因关系如果有不存在或无效的情形，除非有“民法”第183条之适用，原则上仅在于上述有给付关系之人间才可能发生不当得利之返还义务的关系：[①]债务人对于债权人或债权人对于第三人。［“最高法院”2001年度台上字第2085号民事判决：“出卖人对于出卖之标的物，不以有处分权为必要；倘出卖人出卖他人之不动产，并依买受人之指示，使该他人将买卖标的物不动产所有权径移转登记于买受人所指定之第三人，则此第三人与该他人间仅存有移转物权之独立物权契约关系，其间并无何买卖债权债务关系，亦不因其取得所有权之登记原因载‘买卖’而受影响。若此，如买受人无法律上之原因，使非买卖当事人之第三人取得不动产所有权，第三人因而受有利益，且该买受人受有损害时，买受人即非不得请求第三人移转不动产所有权登记

① 王泽鉴：《不当得利》，2009年增订新版，第97～111页。

以返还利益。”“最高法院”2003年度台上字第2581号民事判决：“第三人利益契约，乃当事人之一方与他方约定，由他方向第三人为一定之给付，第三人因此取得直接请求他方给付权利之契约。倘第三人并未取得直接请求他方给付之权利，即仅为当事人与第三人间之‘指示给付关系’，尚非‘民法’第二百六十九条所规定之第三人利益契约。又于‘指示给付关系’中，被指示人系为履行其与指示人间之约定，始向领取人(第三人)给付，被指示人对于领取人，原无给付之目的存在。苟被指示人与指示人间之关系不存在(或不成立、无效或被撤销、解除)，被指示人应仅得向指示人请求返还其无法律上原因所受之利益，至领取人所受之利益，原系本于指示人而非被指示人之给付，即被指示人与领取人间尚无给付关系存在，自无从成立不当得利之法律关系。”“最高法院”2005年度台上字第1555号民事判决：“按在三人关系之给付不当得利，其指示给付关系之案例类型，如其基础关系(原因行为)即对价关系、资金关系(补偿或填补关系)均未有瑕疵(不成立、无效、撤销)者，固不生不当得利请求权，即令该对价关系(指示人与领取人间之关系)、资金关系(指示人与被指示人间之关系)具有瑕疵，亦仅于各该关系人间发生不当得利请求权而已，于被指示人与领取人间，因无给付关系，自不当然成立不当得利。”]

4. 由第三人或向第三人给付与不当得利

在由第三人给付的契约，在契约中即已约定该债务将由第三人对于债权人给付。在向第三人给付契约，则可能在契约中或事后，由债权人对于债务人指示，对第三人给付。归纳之，在该两种契约，其实都有当事人之一方(可能是债务人A或债权人B)指示另一个人(可能是第三人C或债务人A)对于债权人(可能是该契约之债权人B或B之债权人C)给付的特征：在由第三人给付的契约，债务人A指示第三人C向债权人B给付；在向第三人给付契约，债权人B指示债务人A向第三人C(B之债权人)给付。要之，含由第三人或向第三人给付之约定的契约，其债务之履行或债权之行使，包含指示由他人或向他人给付的因素。基于该指示给付的关系，引起具有特色之不当得利的三角关系。[1]

受债务人指示而为给付之第三人不因该指示而承担债务；因债权人指示而取得直接向债务人请求给付之权利的第三人，亦不因该指示而受该债权之让与。在该债务关系中他们依然是第三人。不过，受债务人指示而为给付者，其清偿给付已非第三人清偿，而是债务人对于债权人之清偿。其清偿效力不系于受指示

① 王泽鉴：《不当得利》，2009年增订新版，第97～117页；Werner Flume, Die Zahlungszuwendung im Anweisungs-Dreiecksverhältnis und die Problematik der ungerechtfertigten Bereicherung, NJW 1984, 464ff..

者就该债务之清偿有无利害关系，而系于给付之内容及方法是否符合债务本旨。

基于债务关系在主体上的相对性，本来仅债务人对于债权人负给付之义务；仅债权人得对于债务人请求给付。唯不但债务人与债权人可能约定由第三人给付，例如全民健保之医疗给付，约定由特约医疗机构对被保险人给付医疗服务；或约定向第三人给付，例如在运送契约，约定以第三人为受货人；[①]在保险契约或信托契约，约定以第三人为受益人。而且也可能由法律规定，应向债权人以外之人为给付，例如以债权为标的设定权利质权时，有些情形，质权人得请求为质权标的之债权的债务人对自己为给付。[②] 至于在债权人被宣告破产时，不得向破产人，而应向破产管理人给付（“破产法”第 65 条第 1 项第 4 款），虽具向第三人给付之外观，其实在法律上仍系向被宣告破产之债权人给付。破产管理人在该给付之受领的地位为：破产人之法定代理人。

“民法”第 311 条还规定，债之清偿，原则上得由第三人为之。此即第三人清偿。就第三人之清偿，债务人有异议时，债权人固得拒绝其清偿。但第三人就债之履行有利害关系者，债权人不得拒绝。不得拒绝而拒绝有利害关系之第三人清偿构成受领迟延。

“利用第三人清偿”与“第三人清偿”不同。“民法”第 268 条规定：“契约当事人之一方，约定由第三人对于他方为给付者，于第三人不为给付时，应负担损害赔偿责任。”此即由第三人给付之债务契约。这属于利用第三人清偿的一种态

---

① 运送契约中之受货人的指定，首先固仅具有向第三人给付或利益第三人之约款的意义。唯倘已将托运物返还请求权证券化为载有受货人之提单或载货证券，则托运人将该提单或载货证券交付于受货人，原则上具有让与托运物返还请求权于受货人的效力（“民法”第 761 条：占有之指示交付）（“最高法院”1981 年度台上字第 4771 号民事判例、“最高法院”1999 年度台上字第 67 号民事判决），并基于该托运物返还请求权之让与，将托运物之所有权移转于受该提单或载货证券之交付的受货人（“民法”第 629 条）。它已不再是单纯之利益第三人契约。

② 以下情形，质权人得请求为质权标的物之债权的债务人对自己为给付：(1)“为质权标的物之债权，以金钱给付为内容，而其清偿期后于其所担保债权之清偿期者，质权人于其清偿期届至时，得就担保之债权额，为给付之请求”（“民法”第 905 条第 2 项）。(2)“为质权标的物之债权，以金钱以外之动产给付为内容者，于其清偿期届至时，质权人得请求债务人给付之，并对该给付物有质权”（第 906 条）。(3)“质权以未记载权利人之有价证券、票据，或其他依背书而让与之有价证券为标的物者，其所担保之债权，纵未届清偿期，质权人仍得收取证券上应受之给付。如有使证券清偿期届至之必要者，并有为通知或依其他方法使其届至之权利。债务人亦仅得向质权人为给付”（“民法”第 909 条第 1 项）。唯“为质权标的物之债权，其债务人受质权设定之通知者，如向出质人或质权人一方为清偿时，应得他方之同意，他方不同意时，债务人应提存其为清偿之给付物”（第 907 条）。

样。其特色为:必须由约定之第三人给付方始符合债务之本旨。利用第三人清偿时,债务人依然是为给付者,而第三人则是债务人对于债权人之履行关系中的履行辅助人。[①] 是故,依其间之契约,仅第三人与债务人间或债务人与债权人间有给付关系。其间之给付如有法律上原因(给予目的)之欠缺,仅第三人对债务人或债务人对债权人有因给付而发生之不当得利返还请求权。[②]

第三人清偿与由第三人给付所引起之财产利益的移动轨迹不同。第三人清偿之实质与外观皆仅有第三人直接对债权人之给付。其对于债务人之效力,视该为清偿之第三人就债之履行是否有利害关系,分别依"民法"第 311 条或第 312 条定其效力。此为第三人清偿对于债权人发生清偿效力后,在第三人与债务人间之发展。反之,由第三人给付在外观上虽亦表现为仅第三人直接对于债权人给付,但解析之,实质上该给付是由第三人经由债权人之媒介间接对于债务人之给付,以及债务人经由第三人之媒介间接对于债权人之给付构成。是故,只有在第三人与债务人间或债务人与债权人间可能因其间之给予目的不存在或丧失,而在第三人对债务人,或在债务人对债权人发生以给付为基础之不当得利。[③] 除依"民法"第 183 条或自债务人受不当得利返还请求权之移转外,第三人对于债权人原则上并无以给付为基础之不当得利关系发生的可能性。

如无由第三人给付的巧妙安排,要达到相同之给予目的,必须利用辗转之给付链,由第三人直接先向债务人给付,而后债务人再以其得自第三人者,直接对债权人给付。[④] 由此可见,隐藏于上述由第三人给付中之接续的给付关系,与将之归真返璞之原始的给付流程结构相同。不过,该由第三人给付之(准)物权行为并不是一个通谋虚伪意思表示的行为,隐藏于其中之接续的给付行为亦系先后之契约当事人间事实上意欲之给付行为。前者是后者之压缩的外部存在形式,[⑤]内部之实质内容则由后者建构而成。如果无视于该内部的实质,则最后之给付受领者势将暴露于其契约相对人及其前手间之各种瑕疵的抗辩权。这将有

---

① Esser, Schuldrecht, 2. Aufl., 1960, Karlsruhe, § 190, Ziff. 2.

② Esser, Schuldrecht, 2. Aufl., 1960, Karlsruhe, § 190, Ziff. 4:"该结果是公平的。基于契约向第三人给付者,应担负其契约相对人之无支付能力的风险;借由第三人之媒介而取得给付者,得信赖,他只需与给付者结算。"

③ Esser, Schuldrecht, 2. Aufl., 1960, Karlsruhe, § 190, Ziff. 3:这是德国学说与司法实务上几乎完全一致的见解。

④ Larenz/ Canaris, Lehrbuch des Schuldrechts, Band Ⅱ Halbband 2, Besonderer Teil, 13. Aufl., München 1994, § 69 I 3 a);. § 70 I.

⑤ 王泽鉴称此为缩短给付类型之第三人利益契约,见《不当得利》,2009 年增订新版,第 95~97、113~114 页。

害于交易安全。[1] 在以权利或物之移转为内容之债务的履行，其压缩之给付形式，在结果上虽然减少了为给付所需之(准)物权行为，但并不减少其给付行为(履行行为)。

第二个买卖契约如以第一个买卖契约之债权为标的，则第一个买卖契约之买受人乙是利用移转债权，履行债务：移转该债权，以对于第二个买卖契约的买受人丙履行债务，不是利用由第三人(第一个买卖契约之出卖人甲)给付。所以甲在受债权之让与通知时所得对抗让与人乙之事由，皆得以之对抗受让人丙("民法"第 299 条第 1 项)。第一个买卖契约之买受人乙与丙缔结第二个买卖契约时，如果不是利用由第三人(第一个买卖契约之出卖人甲)向其(第二个买卖契约的)买受人丙，让与标的物所有权的方式为给付，而是以移转乙对甲请求移转买卖标的物所有权之债权的方式，履行对丙所负之债务，则第二个买卖契约之标的可能被定性为第一个买卖契约之买方债权的买卖，而非该契约之买卖标的物的买卖。其效力之差异为：在买方债权的买卖，甲得以其受债权让与通知时对于乙之抗辩权或抵销权对抗丙("民法"第 299 条)。

在由第三人给付的情形，如果第三人(丙)与债务人(乙)间之给予目的(法律上原因)欠缺，而债务人(乙)与债权人(甲)间之给予目的(法律上原因)虽不欠缺，但系无偿，债务人(受领人)并因此免返还义务者。在该设例中，第三人(丙)依债务人(乙)之指示，对乙之债权人(甲)给付。所以，乙丙间之原因关系(补偿关系)如果不存在或无效，乙为乙丙间之不当得利关系中的受领人。盖丙系为履行其依该补偿关系对于乙所负之债务而对甲给付。从而丙对乙有不当得利返还请求权。然因甲对乙之债权系无偿取得，所以在丙对甲给付时，乙因此受自于丙之利益同时归于不存在。其结果，依"民法"第 183 条规定，债权人(甲)于债务人(乙：受领人)所免返还义务之限度内，对于第三人(丙)负返还责任。盖在这种情形，为给付之第三人(丙)较诸无偿自受领人(乙)取得利益之债权人(甲)，更值得受保护。如果债务人(乙)与债权人(甲)间之对价关系不存在或无效，致其给予目的(法律上原因)亦欠缺，则债务人(乙)对于债权人(甲)有不当得利返还请求权，从而债务人(乙)自第三人(丙)所受利益尚存在于该对(甲)之不当得利返还请求权。于是，第三人(丙)不能依"民法"第 183 条直接对于债权人(甲)请求返还不当得利，而必须借助其对于债务人(乙)之以给付为基础的不当得利返还请求权，请求债务人(乙)移转其对于债权人(甲)之不当得利返还请求权，始能取得

---

[1] Larenz/ Canaris, Lehrbuch des Schuldrechts, Band Ⅱ · Halbband 2, Besonderer Teil, 13. Aufl., München 1994, § 69 I 3 a);. § 70 Ⅱ 1 a).

直接对于债权人(甲)请求返还的权利。[①]

可能基于债务人对第三人之指示，由第三人以自己之名义为债务人对于债权人为给付，此即由第三人给付；亦可能基于债权人对债务人指示，由债务人以自己之名义为债权人向第三人给付，此即向第三人给付。“民法”虽将由第三人给付及向第三人给付分别规定于第268条及第269条，而其实二者是一个经济过程的两面。其中一面由该给付之履行者为谁观察，由履行者自己或由他人给付；另一面由给付之受领者为谁观察，向债权人或向其指示之人给付。在由第三人给付的约定，第三人因系约外人，并不因债务人与债权人间有该约定，而对于债权人负给付义务。唯在给付时，第三人仍应透过表示或附随情况，使受领其给付者知悉该给付即系由约定之第三人对其为给付，以履行债务人对债权人所负之债务。[②]

上述两种情形也可能结合在一起，基于债务人对第三人A之指示，由第三人A一方面为债务人；同时也基于债权人对债务人指示，由债务人或其指示之第三人A为债权人向债权人指定之第三人B给付。在上述情形，在为给付之第三人与债务人、债务人与债权人、债权人与受给付之第三人间的原因关系如有欠缺，因上述安排所发生之财产利益的移动，即会因欠缺法律上原因而构成不当得利。当中特别引起疑惑的是：在事实上为给付者与受领给付者间，亦即事实上有给予之授受者间是否可能构成不当得利的关系。

甲因误以为对第三人丙负有债务，而为清偿该债务，该误想之债务人甲(利益第三人契约之要约人)与银行乙(利益第三人契约之债务人)缔结委任契约，并指示该银行乙对于其误想之债权人丙(利益第三人契约之第三人)为给付，则因此发生之不当得利，存在于该误想之债务人甲(要约人)与其误想之债权人丙(第三人)间。要约人甲与依其指示而为给付之银行乙(债务人)间是否构成不当得利，视其间有无一个有效之补偿关系(das Deckungsverhältnis)而定。如无，则银行乙在依要约人甲之指示而对于第三人丙(误想之债权人)为清偿给付后，对于要约人甲有不当得利返还请求权。至于银行与第三人(误想之债权人)间不发生不当得利。[③] 盖甲乙间之该补偿关系才是银行乙所以依甲之指示向丙为给付的法律上原因。至于甲所以指示乙向丙给付，则以甲丙间之对价关系(das

---

① Esser, Schuldrecht, 2. Aufl., 1960, Karlsruhe, § 190, Ziff. 4.

② Esser, Schuldrecht, 2. Aufl., 1960, Karlsruhe, § 190, Ziff. 3.

③ 王泽鉴：《不当得利》，2009年增订新版，第32～34、115页；Esser/ Weyers, Schuldrecht Band Ⅱ Besonderer Teil, Teilband 2, 8. Aufl., 2000 Heidelberg, § 48 Ⅲ 3 d).

Valutas-verhältnis)为其法律上原因。[①] 对于甲乙间之补偿关系的缔结，该对价关系原则上只是存在于甲之动机。[②] 上述关于各该给付之原因关系及各该原因关系不存在时，谁对谁有不当得利之返还义务的看法曾为“最高法院”2000 年台上字第 1769 号判决所采：“按附第三人利益约款之契约，涉及债务人与要约人、要约人与第三人及债务人与第三人间之三面关系，第三人虽得直接向债务人请求给付，但并不因而成为契约当事人。故债务人于给付前，固得依‘民法’第二百七十条之规定以契约所由生之一切抗辩，对抗受益之第三人，包括债权未发生或消灭及同时履行抗辩等拒绝给付之抗辩，即于第三人为给付请求时，设债务人已解除契约，得以债务已消灭，拒绝给付而已。倘债务人已为给付后，债务人始解除契约，应负回复原状之义务者，依‘民法’第二百五十九条规定，则为要约人，而非第三人。又倘债务人已为给付后，债务人始主张第三人利益契约无效，应负回复原状之义务者，依‘民法’第一百十三条规定，亦为要约人，而非第三人。”[③]

关于向第三人给付契约，“最高法院”已意识到，在具体案件不一定包含利益

---

① Esser/Weyers, Schuldrecht Band Ⅱ Besonderer Teil, Teilband 2, 8. Aufl., 2000 Heidelberg, § 48 Ⅲ 1.

② Esser, Schuldrecht, 2. Aufl., 1960, Karlsruhe, § 87 Ziff. 2 b).

③ 德国通说同此见解。Esser/Weyers, Schuldrecht Band Ⅱ Besonderer Teil, Teilband 2, 8. Aufl., 2000 Heidelberg § 48 Ⅲ 3 d(S. 56ff.)；王泽鉴：《不当得利》，2009 年增订新版，第 111 页以下。德国民法第 334 条规定“债务人得以由(补偿)契约所生之抗辩，对抗(受益之)第三人”。该条规定相当于“民法”第 270 条。Staudinger/Werner Lorenz, Kommentar zum BGB, Berlin 1999, Rdn. 38 zu § 812:“纵使依德国民法第三三四条，在债务阶段(按指：在给付之请求上)，第三人会遭受补偿关系之抗辩，还是不得当然由该条导出，在(按指：在给付后，因无法律上原因而进入不当得利之返还请求时)不当得利之返还阶段，逻辑上应准用该条之规定(按指：不可认为债务人得以其对于要约人之抗辩权对抗第三人)。盖将该规定之功能为如下之限制，可能完全有意义：第三人仅应被阻止，基于其(按指：第三人直接对于债务人请求给付之请求权)请求权所自之有瑕疵的补偿关系，强行实现一笔间接的给付(按该给付之所谓间接，系指不是由要约人自己，而是间接由债务人向第三人给付，以清偿依对价关系，要约人对于第三人所负之债务)。然在给付之后，由于该给付在对价关系产生之清偿效力(按指：第三人之受领给付对据其与要约人之对价关系发生之债务，有清偿效力；该对价关系系第三人保有该给付之法律上原因)已使利益状态有关键的改变。是故，假使该对价关系以给付及对待给付之交换为目标，则使该清偿效力尽可能不受补偿关系之不顺利的影响，应最符合相关当事人的利益。”按在利益第三人契约，要约人与债务人间有补偿关系，要约人与第三人间有对价关系分别为其间之给付的原因关系。该两个原因关系如有欠缺，在给付后，各皆只影响其当事人间之给付关系，使其逆向转为不当得利的返还义务。互不影响另一原因关系之当事人间的给付关系。

第三人意思。[1] 就不具利益第三人意思之向第三人给付契约，"最高法院"在2003年度台上字第2581号民事判决维持上述见解，认为："第三人利益契约，乃当事人之一方与他方约定，由他方向第三人为一定之给付，第三人因此取得直接请求他方给付权利之契约。倘第三人并未取得直接请求他方给付之权利，即仅为当事人与第三人间之'指示给付关系'，尚非'民法'第二百六十九条所规定之第三人利益契约。又于'指示给付关系'中，被指示人系为履行其与指示人间之约定，始向领取人(第三人)给付，被指示人对于领取人，原无给付之目的存在。苟被指示人与指示人间之关系不存在(或不成立、无效或被撤销、解除)，被指示人应仅得向指示人请求返还其无法律上原因所受之利益，至领取人所受之利益，原系本于指示人而非被指示人之给付，即被指示人与领取人间尚无给付关系存在，自无从成立不当得利之法律关系。"

然对于已具利益第三人意思之利益第三人契约，"最高法院"2006年度台上字第42号民事判决认为："按第三人利益契约之受益人因补偿关系不存在而丧失其向债务人请求给付之债权，对债务人而言，其所受之利益即欠缺法律上之原因。易言之，债务人既得以受益人无债权而拒绝给付于前，则于给付之后，自得依不当得利之规定请求其返还。"同院2006年度台上字第1925号民事判决认为，债务人得以其与要约人之补偿关系不存在为理由，对于受利益之第三人依不当得利之规定，请求返还："按无法律上之原因而受利益，致他人受损害者，应返还其利益。虽有法律上之原因，而其后已不存在者，亦同。又第三人利益契约系由债权人即要约人与债务人约定由债务人向第三人为给付之契约，基此契约，要约人得请求债务人向第三人为给付，第三人对于债务人亦有直接请求给付之权。此观'民法'第一百七十九条、第二百六十九条第一项规定自明。在通常情形，要约人与债务人间恒有基本行为所生之法律关系即为补偿关系，如要约人与债务人在其基本行为之契约，订定债务人应向第三人为给付之意旨，即为第三人约款，此第三人约款已构成补偿关系之契约内容，补偿关系即为第三人利益契约之原因，二者互相牵连；至要约人所以使第三人取得利益之原因关系为对价关系，对价关系为要约人与第三人间之关系，与第三人利益契约为要约人与债务人间订定者并不相关连。为补偿关系之契约苟经依法解除而溯及消灭，第三人约款

---

① "最高法院"2011年度台上字第674号民事判决亦同此见解："按第三人利益契约，必当事人之一方与他方约定，由他方向第三人为给付，而第三人亦因此对于债务人取得直接请求给付之权利者，始足当之。是第三人若未取得直接请求他方给付之权利，即令当事人约定向第三人为一定之给付，亦仅系当事人间之指示给付之约定，尚非'民法'第二百六十九条所定之第三人利益契约。"

即随之失其存在，债务人依第三人约款向第三人给付之法律上原因即嗣后失其存在，而第三人与要约人间之对价关系虽未因此受影响，要约人不得指第三人之受领利益系无法律上原因，唯第三人基于对价关系之债权系相对权，不得以此对价关系之债权对抗债务人，即无从本于对价关系对于债务人主张其取得之利益为有法律上原因，则债务人于契约解除后，以第三人约款业已失其存在为由，向第三人请求返还不当得利，自非法所不许。”其结果，第三人对于债务人有直接请求权，反成为不利于第三人之理由。[①]

在向第三人给付之契约，不论第三人对于债务人有无直接请求权，实质上皆是基于债权人之指示，才使债务人对于第三人为给付。所不同者是：在利益第三人契约，债权人透过与债务人之约定，使第三人虽不受该债权之移转，而取得该债权之受领权人的地位，得直接请求债务人给付。所以第三人受领给付以取得利益之法律上原因还是存在于债权人（要约人）与第三人间。必须受债权之移

① 补偿关系不存在或无效时，在向第三人给付契约中，含利益第三人意思之利益第三人契约的受益人，因对于债务人有直接请求给付之权利，而反较无直接请求权之第三人不利，显不合理。因此，有以“举轻以明重”（das Argument a fortiori）为论据，认为债务人不当因补偿关系不存在或无效，而对于有直接请求权之受益人请求返还不当得利，而应对于其债权人请求返还不当得利（王泽鉴：《不当得利》，2009 年增订新版，第 115～116 页；另见收录于同书，不当得利法在实务上的发展，第 29～34 页。Esser/Weyers, Schuldrecht Band Ⅱ Besonderer Teil, Teilband 2, 8. Aufl., 2000 Heidelberg, S. 57; Medicus, Bürgerliches Recht, 15. Aufl., 1991, Rdn. 679, 681）。在这里，其举轻以明重的论据建立在有请求权者应较无请求权者受较多之保护的逻辑。问题是：如认为受益人所以取得所受领之利益的法律依据系在于其对于债务人之直接请求给付的权利，以及该直接请求给付的权利系存在于债权人与债务人之补偿关系中，则该论据便可能引起如“最高法院”2006 年度台上字第 1925 号民事判决所提出之质疑。然其实该直接请求给付的权利之授予，只是债权人甲为履行其对于受益人乙所负债务的履行方法。该直接请求给付的权利之授予对于债务人丙所以有拘束力，系因为债务人丙在该利益第三人契约同意受该利益第三人约款的拘束。该同意使债权人（在此为受益人乙）例外地得以自己之名义，代位行使其债务人甲（利益第三人契约之要约人）对于其债务人丙（利益第三人契约之债务人）之给付情求权。该利益第三人意思之合意并不改变债务人丙对于受益人乙之给付，系为辅助债权人甲履行其对于受益人乙之债务的性质。因为履行辅助人之给付在法律上论为债务人对于债权人之给付，所以，即便由履行辅助人自己垫付履行所需之费用，在履行后，只得对于其所辅助之债务人请求偿还履行费用。履行辅助人（在此为丙）自己不因辅助履行而与债权人（在此为受益人乙）有给付关系。盖其给付之效力属于债务人（在此为甲）：（在此为）清偿甲对于受益人乙之债务。因此，在履行辅助的基础关系（甲丙间之补偿关系）不存在或无效时，该辅助履行之费用偿还请求权，转为丙对于甲，而非丙对于乙之不当得利之返还请求权。只有在甲对乙之债务不存在时，甲始得对乙依不当得利之规定，请求返还乙自丙受领之利益。

转，第三人在转为该债权之受让人后，该移转之债权始成为受让人自债务人受领给付取得利益之法律上原因。从而该债权如果不存在或无效，债务人对于受让人才有给付性不当得利之请求权。受让人因此所受不利益，应以该债权之让与的原因关系为依据，依债务不履行的规定对让与人请求履行或赔偿。

当无债权的移转，而只是在债权人（要约人）与债务人间有向第三人给付或利益第三人的约定，则即便在利益第三人契约，债务人所以有向第三人给付的义务，其根本所在为：债务人与债权人（要约人）间有补偿关系，并不以债务人与第三人间之任何债之关系为基础。在该补偿关系中含有债权人利益第三人之意思时，债务人为履行其对于债权人之债务，有义务听从债权人之指示，在第三人对其请求给付时，对于第三人给付。是故，补偿关系如果不存在或无效，债务人即无听从债权人之指示，对于受益人给付的义务，从而得拒绝第三人（受益人）之给付的请求。其中的规范结构或机制，并不以第三人（受益人）与债务人间有以债权人与债务人之补偿关系为基础之原因关系为依据。第三人对于债务人是否有直接请求给付的权利，与债务人所以负给付义务的法律上原因无关。其法律上原因依然存在于债务人与债权人（要约人）间之补偿关系；而第三人受领该给付之法律上原因则为其与债权人间之对价关系。[①] 是故，当该补偿关系不存在，而债务人已履行据该补偿关系所发生之债务时，债务人应向该关系的相对人（要约人），而非第三人请求返还不当得利。该两号判决以第三人对于债务人是否有直接请求权为基准，在补偿关系不存在时，认定第三人为债务人之不当得利返还请求权的义务人，显不妥当。

论诸实际，在债权人不移转债权于第三人，而仅与债务人约定第三人得对于债务人直接请求给付的情形，第三人之请求权便一直依附于债权人（要约人）对

---

① “最高法院”1998年度台上字第61号民事判决：“以契约订定向第三人为给付（第三人利益契约），乃属要约人与债务人间之契约，如要约人与第三人间存有原因关系（对价关系）时，债务人及第三人固系直接依债务人与要约人间之第三人利益契约而为给付及受领给付，唯第三人受领给付之原因，则系本于其与要约人间之对价关系。故要约人与债务人间之契约纵经解除，如第三人与要约人间之对价关系，仍然存在，第三人所受领之给付，即与无法律上之原因而受利益或虽有法律上之原因而其后已不存在之情形有别，不生不当得利之问题。”“最高法院”1999年度台上字第657号：“按保险契约如约定第三人为受益人，使受益人享有赔偿请求权，即属附有第三人利益契约之保险契约。又第三人利益契约之要约人，所以约定由债务人向第三人给付，常有其使第三人受利益之原因，此原因即为对价关系，第三人受领给付，即系基于其与要约人间之对价关系。故要约人与债务人之基本契约纵经解除，如第三人与要约人间之对价关系，仍然存在，第三人受领之给付，即与无法律上之原因而受利益或虽有法律上之原因而其后已不存在之情形有别，不生不当得利之问题。”

于债务人之请求权。是故，欲使未受债权让与之第三人得以自己之名义，对债务人为请求，其请求之运作机制，应仅是经债权人授权之受领权人，以相当于“民法”第 242 条所定之代位权为基础：第三人（受益人）代位补偿关系之债权人以自己名义直接对其债务人请求给付，而后依第三人（受益人）与债权人之对价关系，使受领之给付的利益直接归属于自己。依该机制，系争给付所构成之财产利益的移动轨迹，依然是自债务人经由债权人，而后达到第三人（受益人）。① 因此，在利益第三人契约，补偿关系之不存在或无效，不使第三人（受益人）因给付之受领，而对于为给付之债务人负不当得利的返还义务。② 是故，在债务人依利益第三人约款对于第三人履行前，该契约之债权人（要约人）之债权人（丁）应可声请就该以第三人为给付对象之债权为强制执行。

---

① “最高法院”1975 年度台上字第 2916 号民事判例：“债权人代位债务人起诉，求为财产上之给付，因债务人财产为总债权人之共同担保，故诉求所得应直接属于债务人，即代位起诉之债权人不得以之仅供清偿一己之债权，如须满足自己之债权应另经强制执行程序始可，债权人虽亦有代位受领第三债务人清偿之权限，但系指应向债务人给付而由债权人代位受领而言，非指债权人直接请求第三债务人对自己清偿而言，故债权人代位债务人起诉请求给付者，须声明被告（第三债务人）应向债务人为给付之旨，并就代位受领为适当之表明，始与代位权行使效果之法理相符。”

② “最高法院”2000 年度台上字第 961 号民事判决：“无法律上之原因而受利益，致他人受损害者，应返还其利益。虽有法律上之原因，而其后已不存在者，亦同。‘民法’第一百七十九条定有明文。无法律上之原因取得不动产所有权而受利益，致他人受损害者，该他人自得依不当得利规定，请求移转不动产所有权登记，以返还利益，并不发生涂销登记之问题。又物权行为有独立性及无因性，不因无为其原因之债权行为，或为其原因之债权行为系无效或得撤销而失效；而买卖契约与移转所有权之契约不同，买卖契约不过一种以移转物权为目的之债权契约，难谓即为移转物权之物权契约，且出卖人对于出卖之标的物，不以有处分权为必要（本院 1948 年上字第 7645 号、1949 年台上字第 111 号判例意旨参看）；倘出卖人出卖他人之不动产，并依买受人之指示，使该他人将买卖标的物不动产所有权径移转登记于买受人所指定之第三人，则此第三人与该他人间仅存有移转物权之独立物权契约关系，其间并无何买卖债权债务关系，亦不因其取得所有权之登记原因载‘买卖’而受影响；若此，如买受人无法律上之原因，使非买卖当事人之第三人取得不动产所有权，第三人因而受有利益，且该买受人受有损害时，买受人自非不得请求第三人移转不动产所有权登记以返还利益。”

向第三人给付：在因第三人伪造账户权利人之签名，[①]凭伪造[②]或变造[③]之票据而为付款，或银行超额划拨或溢付票款给第三人的情形，因账户权利人对于该付款过程无影响力，所以不得将之归类为账户权利人指示银行对于第三人为给付。与之类似的情形为受任人由于自己的错误，对于委任人之债权人（第三人）为重复或过多的清偿给付。[④] 在上述三角关系，应认定存款人或委任人并无对于第三人为给付的意思，因此该银行之付款不得定性为存款人对于该第三人（受领人）之给付，从而存款人也不因之取得不当得利返还请求权。于是，该银行就其因对该第三人给予而遭受之损失，只能对该第三人请求返还。不当得利的关

---

① "最高法院"1983年度台上字第1173号民事判决："被上诉人系金融机关，就客户具领存款，究以何种方法判别印章之真伪，为其内部处理业务之问题，纵令其职员以肉眼判别印章之真伪并无过失，然存款为第三人伪刻印章所冒领，被上诉人仅得对冒领人为损害赔偿之请求，要不得以第三人冒领之事由，主张对于上诉人已生清偿之效力（本院1968年台上字第29265号判例参照）。虽原审认定被上诉人所属职员判别印章真伪之过失，得因当事人间之特约而免除，唯所免除者，仅被上诉人之过失责任而已，依前述判例意旨，被上诉人之职员以肉眼判别印章之真伪，纵无过失，而系争存款经第三人冒领后，仍不得对上诉人主张发生清偿之效力。原审认两造特约已免除被上诉人之过失责任，被上诉人于第三人冒领后，对于上诉人乃生清偿之效力，不免误会。"王泽鉴：《不当得利》，2009年增订新版，第106～107页。

② "最高法院"1980年度台上字第3235号民事判决："查付款人因重大过失，而对伪造之支票为付款，尚难谓其系依发票人之委托而为付款，因该项付款所生损害，自不能使归甲存账户负担。本件原审既谓上诉人系因重大过失而对上开伪造之支票为付款，复谓因该项付款，其受损害者应为文鑫公司，而非上诉人，上诉人不得依不当得利之规定，请求被上诉人返还，显有不合。又伪造支票之执票人，对付款人并无请求及受领付款之权限。本件被上诉人纵令系因出售机车而取得该伪造之支票，亦不能因此即谓其对上诉人有请求及受领该票款之权限，并认其领取该票款有法律上之原因。原审谓上诉人不得本于不当得利之法律关系请求被上诉人返还，复有可议。"

③ 王泽鉴：《不当得利》，2009年增订新版，第107～109页。

④ Esser/Weyers, Schuldrecht Band Ⅱ Besonderer Teil, Teilband 2, 8. Aufl., 2000 Heidelberg, S. 54; Gottwald, Direktkondiktion des unvorsichtigen Notars —BGHZ 88, 232, JuS 1984, 841; Lorenz, Zum Bereicherungsausgleich bei einer Anweisung, wenn der Anweisungsempfänger die Leistung vom Anweisenden unentgeltlich erhält, JZ 1984, 190。此为关于BGH, Urteil v. 22. 9. 1983之评释。类似问题之讨论，另见Detlev Joost/ Christa Dikomey, Berei-cherungsanspruch bei fehergeleiteter Überweisung auf ein überschuldetes Konto des Gläubigers —BGH, NJW 1985, 2700, Jus 1988, 104ff.; Werner Flume, Zum Bereicherungsausgleich bei Zah-lungen in Drei-Personen-Verhältnissen, NJW 1991, 2521ff..

系应存在于银行或受任人与该第三人间。[①] 因为银行并无透过付款，增加该第三人之财产的意思，所以其返还请求权应定性为非给付性不当得利返还请求权（费用性不当得利）。是故，与非债清偿之不当得利有关的排除规定（"民法"第180条第3款）也自无适用。存款人对于银行之付款委托或指示，系因存款人欠缺行为能力而无效者，为保护未成年人，亦应得出相同的结论。[②]

似同而实异之情形为：在客户甲对于银行乙撤销付款委托后，如果银行还是依原来之指示，对于甲之本票债权人丙付款时，应构成第三人清偿，而非由第三人清偿。[对此，德国学说上有不同的看法，认为票据之发票人纵使可以撤销其对于付款银行之付款委托，亦即撤销其使第三人（付款银行）对发票人之债权人清偿的指示，但发票人仍应受其与持票人间关于以票据为付款方法（间接给付）之清偿约定的拘束，发票人不得单方使该约定失去效力。其撤销付款委托，虽可消灭其对于付款银行先前之付款的授权，但这对于受款人并无效力。因此，该付款银行在受撤销付款委托之通知后，对于发票人之债权人之付款，仍应认定为是：为发票人对其债权人之付款。受款人因受领该款项而得到之利益，仍以该票据之清偿目的为其法律上原因。该给付关系存在于发票人与其债权人（受款人）间。因此，付款银行不得以未注意到付款委托已撤销而付款为理由，对于受款人请求返还不当得利[Larenz/ Canaris, Lehrbuch des Schuldrechts, Band Ⅱ · Halbband 2, Besonderer Teil, 13. Aufl., München 1994, § 70 IV 3 c; Thielmann, Gegen das Subsidiaritätsdogma im Bereicherungsrecht, AcP 187 (1987), 43 Fn. 78；不同的见解，请参见 Jan Wilhelm, Die Zurechnung der

---

① v. Caemmerer, Bereicherungsanspüche und Drittbeziehungen, JZ 1962, 387："尤其是有一个指示存在，是为支付之银行也当然有之相对于受益人的法律行为基础。如无，则该银行得直接向受领人请求返还给付之款项。这可能适用于误为重复执行汇款之指示，或超过客户的委任汇出过多的情形。"在上述情形，银行对于受益人之汇款在法律上不认为是基于其客户之指示，所以其给付不是基于银行与其客户之补偿关系，而是直接基于银行对于受款人之汇款事实。因此，当银行与受款人间无该款项之授受的原因关系存在时，该款项之授受自构成给付性不当得利。如该过多付款是由于受款人之不当行为时，例如伪造该银行客户之支票成功提示取款，则该款项之授受构成受款人对于该银行之侵害性不当得利。要之，在向第三人给付或利益第三人契约，上述情形并非债务人例外可以直接对于受益人请求不当得利之返还的案例。这是完全不同的类型。银行汇款之复杂的不当得利问题，详请参考Wernhard Möschel, Fehlerhafte Banküberweisung und Bereicherungsausgleich, JuS 1972, 297ff.；陈自强：《委托银行付款之三角关系不当得利》，载《政大法律评论》第56期，第1页以下。

② Esser/Weyers, Schuldrecht Band Ⅱ Besonderer Teil, Teilband 2, 8. Aufl., 2000 Heidelberg, § 48 Ⅲ 3 b(S. 52ff.).

Leistung bei Widerruf einer Anweisung, insbeson-dere eines Schecks, AcP 175 (1975), 338ff..]。Werner Flume, Die Zahlungszuwendung im Anweisungs-Dreiecksverhältnis und die Problematik der ungerechtfertigten Bereicherung, NJW 1984, 466ff.:Flume 认为,在发票人撤回付款委托的情形,被指示人究竟是对于指示人或受款人有不当得利返还请求权,应视是否有存在于指示人与受款人间之对价关系可以正当化受款人该支付而定。如有,对于指示人;如无,对于受款人有不当得利返还请求权。其对于指示人之不当得利返还请求权不是基于指示,而是基于第三人清偿。]盖"票据法"第135条虽然规定"发票人于第一百三十条所定期限内,不得撤销付款之委托",但此为"票据法"对于支票发票人关于付款委托之撤销的限制。纵使有该限制,发票人如撤销付款委托,付款人之付款即不再是基于发票人之委任。是故,其付款对于持票人而言,是第三人清偿,而非由第三人清偿。[①] 视付款人有无利害关系而定其效力。其有利害关系者,付款人法定继受持票人对于发票人之债权("民法"第312条)。其无利害关系者,固应视情形构成无因管理或不当得利。但因发票人已撤销付款委托,其清偿应认定为违反本人(发票人)明示或可得推知之意思,所以,发票人如无意承认其为无因管理,便只在其受有利益之限度,构成不当得利。在本票因无撤销付款委托之限制的规定,所以在发票人撤销付款委托后,同样应认为,付款人之付款效力应先依第三人清偿的规定,再认定为,得依不当得利的规定,在发票人受有利益的限度,付款人始得请求发票人返还其所受利益。[②] 而非依由第三人清偿之

---

① 对于第三人而言,第三人清偿与由第三人给付之不同在于:在第三人清偿,第三人无为债务人处理事务之意思(Heirich Wieling, Drittzahlung, Leistungsbegriff und fehlende Anweisung, JuS 1978, 807.)。

② "最高法院"1980年度台上字第3965号民事判决:"本票发票人之责任,与汇票之承兑人同,'票据法'第一百二十条定有明文,故对本票负有付款之义务。纵令担当付款人未为付款,发票人对其签发之本票,仍应付款。本件上诉人经指定被上诉人为担当付款人,嗣于到期日前撤销付款之委托,被上诉人职员未予注意而为付款,固为两造不争之事实,然上诉人既不能证明执票人中联信托投资股份有限公司取得系争本票,系出于恶意,而有不得行使票据权利之情形,上诉人依票据法之规定,对于其签发之本票即负有付款之义务,则被上诉人代上诉人付款,虽已非受上诉人之付款委托,但既发生清偿本件票债务之效力,而使上诉人对系争本票债务责任消灭,自属受有利益,且被上诉人因代为清偿而受有损害,两者间复有因果关系,上诉人自属不当得利,被上诉人请求返还不当得利,即无不合。"该判决之见解,以发票人与执票人之对价关系所构成之原因关系为基础立论。该见解与 Werner Flume 在下文所持见解相同:Die Zahlungszuwendung im Anweisungs-Dreiecksverhältnis und die Problematik der ungerecht-fertigten Bereicherung, NJW 1984, 466ff. 王泽鉴对该判决的看法请参见《不当得利》,2009年增订新版,第109页以下。

规范的模式。其效力之差异主要表现在:不以付款人乙为清偿而支出之费用,而以债务人甲因其清偿实际上所受之利益为乙得对甲请求之范围。甲是否受利益及其范围,特别会受到甲对丙可能有之抗辩权及抵销权的影响。该抗辩权及抵销权的主张不发生在由第三人给付的情形。付款人乙因此不得向其客户甲请求返还的部分,乙得直接向丙请求返还。[①] 盖在此限度,丙自乙受领之给付,无甲丙间之债务关系可充为其法律上原因。唯甲乙间之委任关系(委托付款关系)不存在时,乙可能对丙主张,在此情形下,乙无为第三人清偿之意思,从而以此为理由,撤销其对于丙所为之给付行为,请求返还乙对丙之给付。这是否应以受领人明知无有效之指示,或甲丙间之债务关系是无偿为要件,德国实务上有肯定的倾向。[②] 假使将第三人欠缺债务人之指示而对债权人所为之给付,依然定性为由第三人给付,而非定性为第三人清偿,则德国通说为获得使第三人乙得直接对债权人丙请求返还其自乙受领之给付的结果,认为在这种情形,乙得穿透债务人甲,直接对债权人丙请求返还。[③]

强制执行之拍卖关系的当事人为拍卖人及拍定人。拍定人并无为债务人向执行债权人清偿债务之意思。故事后因拍定人有错误而撤销其应买之意思表示时,其已付之价金的原因关系即嗣后不存在,构成因给付而发生之不当得利。有疑问者为:该给付发生在谁与谁之间,以认定其给付性不当得利之当事人?该给付发生在拍定人与拍卖人之间,并以执行法院为其拍卖代理人。[④] 该代理关系基于执行债权人之声请强制执行而发生。执行债权人为该代理权之转授予者。是故,执行债权人亦应为债务人之代理人,且有双方代理之性质。基于其例外容许之双方代理的属性,应认为执行债权人亦系该给付关系之当事人。因此,拍定

---

① Ernst v. Caemmerer, Bereicherungsanspüche und Drittbeziehungen, JZ 1962, 387:"对于受利益者而言,银行所以为给付之契约基础为确有指示存在。如欠缺该指示,则银行得直接对于受领人请求返还其支付之金额。"

② 请参考 Esser/Weyers, Schuldrecht Band Ⅱ Besonderer Teil, Teilband 2, 8. Aufl., 2000 Heidelberg, § 48 Ⅲ 3 b(S. 54); Dieter Medicus, Bürgerliches Recht, 15. Aufl., Berlin 1991, Rdnr. 676f..

③ Heirich Wieling, Drittzahlung, Leistungsbegriff und fehlende Anweisung, JuS 1978, 808; Werner Lorenz, Bereicherungsrecht-liche Drittbeziehungen, JuS 1968, 447; Dieter Medicus, Bürger-liches Recht, 15. Aufl., Berlin 1991, Rdnr. 677.

④ "最高法院"2007 年度台上字第 2035 号民事判决:"依强制执行法所为之拍卖,仍属买卖性质,拍定人为买受人,执行法院仅代表出卖人立于出卖人之地位。"

人在拍卖自始无效[①]或因撤销而无效时，得直接对于执行债权人请求返还其受分配之价金。[②]

类似的问题为：(1)先顺位抵押债权人在经强制执行优先受偿后，该抵押权经判决涂销时，其优先受偿之给付的法律上原因事后即不再存在，从而纵使其担保之债权真正，但该债权之优先受偿的给付，相对于其他先顺位之债权，转而构成不当得利。[③] (2)后顺位之债权人因强制执行而受到清偿，致先顺位之债权人

---

① "最高法院"1998 年度台上字第 2993 号民事判决："执行法院拍卖抵押之不动产，经拍定人缴纳价金，如该拍卖为无效，执行法院即应将拍定人所缴纳之价金退还，不得以之分配于抵押权人；纵已分配终结，无从由执行法院退还该价金予拍定人，唯其既非抵押物卖得价金，抵押权人对之即无行使抵押权优先受偿之可言，其受领分配款，自属无法律上之原因而受利益，致拍定人受损害，拍定人得依不当得利之法则请求返还。"这固言之成理，但事因执行法院误拍而引起，可否直接规定，执行法院得请求受分配之抵押权人将所受分配之款项交回。且该命为交回之通知，得为执行名义，以免拍定人之讼累。

② "最高法院"2007 年度台上字第 2035 号民事判决："倘执行法院之拍卖，因投标应买意思表示之无效，而不生拍定之法效时，执行法院本应将拍定人所缴价金退还拍定人，如已分配予抵押权人，因该价金非抵押物卖得之价金，抵押权人对之即无行使抵押权优先受偿可言（'民法'第八百六十条参照），故其受领分配款自系无法律上原因。本件被上诉人系以系争土地之第一顺位抵押权人受分配三百四十万一千零七十六元（见一审卷第一四三页），苟若系争土地之拍定因撤销而无效，依上说明，其受领分配款即无法律上原因。原审徒以被上诉人因强制执行受分配价金系债务人庄良次清偿其债权，即令买卖关系不存在，无法律上原因受利者系庄良次，上诉人应向庄良次而非得向被上诉人请求返还不当得利。其法律见解，亦属可议。"唯"最高法院"先前在该院 2006 年度台上字第 2409 号民事判决持不同见解："执行法院将拍卖所得之价款径行分配予各债权人，其实际给付义务人仍为债务人，执行法院仅代债务人将拍卖所得价款转给债权人以清偿其债务而已。本件执行法院将被上诉人拍定之价款分配予债权人××银行一百八十四万六千六百九十三元，仅代债务人陈××清偿其债务，嗣被上诉人撤销承买（拍定）之意思表示，能否谓××银行对债务人陈××之债权受偿之金额系不当得利，被上诉人得依不当得利之法则请求返还，非无研求之余地。"按强制拍卖的意旨在于容由债权人就债务人之财产强制取偿。所以其实质的法律关系发生在债权人与债务人之间。必须债权人能成功拍卖债务人之财产，债务人始能对于债权人清偿债务。是故，当拍卖事后为拍定人撤销时，应认为拍卖未成功，执行债权人基于债务人之拍卖代理人的地位，应将拍得价金返还拍定人。执行债权人不得以该价金系由执行法院转给为理由，拒绝返还。这与一般之向第三人给付契约，要约人（在此为执行债务人）指示债务人（在此为执行法院）向第三人（在此为执行债权人）为给付的情形（"民法"第 269 条），尚有不同。

③ "最高法院"1965 年度台上字第 2391 号民事判例："破产人在破产宣告前以其不动产为他人设定抵押权，经破产管理人依'破产法'第七十八条之规定诉请撤销，此项形成判决，于拍卖抵押物之强制执行程序终结后始告确定，虽对拍定人或承受人不生任何效力，然对债权人所受优先受偿之利益，其法律上之原因即难谓仍存在，破产管理人依'民法'第一百七十九条之规定，诉请返还其利益，要非法所不许。"

未能受到清偿者，其受偿部分相对于先顺位债权人亦构成不当得利。[①] 有疑问者为：债务人及先顺位抵押债权人对于已受清偿之后顺位抵押债权人是否皆有不当得利返还请求权？[②] 在就抵押物为强制执行的情形，拍卖所得价金不足以清偿全部已声明参与分配之债权者，应按各债权之受偿顺序分配之。其余未声明参与分配之债权，对该拍卖所得价金无受分配之权利（“强制执行法”第 32 条）。是故，只要先后顺位之抵押权担保之债权真正，其清偿对于债务人皆不构成损害，因此，在上述情形，仅先顺位抵押债权人对于在强制执行中，受到清偿之后顺位抵押债权人，有不当得利返还请求权；债务人对于已受清偿之后顺位抵押债权人并无不当得利返还请求权。

5. 预售合建房屋

地主甲与建主乙合作建屋，并以乙之名义对外预售。丙与乙缔结买卖契约购买该合建预售房屋之房地后，乙倒闭停工，未履行其与甲缔结之合建契约。系争房屋由丙自行续建完成。乙亦未将房屋之基地的所有权移转于丙。该土地仍继续登记于原所有权人甲之名下。甲因而对丙主张：丙占用该土地取得利益，使

---

① “最高法院”1973 年度台上字第 1893 号民事判例：“两造既经诉讼，被上诉人应征之土地增值税，应否优先于上诉人之抵押债权以获清偿，上诉人自应受上开诉讼确定判决之拘束，今既判决确定被上诉人胜诉，则上诉人前由法院依分配表受领之系争款项，即成为无法律上之原因而受领，是其受领时虽有法律上之原因，而其后已不存在，仍属‘民法’第一百七十九条后段之不当得利，被上诉人既因而受有损害，依不当得利之法律关系请求返还，自属正当。”不同见解，“最高法院”1967 年度台上字第 77 号民事判决：“被上诉人对于破产人原有债权存在，虽其设定之抵押权系在第二顺位或第三顺位，不能获得抵押物卖得价金之分配，然究与非债清偿之情形不同。上诉人（破产财团管理人）既已对之履行清偿，即难谓被上诉人之受领清偿为无法律上之原因，上诉人自不得依‘民法’第一百七十九条之规定，请求不当得利之返还。”

② 如采债务人及先顺位抵押债权人对于已受清偿之后顺位抵押债权人皆有不当得利返还请求权的看法，则债务人的行使者为给付性不当得利返还请求权，而先顺位抵押债权人的行使者为侵害性不当得利返还请求权。债务人之论据是：为清偿目的而误向后顺位抵押债权人给付；先顺位抵押债权人之论据是：后顺位抵押债权人以行使其债权为方法，使先顺位抵押债权人在本来能受清偿时未受受偿，构成对于债权之侵害。其不当得利返还请求权的依据虽然不同，但因其引起之损害及受损害之人同一，所以，当采债务人及先顺位抵押债权人皆有不当得利返还请求权的见解，依然可谓数人依法律，有同一债权，且各得向债务人为全部给付之请求，构成连带债权（“民法”第 283 条）。其债务人（后顺位抵押债权人），得向债权人中之一人（债务人或先顺位抵押债权人），为全部之给付（“民法”第 284 条）。且连带债权人中之一人，已受领清偿、代物清偿，或经提存、抵销、混同，而债权消灭者，他债权人之权利，亦同消灭（“民法”第 286 条）。不过，在债务人与先顺位抵押债权人间，如有同时请求的情形，应优先向先顺位抵押债权人给付。

甲受到损害，构成不当得利，丙应返还甲相当于租金之不当得利。“最高法院”以丙占有该土地与公平正义法则有违为理由，判决甲之主张有理由。[①]

依甲乙之合作模式，在顺利的情形，该土地之可能的移转流程有二：(1)甲先将该土地移转给乙，再由乙移转给丙；(2)甲以乙为代理人，授权乙以甲之名义，直接将该土地移转给丙。在上引案例中，甲已将土地交付乙。乙停工后，在甲未为异议的情形下，由丙自乙取得对该土地之占有并为续建至完成。基于上情，应可认为该土地已基于甲乙间之合建契约，由甲交付于乙，并基于房屋预售契约由乙交付丙。至于土地所有权则尚未移转。在甲与乙及乙与丙间关于土地之给付，可论为接续的给付。分别以甲与乙间之合建关系及乙与丙间买卖关系为其原因关系。在各该关系有效的情形，甲对乙及乙对丙先后所为之给付皆有其法律上原因。

除契约另有订定外，“买卖标的物之利益及危险，自交付时起，均由买受人承受负担”(“民法”第373条)。亦即买卖标的物之用益利益的移转并不以其所有权之移转为要件。是故，有疑问的仅剩：乙有无权限将该土地交付丙，以移转其用益权于丙。为保护预售房屋购买人之利益，在地主与建主订立合建契约，授权以建主之名义与预售房屋购买人订立含土地之买卖契约，并已开始兴建履行合建及买卖契约，收受各期房地买卖价金的情形，应认为建主已获得地主授权，从事系争房屋之兴建、买卖及其履行所必需之一切行为。特别在预售房屋购买人已因信赖该合建契约及地主容许建主，在该土地上从事预售屋销售、营建等表见事实，对于建主按期给付房地价金，并自建主受部分买卖标的物之交付，受危险负担之移转，从而也信赖其将来有权移转标的物之所有权的情形，其信赖应受与所有权或担保物权之移转或设定的情形，同等的保护。盖在地主与建主合建房屋，并由建主以自己名义预售房屋的情形，该关系具有由地主提供信用给建主，

---

① “最高法院”1997年度台上字第1102号民事判决：“不当得利请求权之基础，在于公平正义，被上诉人固与巨富公司签订合建契约，而上诉人亦与巨富公司签约预购系争房地，唯巨富公司于兴建中途倒闭停工，并未履行其与被上诉人合建契约之义务，系争房屋由上诉人自行续建完成，巨富公司既未将系争土地交付并办理所有权移转登记与上诉人，系争土地仍为被上诉人管理之祭祀公业业产，为原审确定之事实。则上诉人于巨富公司停工后，自行在被上诉人所管理之系争土地续建系争房屋，长期占有使用系争土地而受有利益，致使被上诉人受有无法使用之损害，与公平正义法则有违，被上诉人自得请求上诉人返还相当于租金之不当得利，原审因而为上诉人败诉判决，难谓违背法令。”

或以隐名合伙的方式,[①]经营共同事业的性质。在出名营业人不履行债务时,隐名合伙人应就其出资对于合伙债务负责。("民法"第703条)地主与建主合建房屋预售,而事后在建主对于买受人违约时,地主不但不对预购房屋者负责,而且在预购房屋者自力续建完成预购之房屋时,还就其出资之土地,对预购人,主张其系无权占有系争土地,请求相当于租金之不当得利的返还,显不妥当。地主所当向之请求者为建主之债务不履行的责任。

6. 当事人错误

当事人资格之错误,交易上认为重要者,视为意思表示内容之错误。表意人若知其事情即不为意思表示者,表意人得将其意思表示撤销之("民法"第88条)。["最高法院"2009年度台上字第1469号民事判决:"按'民法'第八十八条第一项所称之错误,固仅存于'意思表示内容'之错误(误认其表示之内容)及'意思表示行为'之错误(误用其表示之方法),然存于'当事人之资格或物之性质'之错误(在本质概念上,只有动机之错误,并无意思与表示之不一致),若从社会经济而言,在交易上认为重要者,各该错误即等同误认人或物之同一性,同条第二项乃就此设有'其错误,视为意思表示内容之错误'之规定,以资兼顾。是以当事人之资格或物之性质,在交易上认为重要而有错误,倘当事人主观上知其情事,即不为意思表示,而依一般客观上之判断,亦系如此者,当视同其表示内容之错误,盖其资格或性质,既在交易上认为重要,而其错误在主、客观上俱为严重,则通常可认其资格或性质为法律行为之基础,并应为相对人所明知或可得而知。于此情形,该错误之表意人自非不得依该条第二项规定将其意思表示撤销之,始不失该条项规范之真谛。"]如有因误认债权人,或误他人之债务为自己之债务,而为清偿者,[误他人之债务为自己之债务,而为清偿,相当于误他人之事务,为自己之事务而为管理。在此,因其所管理之事务具有客观之他人事务的性质,应可肯认其为不真正之无因管理(误想管理)。视情形,将之论为适法或不适法无因管理。如论为不适法无因管理,而真正债务人受有管理利益时,至少管理人得依费用性不当得利的规定,请求返还其得到之利益。至于债权人方,既受领于先,不得为不生清偿效力之主张。不过,误偿者,如以当事人之资格有错误为理由,撤销其履行行为,则一切回归原状("民法"第114条准用第113条之规定:恢

---

① "最高法院"2008年度台上字第1122号民事判决:"查'民法'之合伙系指二人以上互约出资以经营共同事业,分享其营业所生之利益及分担所生损失之契约,观诸'民法'第六百六十七条第一项之规定自明,是合伙应就如何出资及共同事业之经营为确实之约定始足当之,倘仅单纯出资取得财产而未约定经营共同事业者,纵将来可获得相当之利益,亦仅属合资或共同出资之无名契约,与'民法'所定之合伙尚属有间。"

复原状)：误偿者得对于债权人请求返还所给付之物。误偿者之上述选择权存在于："民法"第 88 条所定之撤销权。撤销权人有权自由决定是否行使撤销权。否定误偿者之该选择权者有：Esser/Weyers，Schuldrecht Band Ⅱ Besonderer Teil，Teilband 2，8. Aufl.，2000 Heidelberg，§ 48 Ⅲ 6 a；Medicus，Bürgerliches Recht，15. Aufl.，1991，Rdn.，951；Lorenz，Gläubiger，Schuldner，Dritte und Bereicherungsausgleich，AcP 168(1968)，306ff.；王泽鉴：《不当得利》，2009 年增订新版，第 127～128 页。正反意见之详细论点，请参看 Lorenz 上文。]有因当事人错误，而为给付。其错误存在于履行行为。其履行行为属于法律行为者，得为撤销之标的。如为撤销，应依所有物返还请求权，对债权人请求返还。如不撤销，得依不当得利之规定对债务人请求返还，[①]履行行为属于事实行为者，因无撤销可能性，亦同。

在债权已让与，而债务人未受让与通知，以致误向原债权人清偿的情形，会因对错误的债权人(当事人)清偿，而发生所清偿之债务是否消灭，以及谁对于原债权人有不当得利返还请求权的问题。按"民法"第 297 条第 1 项前段虽规定"债权之让与，非经让与人或受让人通知债务人，对于债务人不生效力"，但这只是使债务人未受通知时，其向原债权人清偿对于新债权人亦可生清偿效力而已。[②] 是故，如有该条所定情事，受让人将因受让之债权消灭而受损害，而原债权人将因受领清偿给付而受利益。该利益之受领以已移转之债权的清偿目的为其法律上原因，债务人不因此对于原债权人有不当得利返还请求权。倒是因原

---

① 意思表示之内容有错误，而不依"民法"第 88 条撤销时，其意思表示依然有效。当该错误存在于履行行为的层次，不论其原来所为之原因关系为何，皆可构成不当得利，盖有当事人错误之履行行为，不可能有一定之债务关系为其原因关系。唯该错误若存在于债权行为的层次，而不为撤销，则依该意思表示而发生之债务关系，在撤销前，仍系以其履行为目的之给付的法律上原因。因此，该给付不构成不当得利。

② 只要该债权确已让与，在让与人及受让人间即生移转效力，不以通知债务人为要件。"最高法院"1953 年度台上字第 626 号民事判例："债权之让与，依'民法'第二百九十七条第 1 项之规定，虽须经让与人或受让人通知债务人始生效力，但不以债务人之承诺为必要，而让与之通知，为通知债权让与事实之行为，原得以言词或文书为之，无须何等之方式，故让与人与受让人间成立债权让与契约时，债权即移转于受让人，除法律另有规定外，如经让与人或受让人通知债务人，即生债权移转之效力。至同法条第二项所谓受让人将让与人所立之让与字据提示于债务人，盖使债务人阅览让与字据，可知让与之事实与通知有同一之效力，并非以提示让与字据为发生债权让与效力之要件。""民法"第 297 条第一项前段规定："债权之让与，非经让与人或受让人通知债务人，对于债务人不生效力。"依该项规定，让与人或受让人将债权之让与事实通知债务人，虽看似被规定为对于债务人之相对的生效要件，但其实是对抗要件。盖让与人与受让人间成立债权让与契约时，债权即已移转于受让人。

债权人以受领该债权之清偿给付为方法，侵害受让人（新债权人）受让之债权，并取得利益，可构成侵害性不当得利，对于新债权人（受让人）应负不当得利返还义务。①

在垂直分工的现代交易关系中，一件货物常必须透过中间商，始能自其制造商，最后提供给消费者。当中，中间商扮演之角色可能是居间、行纪或经销。在缔结契约时，对于与自己从事缔结契约之活动者，在该契约之缔结上所扮演的角色，如果有认知错误，便会产生当事人资格之错误。依"民法"第88条第2项，当事人之资格，若交易上认为重要者，其错误，视为意思表示内容之错误。其错误非由表意人自己之过失者，表意人得将其意思表示撤销之。反之，若交易上认为不重要者，则其错误不构成得撤销意思表示的事由。

在建筑物之兴建，建材在物权法上终将与建筑物发生添附，而成为建筑物之成分。建筑物的所有人有可能基于承揽契约之履行行为，善意取得，亦有可能基于添附，获得该建材之所有权或利益。在该承揽关系之发展过程中，涉及定作人、承揽人及建材所有人间关于建材之交易，如果定作人系基于善意经由承揽人取得该建材之所有权或利益，而建材所有人丧失其对于该建材的权益无法律上原因，则会引起建材所有人对定作人或承揽人有不当得利请求权的问题。②

在建筑工程之承揽关系中，承揽人为完成其向定作人承揽之工作，通常必须向建材供货商购买建材。该建材有可能由承揽人购买，而后用在将于承揽完成之工作物（包工包料）；也有可能透过承揽人之代理，直接提供给定作人，而后由承揽人使用于其承揽之工作；也有可能直接由定作人提供给承揽人（包工不包料）。关于承揽报酬，"民法"第491条规定："如依情形，非受报酬即不为完成其工作者，视为允与报酬（第一项）。未定报酬额者，按照价目表所定给付之；无价目表者，按照习惯给付（第二项）。"如果只就承揽之工作加以约定，而约定工作之完成需要材料者，该承揽将倾向于解释成包工包料。在这种情形，材料供货商及定作人皆只与承揽人有债务关系。该材料之销售流程：由材料供货商卖给承揽人，再由承揽人卖给定作人。材料供货商与定作人间无销售或给付关系。有销售关系者间，始可能因销售契约无效，而使以该销售契约为基础之给付，成为无法律上原因之财产利益的移动，构成不当得利。反之，假设双方仅就劳务的部分约定报酬，则应解释为：所需材料将由定作人自己直接或透过他人（含承揽人）之

---

① 关于债务人未受让与通知，仍向原债权人清偿之不当得利问题，请参考 Andreas Blaschczok，§ 816 Ⅱ BGB im Mehrpersonenverhältnis，JuS 1985，88ff..

② Eduard Picker，Gutgläubiger Erwerb und Bereicherungsaus-gleich bei Leistungen im Dreipersonenverhältnis，NJW 1974，1970ff..

代理,购自材料供货商,而后提供承揽人施做。此为包工不包料。因此,关于该材料,只有定作人与材料供货商间有销售关系,从而也只有在其间可能因该销售关系不存在或无效,而使其履行所造成之财产利益的移动成为无法律上原因,构成不当得利。上述不当得利,按给付之反方向决定给付者为返还请求权人,受领给付者为返还义务人。

然纵使约定之承揽内容为包工又包料,在实际的履行上,承揽人不一定让材料供货商知悉承揽人才是真正的购买人。材料供货商也可能误以为承揽人只是定作人之代理人,从而误认定作人为其材料之购买人。于是,在这种情形,假设后来承揽人未对于材料供货商依约给付货款,则材料供货商对于定作人得为如何之请求?假设该材料已与工作物附合而发生添附,使定作人取得附合之工作物的所有权,则产生材料供货商是否依"民法"第816条规定,取得不当得利返还请求权及其返还义务人为谁的问题。

若材料供货商与承揽人之材料买卖契约还是有效,则承揽人因该材料之给付而取得的利益,有该买卖契约为其法律上原因;定作人取得添附利益,有该承揽契约为其法律上原因。因此,不构成不当得利。唯其间之任何一个契约无效时,分别视哪一个契约无效,而在其当事人间构成不当得利的关系:给付的一方对于受领给付的一方有不当得利返还请求权。不过,假设材料供货商自始误以为定作人是买受人,而其实真正的当事人是承揽人,则关于系争买卖契约之缔结,材料供货商有当事人错误。[Medicus, Bürgerliches Recht, 15. Aufl., 1991, Rdn.,687f.:设例:土地所有权人E向A定作一栋包工又包料之房屋,并即给付约定之总价。A以E之名义向B要安装至该房屋的材料。B未发一语在建筑工地交付该材料;该材料并经安装完毕。后来A破产,B对E请求付款。在该例中,A无代理权而与B缔结之买卖契约,如E不承认即不成立。于是,B所为之给付即成为无法律上原因之给付。唯因B向之为给付之E以其为A之给付而受领之,所以B与E间并无给付关系。Medicus引述实务上有两个看法:(1)含帝国法院(RG)所采之旧说认为,应以给付者之意思的方向为准。从而B对E有给付性不当得利返还请求权。不过,依德国民法第951条第1项第2句,当然只能请求返还价额。有问题者为:在什么范围E得将其向A之付款,依德国民法第818条第3项(相当于"民法"第182条第1项)自其所受利益扣除。Esser虽然认为E原则上应负担A违反约定所为之行为的风险,但如一般人可相信B之给付是A之给付,且E基于该信赖已对A支付时,E所受利益在其支付之限度应认为已不存在(Esser/ Weyers, Schuldrecht, Band Ⅱ Besonderer Teil, 6. Aufl., Heidelberg 1984, 8. Aufl., Heidelberg 2000, § 48 Ⅲ 6.)。(2)反之,联邦法院(BGH)认为应从受领者的角度客观观察系争给予显示出是谁的给付为基准，判断其给付关系：该观点与意思表示之解释的规定类似。亦即在上述情形，如可解释为 A 对 E 之给付，则 B 对 E 无给付性不当得利请求权。唯不能排除，B 得以错误为理由撤销其对 E 之给付相关的意思表示。Larenz/Canaris 赞成该见解（Larenz/ Canaris, Lehrbuch des Schuldrechts, Band Ⅱ · Halbband 2, Besonderer Teil, 13. Aufl., München 1994, § 70 Ⅲ 3 b）。Medicus 自己的看法：因为 B 相信 A 关于 E 对 A 之内部代理授权的主张而为给付，所以该无权代理必须具备 E 应负责之表见代理要件的情形，E 始负授权人的责任。否则，应从信赖保护的观点，从 E 与 B 谁比较值得受保护论断。假设 E 基于信赖 B 所为之给付是 A 之给付，且在对 A 支付时，非明知 B 之给付无法律上原因，则其信赖应受保护。反之，B 既不求证 A 有无代理权，又为赊账给付，所以其信赖无受保护的价值。Medicus 的看法与 BGH 的见解在 E 之支付的时间点是否应在产生信赖后，尚有不同。Medicus 认为 E 应系因信赖 A 之给付而为支付，始应予保护；而 BGH 认为 E 只要信赖 A 会给付，而为支付即可；不论 E 是在 B 交付前或交付后而为给付，B 对 E 皆无给付性不当得利。Larenz/Canaris 对于类似案例亦有详细论述（Larenz/ Canaris, Lehrbuch des Schuldrechts, Band Ⅱ · Halbband 2, Besonderer Teil, 13. Aufl., München 1994, § 70 Ⅲ 3）。］当其基于该错误而撤销该买卖契约及其材料之移转的物权契约时，材料供货商经由承揽人对于定作人所为该材料之所有权的移转，失其效力。[①] 其结果，自该材料之物流：由材料供货商经由承揽人至定作人的外观，承揽人对于定作人之移转部分类似于无权处分。其法律效力之可能的发展为：(1) 定作人与承揽人间约定之该材料的买卖契约有效，定作人并基于信赖承揽人有权转售或处分该材料，而与承揽人缔结该包工又包料之承揽契约。所以，如将该承揽契约解析为包工部分之单纯的承揽，及包料部分之单纯的买卖，则定作人可类推适用善意取得的规定（"民法"第 801 条），取得该材料之所有权，[②]并以该包料部分之买卖契约为其法律上原因。材料供货商极其量只能目的性扩张适用"民法"第 183 条，对于定作人请求返还其所受利益。在该利益之计算上，定作人

---

① Larenz/ Canaris, Lehrbuch des Schuldrechts, Band Ⅱ · Halbband 2, Besonderer Teil, 13. Aufl., München 1994, § 70 Ⅲ 3 b.

② Larenz/ Canaris, Lehrbuch des Schuldrechts, Band Ⅱ · Halbband 2, Besonderer Teil, 13. Aufl., München 1994, § 70 Ⅲ 3 a. 不同见解，请参看 Eduard Picker, Gutgläubiger Erwerb und Bereicherungsausgleich bei Leistungen im Dreipersonenverhältnis, NJW 1974, 1794; Medicus, Bürgerliches Recht, 15. Aufl., 1991, Rdn. 564.

得扣除其对于承揽人给付之材料货款(德国民法第816条第1项参照)。[①] (2)在定作人不能成功主张其得善意取得该材料时,定作人虽能依"民法"第811条,取得该材料之所有权构成之成分的所有权,但承揽人与定作人间所缔结之承揽契约不再能够充为其法律上原因。是故,定作人依然应依"民法"第816条对于材料供货商负不当得利的返还义务,且其依该承揽契约已对于承揽人给付之材料款不能作为定作人所受利益之计算上的扣除项目。[②] 为避免该风险,定作人应小心使材料供货商正确认知谁是材料之购买人及该材料之预定用途;材料供货商应协调承揽人同意,由定作人将该材料之货款为承揽人之利益,直接对于材料供货商为给付,以确保其货款债权。类似的问题亦存在于次承揽人之承揽报酬的确保需要。[③]

(五)侵害性不当得利

侵害性不当得利之债权人为因该不当得利事件而受损害之人。他可能因为其物权或债权受损而使他人无法律上原因而受有利益。[④] 其侵害如系由该受有利益者为之,其债务人之认定便无困难。其典型例如:(1)非所有权人而就他人之物或权利为使用收益;(2)消费他人之物。唯一个人如因他人之行为而自第三人受利益,则究竟谁应该是该侵害性不当得利之债务人的认定,便可能引起困难。例如(1)有偿地就他人之物与第三人为移转、设定他项物权、租赁、添附等有效的法律行为或为消费、用益等事实行为;(2)执行法院因执行债权人之声请,拍卖第三人之物,清偿债务人之债务;或(3)侵害承租人对于租赁物之用益权,而使自己从中受有利益。在上述情形都可能引起具有类型特色之侵害性不当得利的问题,已如上述。

侵害性不当得利的侵害人与得利者不一定是同一个人。例如甲以乙之饲料喂丙之鸡,或以乙之肥料施于丙之田。甲是侵害人,丙是受利益人。因侵害性不

---

① 请参考 Larenz/ Canaris, Lehrbuch des Schuldrechts, Band Ⅱ · Halbband 2, Besonderer Teil, 13. Aufl., München 1994, § 69 I 3 a; § 70 Ⅱ 1; Ⅲ 3. 不同的意见,请参考 Flume, JZ 1962, 282 对 BGH, Urteil v. 5. 10. 1961 之评释。

② 请参考 Esser/Weyers, Schuldrecht Band Ⅱ Besonderer Teil, Teilband 2, 8. Aufl., 2000 Heidelberg, § 48 Ⅲ 6; § 51 Ⅱ..

③ Larenz/ Canaris, Lehrbuch des Schuldrechts, Band Ⅱ · Halbband 2, Besonderer Teil, 13. Aufl., München 1994, § 69 I 3 a);. § 70 Ⅲ 4.

④ Ernst Joachim Mestmäcker, Eingriffserwerb und Rechtsverle-tzung in der ungerechtfertigten Bereicherung, JZ 1958, 521ff.; Gerd Kleinheyer, Eingriffsbereicherung durch unbefugte Nutzung und Wertersatz, JZ 1961, 473ff..

当得利以无法律上原因所受利益之返还为标的，所以只要受利益者所受利益与第三人之侵害行为造成之损害间有直接关系（das Unmittelbarkeitserfordernis），[①]受利益者即应对于受损害者负返还义务。是故，在侵害性不当得利，即使以侵害为其引起财产利益之移动的原因事实，还是非以侵害者，而以因该侵害而获得利益者在其受利益之限度为返还义务人。因此即便数人因同一不当得利事件而受利益，各个受利益者还是分别按其所受利益负返还义务，不因事件同一，而应对于受损害者连带负不当得利的返还义务[②]。此与共同侵权行为人就共同侵权行为引起之全部损害，应连带负损害赔偿责任者，不同（“民法”第185条第1项）。倒是为该侵害行为之第三人的损害赔偿义务与受利益者之不当得利返还义务可能构成连带债务。[③] 德国学说上称此为第三人之侵害性不当得利（die Dritteingriffskondiktion）。唯丙之受益如受善意取得制度之保护，则乙仅能向甲请求其因该无权处分，自乙取得之利益。处分他人之物的侵害者（甲）若系善意占有人，且其系将该标的物无偿让与第三人（丙），并因此免返还义务时，则该直接关系的要件可能因“民法”第183条的规定而被穿透，使第三人（丙）于善意之侵害者（甲）免返还义务之限度内，对于受害者（乙）负返还责任。对于此种类型，“民法”虽无像德国民法第816条一样，有直接关于对所有权人有效之无权处分的规定，但在无偿的情形，依“民法”第183条；有偿的情形，依“民法”第181条，其适用之结果应当相同。[④]

---

① Larenz/ Canaris, Lehrbuch des Schuldrechts, Band Ⅱ · Halbband 2, Besonderer Teil, 13. Aufl., München 1994, § 69 I 3 a);. § 67 Ⅱ 2 b).

② “最高法院”1985年度台上字第2733号民事判决：“因不当得利发生之债，并无共同不当得利之观念，亦无共同不当得利人应连带负返还责任之规定。同时有多数利得人时，应各按其利得数额负责，并非须负连带返还责任。原审认被上诉人依不当得利之规定，请求上诉人与陈国忠连带负返还责任部分为无不当，已有违误。”“最高法院”1998年度台上字第937号民事判决：“因不当得利发生之债，同时有多数利得人时，应各按其利得数额负责，并非须负连带返还责任。”“最高法院”1999年度台上字第1211号民事判决及“最高法院”2011年度台上字第76号民事判决均采相同见解。该见解应可论为“最高法院”一贯的见解。

③ 关于此种连带债务，德国民法第255条规定：“为物或权利之丧失而应为损害赔偿者，仅于赔偿请求权人让与其基于对该物之所有权或基于该权利而对于第三人之请求权时，始负赔偿之义务。”在此种连带债务，受害人并不得同时对于不同的人行使不当得利及侵权行为之请求权[Esser/Weyers, Schuldrecht Band Ⅱ Besonderer Teil, Teilband 2, 8. Aufl., 2000 Heidelberg, § 50 Ⅱ 2 b)(S. 84)]。“民法”与之相当之规定为第218条之一第1项：“关于物或权利之丧失或损害，负赔偿责任之人，得向损害赔偿请求权人，请求让与基于其物之所有权或基于其权利对第三人之请求权。”

④ 王泽鉴：《不当得利》，2009年增订新版，第169～170、220页以下；第291页以下。

在他人之物的移转，关于让与之标的物，侵害者与标的物之所有权人间如有一个契约关系，且正因有该契约关系才使该出卖人有违约而为无权处分的机会。例如出卖人因受寄托或因附条件买卖而占有标的物。因该物系基于所有权人之自由意思而入于无权处分人之占有，所以该所有权人就善意第三人对该占有引起之表见事实的信赖，应承受由第三人善意取得的不利益。该所有权人对于善意取得其物者，不论其移转之原因关系是否有效，原则上皆无返还请求权。然一个人若是为履行买卖契约，而将他人之物移转于善意买受人以为给付，则于该买卖契约无效时，善意买受人因善意取得该物之所有权而有给付性不当得利的返还义务。对于善意买受人有给付性不当得利返还请求权者为出卖人，而非该物之所有权人。[①] 该物之所有权人对于出卖人则有侵害性不当得利返还请求权。唯该善意取得之原因行为如系无偿行为，且该物之所有权人不能自该让与人获得赔偿或获得不当得利之返还者，则应类推适用“民法”第 183 条，应容许所有权人穿透让与人直接对于受让人(善意取得者)，请求不当得利的返还。不过，善意取得人之返还义务的属性依然是给付性不当得利，而非侵害性不当得利。

关于非给付性不当得利，Canaris 认为有其不同于给付性不当得利之法律上原因。只要财产利益之移转有效(无缺陷)，则就非给付性不当得利而言，即具有法律上原因。[②] 他想利用该观点说明为何，在甲依乙之指示向丙给付时，如果该给付之处分行为有效，而甲乙间之债务契约无效时，甲丙间不构成非给付性不当得利。至于丙所以能保有其自甲取得之给付，乃因乙丙间之基础的债务关系(对价关系)，而与甲丙间关于该财产利益之移动是否有原因关系无涉。反之，如其给付无效，则在以物或权利为标的之给付，该物或权利并未因该无效之给付而移转于丙，所以本来就不构成不当得利。在以物为标的之情形，甲应依所有物返还请求权对丙请求返还。丙如对该物有为使用收益，就因使用收益之事实行为得到的利益，甲丙间自构成非给付性不当得利。在给付无效的情形甲对丙之所为与乙无关。乙不因此与甲或丙发生债务关系，特别是不发生给付性或非给付性之不当得利的关系。

(六)侵害性不当得利与善意取得

一个人对于他人之权利的侵害行为，使另一个人受到利益时，构成之侵害性

---

① Larenz/ Canaris, Lehrbuch des Schuldrechts, Band Ⅱ · Halbband 2, Besonderer Teil, 13. Aufl., München 1994, § 69 I 3 a);. § 70 Ⅲ 1.

② Larenz/ Canaris, Lehrbuch des Schuldrechts, Band Ⅱ · Halbband 2, Besonderer Teil, 13. Aufl., München 1994, § 67 Ⅲ 2 d).

不当得利，并以受利益者，而非以侵害者，为其返还义务人。这当中，常涉及侵害者就他人之权利或物，从事移转或设定担保物权之无权处分、透过租赁或地上权之设定无权而为用益权之授予，或无权而将权利人之物添附于另一个人之物。在上述情形，如果侵害者，因登记或(准)占有构成之表见事实，使另一个人善意信赖该表见事实，并基于该信赖，受该权利之移转、担保物权之设定，或受用益权之授予，并因此基于善意取得之规定，取得该权利、担保物权或用益权时，因取得上述权利而受利益者，对于因此受损害之权利人，不负不当得利的返还义务。其所受利益以其与侵害者间之原因关系为其法律上原因。纵使其间之原因关系不存在或无效，该受利益者亦应对侵害者负给付性不当得利之返还义务，而不对该权利人负侵害性不当得利之返还义务。当然，该受利益者与该侵害者间如根本无原因关系，其善意受让之事实的主张将难以自圆其说，从而不构成善意取得。当善意取得不成立，该受利益者应对该权利人负侵害性不当得利之返还义务。

(七)费用性不当得利

费用性不当得利之典型为：为他人之物之维护，或为处理他人事务而支付或负担费用，或为他人清偿债务。[①] 其债权人为支付或负担费用者，债务人为因该费用之支付或负担，而使自己有财产之积极的增加或有费用之节省，从而受有利益者。当其受利益无法律上原因，即构成费用性不当得利。是否有法律上原因，依支出费用者及受利益者间之基础关系定之。该基础关系主要可能是债的关系，而后是物权法上及亲属法上之关系。为处理他人事务而支付或负担费用如构成适法无因管理，或虽不构成适法无因管理，但本人承认，或虽不承认而愿意享受管理利益时，其费用之偿还依无因管理，而不依不当得利的规定。为他人清偿债务的情形，限于清偿人就该债务之清偿无利害关系，才可能构成不当得利，已如前述。

(八)连带债务人清偿连带债务

对于债权人为清偿给付者，如果是多数债务人中之一人者，其给付既非第三人清偿，也非由第三人清偿。盖为给付者依其与其他债务人之内部关系，虽可能只负分担一部分债务的义务，但只要依其与债权人之外部关系，负有为全部给付的义务，该为给付者，纵使超出应分担部分而为给付，就超出应分担部分之给付，

① 王泽鉴:《不当得利》，2009年增订新版，第227～228页；Larenz/ Canaris, Lehrbuch des Schuldrechts, Band Ⅱ • Halbband 2, Besonderer Teil, 13. Aufl., München 1994, § 69 Ⅲ 1.

自己也是债务人之一，而非第三人。因此，超过自己应分担额之给付，为给付者虽得向其他债务人求偿（"民法"第 281 条）。但非依不当得利之规定。[1] 就此，该条第 2 项规定，"求偿权人于求偿范围内，承受债权人之权利。但不得有害于债权人之利益"。这时为清偿给付者虽自债权人受债权之法定移转，但其移转以求偿权人之得求偿范围为其范围。而该范围正取决于连带债务人之内部关系。

连带债务人超过自己应分担部分清偿者，该部分之债权并不因该清偿给付而消灭，而是法定地移转于为清偿给付之债务人。该效力与有利害关系之第三人的清偿相同（"民法"第 312 条）。其结果，其他连带债务人自不因有连带债务人之清偿给付而受利益。既不受利益，自不生不当得利之返还问题。[2] 在无有效之法律上或契约上的内部关系时，连带债务人间始可能因债务人之一为清偿，而生费用性不当得利之返还义务，各按其受利益之程度，决定其不当得利之返还义务的范围。该效力与无利害关系人之第三人清偿相当。这时该清偿给付无"民法"第 281 条第 2 项之适用。

父母为尽其对于未成年子女之扶养义务，而对子女为扶养给付者，子女受领该给付所受利益，有该父母为履行该扶养义务之给付目的为其法律上原因。因"民法"第 1089 条第 1 项规定："对于未成年子女之权利义务，除法律另有规定外，由父母共同行使或负担之。父母之一方不能行使权利时，由他方行使之。父母不能共同负担义务时，由有能力者负担之。"所以，以该扶养义务为依据之债务应论为父母之连带债务。该连带债务如由父母之一方单独履行，其履行者对于父母之另一方应得请求返还其应分担之部分。由于法律对之无明文规定，产生

---

① Esser, Schuldrecht, 2. Aufl., 1960, Karlsruhe, § 190, Ziff. 5. "最高法院"2003 年度台上字第 1440 号民事判决："连带债务人清偿连带债务，系基于债务人之身份而自为清偿，与'民法'第三百十二条规定之第三人清偿，系基于第三人之身份而为清偿者，并不同。连带债务人清偿连带债务后，其求偿权及代位权直接适用'民法'第二百八十一条之规定，而无再适用'民法'第三百十二条规定之必要。"

② 自先为给付之连带债务人的保护论，"民法"第 281 条第 2 项的规定固有其正面意义，但以已清偿之债权的法定移转为规范工具，其效力内容与同条第 1 项及第 274 条的规定皆有冲突。按首先第 274 条规定："因连带债务人中之一人为清偿、代物清偿、提存、抵销或混同而债务消灭者，他债务人亦同免其责任。"而后第 281 条第 1 项规定："连带债务人中之一人，因清偿、代物清偿、提存、抵销或混同，致他债务人同免责任者，得向他债务人请求偿还各自分担之部分，并自免责时起之利息。"依该两条规定，连带债务既因连带债务人中之一人为清偿、代物清偿、提存、抵销或混同而消灭，且因此他债务人始同免其责任。则该债务又如何能在消灭后又依第 281 条第 2 项法定移转于为清偿之连带债务人。其实从防止债权人之二重请求而论，只要在债权人已受领清偿给付的限度，将其债权移转于为清偿之连带债务人即可达到规范目的，不需规定该连带债务因清偿而消灭。

应适用连带债务之规定（“民法”第 280 条、第 281 条）或不当得利之规定的疑问。“最高法院”采应依不当得利之规定请求返还的看法认为，有扶养能力之共同扶养义务未按时分担扶养费用，由扶养义务人之一先行代垫之扶养费者，得依不当得利之规定，向其他共同扶养义务人请求返还其应分担之费用。[①] 该不当得利之返还请求权不因父母离婚而受影响。[②] 该见解与“民法”第 281 条第 2 项关于连带债务人超出自己应分担部分清偿债务，或“民法”第 312 条关于就债之履行有利害关系之第三人为清偿之效力不同。该两条均规定，在这种情形，于其清偿之限度内，连带债务人或有利害关系之第三人清偿人，承受债权人之权利，但不得有害于债权人之利益。因基于父母之共同扶养义务，其扶养义务之债权人（子女），得对于债务人（父母）中之一人或数人或其全体，同时或先后请求全部或一部之给付，所以该共同扶养义务具有“民法”第 273 条所定外部连带的效力特征。另因父母有内部分担的义务，又具有内部连带的特征。是故，该共同扶养义务是一种典型的连带债务。父母之一先为履行时，只要未为履行之父或母有负担能力，应优先适用《关于连带债务人之一履行连带债务时，对于其他连带债务人之求偿》的规定，而非适用不当得利的规定。一个人因误认亲属关系存在，而向其对之无扶养义务之人为扶养给付者，是否得请求返还？这与一般的非债清偿一样，只要清偿人于给付时不是明知无给付之义务，即得请求返还（“民法”第 180

---

① “最高法院”2010 年度台上字第 959 号民事判决：“按父母对于未成年子女，有保护及教养之权利义务，‘民法’第一千零八十四条第二项定有明文。就其中关于保护教养费用之负担，应负生活保持义务，此乃本于为父母子女之身份关系而当然发生。故夫妻于婚姻关系存续中，对其未成年子女保护教养所生费用，应依‘民法’第一千零八十九条之规定为之，即除法律另有规定外，由父母共同负担之。父母不能共同负担时，由有能力者负担之。因此，如非父母不能共同负担义务，父母之一方已单独支付该费用时，自得依不当得利之规定请求他方偿还代垫其应分担之费用部分。”相同意旨另见“最高法院”2011 年度台上字第 55 号民事判决。

② “最高法院”2003 年度台上字第 1699 号民事判决：“父母对其未成年子女之扶养义务，系基于父母子女之身份而来。父母离婚所消灭者，乃婚姻关系，纵因离婚而使一方之亲权处于一时之停止状态，但对于父母子女间之直系血亲关系毫无影响，均应依各自资力对子女负扶养义务。若均有扶养能力时，对于子女之扶养费用均应分担。因此，父母之一方单独扶养，自得依不当得利之规定请求他方偿还代垫其应分担之扶养费用。”“最高法院”2010 年度台上字第 851 号民事判决：“按父母对其未成年子女之扶养义务，系基于父母子女之身份而来，父母纵因协议离婚而分居，仍对父母子女间之直系血亲关系毫无影响，均应依各自资力对子女负扶养义务。若均有扶养能力时，对于子女之扶养费均应分担，此项扶养费与家庭生活费并非完全相同。因此，父母之一方单独支付子女之扶养费，且他方有扶养能力时，一方非不得依不当得利之规定，请求他方偿还其代垫之扶养费。”

条)。[①]

共同继承人之一单独缴纳因继承遗产而生之税捐及费用等连带债务时,“最高法院”认为,该垫支人就其垫支之税捐及费用得依不当得利的规定,请求其他继承人返还其应负担部分。[②] 然因为继承之税捐及费用本来即是各继承人之共同债务,所以,当认为共同继承人之一垫支之税捐及费用的求偿,应依不当得利之规定时,该不当得利之返还的债务亦例外地具有“民法”第 282 条意义下之连带性:“连带债务人中之一人,不能偿还其分担额者,其不能偿还之部分,由求偿权人与他债务人按照比例分担之。但其不能偿还,系由求偿权人之过失所致者,不得对于他债务人请求其分担(第一项)。前项情形,他债务人中之一人应分担之部分已免责者,仍应依前项比例分担之规定,负其责任(第二项)。”

(九)物上担保人清偿债务

第三人为债务人之债务,设定抵押权于债权人,而后来“为债务人设定抵押权之第三人,代为清偿债务,或因抵押权人实行抵押权致失抵押物之所有权时,该第三人于其清偿之限度内,承受债权人对于债务人之债权。但不得有害于债权人之利益”(“民法”第 879 条第 1 项)。依该条规定,债务人所负债务,不因抵押人之清偿或抵押物之强制执行而消灭,所以债务人并不因此而受有利益。是故,抵押人不因其抵押物被强制执行,而对于债务人有不当得利返还请求权,[③] 而只得依该条规定,依所承受之债权,对于债务人请求履行债务。

---

① 请参考王泽鉴:《不当得利》,2009 年增订新版,第 87～89 页。

② “最高法院”1985 年度台上字第 1367 号民事判决:“因遗产而生之捐税及费用,应由继承人按其应继份负担之,此为继承人间之内部关系,从而继承人之一代他继承人垫支上开捐税及费用者,该垫支人得依不当得利规定向他继承人请求返还其应负担部分。至‘民法’第一千一百五十条规定得向遗产中支取,并不阻止垫支人向他继承人按其应继份求偿,尤其于遗产分割后,更为显然。”

③ “最高法院”2000 年度台上字第 123 号民事判决:“按第三人提供抵押物担保债务人对债权人之债务,设定抵押权与债权人,系基于第三人与债务人、债权人间之约定,而抵押权人依法行使抵押权,以第三人提供之抵押物所拍卖之价金,优先受偿债权,系法律规定设定抵押权之目的,此观诸‘民法’第八百六十条、第八百七十三条第一项之规定自明。故第三人提供之抵押物经拍卖时,债权人行使抵押权,以拍卖所得价金清偿债务人之债务,系先基于第三人与债务人、债权人间设定抵押权之约定,再由于法律规定准予行使抵押权所致。债务人虽因而免除对债权人之债务而受利益,第三人虽为债务人清偿债务而受损害,但此并非无法律上之原因所致,至为明确,第三人对债务人并无不当得利返还请求权可行使。”该判决所持“债务人虽因而免除对债权人之债务而受利益”之见解,与“民法”第 879 条第 1 项之规定意旨不符。关于该号判决之简评,请参见王泽鉴:《不当得利》,2009 年增订新版,第 226～227 页。

(十)自然性不当得利

如前所述,自然性不当得利指因自然事件而发生财产利益之移动,致一方受损害,他方受利益的情形。[①] 在这种情形是否构成不当得利,视移动之利益,在移出时,该利益所自之权利人,依交易习惯,是否已失去事实上的管领,从而丧失其权利而定。例如甲饲养之蜜蜂至他人乙之龙眼园采蜜,放飞之母鸽在他人之鸽舍中下蛋,公鸽与他人之母鸽交尾,繁衍出小鸽。在主人不在场的情形,放到公园自由运动之公狗与他人之母狗交配生出小狗。依交易习惯,谁透过动物或植物之事实上管领而合法占有财产利益,该财产利益即归属于谁。如有不符合交易习惯或自然法则,特别是人为不当介入而引起对于动植物之事实上管领的变更,导致相关财产利益之归属的改变,则该改变如无法律上原因便构成自然性不当得利。财产利益移出者为债权人,移入者为债务人。

七、不当得利返还请求权之法定除外事由

纵无法律上原因,而给付有下列情形之一者,不得请求返还:“一、给付系履行道德上之义务者。二、债务人于未到期之债务因清偿而为给付者。三、因清偿债务而为给付,于给付时明知无给付之义务者。四、因不法之原因而为给付者。但不法之原因仅于受领人一方存在时,不在此限。”(“民法”第 180 条)此即不当得利返还请求权之法定除外事由。兹分述之:

(一)履行道德上之义务

因履行道德上之义务而为给付,比较多地发生在后顺位之扶养义务人为扶养给付,同居男女、同性恋者、离婚夫妻之无法律上义务的赡养费给付,或疑似之侵权行为人对于受害人之和解给付。[例如在发生车祸时,车主为息事宁人,常在现场即同意对于受伤行人为一定金额赔偿。为对于该给付之性质,就为损害赔偿,和解或道德上赠与并未加以定性。以致后来如果发现车主其实自己并无过失时,常生反悔,引起是否得依不当得利的规定,请求返还该给付的问题。如果该给付是现金赠与或和解之给付,则其给付不是非债清偿,不得请求返还。车主原则上也不得以缔约基础有错误为理由,先撤销该赠与或和解契约,而后请求返还该给付。又设后来经认定车主有过失,且该行人受有比原来认识者更大之

---

① Larenz/ Canaris, Lehrbuch des Schuldrechts, Band Ⅱ · Halbband 2, Beson-derer Teil, 13. Aufl., München 1994, § 69 IV 2 a.

损害时，该行人得否对该车主进一步请求损害赔偿。如可，可否将原来之给付自后来计得之损害赔偿额扣除？按其如可之理由，当是先撤销原来之约定，所以应可扣除。另和解若无当事人之一方，对于他方当事人之资格或对于重要之争点有错误，而为和解之情形，不得以错误为理由撤销之（“民法”第 738 条）。Esser, Schuldrecht, 2. Aufl., 1960, Karlsruhe, § 191, Ziff. 1.］道德上之义务的履行是一种非债清偿，纵使欠缺法律上原因，但在“民法”第 180 条第 1 款，立法者还是从给付者不具值得保护性的观点规定，给付者不得请求返还。[①]

为履行因违反法定方式而无效之契约，而为之给付，不涉违反善良风俗的问题。[②] 其给付是否得请求返还，视该契约之方式欠缺依法律是否因履行而获得补正而定。[③] 获得补正者，其给付在因履行而补正时，已溯及的具备法律上原因，不得请求返还；不因给付而获得补正者，其给付为无法律上原因之给付，构成给付性不当得利。

以“履行道德上之义务”为构成要件，在“民法债编”有两个条文：(1)纵无法律上原因，因履行道德上之义务而为给付者，不得对受领人请求返还不当得利（“民法”第 180 条第 1 款）。(2)为履行道德上之义务而为赠与者，其赠与物之权利虽未移转，赠与人亦不得撤销（“民法”第 408 条第 2 项）。在第一种情形，除要有道德上之义务外，[④]并应已履行，方有“民法”第 180 条第 1 款之适用。至于在第二种情形，不待于给付，赠与人便已不得撤销，确定的应负给付之义务。其后来之给付有该赠与为其法律上原因，不构成不当得利。这与第一种情形之不同在于：在第一种情形，为给付者对于受领给付者虽负有道德上之义务，但在给付时并无对其为赠与之意思，而只是单纯为履行道德上之义务而为给付。是故，在

---

① Esser, Schuldrecht, 2. Aufl., 1960, Karlsruhe, § 28 3 b，王泽鉴：《不当得利》，2009 年增订新版，第 130 页。

② Esser, Schuldrecht, 2. Aufl., 1960, Karlsruhe, § 191, Ziff. 4..

③ “民法”第 166 条之一第 1 项规定：“契约以负担不动产物权之移转、设定或变更之义务为标的者，应由公证人作成公证书。”而“民法”第 73 条前段规定：“法律行为，不依法定方式者，无效。”然第 166 条之一第 2 项规定：“未依前项规定公证之契约，如当事人已合意为不动产物权之移转、设定或变更而完成登记者，仍为有效。”

④ 台湾台东地方法院 2005 年度东小字第 24 号地方法院：“小额民事判决按‘给付，有左列情形之一者，不得请求返还：一、给付系履行道德上之义务者。……三、因清偿债务而为给付，于给付时明知无给付之义务者’。‘民法’第一百八十条第一款、第三款固定有明文，然当事人间是否有道德上权利义务存在，应依社会通念由客观上认定，如并无道德上义务而主观上误信有此义务而为给付，仍得请求返还其利益；而原无债务而误以为有债务者，即使其不知系出于过失，既非明知无债务之情形，仍得请求返还所受利益。”

第一种情形，该给付本身并不产生支持其保有该给付之利益的法律上原因，而是因有“民法”第180条第1款之规定，给付者不得请求返还，受领给付者始免负返还的义务。受领给付者得保有受领之利益的依据属于抗辩权，而非真正之法律上原因。[①] 因此，在为履行道德上之义务而为给付的情形，在给付后，给付者并无“民法”第416条规定之忘恩撤销权，而为履行道德上之义务而为赠与者，则有忘恩撤销权。[②] 忘恩撤销权对于已履行或经公证的赠与特别具有实益。盖已履

---

① 台湾士林地方法院2004年度简上字第89号民事判决：“按‘民法’第四百零八条第二项所称‘履行道德上义务而为赠与’与同法第一百八十条第一款所称‘给付系履行道德上义务’乃不同之概念。赠与系单纯一方之给予行为，履行道德上义务则系道德上应有义务存在，债务人之给付义务，并非因订立赠与契约而发生。‘履行道德上义务而为赠与’，受赠人受领给付有法律上原因，不成立不当得利；反之，‘给付系履行道德上义务’者，受领人则系本无法律上原因，因‘民法’第一百八十条第一款之特别规定，使给付者不得请求返还。‘履行道德上义务而为赠与’受赠人对赠与人有‘民法’第四百十六条、第四百十七条所规定之不义行为时，赠与人得撤销其赠与，并得依不当得利规定请求返还赠与物（‘民法’第四百十九条）；在‘给付系履行道德上义务’者，则无上开赠与规定之适用。本件两造并无道德上之给付义务存在已如前述，且当事人亦另以书面约定为赠与，是被上诉人纵系为感谢上诉人之照顾，协助行为而移转系争土地所有权予上诉人，至多仅为‘民法’第四百零八条第二项所称‘履行道德上义务而为赠与’，依前揭说明，被上诉人仍得于上诉人对其直系血亲有不义行为时，依‘民法’第四百十六条第一项第一款规定而为撤销，并依‘民法’第四百十九条第一项规定，依关于不当得利规定请求返还赠与物，并无第一百八十条第一款规定之适用。上诉人主张被上诉人依于履行道德上义务所为赠与与依‘民法’第四百十六条第一项第一款规定撤销赠与后，仍应适用‘民法’第一百八十条第一款而不得请求返还，揆诸前揭说明，尚有未合。”

② 台湾台中地方法院2003年度简上字第35号民事判决：“按契约以负担不动产物权之移转、设定或变更之义务为标的者，应由公证人作成公证书。固为‘民法’第一百六十六条之一第一项所明定，该条规定虽于1999年4月21日增订公布，唯依‘民法债编施行法’第三十六条第二项但书规定，该条施行日期，并非2000年5月5日，而应‘由“行政院”会同“司法院”另定之’。而查本条施行日期尚未由‘行政院’会同‘司法院’另定之，是本件赠与虽于该条公布后所为，但因法条规定尚未施行，故纵未经公证人作成公证书，尚难认为违反法定要件而属无效。‘民法’第四百零八条第二项关于赠与人‘为履行道德上义务而为赠与，不得撤销’之规定，立法意旨在于确定法律关系，以期遵守道德之规则。是赠与人系‘为履行道德上之义务’，自不容许任意撤销而害其道德之规则，换言之，‘道德规则’之维持，实为本条法律适用之圭臬。而‘伦理’、‘孝道’亦为道德规则之中心德目。以本件情节而言，被上诉人或基于疼爱孙子的情怀，将系争土地赠与上诉人，唯其嗣后已反其心愿，再三表示欲撤销赠与，已如前述。若解释上，被上诉人基于上诉人为‘长孙’或疼爱心理而赠与系争土地，即泛论‘为履行道德上义务而为赠与’不得撤销，而无视于‘伦理’、‘孝道’所揭橥‘尊重、顺从尊长意愿’之原则，强令被上诉人应将系争土地移转登记予上诉人，则侈言‘维持道德规则’，显然反害于道德规则之遵守。”

行或经公证之赠与本来不得任意撤销("民法"第408条第2项)。[①]

因婚姻居间而约定报酬者,其约定之报酬无请求权的法律地位为何,素有疑义。过去因认为该约定违反公序良俗,所以修正前"民法"第573条规定:"因婚姻居间而约定报酬者,其约定无效。"在此意义下,其给付即成为不法原因之给付,且其不法原因仅存在于居间人。[②] 是故,给付后,还是得依不当得利的规定请求返还。后来,立法上对婚姻居间之报酬约定的不法评价已较缓和,从而将该条修正为:"因婚姻居间而约定报酬者,就其报酬无请求权。"依新法,婚姻居间报酬之给付,不但不再是不法原因之给付,而且也不是非债清偿,[③]而只是在行使上不能求助于司法救济之无请求权的债权。盖无请求权即无诉权。不过,在债务人任意给付后,[④]不论给付者在给付时,是否明知婚姻居间人就婚姻居间报酬,无请求权;其给付皆不构成不当得利。[⑤]

---

① 忘恩撤销权有除斥期间的限制,而"民法"第408条之任意撤销权则无。另因该任意撤销权之目的在于给予赠与人悔约权,所以并不适合有类似于"民法"第465条之一的规定:受赠人已请求履行赠与而赠与人未实时撤销者,撤销权消灭。

② "民法"第573条之立法理由:"查'民律草案'第七百六十四条理由谓婚姻之居间者,为委托人报告结婚之机会,或为其媒介而受其报酬之谓也。以此为职,推其弊害,实有败坏风俗之虞,故此种约定报酬之婚姻居间契约,不使有效,所以维持公益也。特设本条以明示其旨。"

③ 王泽鉴:《不当得利》,2009年增订新版,第130～131页。

④ 单纯承认,不是这里所称之任意给付。"民法"规定债权人不因约定而取得请求权的规定,除"民法"第573条外,尚有第205条规定,债权人就超过最高利率之利息,无请求权。这是典型有债权而无请求权的法定类型。与之类似者为"民法"第144条第1项规定:"时效完成后,债务人得拒绝给付。"因时效完成之债务本来是得请求履行之债务,所以其同条第2项规定,请求权已经时效消灭后,债务人仍为履行之给付者,不得以不知时效为理由,请求返还;其以契约承认该债务,或提出担保者亦同。学说上称此种债务为自然债务。其特征为:有债权而无请求权,从而亦无诉权,在其不履行时,不得强制执行,亦不引起债务不履行责任。因有债权,所以其给付不但不构成不当得利,也不是赠与(Esser, Schuldrecht, 2. Aufl., 1960 Karlsruhe, § 28 1～3; Esser/ Schmidt, Schuldrecht Band I Allgemeiner Teil, Teilband 1, 8. Aufl., 1995 Heidelberg, § Ⅲ)。Gernhuber, Das Schuldverhältnis, 1989 Tübingen, § 4 V 2:"持续不能使债务人负责任之债务,过去一般称为自然债务(Naturalobligtionen oder natürluche Verbindlichkeiten)。目前由于该概念之历史的包袱已很少使用;比较常提到的是不完全债务(unvollkommenen Verbindlichkeiten)。"

⑤ "民法"第573条之立法理由:"本条立法原意,系因婚姻居间而约定报酬,有害善良风俗,故不使其有效。唯近代民间已有专门居间报告结婚机会或介绍婚姻而酌收费用之行业,此项服务,亦渐受肯定,为配合实际状况,爰修正本条为非禁止规定,仅居间人对报酬无请求权。如已为给付,给付人不得请求返还。"

(二)给付未到期之债务

“定有清偿期者,债权人不得于期前请求清偿,如无反对之意思表示时,债务人得于期前为清偿。”(“民法”第316条)亦即期限利益原则上属于债务人。债务人于期前为清偿者,抛弃其期限利益。是故,如无特约,债务人不得因期前清偿,而对于债权人请求扣减提前之期间的利息,或事后以清偿时不知清偿期未届至而为清偿为理由,请求返还(“民法”第180条第2款)。有疑问者为:在分期付款交易,债务人如有多缴的情形,其超出部分究应解释为提前清偿,不得请求返还;或应解释为单纯的溢偿,得请求返还。这应就具体情形,视清偿者在清偿时之意思定之,不得一概而论。①

(三)非债清偿

“民法”第180条第3款规定,“因清偿债务而为给付,于给付时明知无给付之义务者”,即不得请求返还,并不以受领给付者是否知其为非债清偿,或相信其因此在受领后,得保有该给付为要件。② 该款规定并非基于信赖保护的思想,而是基于这样一个给付者,固然可能由于各种不足为外人道之动机而为给付,但其既未将其动机提升为给付目的,自不能引为其给付之法律上原因的认定基础。是故,其不受保护的理由,应在于给付者明知无债务而给付在先,事后再以诉讼的方法,动用昂贵且不足之司法资源,依不当得利的规定,对受领给付者请求返还,违反比例原则③或矛盾行为之禁止原则。④

所谓“非债”,其最典型者指对于特定人,根本不负债务,例如道德上义务、示

---

① “最高法院”1994年度台上字第2174号民事判决:“债务人于未到期之债务,因清偿而为给付者,依‘民法’第一百八十条第二款规定,不得向债权人请求返还。原审认两造间系约定按年分期支付租金。则上诉人就某年度之租金,如有多缴之情形,该溢出部分,自非不可充作下年度租金之预缴。原审为相反之判断,谓此种情形,仅生上诉人得否向被上诉人请求返还之问题,并不当然用以抵付下一年度之租金云云,亦有误解。”该判决不深究给付者之真意,倾向于一般的认定为提前清偿,稍嫌速断。

② Wolfhard Kohte, Die Kondiktionssperre nach § 814 1. Alt. BGB, BB 1988, 633ff..

③ Larenz/Canaris, Lehrbuch des Schuldrechts, Band Ⅱ · Halbband 2, Besonderer Teil, 13. Aufl., München 1994, § 68 Ⅲ 1 a). 就德国“民法”第814条关于非债清偿之不当得利返还请求权之排除的规定,Larenz/ Canaris 并认为不得透过目的性限缩,增加该条规定之适用要件,使含受领给付者知其为非债清偿,且信赖其得保有该给付,以缩小其适用范围。

④ Esser/ Weyers, Schuldrecht Band Ⅱ Besonderer Teil, Teilband 2, 8. Aufl., 2000 Heidelberg, § 49 I 2.

惠的或社交性的许诺、违反法定要式之债务；只负无责任之不完全债务，例如自然债务[①]、赌债[②]、过高之违约金；其次指虽负有债务，但债权人对其无请求权，例如约定利率，超过周年20%之超过部分的利息（"民法"第205条），[③]就婚姻居间，约定报酬（"民法"第573条）；[④]或债务人得拒绝给付，例如时效完成后，债务人得拒绝给付（"民法"第144条第1项）。按违约金是否过高，属于法院依职权

① 自然债务是一种有债务而无责任之不完全债务，在债务人不自愿履行时，债权人不能以诉讼的方法强制实现。Esser, Schuldrecht, 2. Aufl., 1960, Karlsruhe, § 28, Ziff. 1, 3; Staudinger/ Werner Lorenz, Kommentar zum BGB, Berlin 1999, Rdn. 10 zu § 813.

② 赌博或意图营利，供给赌博场所皆是刑法明文以刑罚禁止之不法行为（"刑法"第266条、第268条）。因之当事人认为发生之赌债的原因行为依"民法"第71条自属无效。从而赌债也自始不存在。赌输者如对于赌赢者清偿赌债，其给付为因不法原因而为给付之非债清偿。依"民法"第180条第3款或第4款，皆不得请求返还。为确保赌债而设定抵押权者，不但其设定尚不得论为已清偿，且不得据该抵押权声请强制执行。其以强制执行实现赌债者，应认定为非赌输者之任意给付。依然得请求返还。因该抵押权从属之债权不存在，在强制执行前，其抵押人并得请求抵押权人涂销该抵押权。王泽鉴：《不当得利》，2009年增订新版，第144～146页。

③ 最高法院1938年度上字第3267号民事判例："约定利率超过周年百分之二十者，'民法'第二百零五条仅规定债权人对于超过部分之利息无请求权，并未规定其约定为无效，则债权人于对未超过部分，即依周年百分之二十计算之利息，仍非无请求权。上诉人谓约定利率超过周年百分之二十时，与利率未经约定无异，应依周年百分之五之法定利率计算利息，殊非有据。"

④ "法务部"2005年法律字第0950040529号："二、按'民法'第573条规定：'因婚姻居间而约定报酬者，就其报酬无请求权。'查目前台湾地区并无专法规范婚姻媒合事宜。又人民选择职业之自由、营业自由为宪法所保障之基本权利，唯如人民之职业与公共福祉有密切关系，对于从事一定职业应具备之资格或其他要件，于符合'宪法'第23条规定之限度内，得以法律或法律明确授权之命令加以限制（'司法院'释字第584号解释参照）。准此，未来政策上对于婚姻媒合如朝非营利公益性服务机构加以规划，并制定相关法律或法律授权之命令，如符合上述比例原则之要求，并无不可。再者，如以专法明定婚姻媒合限于非营利公益性服务性质，则新法通过后，以营利形态从事婚姻媒合行为，自属违反法律禁止规定，依'民法'第71条规定，该等行为自属无效。三、次查授予利益之合法行政处分，其所依据之法规或事实事后发生变更，致不废止该处分对公益将有危害者，原处分机关得依职权为全部或一部之废止，对受益人因信赖该处分致遭受财产上之损失，应给予合理之补偿，'行政程序法'第123条第4款及第126条第1项分别定有明文。准此，未来如以专法明定婚姻媒合限于非营利公益性服务性质，对于目前已登记的542家业者，原处分机关倘废止原核准之商业登记处分，宜请参酌上开信赖利益保护之规定。"

审酌之事项，[①]债务人在裁判前不能自行认定其是否过高，所以即便在自动给付违约金后，应还无碍于其提起诉讼请求法院审酌其给付之违约金是否过高，以及如果过高，并依不当得利的规定，请求判决债权人返还。[②] 此与超过法定限额之利息，债权人自始无请求权，所以债务人如自动清偿，在给付后，即不得请求返还者不同。[③] 在给付者为法人时，其是否明知无给付之义务，应以法人于给付时，是否具有主观上明知无给付义务之情形为准，而非以代表法人之自然人或受领人之主观意思为断。[④] 亦即以法人之机关或职员已取得之信息为判断基础，而非以实际为法人为给付行为者之主观意思为断。

---

① 最高法院 2006 年度台上字第 1095 号民事判决："按约定之违约金额过高者，法院得依职权减至相当之数额，为'民法'第二百五十二条所明定。而契约当事人约定之违约金是否过高，应依一般客观之事实、社会经济状况、当事人实际上所受损害及债务人如能如期履行债务时，债权人可享受之一切利益为衡量标准，庶符实情而得法理之平。又'民法'第一百四十八条第二项规定，行使权利，履行义务，应依诚实及信用方法，则当事人约定之违约金是否过高而显失公平，非不能依诚信原则予以检验。"

② "最高法院"1990 年度台上字第 1915 号民事判例："约定之违约金过高者，除出于债务人之自由意思，已任意给付，可认为债务人自愿依约履行，不容其请求返还外，法院仍得依前开规定，核减至相当之数额。""当事人约定之违约金过高，经法院酌减至相当之数额而为判决确定者，就该酌减之数额部分，如债务人已先为非出于自由意思之任意给付，自得依不当得利法律关系请求债权人返还。"（"最高法院"2008 年度台上字第 1078 号民事判决）该返还请求权是否有必要以"债务人已先为非出于自由意思之任意给付"为要件，值得检讨。盖等待法院将违约金酌减至相当之数额且判决确定，需要相当时日，而不即为违约金之给付或其他清偿给付，对于债务人常有一定法律风险的压力（Esser/ Weyers, Schuldrecht Band Ⅱ Besonderer Teil, Teilband 2, 8. Aufl., 2000 Heidelberg, § 49 I 2）。另"损害赔偿总额预定性违约金经法院核减后，就减少部分应依不当得利规定返还，与契约解除后之回复原状义务，两者之法律关系不同，其请求权个别存在。当事人行使解除权后，依'民法'第二百五十九条及第二百六十条规定，除请求回复原状外，并得请求损害赔偿，亦即'民法'第二百五十九条乃不当得利之特别规定，仅适用于解除契约后之回复原状义务，其范围与一般不当得利不同。是以约定之违约金过高，经法院酌减之数额，应依一般不当得利规定请求返还。亦即应按所酌减之数额依'民法'第一百八十二条第二项计付利息"（"最高法院"2005 年度台上字第 1874 号民事判决）。亦即违约金经酌减者，债权人所受领之超额违约金构成之给付性不当得利，认定为：债权人在受领时即当知其无法律上原因。

③ 最高法院 1940 年上字第 1306 号民事判例："债务人就利息超过周年利率百分之二十部分已任意给付者，不得请求返还。"

④ "最高法院"2003 年度台上字第 1504 号民事判决："因清偿债务而为给付，于给付时明知无给付之义务者，不得请求返还，'民法'第一百八十条第三款规定甚明。至于判断是否'明知无给付之义务'，应以自然人或法人于给付时是否具有主观上明知无给付义务之情形为准，非以代表法人之自然人或受领人之主观意思为断。"

非债清偿指任意为清偿债务，而为给付，非因受强制执行或胁迫，[①]且于给付时明知无给付之义务而言（“民法”第180条第3款）。明知固不含怀疑无债务，或因错误而不知无债务的情形。但是否含明知可推知无债务之间接事实？则可能引起疑问。例如明知年金债权人已死亡，而继续划拨年金于其账户。[②]该款所谓“无给付之义务”指“根本无债务”而言，不含有债务而无请求权或债务人得拒绝给付的情形。然给付时即便明知债务不存在，而其给付非出于任意[③]或基于原因事实尚未依法厘清前所负之法定义务者，例如基于推定之生父（“民法”第1063条第1项）的扶养义务（“民法”第1114条第1款），[④]仍得请求返还；如非明知无债务，而系因误以为有债务而为清偿，则纵其误认系出于过失或重大过失，亦非明知而为非债清偿。[⑤] 在给付时是否明知无债务，在代理清偿的情形，以代理人之认知为准（“民法”第105条前段）。其由法人之机关（代表人）为清偿者，亦同。在以计算机自动化处理金钱债务之清偿的情形，如发生非债清偿的情形，其给付是否可认为在明知无债务的情形下而为给付？应认为是明知无债务而为给付。盖已储存于计算机系统中之信息应认定为已为该计算机系统之所有者所知悉。[⑥] 由于给付者事后要反证其于给付时确非明知无债务，有一定的困难，所以给付者在给付时对于是否负有债务如有疑义，对于相对人最好附以

---

① “最高法院”1985年度台上字第1057号民事判决：“‘民法’第一百八十条第三款所谓非债清偿，须债务人所为给付，出于任意为之者，始足当之。若因避免强制执行或为其他不得已之事由，而为给付者，虽于给付时，明知债务不存在，仍非不得请求返还。”Staudinger/Werner Lorenz, Kommentar zum BGB Berlin 1999, Rdn. 7 zu § 814.

② Staudinger/ Werner Lorenz, Kommentar zum BGB Berlin 1999, Rdn. 2 zu § 814.

③ “最高法院”1992年度台上字第2123号民事判决：“‘民法’第一百八十条第三款所谓非债清偿，须债务人所为给付，出于任意为之者，始足当之。若因避免强制执行，而为给付者，虽于给付时，明知债务不存在，仍非不得请求返还。”Esser, Schuldrecht, 2. Aufl., 1960, Karlsruhe, § 191, Ziff. 4.

④ Staudinger/ Werner Lorenz, Kommentar zum BGB Berlin 1999, Rdn. 7 zu § 814.

⑤ “最高法院”2005年度台上字第897号民事判决：“因清偿债务而为给付，于给付时明知无给付之义务者，不得请求返还，固为‘民法’第一百八十条第三款所明定，唯该条款所谓明知无给付之义务，系指原无债务而直接及确定之故意认为有债务而为给付者而言。至于原无债务而误以为有债务者，纵其误认系出于过失或重大过失，亦非明知而非债清偿，仍无该条款之适用。”Larenz/ Canaris, Lehrbuch des Schuldrechts, Band Ⅱ · Halbband 2, Besonderer Teil, 13. Aufl., München 1994, § 68 Ⅲ 1 b).

⑥ Kothe, Die Kondiktionssperre nach § 814 1 Alt. BGB, BB 1988, 633ff.; Staudinger/ Werner Lorenz, Kommentar zum BGB Berlin 1999, Rdn. 4 zu § 814.

"如无债务，即得对其请求返还的保留"而为给付，较为妥当。①

有疑问者为：明知相对人为无行为能力人，而与其缔结债务契约，并为履行由该契约所生债务，而对其为给付时，事后得否依不当得利的规定，请求返还？按相对人无行为能力者，与其所为之债务契约，无效。因此，为履行由该契约所生债务所为之给付，将成无法律上原因之给付。所给付者如非权利，或相对人所受利益系物或权利之用益，相对人可因此获得财产利益。然所为给付如涉及移转权利的给付行为，相对人不能取得该权利（"民法"第 75 条、第 77 条但书参照）。如因该给付而有财产利益之移动，增益该无行为能力人之财产，则构成不当得利。② 不过，因给付者明知相对人系无行为能力人而与其缔结债务契约，应从而认为给付者为履行由该契约所生债务，而对其为给付时，系明知无债务而为给付，构成非债清偿。依"民法"第 180 条第 3 款不得请求返还不当得利。基于无行为能力制度（禁治产制度）对于无行为能力人之保护目的，只要相对人系无行为能力人，给付者事后要透过证明其在缔约或给付时，不是明知其为无行为能力人，以排除"民法"第 180 条第 3 款之适用，有一定程度之困难。如果表意人不是无行为能力人，而只是在意思表示时，系在无意识或精神错乱中，则其意思表示是否无效，系于表意人或其继承人是否能自证其在意思表示时，系在无意识或精神错乱中（"民法"第 75 条）。关于表意人在意思表示时，是否系在无意识或精神错乱中的疑问，在实务上有由表意人或其继承人提出者，["最高法院"1997 年度台上字第 3468 号民事判决："按无行为能力人之意思表示，无效。虽非无行为能力人，而其意思表示，系在无意识或精神错乱中所为者，亦同。'民法'第七十五条定有明文。所谓无行为能力人，即系未满七岁之未成年人及禁治产人。查陈李查某于 1993 年 7 月间即已罹患多发性梗塞性痴呆症，固为原审确定之事实。但依"行政院"卫生署医事审议委员会鉴定意见，陈李查某于仁济医院之病历，虽曾记载有记忆缺损之症状，并诊断为痴呆症，唯因并未载明其临床表现，故无法依据病历来判断该症之严重度，因此无法判定其是否已达精神耗弱或心神丧失之程度（见原审卷二第一七七页反面）。则经诊断为痴呆症患者，仍有程度之差别，非必心神丧失或精神耗弱无法处理事务，仍应依其临床表现予以断定。……陈李查某又未受禁治产之宣告，苟若陈李查某与上诉人订定协议书当时，非在无意识或有精神错乱之情形，能否以彼时陈李查某因罹患痴呆症，记忆相当受

---

① Esser, Schuldrecht, 2. Aufl., 1960, Karlsruhe, § 191, Ziff. 4; Staudinger/Werner Lorenz, Kommentar zum BGB Berlin 1999, Rdn. 6 zu § 814.

② Jürgen Kohler, Geschäftsunfähigkeit und wechselseitiger Be-reicherungsausgleich, NJW 1989, 1849ff..

损，其完整表达及受领意思表示能力受损，即谓已无法为自主真实之意思表示，所订定之协议书无效？即非无研求之余地。乃原审疏未注意审酌上列卷存证据资料，徒以前开理由，遽为不利于上诉人（按：相对人方）之论断，尚嫌疏漏。"］亦有由相对人提出者。[①]

债务人在经受让人通知债权让与之事实后（"民法"第297条第1项），如果还是向原债权人为清偿给付，其清偿固不生清偿效力，但其不当得利之返还请求权是否会被论为非债清偿，认为依"民法"第180条第3款，不得请求返还？按债务人纵经通知债权已让与，但其给付只要确为清偿之目的，尚不宜直论为非债清偿。[②] 其次，债务人经债权让与之通知后，向受让人为给付者，如后来经证明该债权让与行为无效或不存在时，该债权之让与如系由让与人通知债务人者，纵未为让与或让与无效，债务人仍得以其对抗受让人之事由，对抗让与人（"民法"第298条）。此即表见让与。受让人将让与人所立之让与字据提示于债务人者，与让与人之通知有同一之效力（"民法"第297条第2项）。债权人（让与人）因其债权消灭所受之损害，得依不当得利的规定向受让人请求返还。反之，该债权之让与如系由受让人通知债务人，且在通知时未将让与人所立之让与字据提示于债务人者，如事实上未为让与或让与无效，则该通知不生表见让与之效力。债务人为履行，而对自称为受让人者所为之给付，对债权人如不生清偿效力，受让人之受领无法律上原因，其所得利益构成给付性不当得利。债务人得请求受让人返还。由此可见，债务人不向债权让与人求证让与事实之真伪，而即向自称为受让人者给付，有向非债权人或无受领权之第三人清偿之一定风险。[③] 就其是否生清偿效力，依"民法"第310条规定："一、经债权人承认或受领人于受领后取得其债权者，有清偿之效力。二、受领人系债权之准占有人者，以债务人不知其非债权人者为限，有清偿之效力。三、除前两款情形外，于债权人因而受利益之限度内，有清偿之效力。"

举证责任：为请求非债清偿之不当得利的返还，请求权人应举证证明，因其

---

① 最高法院1969年度台上字第3653号民事判例："上诉人提出之证明书，虽证明被上诉人于1965年间曾患有精神病症，但不能证明被上诉人于和解时，系无意识或有精神错乱之情形，且被上诉人又未受禁治产之宣告，难认和解有无效之原因。"

② Larenz/ Canaris, Lehrbuch des Schuldrechts, Band Ⅱ · Halbband 2, Besonderer Teil, 13. Aufl., München 1994, § 68 Ⅲ 1 b).

③ Larenz/ Canaris, Lehrbuch des Schuldrechts, Band Ⅱ · Halbband 2, Besonderer Teil, 13. Aufl., München 1994, § 70 V 1 a, b, c.

与返还义务人间，无债务存在或该债务后来消灭，[①]以致其给付因未达到清偿债务之给予目的，而无法律上原因，且其非在明知上述情事下，为履行债务而对于返还义务人为给付。为成立一个债务关系而为给付，而该债务后来未因其给付而成立，例如为成立信托关系而移转信托财产，而后来该信托契约无效，而使其给付终极无法律上原因者，不是非债清偿，仍可请求不当得利之返还。此外，给付也可能由积极的债务承认（例如对于相对人承认对其负有债务），或消极的债务承认（例如对于相对人承认，相对人对自己不负有债务）构成。在前者，如事实上自己对于相对人并不负有债务；在后者，如事实上相对人对于自己负有债务。该承认具有无因之准物权效力，所以，在欠缺法律上原因时，构成不当得利。[②]契约因相对人尚未承认而效力未定、因不备法定方式而无效，或因停止条件尚未成就而不生效力时，债务人期待相对人为承认、协力为法定方式之补正，或耐心等待停止条件之成就，而先为给付者，其给付亦不是"民法"第 180 条第 3 款所定之非债清偿，于所期确定不遂时，仍可请求不当得利之返还。[③] 其次，在系争债务所据以发生之意思表示得撤销时，债务人如明知其得撤销而仍为给付者，事后是否得为撤销，并依不当得利的规定，请求返还其给付？该请求所以构成问题，不是因为撤销有溯及效力，而将该撤销前之给付定性为非债清偿：因清偿债务而为给付，于给付时明知无给付之义务，不得请求返还（"民法"第 180 条）。而是因为，依诚实信用原则，一个人不得出尔反尔，给付者在给付时，明知其有撤销权而尤为给付，应解释为抛弃其撤销权。从而因不再得为撤销，而不引起不当得利之返还问题。[④]

有疑问者为：为非债清偿之给付者，如就该给付之客体，对于他人有不当得利的返还义务，而因非债清偿依"民法"第 180 条第 3 款，不得请求返还，以致其所受利益已不存在，从而依"民法"第 182 条第 1 项，免负返还或偿还价额之责任时，其不当得利之返还债权人，得否类推适用或目的性扩张适用"民法"第 183

---

① 最高法院 1939 年上字第 1739 号民事判例："非债清偿之不当得利返还请求权，以债务不存在为其成立要件之一，主张此项请求权成立之原告，应就债务不存在之事实负举证之责任。本件被上诉人为原告，主张伊父生前并无向上诉人借用银两之事，上诉人历年收取伊家所付之利息，均属不当得利，请求返还，除须证明其已为给付之事实外，自应就债务不存在之事实负举证之责任，原审仅以上诉人不能证明其债权之存在，即认其历年收取之利息为不当得利，于法殊有未合。"

② Esser, Schuldrecht, 2. Aufl., Karlsruhe 1960, § 191 Ziff. 2; Larenz/ Canaris, Lehrbuch des Schuldrechts, Band Ⅱ · Halbband 2, Besonderer Teil, 13. Aufl., München 1994, § 68 I 4 a).

③ Staudinger/ Werner Lorenz, Kommentar zum BGB Berlin 1999, Rdn. 8 zu § 814.

④ 王泽鉴：《不当得利》，2009 年增订新版，第 134 页。

条，使受领非债清偿之给付者，于不当得利之受领人因此免返还义务之限度内，负返还责任。应采肯定的见解。又该肯定的见解亦应进一步适用于恶意的不当得利受领人，特别是侵害性不当得利之返还义务人对于他人为非债清偿的情形。关于此种不当得利之返还义务，有试从前后两个不当得利之受益与受损间的因果关系立论。①

(四)不法原因之给付

"民法"第 180 条第 4 款规定之不法，应指其原因行为本身不法，而履行行为合法而言。盖履行行为如果不法，则当其依"民法"第 71 条无效时，不生财产利益之移动的结果。在这种情形，让与人应据其财产权请求返还，而不得引用不当得利返还请求权，从而也无"民法"第 180 条第 4 款之适用余地。② 原因行为(债权契约/负担行为)因不法而无效时，为履行该原因行为所生债务的给付，即成为无法律上原因之给付，从而因该给付而发生之财产利益的移动，便因欠缺有效之法律上原因而构成不当得利。③

原因行为不法时，本无以该原因行为为基础之债务，所以其清偿属于非债清偿。在此意义下，"民法"第 180 条第 4 款与第 3 款竞合。第 4 款应优先于第 3 款受适用。盖在第 4 款所定之情形，如有清偿给付，该给付必为非债清偿。在第 3 款之外复为第 4 款之规定时，若要使第 4 款之规定有其意义，应当使为给付之一方，在不法原因仅存在于受领人一方时，纵使知无给付之义务，亦得请求返还。④ 然"民法"第 180 条第 4 款规定：因不法之原因而为给付者，不得请求返还。亦即将因不法原因而为给付规定为不当得利之返还请求权的除外事由。不过，该款但书规定："但不法之原因仅于受领人一方存在时，不在此限。"亦即只要

---

① 请参考王泽鉴：《不当得利》，2009 年增订新版，第 55～57 页。

② Esser, Schuldrecht, 2. Aufl., Karlsruhe 1960, § 194 Ziff. 4 c). 这一般的还有物上请求权、侵权行为之损害赔偿请求权是否受德国"民法"第 817 条第 2 句之限制的问题。不过，目前德国司法实务上及通说上还是认为，德国民法第 817 条第 2 句之适用范围应限于不当得利。详请参考 Esser, aaO., § 194 Ziff. 3 c).

③ "最高法院"2000 年度台上字第 288 号民事判决："'民法'第一百七十九条规定不当得利之成立要件，必须无法律上之原因而受利益，致他人受损害，且该受利益与受损害之间有因果关系存在。从而因给付而受利益者，倘该给付系依有效成立之债权契约而为之，其受利益即具有法律上之原因，自不生不当得利问题。"

④ Esser, Schuldrecht, 2. Aufl., 1960, Karlsruhe, § 193, Ziff. 2 c).

为给付之一方有不法之原因，含双方皆存在不法之原因，皆不得请求返还。[①] 规定双方皆存在不法原因，即不得请求返还，虽看似合理，但该规定比较不利于给付者。这一定程度上会鼓励受领给付的一方促成违法交易。[②]

"民法"第180条第4款中所称之不法，所违反者包含民事法、刑事法及行政法；且不限于形式意义的法律，含法规命令及劳工法上之团体协约。至其不法应

---

① 类似的问题，德国民法第817条规定："一笔给付之目的如是约定，致受领人之受领违反法律之禁止规定或善良风俗者，受领人负返还义务。给付者同样有如是之违反者，不得请求返还。但该给付以负担一笔债务为内容者，不在此限。为履行一笔这种债务而为之给付不得请求返还。"该条但书规定的意旨是：如果只是因不法原因而负担债务，则因尚未为履行，所以还不成其为给付。必须等到为履行该债务而为给付时，始不得请求返还该给付。换言之，因不法原因而负担债务者，得拒绝清偿该债务。该规定有厘清给付概念的意义。还必须注意德国民法第817条所规定之不法存在于给付之目的。这与"民法"第180条第4款规定"因不法之原因而为给付"所使用之语法虽有不同，但语意相近。盖给付之所因，当即是给付之目的所在。然基于给付行为之无因性，其不法目的原则上存在于其原因行为上，从而使该给付之受领违反法律之禁止规定或善良风俗。是故，"不得仅就价值中性之给付的受领观察，而应在给付之受领在价值上是否应予否定的方向，探讨给付者与受领给付者间之法律行为的内容"。非关于内容，而只是关于方式规定的违反，不适用德国民法第817条。因此而无效之债务契约的履行，应适用非债清偿之不当得利的规定（德国民法第814条）(Esser, Schuldrecht, 2. Aufl., 1960, Karlsruhe, § 193, Ziff. 3)。"民法"第180条第4款与德国民法第817条之规定内容虽看似相同，但其规范规划所设想的前提仍有不同："民法"第180条第4款从原因不法时，债务人本无给付义务。故如为给付，构成不当得利，然不法原因如存在于债务人方，则否认债务人之不当得利返还请求权。必须不法之原因仅于受领人一方存在时，始否认受领人保有受领之利益的正当性，肯认债务人之不当得利返还请求权。反之，德国民法第817条一贯从给予目的出发，认为不是给付不符合双方之目的，而是因受领之目的不法，受领者应予返还。于是乃在该基础上导出，给付者所欲达之目的，如亦不法，则不得请求返还。Esser/ Weyers认为该条规定的意旨不在于处罚，而在于恢复为不法目的而造成之财产状态[Esser/ Weyers, Schuldrecht Band Ⅱ Besonderer Teil, Teilband 2, 8. Aufl., 2000 Heidelberg, § 49 Ⅲ(S. 68)]。

② 关于在不法原因存在于双方时，依然否定给付者之不当得利返还请求权，其道理何在？是否妥当？难有透彻的说明。有谓是基于处罚的思想，有谓是根本不发生不当得利返还请求权，亦有谓是虽有不当得利返还请求权，但基于恶意抗辩不能请求返还。大多认为，基于拒绝对不法给付者提供司法保护（Esser/ Weyers, Schuldrecht Band Ⅱ Besonderer Teil, Teilband 2, 8. Aufl., 2000 Heidelberg, § 49 IV 1)。Esser, Schuldrecht, 2. Aufl., 1960, Karlsruhe, § 194, Ziff. 2 b)："不同于德国司法实务，在构成要件之解释，德国通说采德国民法第八一七条第二句（给付人亦有不法原因者，不得请求返还）应予必要之限制的看法。比较正确者当是：彻底考虑给付者违反之规定的保护目的，并由此出发为公正的裁判。"

仅指客观违法，不要求行为人在主观上有违法认识。[①] 盖不当得利的规定仅在于规范保有移动之财产利益的正当性，而不在于对相关当事人归责。关于债务契约是否不法之判断，有认为应单纯以约定之给付本身，而不应并为考虑其所以为该债务契约之缔结的动机或目的。[②]

所谓不法，[③]典型之不法原因为贩卖人口为娼、[④]贩卖违禁物（"刑法"第 357 条：毒品；[⑤]"刑法"第 186 条、第 187 条：炸药、棉花药、雷汞或其他相类之爆裂物或军用枪炮、子弹）、收受或寄藏赃物（"刑法"第 349 条）、[⑥]恐吓取财、行贿、索贿。此外，为实施诈欺行为之诈术而为之给付，例如为行政机关对自己增配土地之所有权，而冒名登记，缴纳差额地价，其缴纳之地价；[⑦]为使他人助其考试舞弊

---

① Esser, Schuldrecht, 2. Aufl., 1960, Karlsruhe, § 193, Ziff. 3：这个问题在德国学说上与实务上尚无定论。

② "最高法院"1989 年度台上字第 2295 号民事判决："被上诉人自上诉人处受领价金二、一七一、一〇〇元，系上诉人受让系争公有耕地承租权之对价，与上诉人受让该承租权后，擅自在系争土地内采取麦饭石之间，并无因果关系，原审竟谓上诉人以采取麦饭石为目的而给付价金，即系'民法'第一百八十条第四款所定因不法原因而为给付，不得请求返还，所持法律上之见解，自有可议。"

③ 王泽鉴：《不当得利》，2009 年增订新版，第 136 页以下。

④ 最高法院 1940 年附字第 600 号民事判例："上诉人以法币三百五十元向被上诉人等价买某女，在其所开堂班内为娼借以谋生，业由本院维持一、二两审有罪之判决确定在案，是其交付被上诉人之身价，实为基于不法原因所为之给付，依'民法'第一百八十条第四款之规定，上诉人自不得请求返还。"

⑤ 最高法院 1940 年上字第 464 号民事判例："贩卖鸦片烟土为现行法令之所禁止，故因合伙经营此项禁止事业而为出资，即系'民法'第一百八十条第四款所谓因不法之原因而为给付，自不得请求返还。"

⑥ 最高法院 1931 年上字第 2129 号民事判例："上诉人之夫，陆续以充当土匪所劫得之赃物交由被上诉人寄藏，自属因不法之原因而为给付，依'民法'第一百八十条第四款之规定，上诉人不得请求返还。"

⑦ "最高法院"1977 年度台上字第 1092 号民事判例："实施诈欺行为之诈术，非以欺罔为限，即利用人之错误使其为财物之交付亦属之。被上诉人因上诉人冒名登记为所有人之错误，致通知上诉人缴纳差额地价，而上诉人必须凭该地价收据，始能取得增配土地之所有权，显在意图取得非法利益而为给付，其给付之原因不法，依法自不得请求返还不当得利。"

而支付金钱。[①] 不过，不包含违反营业时间的交易或违反法定方式之不动产的租赁或买卖。[②] "民法"第 205 条固然规定："约定利率，超过周年百分之二十者，债权人对于超过部分之利息，无请求权。"但该条规定是否同时将超过利息限制之高利贷定性为"民法"第 180 条第 4 款所定之不法原因？"最高法院"一贯认为，债务人任意给付超过限额之利息经贷与人受领后，不得谓系不当得利，请求返还。［司法院 1946 年院解字第 3162 号解释："战时及战后民间借贷之利率，仍适用'民法债编'之规定约定利率超过周年百分之二十者，依同法第二百零五条贷与人对于超过部分之利息无请求权，唯借用人就超过部分之利息任意给付经贷与人受领后，不得谓系不当得利请求返还。"关于不法原因给付，德国民法第 817 条规定："一笔给付之目的如是约定，致受领人之受领违反法律之禁止规定或善良风俗者，受领人负返还义务。给付者同样有如是之违反者，不得请求返还。但该给付以负担一笔债务为内容者，不在此限。为履行一笔这种债务而为之给付不得请求返还。"该条对于高利贷之适用，引起疑问。其问题点在：其贷与人对于借用人之给付，借用人对于贷与人之利息给付，分别是否为不法原因之给付。如采肯定之见解，借用人在受贷款之给付后，得不返还借款；在给付利息后得请求返还给付之利息。德国帝国法院（RG）认为如皆采肯定之见解对于贷与

---

① "最高法院"1967 年度台上字第 2232 号民事判例："为行使基于侵权行为之损害赔偿请求权，有主张自己不法之情事时，例如拟用金钱力量，使'考试院'举行之考试发生不正确之结果，而受他人诈欺者，是其为此不法之目的所支出之金钱，则应适用'民法'第一百八十条第四款前段之规定，认为不得请求赔偿。"依该判例意旨，"最高法院"1981 年度台上字第 1998 号民事判决认为："按为行使基于侵权行为之损害赔偿请求权，有主张自己不法之情事时，其为此不法之目的所支出之金钱，应适用"民法"第 180 条第 4 款前段规定，认为不得请求赔偿（参照本院 1967 年度台上字第 2232 号判例）。本件上诉人系因欲以金钱力量活动，使其所犯诈欺再审案件，遂其所愿，而受被上诉人诈欺者，则上诉人为此不法目的交付与被上诉人之十五万元，揆诸上开说明，自不得请求被上诉人赔偿。"按此为透过白手套行贿。在行贿者之认知，该白手套只是其行贿行为之传达人。所以，该贿款尚不能说已到达于行贿者意想中之受领人。是故，系争贿款尚不能认定为已给付。该贿款之所有权是否可认定为已移转于白手套，仍应视具体情况而定。在传达的情形，应以采否定说为妥。是故，在上述案件，行贿者虽有不法给付之意图，但因尚未完成给付，而无"民法"第 180 条第 4 款之适用。此外，将该款目的扩张适用至因侵权行为而为财产之移转的情形，因其移转不是基于给付之目的，也不妥当。因不法而发生之财产利益的移动，国家如有意介入，最好要利用刑事没收的手段，避免反成违法者保有不法利益之帮助者。王泽鉴：《不当得利》，2009 年增订新版，第 152～153 页。

② Esser/ Weyers, Schuldrecht Band Ⅱ Besonderer Teil, Teilband 2, 8. Aufl., 2000 Heidelberg, § 49 Ⅲ(S. 69). 违反法定方式之法律行为，依"民法"第 73 条，原则上固为无效。但例外也有依该条但书所称法律，调整其效力期间（"民法"第 422 条），或透过其履行，补正其法定方式之欠缺者（"民法"第 166 条之一第 2 项）。

人的法律效力太严格，从而折中认为，借用人仅得请求返还给付之全部利息。其结果，等于放高利贷者在约定之贷放期间，应无利息贷放。有谓德国通说虽然认为应肯认贷放者可收取按市场利率计算之利息，不过，德国联邦法院（BGH）还是认为贷放者应不得收取利息（Larenz/ Canaris, Lehrbuch des Schuldrechts, Band Ⅱ · Halbband 2, Besonderer Teil, 13. Aufl., München 1994, § 68 Ⅲ 3 c））。另详请参考 Barbara Dauner, Der Kondiktionsausschluß gemäß § 817 Satz 2 BGB, JZ 1980, 495ff..］由此可见，该院并不将高利贷定性为超限利息之不法原因。[①] 虽同样是高利贷，但贷与人在贷与时，如有乘借用人之急迫、轻率或无经验的情事，且法院因利害关系人之声请，撤销该消费借贷契约或减轻借用人之利息给付者，借用人就其已为给付之利息中的超限部分，应得请求返还，以符“民法”第 74 条之规定意旨。[②]

被质疑者还有：(1)因受诈欺而对行政或司法黄牛给付，是否论为因不法原

① 如认为高利贷是“民法”第 180 条第 4 款所定之不法原因，则因其不法原因仅存在于贷与人，所以借用人即使在给付利息后，不但得依不当得利的规定请求返还，而且其请求不受同条第 3 款的限制。这应是比较合理的规范结果。不过，与高利贷之不法原因给付的范围仍应限于利息部分，不宜无限上纲至本金的给付，主张借用人得依该条第 4 款的规定，拒绝返还本金。同理，贷与人亦不得以高利贷契约无效为理由，期前请求借用人返还本金。Esser, Schuldrecht, 2. Aufl., Karlsruhe 1960, § 194 Ziff. 4 d; Esser/Weyers, Schuldrecht Band Ⅱ Besonderer Teil, Teilband 2, 8. Aufl., 2000 Heidelberg, § 49 IV 3 (S. 72)：消费借贷之给付为：贷与人授予借用人在一定期间使用借用物的权利，属于对于借用物之用益权的授予行为，而非其所有权层次之利益的移转行为。在消费借贷，所以为借用物之所有权的移转，只是技术上的需要，而非以其所有权层次之让与为其目的。这是让与之债（买卖）与授予用益之债的根本区别所在。是故，纵使认为高利贷是不法行为，借用人得以贷与人之给付有不法原因而拒绝返还者，仅其在约定期间之使用利益，而不包括得根本拒绝返还本金。至于过高利息的部分，其效力究当如何？可以有不同言之成理的看法。为贯彻消除高利贷之不妥经济活动，Esser/Weyers 倾向于认为，应先以高利贷之约定不法为理由，否认贷与人之利息请求权，而后再透过肯认其按合理利率计得之利息的不当得利返还请求权，以防止德国民法第 817 条第 2 句（相当于“民法”第 180 条第 3 款）之适用，背离其意旨，反而维护其禁止之状态。

② Esser, Schuldrecht, 2. Aufl., 1960, Karlsruhe, § 193, Ziff. 2(S. 797)。有疑问者为，当高利贷被判决为违法时，借用人得请求返还之利息的范围？超过“民法”第 205 条所定周年 20％之上限的部分，或其利率约款无效，应按法定利率计算利息？如以“民法”第 74 条为依据，这系法院的裁量。

因而为给付？[①] (2)为节税，而为信托登记者，是否属于“民法”第 180 条第 4 款所谓因不法之原因而为给付？[②] 归纳之，有认为其给付之原因行为只要违反法律之禁止规定即可，[③]亦有认为其所违反之禁止规定，必须兼有违反公共秩序或善良风俗的意义。[④] 对这个问题，实务上的见解显然尚无定论。为缓和该款规定之滥用，有必要解释为：受领给付者纵无不法原因，但如知相对人系基于不法原因而为给付者，仍应负返还义务。在各种不法原因给付中，特别疑难者之一为非法工作，亦即打黑工的问题。所谓打黑工，指外国人未经许可而在台湾地区境内工作（“就业服务法”第 43 条）。当外国劳工违反该强制规定而受雇工作时，因其劳动契约无效，引起其雇主如拒绝给付工资，外国劳工得否依不当得利之规定，对其雇主请求返还相当于约定之工资，或按市场工资水平计算之工资的不当得利？对该请求，雇主得否依“民法”第 180 条第 4 款拒绝返还？自该款规定内容而论，在认为双方皆有不法的情形，雇主即得拒绝给付工资或返还不当得利。从预防打黑工而言，可能倾向于赞成雇主得拒绝返还；从雇主有后为给付工资的

---

① “最高法院”2007 年度台上字第 2362 号民事判决：“不当得利制度乃基于‘衡平原则’而创设之具调节财产变动的特殊规范，故法律应公平衡量当事人之利益，予以适当必要之保护，不能因请求救济者本身不清白，即一概拒绝保护，使权益之衡量失其公平，故如已具备不当得利之构成要件，应从严认定不能请求返还之要件，避免生不公平之结果。被上诉人系遭诈骗集团欺骗以行贿香港廉政公署而汇款，应认该不法之原因仅存在于诈骗集团，基于前述衡平原则，上诉人以被上诉人系不法原因给付为由，拒绝返还系争四百万元，洵非有据。”

② “最高法院”1995 年度台上字第 1083 号民事判决：“‘民法’第一百八十条第四款所谓之‘因不法之原因而为给付’，乃指给付违反强制规定及有悖公序良俗者而言。是即令上诉人所称借名登记，乃为节税及回避土地政策云云为真，能否谓其给付即为因不法原因而为之，即非无斟酌之余地。”

③ “最高法院”1994 年度台上字第 3022 号民事判决：“本件两造关于系争股份之买卖，违反‘公司法’第一百六十三条第二项之禁止规定，其让与契约（债权行为）无效。上诉人主张依‘民法’第一百十三条规定，得请求被上诉人回复原状，返还价金，本质上仍为返还不当得利。唯本件两造交付股票及价金，均基于不法原因所为之给付，且双方均有所认识。上诉人请求返还价金非特必须主张自己之不法行为，且无异鼓励为不法行为，自不应准许。”

④ “最高法院”1992 年度台上字第 742 号民事判决：“按‘民法’第一百八十条第四款规定，因不法原因而为给付者，不得请求返还。所谓不法原因系指给付之原因违反公共秩序或善良风俗而言，非谓凡违反强制或禁止规定之行为均属之。盖法律禁止或强制规定，或因国家政策考虑之结果，若概指为不法原因之给付而谓已给付者不得请求返还，将有失衡平。”

习惯利益而论，是否适合让雇主平白得利，非无疑问。[①]

在违反各种经济管制法规的情形，固有各该管制规定要建立及维持之投资及交易秩序，但基于违反该管制规定之契约所为之给付，是否一概皆适合定性为"民法"第 180 条第 4 款所定之不法行为，以及其给付是否皆适合论为该款所定之不法原因之给付？该问题实有针对各该管制规定之目的，加以检讨的余地。例如'公司法'第 163 条第 2 项前段固规定："发起人之股份非于公司设立登记一年后，不得转让。"[②]但如有违反该规定而为股份之转让，其针对需要之规定内容应是：对于公司之损害赔偿及归入权，而非使参与交易之一方的给付，依"民法"第 180 条第 4 款不得对其受领人请求返还。[③] 盖这与使该股权让与契约无效后，所需之善后工作无益。而有益之善后工作才有助于该公司之存续。

"民法"第 180 条第 4 款中所称之不法是否含单纯违反善良风俗的情形？该款虽未像德国民法第 817 条将违反善良风俗与违反法律并列，但"民法"第 72 条规定："法律行为，有悖于公共秩序或善良风俗者，无效。"自该条规定应可导出：违反公共秩序或善良风俗，而未至违反强制或禁止之规定（"民法"第 71 条）的情

---

① 对于像打黑工，双方都有不法的情形，依德国民法第 817 条亦有类似的问题。学说上意见虽然不一，但德国联邦法院认为雇主不得拒绝返还不当得利（Larenz/ Canaris, Lehrbuch des Schuldrechts, Band Ⅱ · Halbband 2, Besonderer Teil, 13. Aufl., München 1994, § 68 Ⅲ 3 g)）。虽然打黑工之禁止与雇用童工之禁止的意旨不同，但德国联邦法院就打黑工，所持上述见解，与关于童工之保护的情形类似。不同者为：打黑工，按原因行为无效，依不当得利处理其履行给付之返还的问题；而在童工之雇用，则依事实上契约的论点，认为违反禁止规定之童工的雇用契约虽然无效，但在其已履行的限度，该童工契约构成事实上存在的契约，不适用不当得利之规定，童工得依该契约请求已履行部分之工资，雇主不得以其未受有利益，拒绝给付。此为其效力与不当得利返还请求权主要不同之处（Werner Lorenz, Kommentar zum BGB Berlin 1999, Rdn. 90 zu § 812; Rdn. 26 zu § 818）。

② 王泽鉴：《不当得利》，2009 年增订新版，第 154～156 页。

③ "最高法院"1994 年度台上字第 3022 号民事判决："本件两造关于系争股份之买卖，违反'公司法'第一百六十三条第二项之禁止规定，其让与契约（债权行为）无效。上诉人主张依'民法'第一百十三条规定，得请求被上诉人回复原状，返还价金，本质上仍为返还不当得利。唯本件两造交付股票及价金，均基于不法原因所为之给付，且双方均有所认识。上诉人请求返还价金非特必须主张自己之不法行为，且无异鼓励为不法行为，自不应准许。"

形，在第 180 条第 4 款之适用，应与因违反法律而构成之不法，同视。[①]

所谓给付，指一方为清偿债务而对于他方为物、权利或劳务之提出，其需受领者，并经他方受领。这当中给付之客体为权利者，双方必须有以该权利之移转为内容的(准)物权行为；给付之客体为占有者，双方需为该占有之交付。约定以抵销或交互计算的方式清偿债务，而就交互计算之结果有错误而为承认者，固可依不当得利的规定请求返还，[②]唯利息债务人就超额利息默许债权人为抵销或计入交互计算项目，而不为反对之表示者，其沉默所构成之给付，因认定为任意给付超额利息，而不得依不当得利的规定请求返还。[③] 又未受领之给付[④]或仅是承认债务，是否亦系“民法”第 180 条第 4 款所定不法原因之给付意义下之给付？“最高法院”采否定的见解。[⑤] 其理由应在于：依给付之性质，能够受领而未受领者，系争标的在当事人间尚未发展至给付的阶段。然至何发展阶段，方可谓已为给付？例如为清偿不法原因之债务而负新债务(例如承认债务或开给票据)，或为该新旧债务提供担保，而尚未至清偿阶段，是否可谓已给付？“最高法院”认为

---

① Esser, Schuldrecht, 2. Aufl., 1960, Karlsruhe, § 193, Ziff. 2 a) b)：(1)选举前，候选人甲付乙封口费，要乙不对外张扬有害甲名誉的情事。选后，甲可否对乙请求返还？(2)乙引诱甲的狗至乙家，过几天后，乙对甲谎称他在外头看到甲的狗，特带回来给甲。甲甚高兴，给乙 10 元以为答谢。后来知情之丙告甲实情，甲乙不悦，得否对乙甲请求返还该 10 元之给付？Esser 教授认为，如无德国民法第 817 条第 1 句的规定，甲将不能请求返还。这在因受诈欺而法律行为并为给付，且错过以撤销的方法，使该法律行为归于无效并请求依同法第 812 条请求返还的机会时，第 817 条第 1 句可提供补救。在诈欺之不当得利返还请求权与损害赔偿请求权，请参考 Heinrich Honsell, Bereicherungsanspruch und Schadensersatz bei arglistiger Täuschung, NJW 1973, 350ff.；王泽鉴：《不当得利》，2009 年增订新版，第 75～76 页：因受诈欺而缔结债权契约并为履行者，在撤销其债权契约前，不构成不当得利。

② Esser, Schuldrecht, 2. Aufl., 1960, Karlsruhe, § 189, Ziff. 6.

③ 最高法院 1944 年上字第 764 号民事判例：“债务人将其土地出租于债权人，以其应付之租谷扣作借款之利息，仅须支付租谷之余额者，虽其扣作利息之租谷按支付时市价折算为金钱已超过周年 20%，而债务人于其请求支付租谷之余额时，或于债权人支付租谷之余额时，不请求支付超过部分之租谷者，即应认为超过部分之利息已任意给付，自不得请求返还。”

④ “最高法院”1994 年度台上字第 2677 号民事判决：“查‘民法’第一百八十条第四款所谓因不法之原因而为给付，系以一方已为给付，而他方又已加以受领为其构成要件。倘受利益人并非由于受领行为而受利益，即无上开条款规定之适用。原审未详加推求，遽认上诉人纵曾支出填海费用，亦系因不法原因而为之给付，不得依不当得利之法律关系请求被上诉人返还，而未准抵销，尚有疏略。”

⑤ “最高法院”1962 年度台上字第 2914 号民事判决：“无法律上原因之债务，除依‘民法’第一百八十条已给付者，不得请求返还外，其未给付部分，纵经债务人承认，债权人在审判上仍无请求之权。”

给予之新债务凭证及其担保品系属不法原因之给付，不得诉求返还[①]。有疑问者为：负担新债务，虽因使该债务之债权人取得新债权，而有对其为给付的意义，但新债权之取得只是使其债权人可期望最后取得债务人允诺之实物的标的，然负担新债务或提供担保，终究还在未履行的阶段，与债务之现实的履行尚有区别，[②]是故，尚不能说已构成完成财产的移转之意义下的给付。认为已构成不法原因给付意义下之给付的看法，将使请求返还不法原因之给付的排斥规定，尽早产生"民法"第 180 条第 4 款所定之抗辩权，成为保障不法行为之履行可能性的规定。[③] 这不但不利于债务人，亦不利于该债务人之其他债权人，显然与该款之规范意旨不符。所以，在这种情形，仍以解释为尚未给付为妥。[④] 就此种情形，

① "最高法院"1954 年度台上字第 225 号民事判决："上诉人因赌博输款而出具之借用证及交付担保品(于被上诉人)纵系违反禁止规定，应归无效，然仍属不法原因之给付，亦不能借此诉求请求返还。"

② Larenz/ Canaris, Lehrbuch des Schuldrechts, Band Ⅱ · Halbband 2, Besonde-rer Teil, 13. Aufl., München 1994, § 68 Ⅲ 3 d.

③ Esser/Weyers, Schuldrecht Band Ⅱ Besonderer Teil, Teilband 2, 8. Aufl., 2000 Heidelberg, § 49 IV 3 (S. 72).

④ 法律明文规定此种不法原因之债务约定为：超过利息限制之高利贷的约定。依"民法"第 205 条："约定利率，超过周年百分之二十者，债权人对于超过部分之利息，无请求权。"实际给付该超额利息后，固无返还请求权(王泽鉴：《不当得利》，2009 年增订新版，第 71～73 页)。但以滚入原本或更改的方式，收取超限利息者，"最高法院"2002 年度台简抗字第 49 号民事判例认为该利息依然尚未收取："'民法'第二百零五条既已立法限制最高利率，明定债权人对于超过周年百分之二十部分之利息无请求权，则当事人将包含超过周年百分之二十部分之延欠利息滚入原本，约定期限清偿，其滚入之利息数额，仍应受法定最高利率之限制。故债权人对于滚入原本之超过限额利息部分，应认仍无请求权，以贯彻'防止重利盘剥，保护经济弱者'之立法目的。又债之更改，固在消灭旧债务，以成立新债务，唯超过限额部分之利息，法律既特别规定债权人对之无请求权，债权人自不能以债之更改方式，使之成为有请求权，否则无异助长脱法行为，难以保护经济上之弱者。"然"最高法院"1955 年度台上字第 149 号民事判例认为："借据内既详载息谷及违约利息情形，其所称延滞利息，即系限期届满后仍然滞纳之违约金，相当于'民法'第二百五十条之规定，并无同法第二百零五条之适用。"亦即延滞利息不是利息，而是违约金。而"违约金与利息之性质不同，约定之违约金额过高者，法院固得依'民法'第二百五十二条规定，减至相当之数额，唯不受'民法'第二百零五条规定之限制"("最高法院"1993 年度台上字第 710 号民事判决)。不过，"最高法院"1962 年度台上字第 2914 号民事判决曾有不同的见解："违约金系当事人约定一方违背契约时，支付与他方之金钱，其性质固与利息有间，然金钱债务违背偿还之约定期限者，'民法'第二百三十三条第一项既有'迟延之债务，以支付金钱为标的者，债权人得请求依法定利率计算之迟延利息，但约定利率较高者，仍从其约定利率'之规定，则债务人违背约定期限迟延给付者，法律仅许债权人请求债务人支付利息，而其利率并当然仍受'民法'第二百零五条及利率管理条例第四条之限制。"德国民法第 817 条亦采只负担债务，而未履行尚不成其为给付的观点。

德国民法第 817 条前段规定："一笔给付之目的如是约定，致受领人之受领违反法律之禁止规定或善良风俗者，受领人负返还义务。给付者同样有如是之违反者，不得请求返还。但该给付以负担一笔债务为内容者，不在此限。"透过该条第 2 句中之但书规定，摆脱可能因胶着于给付的概念，而在上述复杂问题遭遇之说明困难，值得参考。依该段之但书，仅负担债务而尚未为给付者，纵其负担债务系基于不法原因，还是得请求返还。[1] 其返还方法，典型的固当由债权人以对债务人表示免除该债务的方式为之。唯在这种情形，应准债务人以对债权人撤销该负担债务之表示的方式为之，以简化程序。[2]

此外，在用益之债，例如为供承租人开设娼馆之目的，房地所有人与其订立租赁契约，双方约定：租约 10 年，押租金新台币 1000 万元，年租金新台币 1000 万元，皆于订约日支付。并于每满一年时，支付下一年度租金，订约日收讫押租金及第一年租金时，出租人即为房地之交付承租人使用。在此种继续性契约，在"民法"第 180 条第 4 款意义下，出租人已为之给付的范围，究竟是随时间经过至何时，认定其给付至何时；或在交付时即认定已给付至预收之租金所及年限(1 年)？或已给付至全租期 10 年？衡平双方利益及公共秩序之维持的需要，应解释为在交付时已给付至预收之租金所及年限(1 年)。盖即便有再大之惩罚性、拒绝保护或一般预防的论据，在双方皆有不法原因的情形，国家权力放任不管，退出其秩序之规范职务，只有使相关人员趋向于自力救济，其结果显然不若制度

---

① Werner Lorenz, Kommentar zum BGB Berlin 1999, § 812 Rn. 90; § 817 Rn. 24f.：唯如是以交付支票或汇票的方式负担债务时，如因不法原因而取得该支票或汇票者，已将之背书于第三人，则一方面发票人不得以对于原持票人之属人抗辩对抗第三人，另一方面如因此发展到不得不透过付款银行向被背书人给付时，发票人相对于该有不法原因之相对人是否亦已为给付，从而依德国民法第 817 条(相当于"民法"第 180 条第 4 项)不得请求返还？在上述情形固已发展至给付的阶段。有疑问的是：在发展至该阶段前，发票人得否透过通知原持票人，其依德国民法第 817 条已决定不为给付，请原持票人，除勿将该支票或汇票背书于他人外，并返还发票人，以阻止发展至给付的阶段。应采肯定的见解。

② 负担债务在债之更改，因其有消灭旧债务的效力，固具有给付的意义，但在间接给付、为履行赠与债务而负担(票据)债务、在要物契约，或为履行因不法原因而发生之债务而负担债务等情形，是否适宜认为负担新债务即旧债务之履行，应采否定的见解，方符合"民法"第 320 条关于间接给付及更改的规范意旨："因清偿债务而对于债权人负担新债务者，除当事人另有意思表示外，若新债务不履行时，其旧债务仍不消灭。"在间接给付，"新债务不履行时，其旧债务仍不消灭"的意旨即：新债务的负担对于旧债务之清偿而论，尚不成其为清偿给付。其实即便在更改，因其可能用为要物之债的脱法行为，在要物之债，亦应认为更改与间接给付相同不构成旧债务之清偿给付。

之规划者当初所想象的合适。①

不法原因之给付不得请求返还的规定，在规范范围的设定上，其规范逻辑其实有点过于简单。盖有些禁止规定的规范目的本来即在于禁止当事人间有系争财产之所有权的交易，因此在其违反时，应恢复履行前之状态。例如当事人双方违反管制外汇交易的规定而为外汇的买卖并履行后，如以该外汇买卖契约违反法律为理由，认为出卖人不得对买受人请求返还给付之外汇，买受人亦不得对出卖人请求返还给付之本国货币，其结果，岂不等于承认该违法之外汇买卖契约及其履行行为的效力？② 类似的情形为：在违反价格管制之交易，其买受人在给付超过管制价格之价金后，得否依不当得利的规定，请求返还该超过之价金？出卖人得否依"民法"第180条第4款拒绝返还？应认为买受人得依不当得利的规定，请求该超过之价金，出卖人不得依"民法"第180条第4款拒绝返还。盖若非如是，该价格管制的规定将因"民法"第180条第4款，而失其效力。③

八、公法上之不当得利返还请求权

虽然肯认公法（例如自动报缴税捐）的规定，④或行政机关依公法所作之行政处分（例如课税处分）得为公法上之给付的法律上原因，但自动报缴税捐的报缴，或税捐稽征机关之发单（课税处分）课征，如有因计算错误或适用法律错误，而发生溢缴税款的情形，便有纳税义务人因依公法（税捐法）的规定，或依公权力机关行使公权力所作之行政处分，而无法律上原因对公权力机关为给付的情事。该因无法律上原因而遭受不利者，得否依不当得利的规定请求返还？此为是否肯认公法上不当得利的问题。对此，"司法院"释字第515号解释采肯定的见解。["司法院"释字第515号解释："'促进产业升级条例'第三十四条第一项规定，工业主管机关依本条例开发之工业区，除小区用地外，其土地、标准厂房或各种建筑物出售时，应由承购人分别按土地承购价额或标准厂房、各种建筑物承购价额百分之三或百分之一缴付工业区开发管理基金。此一基金系专对承购工业区土地、厂房及其他建筑物兴办工业人课征，用于挹注工业区开发及管理之所需，性

---

① 王泽鉴：《不当得利》，2009年增订新版，第136～141页。

② Esser, Schuldrecht, 2. Aufl., Karlsruhe 1960, § 194 Ziff. 4 a).

③ Esser, Schuldrecht, 2. Aufl., Karlsruhe 1960, § 194 Ziff. 3 d).

④ 在此，公法指规范因行使公权力而发生之事实的法律。行使公权力的态样包括：(1)立法机关制定法律命人民为一定之行为（例如自动报缴税捐），及(2)国家机关及其受托人依法律命人民为一定之行为（例如发单课征税捐）或(3)对于人民为一定之行为（例如强制执行）的情形。

质上相当于对有共同利益群体者所课征之特别公课及使用规费，并非原购买土地或厂房等价格之一部分，该条例施行细则第九十六条：'本条例第三十八条第一项第一款所称原购买地价及原购买价格，不包括承购时随价缴付之工业区开发管理基金'，此对购买土地及厂房后未能于前开一年内使用而仅缴付价金者，固无不合。唯兴办工业人承购工业区土地或厂房后，工业主管机关依上开条例第三十八条之规定强制买回，若系由于非可归责于兴办工业人之事由者，其自始既未成为特别公课征收对象共同利益群体之成员，亦不具有缴纳规费之利用关系，则课征工业区开发管理基金之前提要件及目的均已消失，其课征供作基金款项之法律上原因遂不复存在，成为公法上之不当得利。依上开细则之规定，该管理机关仅须以原价买回，对已按一定比例课征作为基金之款项，不予返还，即与宪法保障人民权利之意旨有违，该细则此部分规定，并不排除上述返还请求权之行使。"]

在法制的发展上，这包含是否肯认公法上不当得利的制度，以及在公法对之无明文规定时，得否将"民法"关于不当得利的规定，类推适用至公法关系的问题。目前因为行政法关于公法上不当得利，仅有散置而无统一的规定，所以如有无法律上原因，而因公权力之行使，使公权力机关得到财产上利益，致人民遭受财产上之不利的情事，"最高行政法院"认为得类推适用"民法"关于不当得利的规定。[①] 盖在这种情形，公权力机关保有其因此取得之财产利益与实质正义原则之要求不符。[②] 唯充为公法上之法律上原因的行政处分，纵因有瑕疵而有得声请撤销之事由，在其经撤销前，仍不失其为法律上原因。[③] 所以原处分机关如不自行撤销该行政处分，返还其不当得利，人民为请求返还公法上之不当得利，

---

① "最高行政法院"2005年度判字第2033号判决："按公法上不当得利，行政法规中，如'行政程序法'第127条关于授益处分之受益人返还所受领之给付，或'税捐稽征法'第28条关于纳税义务人申请退还溢缴税款等规定属之，无非就不同之态样而为规定，尚无统一的不当得利法之明文。适用之际，除有特别规定者外，应类推适用'民法'关于不当得利之规定，须无法律上之原因而受利益，致他人受损害者始足当之，其受领人因而有返还不当得利之义务。"

② Esser, Schuldrecht, 2. Aufl., Karlsruhe 1960, § 187 Ziff. 6："纵无明文规定，在公法肯定亦应有下述原则的适用：任何人不得使他人遭受不利，而使自己取得财产上的利益。"

③ "最高行政法院"2005年度判字第2033号判决："本件被上诉人在原审起诉请求返还不当得利，主张上诉人计征登记费违法，致其有溢缴部分，因而请求退还。然而上诉人征收登记规费之决定，为行政处分，纵其所依据之土地登记规费及其罚锾计征补充规定第3点第1款事后经本院判例认与法律规定有抵触之情事，唯该处分其违法尚非属行政程序法第111条第1款至第6款规定之例示或第7款有重大而明显瑕疵之无效情形，充其量仅能由当事人循行政救济程序请求为撤销，而并非无效。"

必须提起行政争讼。依“行政诉讼法”第 8 条第 1 项，本来固应提起给付诉讼，唯该给付诉讼之裁判，以行政处分之撤销为据者，应于依第 4 条第 1 项或第 3 项提起撤销诉讼时，并为请求，而不得直接提起给付诉讼。

关于不当得利之返还范围，有是否应加计利息的疑问。在理论上这与系争不当得利返还请求权之清偿期有关。金钱之债届清偿期而未给付者，为给付迟延。债务人应负迟延责任（“民法”第 229 条）。迟延之债务，以支付金钱为标的者，债权人得请求依法定利率计算之迟延利息。不当得利之返还义务于受领人知无法律上原因时届清偿期，所以不当得利之受领人应就其知无法律上之原因时，所现存之利益，附加利息，一并偿还，如有损害，并应赔偿（“民法”第 182 条）。这是金钱之债之给付迟延责任的标准范围（“民法”第 233 条）。此为不当得利之返还范围的问题。[①]

关于溢征税款构成之不当得利，依“税捐稽征法”第 28 条，直接向税捐稽征机关申请退还，而未经行政争讼者，因该条原来并未如同法第 38 条，有应加计利息退还溢缴税款之明文规定，所以引起在依第 28 条申请退还税款者，是否得申请加计利息退还的疑问。对此问题，税捐行政实务上原采否定的见解。然既肯认溢缴税款构成公法上之不当得利，且税捐稽征机关可被假定在受领时有可能知悉正确之应纳税额，溢缴税款的返还自当加计利息返还。后来“最高行政法院”判决，依第 28 条申请退还之溢缴税款应加计利息退还后，[②]“财政部”已经“行政院”向立法院提案修正税捐稽征法，并于 2009 年 1 月 21 日修正公布该法，在第 28 条增定第 3 项明文规定：“前二项溢缴之税款，纳税义务人以现金缴纳

---

① Hermann Lange, Verzugshaftung des Bereicherungsschuldners und des Besitzers, JZ 1964, 640ff..

② “最高行政法院”2001 年度判字第 561 号判决：“‘税捐稽征法’第二十八条关于纳税义务人因税捐稽征机关适用法令错误或计算错误而溢缴之税款，得自缴纳之日起五年内申请退还，逾期不得再行申请之规定，其性质为公法上不当得利返还请求权之特别时效规定，至请求返还之范围如何，该法未设明文，应属法律漏洞，而须于裁判时加以补充。查依税捐稽征法第三十八条第二项、第三项、第四十八条之一第二项，税捐稽征机关因适用法令错误或因计算错误而命纳税义务人溢缴之税款，应自纳税义务人缴纳溢缴税款之日起，至填发收入退还书或国库支票之日止，按退税额，依缴纳税款之日邮政储金汇业局之一年期定期存款利率，按日加计利息，一并退还。至‘税捐稽征法’第二十八条虽无加计利息退还之规定，并不能解释为该法条就纳税义务人申请退还之溢缴税款，禁止加计利息返还；又同法第三十八条第二项，乃就纳税义务人于行政救济期间亦享有加计利息请求权之特别规定，与同法第二十八条规定之事项不同，二者并无特别法与普通法之关系，自无排除非经行政救济程序而申请退还溢缴税款者之加计利息请求权之效力，否则不啻鼓励人民提起行政争讼，与疏减讼源之诉讼原则亦有未符。”

者，应自其缴纳该项税款之日起，至填发收入退还书或国库支票之日止，按溢缴之税额，依缴纳税款之日邮政储金一年期定期储金固定利率，按日加计利息，一并退还。”

为公法上不当得利返还请求权的行使，有必要以诉讼的方法为之时，应向“行政法院”提起给付之诉（“行政诉讼法”第8条）。[①] 唯有时司法实务上将公法上之不当得利的关系直接当成私法上之不当得利的事件判决。[②] 在这种情形，在将“民法”之不当得利规定直接适用到公法关系时，不再论究其类推适用的问题。

九、举证责任

“民法”第179条前段规定：“无法律上之原因而受利益，致他人受损害者，应返还其利益。”该段所定不当得利返还请求权之构成要件为：(1)无法律上之原因及(2)一方受利益，致他人受损害。自规范说的观点，[③]主张有该条所定不当得利返还请求权者，应就被告受利益，致自己（原告）受损害负举证责任固无疑义，[④]至于关于受利益者之受利益系无法律上之原因，究应由原告负举证责任，还是应由被告就其受利益系有法律上原因负举证责任，则有斟酌余地。[Staudinger/ W. Lorenz, Kommentar zum BGB, Berlin 1999, Rdn. 92 zu § 812：“非债清偿之不当得利返还请求权的债权人不仅应就其为履行一笔债务之目的而为给付负举证责任，而且应证明该债务之不存在。亦即应证明其无法律上原因而为给付。”此外，不当得利返还请求权的债权人亦应就下列事项负举证责任：(1)就该目的为何，以及没有达到（Staudinger/ W. Lorenz, aaO., Rdn. 114 zu § 812）；(2)所清偿之债务因具有灭却抗辩权，而构成不当得利

---

① 王泽鉴：《不当得利》，2009年增订新版，第327页。

② “最高法院”1977年度台上字第1092号民事判例：“实施诈欺行为之诈术，非以欺罔为限，即利用人之错误使其为财物之交付亦属之。被上诉人因上诉人冒名登记为所有人之错误，致通知上诉人缴纳差额地价，而上诉人必须凭该地价收据，始能取得增配土地之所有权，显在意图取得非法利益而为给付，其给付之原因不法，依法自不得请求返还不当得利。”

③ 规范说为举证责任之分配的基础学说。详请参考黄茂荣：《税捐诉讼上的举证责任》，收录于《税法总论》（税捐法律关系）第三册，2008年第2版，第567页以下。

④ “最高法院”2009年度台上字第796号民事判决：“按无法律上之原因而受利益，致他人受损害者，应返还其利益，‘民法’第一百七十九条定有明文。本件上诉人主张依‘民法’第一百七十九条规定请求被上诉人偿还有益费用，自应就被上诉人系无法律上之原因而受利益，致伊受损害，且受利益与受损害间有因果关系等要件，举证以明之。”

(Staudinger/ W. Lorenz, aaO., Rdn. 19 zu § 813);(3)给付受领人(不当得利返还请求权的债务人)如能证明,给付者在给付时知其所清偿之债务不存在,则不当得利返还请求权的债权人就其在为给付时,有该债务如不存在,即要请求返还之保留负举证责任(Staudinger/ W. Lorenz, aaO., Rdn. 13 zu § 814)。不当得利返还请求权之消极要件事实的存在,应由不当得利返还请求权的债务人负举证责任(Staudinger/ W. Lorenz, aaO., Rdn. 11 zu § 814; Rdn. 26 zu § 817)。]鉴于无法律上之原因系一种消极事实,如不先界定一定内容及范围,其举证即难以穷尽,所以不当得利返还请求权之债务人(被告)应先就其受利益之法律上原因,提出支持该法律上原因之具体事实或法律关系上的主张,而后由不当得利返还请求权之债权人负举证责任,证明该事实或法律关系不存在。以买卖价金之给付为例,该客观举证责任之分配的结果为:出卖人为请求买受人给付价金,固应就买卖契约之有效、约定价金之数额等积极事实负举证责任,唯在价金给付后,买受人如要依不当得利的规定请求返还,应举证证明该买卖契约无效(例如已经买受人依法撤销)及其已向出卖人给付该价金之事实。例如:

最高法院1939年上字第1739号民事判例[①]:“非债清偿之不当得利返还请求权,以债务不存在为其成立要件之一,主张此项请求权成立之原告,应就债务不存在之事实负举证之责任。本件被上诉人为原告,主张伊父生前并无向上诉人借用银两之事,上诉人历年收取伊家所付之利息,均属不当得利,请求返还,除须证明其已为给付之事实外,自应就债务不存在之事实负举证之责任,原审仅以上诉人不能证明其债权之存在,即认其历年收取之利息为不当得利,于法殊有未合。”

“最高法院”2009年度台上字第1549号民事判决:“主张有‘民法’第一百七十九条规定不当得利请求权者,应就该请求权成立要件负举证责任。原审未经甲××举证证明乙××系无法律上之原因收受七百九十四万八千二百二十元,徒以乙××无法证明该款系徐洪年所赠,即认甲××主张乙××取得该款系不当得利云云为可采,进而为乙××不利之判决,有适用证据法则不当之违法。”

“最高法院”2009年度台上字第1219号民事判决:“按事实为法律关系发生之特别要件者,在消极确认之诉,应由被告就其存在负举证之责任,在其他之诉,

---

① 王泽鉴:《不当得利》,2009年增订新版,第66～67页:“无法律上原因(给付目的之欠缺)。此虽具消极事实之性质,仍应由原告负举证责任。给付不当得利请求权人乃使财产发生变动的主体,控制财产资源的变动由其承担举证责任困难的危险,实属合理。”关于消极事实之举证责任的问题,请参考 Leo Rosenberg, Die Beweislast, 5. Aufl., München 1965 S. 330ff..

应由原告就其存在负举证之责任，非债清偿之不当得利返还请求权，以对于不存在之债务而为清偿之事实，为其发生之特别要件，自应由主张此项请求权存在之原告就该事实之存在负举证之责任，而该事实存在，系以所清偿之债务不存在为前提，故该原告就其所清偿之债务不存在之事实有举证责任，业经‘司法院’及本院分别以院字第二二六九号及1939年度上字第一七三九号着成解释及判例。是以主张不当得利请求权之原告，既因自己行为致原由其掌控之财产发生主体变动，则本于无法律上之原因而生财产变动消极事实举证困难之危险，当归诸原告，方得谓平。该原告即应就不当得利请求权之成立要件负其举证责任，亦即原告必须证明其与被告间有给付之关系存在，及被告因其给付而受利益致其受损害，并就被告之受益为无法律上之原因，举证证明该给付欠缺给付之目的，始能获得胜诉之判决。”

要之，在给付性不当得利，由于给付者（不当得利返还请求权之债权人）当初之为给付的事实，犹如“民法”第166条之一第2项之规定所示，依社会经验，常即是自证其法律上原因之存在或有效的证据。因此，给付者通常必须就该法律上原因（例如债务契约），在其给付后，未成立或有自始或嗣后无效之事由负举证责任。不过，受领利益者（不当得利返还请求权之债务人）还是必须对于用以支持其法律上原因之事实提出主张，以界定给付者应举证其不存在之事实或法律关系的内容或范围。

给付受领人主张其系善意取得人以对抗权利人之所有物返还请求权或其用益之不当得利的返还请求权的情形，受领人就其系善意取得人的相关要件负举证责任。[①]

不当得利之受领人就受领之利益，依其利益之性质或其他情形不能返还，应负举证责任，始得以偿还其价额替代受领之利益（“民法”第181条）。主张受领之利益已不存在，免负返还或偿还价额之责任（“民法”第182条）者，亦应负举证责任。[②]

受领人原始受有多少利益，不当得利返还请求权之债权人固应负举证责任，唯该利益之受领人，主张其于受领时，知无法律上之原因或其后知之，并以之为理由，主张仅就其知无法律上之原因时，现存之利益负返还义务者，就其至知无法律上之原因时止，受领之利益中已有一部分利益不存在之事实负举证责任。反之，债权人主张受领人应将知无法律上之原因时，所现存之利益，附加利息，一并偿还，如有损害，并应赔偿者（“民法”第182条第2项），就受领人何时知无法

① Staudinger/ W. Lorenz, Kommentar zum BGB, Berlin 1999, Rdn. 35 zu § 816.

② Staudinger/ W. Lorenz, Kommentar zum BGB, Berlin 1999, Rdn. 32, 48 zu § 818.

律上之原因,及其受有如何之损害,负举证责任。[1]

不当得利之受领人,以其所受者,已无偿让与第三人为理由,主张其所受利益已不存在,因此免负返还义务者,就上开事实负举证责任。[2] 不当得利返还请求权之债权人从而得依"民法"第 183 条,于其所免返还义务之限度内,对于第三人请求返还其所受利益。值得注意者为,第三人如否认其自原受领人受让系争利益系基于无偿行为时,不当得利返还请求权之债权人就该行为之为无偿负举证责任。如何化解其中之矛盾?在不得不必须以诉讼的方法,请求返还时,为达到纷争一次解决,以符诉讼经济原则,应容许该不当得利返还请求权人,在一个诉讼程序中,同时以原受领人及其受让人为被告,先位请求原受领人返还其不当得利,并于原受领人关于无偿让与第三人,从而免负返还义务之主张有理由时,备位请求受让人返还其不当得利。[3] 此为诉之主观预备合并。这与诉之客观预备合并不同者为:在诉之客观预备合并,先位之诉及备位之诉的主体相同,仅请求之依据或客体不同;而在诉之主观预备合并,除诉讼标的不同外,其先位之诉

---

① Staudinger/ W. Lorenz, Kommentar zum BGB, Berlin 1999, Rdn. 10 zu § 820.

② Staudinger/ W. Lorenz, Kommentar zum BGB, Berlin 1999, Rdn. 14 zu § 822.

③ "最高法院"2009 年度台上字第 1486 号民事判决:"按诉之预备合并,有客观预备合并与主观预备合并之分;主观的预备诉之合并,纵其先位、备位之诉之诉讼标的容或不同,然二者在诉讼上所据之基础事实如属同一,攻击防御方法即相互为用,而不致迟滞诉讼程序之进行。苟于备位诉讼之当事人未拒却而应诉之情形下,既符'民事诉讼法'所采辩论主义之立法精神,并可避免裁判两歧,兼收诉讼经济之效,固非法所禁止。唯关于预备之诉,第一审如就先位之诉为原告胜诉判决,在尚未确定前,备位之诉其诉讼系属并未消灭,且在第一审所为之诉讼行为,于第二审亦有效力('民事诉讼法'第四百四十八条),是该备位之诉,纵未经第一审裁判,亦应解为随同先位之诉系属于第二审而生移审之效力,即原告先位之诉胜诉,备位之诉未受裁判,经被告合法上诉时,备位之诉即生移审效力。第二审认为先位之诉无理由时,即应就备位之诉(包括主观、客观预备之诉)加以裁判。"关于诉之主观的预备合并,学说上持否定说者,例如杨建华:《(问题研析)民事诉讼法》(一),1985 年,第 113 页;持肯定说者,例如邱联恭,在《民诉法研究会第六十次研讨记录》,第 156 页以下之发言及第 164 页以下之书面意见,收录于范光群等:《论主观预备合并之诉在台湾地区之发展》,1996 年;陈荣宗、林庆苗:《民事诉讼法》,2005 年,第 265 页;骆永家:《诉之主观的预备合并》,收录于氏著:《民事法研究》,1980 年,第 151 页以下;Rosenberg/ Schwab, Zivilprozeßrecht, 12. Aufl., 1977 München, § 65 IV 3 b。目前司法实务上"最高法院"2005 年度台上字第 283 号、第 1078 号及上引 2009 年度台上字第 1486 号民事判决皆已采肯定说。

及备位之诉的主体亦不相同。[①] 在该诉之主观预备合并，其合并之诉的诉讼标的虽然不同，但因其所主张之数项标的互相竞合或应为选择，亦即在存在上或在行使上不能并存，[②]所以，其计算裁判费基础之诉讼标的价额，应依其中价额最

① “最高法院”2005 年度台上字第 283 号民事判决：“按诉之预备合并，有客观预备合并与主观预备合并之分，主观预备合并并有原告多数（共同原告对于同一被告为预备之合并）与被告多数（同一原告对于共同被告为预备之合并）之类型，其在学说上及实务上，固因具体个案之不同，各按其性质而持肯定说与否定说互见。唯其中原告多数的主观预备合并之诉，如先位、备位原告之主张在实质上、经济上具有同一性（非处于对立之地位），并得因任一原告胜诉而达诉讼之目的，或在无碍于对造防御而生诉讼不安定或在对造甘受此‘攻防对象扩散’之不利益情形时，为求诉讼之经济、防止裁判矛盾、发现真实、扩大解决纷争、避免诉讼延滞及程序法上之纷争一次解决，并从诉讼为集团之现象暨主观预备合并本质上乃法院就原告先位、备位之诉定其审判顺序及基于辩论主义之精神以观，自非不得合并提起。于此情形，因先位之诉有理由，为备位之诉之解除条件，其解除条件应以先位之诉判决确定时，始为其解除条件成就之时。第一审如就先位之诉为原告胜诉判决，在尚未确定前，备位之诉其诉讼系属并未消灭，且在第一审所为之诉讼行为，于第二审亦有效力（‘民事诉讼法’第四百四十八条），是该备位原告之诉，纵未经第一审裁判，亦应解为随同先位之诉系属于第二审而生移审之效力，即原告先位之诉胜诉，备位之诉未受裁判，经被告合法上诉时，备位原告之诉即生移审之效力。上诉审若认先位之诉无理由时，即应就备位原告之诉加以裁判。”

② 在诉之主观预备合并的容许，其先位请求及备位请求所立基之请求权有应限于不能并存的看法。这是合理的见解。不同意见，邱联恭：《司法之现代化与程序法》，1995 年第 3 版，第 137 页：“就互相独立、竞合或非互相排斥之复请求权，亦得提起预备合并之诉。以此而言，向来认为限于就相排斥之二请求权，始得为预备合并之见解，有修正之必要。”他在《民诉法研究会第六十次研讨记录》，收录于范光群等：《论主观预备合并之诉在台湾地区之发展》，1996 年，第 160～161 页之发言及第 182～183 页之书面意见，重申该见解。邱教授例证不相排斥之二请求，也有提起主观预备合并之诉的需要，如下：(1)甲分别与同一建筑物之所有权人乙及管理人丙订立租赁契约，承租该建筑物。后来乙及丙皆否认该租赁关系。于是甲拟以乙及丙为被告，提起主观预备合并之诉，先位请求确认甲乙间之租赁关系，备位请求确认甲丙间之租赁关系。(2)K 为法人或非法人团体，Y 为其代表人。K 及 Y 就 X 之同一物分别与 X 订有租赁契约。X 为请求返还该租赁物，以 K 为先位被告，以 Y 为备位被告，提起主观预备合并之诉。在上述两个设例，甲及 X 所以提起主观预备合并之诉的理由为：只要其中一个诉获得胜诉，即可达到目的，并使后来之另一个裁判即使胜诉亦属多余。上引两例皆涉及不真正之一物二租（二重租赁）。亦即由于慎重就同一租赁物，承租人甲先后与租赁物之所有权人乙及管理人丙，缔结租赁契约。出租人 X 先后与法人或非法人团体 K 及其代表人 Y，缔结租赁契约。虽有二次缔结契约，但其实也仅能请求一次履行；或仅有一次履行，并仅能一次请求返还租赁物。由于有二次缔结契约，甲对乙及丙分别可能有一个请求履行租赁契约的依据；X 对 K 及 Y 分别可能有一个请求返还租赁物的依据。该小心之二重契约的缔结，产生保护的作用。从而在诉讼上也引起提起主观预备合并之诉的需要。深究之，在实体法上这应属于一个请求权，有两个规范基础的问题。盖非如是，将引起容许重复请求的现象。

高者定之，而不因其诉讼标的不同，而并计之。[①]

十、结论

(一)规范需要

为使个人能自由依自己之意思发展，除应保障其发展自由外，并应保障其发展所需之物质基础。因此，在规范规划上将该物质基础对于特定人之归属定调为财产权。“宪法”第15条并明文规定：人民之财产权，应予保障，肯认其为私人之基本权利之一。是故，在特定人间如无法律上之原因，而有财产利益之移动时，该受有利益者应返还其利益。因此，“民法”第179条规定：“无法律上之原因而受利益，致他人受损害者，应返还其利益。虽有法律上之原因，而其后已不存在者亦同。”此为不当得利之返还义务的基础规定。

(二)统一说与非统一说

在不当得利制度的发展上，就其基础构成要件之建制原则，学说上向有统一说与非统一说之根本不同的见解。其所涉问题为：究竟是否能够以一套构成要件涵盖一切不当得利的态样。其问题重心在：无法律上原因及财产利益之移动的构成要件要素能够由一套要件态样完整涵盖，或是需要数个自存在基础不同之规范对象所建构之数套互相独立之构成要件要素始能完整涵盖。

关于不当得利之构成要件，该条注重在无法律上之原因，而未顾及什么法律事实引起财产利益之移动。然其实不仅引起财产利益之移动的法律事实有复杂的态样，而且其移动态样亦影响财产利益之移动，究竟发生在谁与谁间及其相关之法律上原因。其最显著者为，因给付及非因给付而引起之财产利益的移动所涉之法律上原因自然不同。是故，有必要基本地区分引起财产利益之移动的事由，规划其不当得利之构成要件及与之连结的法律效力。于是，乃有给付性不当

---

① “最高法院”2005年度台上字第1078号民事判决：“以一诉主张数项标的者，其价额合并计算之。但所主张之数项标的互相竞合或应为选择者，其诉讼标的的价额，应依其中价额最高者定之，‘民事诉讼法’第七十七条之二第一项定有明文，此固为关于诉之客观预备合并时诉讼标的的价额核定之规定，但于上述诉之主观预备合并情形者，亦得类推适用之。”

得利及非给付性不当得利之基本划分。[①] 此外,由于法律上原因之多样性,其反面或互补之无法律上原因之态样亦自多彩多姿,难以一概而尽。

在给付性不当得利,必须以给付概念为基础,建构给付关系,而后可按给付关系,认定其与原因关系之关联,以及其财产利益的移动在给付的意义下,发生于谁与谁之间。从而当发生于其间之财产利益的移动欠缺法律上原因时,可以逆向认定,谁对谁应负不当得利之返还义务。该看似简单的法律问题,由于相关观念尚未普及于一般法律人,而在实务上产生一定之理解上的困难。这同时影响到法制建制与运作所需之共识的形成。其相关观念有下述几个层次:(1)债权行为与物权行为之区别,造成当债权行为自始或嗣后无效,而物权行为有效时,必须利用不当得利返还请求权,恢复其正当利益之原状的规范需要。(2)前述物权行为所指者其实是:为履行特定债务之履行行为,而非泛指一切物权行为。此即有增益他方财产之目的,以清偿特定债务为目标之有目的指向的给付。是故,一个物权行为构成之给付,到底有无法律上原因,以及该给付究竟发生在谁与谁之间,必须按其财产之移动目的论断,而不能从其财产在物权法上由谁移动至谁的外观论断。例如甲向乙购买汽车一部,并指示乙直接将该汽车之所有权移转于丙,以清偿甲对丙所负之债务。在外观上,虽仅有一个移转该汽车所有权之物权行为发生在乙与丙间;而在实质上却有两个给付(履行行为):乙对甲给付,及甲对丙给付。从而如其间有法律上原因之欠缺,仅可能乙对甲,或甲对丙有不当得利返还请求权。在乙与丙间虽有物权行为,但并无给付关系,所以也不可能因欠缺法律上原因,而使乙对丙有不当得利返还请求权。因为该法律效力与常识性的认识不同,所以需要一定程度之学习与沟通,以建立共识。此为三角给付性不当得利关系的问题。其类型特征存在于因指示而为给付。这当中,指示由谁向谁清偿债务,决定了所涉给付之目的指向。为区分存在于其间之原因关系:称存在于指示人与被指示人间者为补偿关系;存在于指示人与受领人间者为对价关系。被指示人与受领人间无给付关系,亦无与该给付有关之原因关系。

非给付性不当得利所涉财产利益的移动,不是由于以增益他方财产为目的之给付。不论其引起之原因为何,除因受善意取得规定之导引外,原则上由受有利益者对于受有损害者负非给付性不当得利的返还义务。侵害性不当得利的事

---

① “最高法院”2010 年度台再字第 50 号民事判决:“查不当得利依其类型可区分为‘给付型之不当得利’与‘非给付型不当得利’,前者系基于受损人有目的及有意识之给付而发生之不当得利,后者乃由于给付以外之行为(受损人、受益人、第三人之行为)或法律规定所成立之不当得利。而在‘非给付型之不当得利’中之‘权益侵害之不当得利’,凡因侵害归属于他人权益内容而受利益,致他人受损害,欠缺正当性;亦即以侵害行为取得应归属他人权益内容的利益,而不具保有利益之正当性,即应构成无法律上之原因,而成立不当得利。”

由如是由第三人所为，例如在他人之物的买卖、租赁；或在承揽契约之履行，承揽人将第三人之物添附于定作人之物。这时，买受人、承租人或定作人在给付之受领，如属善意，依善意取得的规定，不再直接对于权利人负侵害性不当得利的返还义务，而由出卖人、出租人或承揽人对于权利人负侵害性不当得利的返还义务。该买卖契约、租赁契约或承揽契约如果无效，买受人、承租人或定作人亦只对出卖人、出租人或承揽人负给付性不当得利的返还义务，不对该物之所有权人负侵害性不当得利的返还义务。此为三方非给付性不当得利的特殊问题。

非给付性不当得利之主要的发生事由为：为他人支付费用或侵害他人的权益。这可分别构成费用性不当得利或侵害性不当得利。其中在费用性不当得利的情形，必须注意：支出费用者对于特定物如有契约上之用益关系，则其对于该物支出费用时，该费用之返还应依相关契约，而不适用不当得利之规定。盖契约关于约定之债的规定，相对于不当得利之法定之债的规定有适用上的优先性。另在连带债务人（“民法”第 281 条第 2 项）、保证人（“民法”第 749 条）、物上担保人（“民法”第 879 条第 1 项）或其他有利害关系之第三人清偿（“民法”第 312 条），因法律有该清偿之债权法定移转于清偿人的规定，致债务人不因该清偿而受有利益。所以，清偿人虽为该清偿而支付费用，但对于债务人，不取得费用性不当得利返还请求权，而只可根据其在清偿之限度内，承受自债权人对于债务人之债权，对于债务人请求给付。

侵害性不当得利的构成，有具有不当得利制度特色之构成要件的要求。亦即所侵害之权利必须具有配属一定权益之内容。按一定法律地位所受之法律保护，有三个不同层次：(1)在受侵害时，得请求除去或防止侵害（“民法”第 18 条第 1 项）；(2)受有损害时，得请求损害赔偿或慰抚金（“民法”第 18 条第 2 项、第 184 条第 1 项前段）；(3)法律配属之权益移动时，得请求返还不当得利（“民法”第 179 条）。当一个权利受侵害，要请求返还不当得利，不仅该法律上地位必须是权利，而且该权利还必须配属一定之权益。该问题存在于一般人格权、营业权及商标权之侵害。“权益配属说”系说明侵害性不当得利之现代的观点，该学说对于权利之保护在不当得利法的演进上有两层重要意义：(1)决定侵害人因侵害而受有利益时，是否构成不当得利；(2)侵害人应返还之利益是否应包含其因侵害而取得之利润。此即权利人对从事不法行为者之利润回收权或归入权的问题

(Gewinnabschöphung bei unerlaubten Handlungen)。[①] 其功能类似于“民法”第184条第1项后段及第2项,在侵权行为法之发展上所具之法律补充性的意义。分别使不当得利及侵权行为的规范类型能够随社会发展所引起之规范需要,而演进。

(三)返还请求权之标的及其范围

基于最大限度,透过所受利益之返还,以恢复不当得利事件发生前之利益状态的规范构想,不当得利返还请求权首先自以原物为返还标的。必须原物之返还已不可能时,始改以其价额为返还之内容。基于原物之不能返还的原因,返还义务人对于第三人有赔偿请求权或取得赔偿物者,返还权利人依“民法”第225条第2项,是否得向返还义务人请求让与其对于第三人之损害赔偿请求权,或交付其所受领之赔偿物(代偿请求权)?在这种情形,由于给付不能系因可归责于第三人之因素,而非出于返还义务人自己之加工或经营,应可认为该损害赔偿请求权或赔偿物之价额恒小于或等于返还义务人原应返还之利益的价额。所以,应采肯定的见解。至于如出于返还义务人自己之加工或经营而致给付不能,当如何?这涉及其加工或经营之增值(利润)的归属问题。参酌“民法”第814条及第816条之规范意旨,除法律另有其加值或利润之回收或归入的规定外,该加值原则上应归属于返还义务人。其所负之返还义务的范围仍限于按所受利益之行情价值计得之价额。返还权利人若欲享有该加工或经营之增值,除法律有特别规定外(“专利法”第85条第1项第2款、“著作权法”第88条第2项第2款、“商

① Reinhard Zimmermann, Bereicherungsrecht in Europa: Eine Einführung, in Grundstruktuuren eines Europäischen Berei-cherungsrechts herausgegeben von Reinhard Zimmermann, 2005 Tübingen, S. 39:“人格权之侵害的利润回收,应由不当得利法,而非由侵权行为法规范。至少就某些方面,这当中人格权在构成要件上已如是强烈的明确与具体,而可将其用益完全归属于其主体,并肯认其相对应之权益的配属内容。”类似的规范需要发生在经理人、代办商或董事违反竞业禁止规定时,其受害者就违约所得之归入权。该归入权虽披戴损害赔偿请求权之形式,但具有不当得利返还请求权之实质。例如“民法”第562条规定:“经理人或代办商,非得其商号之允许,不得为自己或第三人经营与其所办理之同类事业,亦不得为同类事业公司无限责任之股东。”第563条规定:“经理人或代办商,有违反前条规定之行为时,其商号得请求因其行为所得之利益,作为损害赔偿(第一项)。前项请求权,自商号知有违反行为时起,经过二个月或自行为时起,经过一年不行使而消灭(第二项)。”“公司法”第209条规定:“董事为自己或他人为属于公司营业范围内之行为,应对股东会说明其行为之重要内容,并取得其许可(第一项)。董事违反第一项之规定,为自己或他人为该行为时,股东会得以决议,将该行为之所得视为公司之所得。但自所得产生后逾一年者,不在此限(第五项)。”

标法”第 63 条第 1 项第 2 款、“营业秘密法”第 13 条第 1 项第 2 款、“公平交易法”第 32 条第 2 项），应依（不法或误想之不真正[①]）无因管理的规定，请求移转或交付含该加工或经营之增值的管理利益。在此意义下，关于擅用他人之物或权利之侵害行为的救济，无因管理、侵害性不当得利及侵权行为之法律效力的相关规定，有其共同之请求范围的扩张及趋同的倾向。其趋同，对引用请求权规范竞合说，说明及规范该三个法定之债之请求权关系，提供存在条件。

（四）不当得利、侵权行为与无因管理之分际

不当得利、侵权行为与无因管理并列为三个基础的法定之债。其发生之特征为：只要可归属于特定人之法律事实该当于其成立之构成要件，便发生。同时也决定其债之内容、范围及债权人与债务人。因为（适法）无因管理以（依本人明示或可得推知之意思，以有利于本人之方法）为他人管理事务为要件，所以当其成立，具有准契约的性质。是故，在适用上，无因管理优先于不当得利与侵权行为，从而也无竞合的可能。至于不当得利与侵权行为之规定在适用上互无优劣位的关系，可以构成竞合关系。依“民法”第 197 条第 2 项，其竞合应属于请求权竞合，而非请求权规范竞合，以保持各自在存在上的独立性：债之标的不同、消灭时效各别、共同侵权行为人有连带赔偿责任，而因同一事由有不当得利者，各按其所受利益负返还义务，无连带的不当得利返还义务。

因为不当得利、侵权行为与无因管理之规范目的或保护之法益不同，而有不同的债之标的。不当得利之规范目的在于：对无法律上原因取得财产利益者，课以返还义务，所以其返还标的为取得之利益。侵权行为之规范目的在于：对故意或过失不法侵害他人权利或利益引起损害者，课以赔偿义务，所以其赔偿标的为

---

① 不具管理他人事务之意思的无因管理，称为不真正的无因管理；以与具有管理他人事务之意思的真正无因管理，相区别。管理人所以将他人之事务当成自己之事务，为自己之利益而为管理，有可能出于误认他人之事务为自己之事务，此即误想管理。其典型为善意占有人管理占有物。亦可能出于为自己之利益，擅用他人之物或权利的私心，此即不法管理。其典型为恶意占有人管理占有物或擅用他人之专利权、著作权、营业秘密等。当本人不计较管理人恶意而为无因管理之不真正性时，管理人如为相反之主张，显然有违诚实信用原则。是故，“民法”第 177 条第 2 项规定，管理人明知为他人之事务，而为自己之利益管理之者，本人仍得享有因管理所得之利益。本人所负前条第 1 项对于管理人之义务，以其所得之利益为限。该项规定固然使无因管理及不当得利规范之法律事实的类型发生交集，但其适用上之最后的准据，系于本人之选择。基于选择权之形成性，在具体案件一经选择，不再可以恢复。此与处于请求权竞合之多数请求权不同。在请求权竞合的情形，其请求权人虽不得重复满足，但并不排斥其请求权人，在行使其中之一请求权后，在未受满足时，复行使另一请求权。

引起之损害。无因管理之规范目的在于：对因有人自愿管理其事务而得到管理利益者，课以偿还费用之义务，所以其偿还标的为因该事务之管理而发生之管理费用。

其中侵权行为有故意或过失，无因管理有为他人管理事务之意思等主观的成立要件，而不当得利返还请求权之成立，则无主观要件。是故，在侵权行为之损害赔偿，以损害之全部为其赔偿范围。在不当得利之利益的返还，以事实上所受利益为返还范围。因不当得利事件而受损害者，所受之损害数额之大小固为得请求返还之利益的上限，但该损害并非不当得利之返还标的。在不当得利之返还的实务上，容易引起争议的是：在涉及加工或转卖的情形，如何界定事实上所受之利益？是否应该，以及如何回收或归入加工或经营利益？"民法"第814条但书规定："因加工所增之价值显逾材料之价值者，其加工物之所有权，属于加工人。"由该但书规定可见：加工或经营利益原则上应归属于加工或经营者。是故，在不当得利，所受利益之计算应除去加工或经营利益。在无因管理之管理费用的偿还，其为适法无因管理者，得请求全部管理费用之偿还；其为不适法无因管理者，得请求偿还之管理费用虽以本人所受管理利益为上限，但仍非以管理利益为其债之标的。特别具有特色的是：在无因管理，本人虽负管理费用之偿还义务，但也享有管理利益之移转或给付的请求权。该管理利益包含加工或经营利益。所以在事务为他人所管理的情形，依无因管理的规定请求管理人移转或给付管理利益，原则上会比依不当得利之规定，请求返还不当得利有利。

(五)三方关系

给付性不当得利与非给付性不当得利虽同样由两方当事人构成，一方为不当得利债权人，另一方为不当得利债务人，但皆可能有三方关系的问题。

给付性不当得利之三方关系基本上因指示给付而产生。指示人指示被指示人向受领人给付，而在被指示人依指示对受领人给付时，在指示人与被指示人间及指示人与受领人间构成给付关系。倒是被指示人移动财产利益之目的在于增益指示人而非受领人之财产，或在于清偿其依补偿关系对于指示人所负的债务，而非在于清偿其对于受领人的债务。是故，认为在被指示人与受领人间，在外观上虽有财产利益的移动，但实质上并没有。被指示人与受领人不因该外观上显现之财产利益的移动而有给付关系，反而是在被指示人与指示人间，因有增益财产之目的的实质，而有给付关系。同理，指示人所以愿意指示被指示人向受领人为财产利益之移动，其目的在于增益受领人之财产，或在于清偿指示人对于受领人依其间之对价关系所负之债务，从而认为在指示人与受领人间，因有增益财产的目的之实质，而有给付关系。如果上述财产利益之实质的移动构成之给付关系欠缺法律上原因，只在该有给付关系者间发生不当得利的关系。

第三人无权，而以给付性之行为，在特定人间，使一方得到利益，他方受到损害时，亦可能引起具有三方特色之非给付性不当得利。这通常发生在无权之他人之物的买卖、租赁或他人之物的添附，且其所涉财产利益之移动在买受人、承租人或定作人构成善意取得的情形。

在非给付性不当得利，其债权人及债务人之界定，基本上以因该不当得利事件，谁受有利益，并因此使谁受有损害，而不以谁引起该不当得利事件论断。在他人之物的买卖，如果因此有财产利益之移动，例如交付买卖标的物后，买受人为使用收益。在此种情形，因受有买卖标的物之用益利益者为买受人，受有损害者为买卖标的物之所有权人，是故，本来应以买受人为不当得利返还请求权的债务人，以该所有权人为债权人。

基于物权之追及力，就物权标的如有非权利人为处分行为，将构成无权处分。该无权处分，需经有权利人之承认，始生效力（“民法”第 118 条第 1 项）。所以，关于物权之归属的部分，在无权处分原则上不会有因权利之移转而引起之财产利益的移动。是故，也不会因无权处分而在让与人或受让人与所有权人间发生非给付性不当得利。其所有权人应依所有物返还请求权，而非依不当得利返还请求权，请求恢复其利益。但该所有权之移转如果该当于善意取得的要件，则受让人可善意取得该所有权及其物。善意取得虽不是受让人所以取得受让之物权的法律上原因，但基于善意取得制度对于受让人提供之信赖保护的效力，受让人不但就该所有权的取得，而且就其保有，皆可对抗所有权人。从而仅在所有权人与让与人间，而不在所有权人与受让人间，构成非给付性不当得利。要之，买受人如为善意第三人，从而善意取得买卖标的物之所有权，则善意取得的效力阻断买受人与所有权人间，非因给付而发生该买卖标的物之财产利益的移动关系。其结果，买受人之受有该买卖标的物的利益，论为来自出卖人，得以该买卖契约为其法律上原因。而出卖人价卖他人之物取得价金之利益，使所有权人受到损害，因无法律上原因，而构成存在于出卖人与所有权人间之非给付性不当得利。在这种情形，如果买受人尚未对于出卖人给付价金，所有权人得否（代位出卖人）对于买受人请求给付该价金？成为由善意取得制度引起之重要问题。应采肯定的看法。充为善意取得之原因关系（例如买卖契约、租赁契约、承揽契约）如果无效，固不影响促成善意取得之无因的物权行为之效力。但其让与人对于善意取得者因此有给付性不当得利返还请求权。

类似的问题亦存在于他人之物的添附：例如一个承揽人将他人之物，添附于其为定作人完成之工作物。在这种情形，定作人如因添附而取得完成之工作物的所有权，有其与承揽人间之承揽契约为法律上原因。有疑问者为：定作人是否得以该承揽契约构成之原因关系，对抗相关材料之所有权人，以否定定作人与所有权人间之非给付性不当得利？鉴于承揽契约系债权契约，在效力上具有相对性，所以并不能据之对抗该材料之所有权人。同样必须定作人就承揽人使用他人之材料为善意时，始得类推适用善意取得的规定，对抗该材料之所有权人。在这种情形，其非给付性不当得利关系之发展的规范基础，与他人之物的买卖与善意取得之规定的关联相同。

（六）事后让与受侵害之标的

在发生专利权或著作权之侵害行为后，其权利人始将该权利让与他人者，其让与之权利的范围是否含已发生而尚未行使之损害赔偿请求权或不当得利返还请求权？应采否定的见解。盖专利权或著作权皆有一定之存续期间。因时光不回，已经过之期间不能恢复。其让与价格原则上当亦应解释为仅与其余存期间相关联。是故，除有特别约定外，其权利人让与之专利权或著作权应限于尚未经过之期间，而不包括已经过之期间的权益。是故，因第三人在让与前侵害该权利，而已发生之损害赔偿请求权或不当得利返还请求权，除有特约外，原则上应不包含在让与之标的中。要特别小心的是：即便受让人就是该侵害人，其在受让前，已因侵害该让与标的，而对于让与人所负之损害赔偿或不当得利返还义务，亦不当然因受让该权利，而获得免除。盖侵害人与权利人间关于侵害标的之事后的买卖，不当然含有双方对于已发生之侵害之和解的让步效力。

附录一

台湾地区"民法"与德国民法关于不当得利之规定的对照表

"民法"	德国民法
第 179 条 无法律上之原因而受利益，致他人受损害者，应返还其利益。虽有法律上之原因，而其后已不存在者，亦同。	**第 812 条** 透过他人之给付或其他方法，以其费用，无法律上原因而有所取得者，有义务对其返还。纵使法律上原因事后丧失，或依法律行为之内容借一笔给付所要达到之成果未达成者，亦有该义务(第 1 项)。 透过契约承认一笔债之关系的存在或不存在亦得视为给付(第 2 项)。
第 180 条第 2 款 给付有左列情形之一者，不得请求返还： 二、债务人于未到期之债务因清偿而为给付者。	**第 813 条** 该以履行一笔债务为目的之给付，于对其请求权有抗辩权，可永久排除其行使时，亦得请求返还。第 214 条第 2 项的规定仍有适用(第 1 项)。 期前履行一笔附有期限之债务者，不得请求返还；且不得请求退还其间之利息(第 2 项)。
第 180 条第 1 款、第 3 款 给付有左列情形之一者，不得请求返还： 一、给付系履行道德上之义务者。 三、因清偿债务而为给付，于给付时明知无给付之义务者。	**第 814 条** 给付者明知其无给付之义务，或该给付符合道德上之义务或符合礼义者，该以履行一笔债务为目的之给付不得请求返还。
	第 815 条 成果之达成自始不能，且为该给付者明知或该给付者违反诚信原则阻止该成果之达成者，无以一笔给付所要达成之成果未达成为理由之返还请求权。
	第 816 条 一个无权利人就一件标的为对于权利人有效之处分者，对于该权利人负有义务，返还其因该处分而取得之利益。该处分系无偿而为之时，基于该处分而直接取得法律上利益者，负相同之义务(第 1 项)。 一个无权利人受有对于权利人有效之给付者，该无权利人对于权利人负有义务，返还受领之利益(第 2 项)。

续表

“民法”	德国民法
第 180 条第 4 款 给付有左列情形之一者，不得请求返还： 四、因不法之原因而为给付者。但不法之原因仅于受领人一方存在时，不在此限。	**第 817 条** 一笔给付之目的如是约定，致受领人之受领违反法律之禁止规定或善良风俗者，受领人负返还义务。给付者同样有如是之违反者，不得请求返还。但该给付以负担一笔债务为内容者，不在此限。为履行一笔这种债务而为之给付不得请求返还。
第 181 条 不当得利之受领人，除返还其所受之利益外，如本于该利益更有所取得者，并应返还。但依其利益之性质或其他情形不能返还者，应偿还其价额。 **第 182 条第 1 项** 不当得利之受领人，不知无法律上之原因，而其所受之利益已不存在者，免负返还或偿还价额之责任。	**第 818 条** 受领人取得之用益，及其基于取得之权利，或其因取得标的之灭失、毁损或剥夺的赔偿，而更有所取得者，并应返还(第 1 项)。 由于受领利益之性质不能返还或受领人由于其他原因不能返还者，受领人应偿还其价额(第 2 项)。 受领人不再受有利益者，免负返还或偿还价额之义务(第 3 项)。 自系属时起受领人依一般规定负责(第 4 项)。
第 182 条第 2 项 受领人于受领时，知无法律上之原因或其后知之者，应将受领时所得之利益，或知无法律上之原因时，所现存之利益，附加利息，一并偿还，如有损害，并应赔偿。	**第 819 条** 受领人于受领时知无法律上原因或其后知之者，受领人应如该返还请求权在当时已系属于法院般，自受领时或知悉时起负返还义务(第 1 项)。 受领人因受领该给付而违反法律之禁止规定或善良风俗者，受领人自受领时起负相同的义务(第 2 项)。
	第 820 条 给付以一定成果为目的，而依法律行为之内容，该成果之达成不确定者，则在该成果不达成时，受领人应如返还请求权在受领时已系属于法院般，负返还义务。因一个法律上原因而为给付，而该法律上原因依法律行为之内容可能丧失，且该法律上原因丧失者，亦同(第 1 项)。 自受领人知该成果不达成或该法律上原因丧失时起，受领人应给付利息。知悉时所受之利益已不存在者，不负用益价额之返还义务(第 2 项)。
第 198 条 因侵权行为对于被害人取得债权者，被害人对该债权之废止请求权，虽因时效而消灭，仍得拒绝履行。	**第 821 条** 无法律上原因而承担债务者，即使免除该债务之请求权的消灭时效已完成，亦得拒绝给付。
第 183 条 不当得利之受领人，以其所受者，无偿让与第三人，而受领人因此免返还义务者，第三人于其所免返还义务之限度内，负返还责任。	**第 822 条** 受领人将其所受领者，无偿给予第三人，且受领人因此免负返还该利得之义务者，第三人应如其无法律上原因而自该债权人取得该给予般，负返还义务。

附录二

台湾地区"民法"与德国民法关于占有之规定的对照表

"民法"	德国民法
	第 985 条(返还请求权)所有权人得对占有人请求所有物之返还。
	第 986 条(占有人之抗辩权) 占有人或其由之取得占有权之间接占有人，相对于所有权人有权占有者，占有人得拒绝该物之返还。间接占有人相对于所有权人无权将占有交付占有人者，所有权人得请求占有人将该物返还间接占有人，或在间接占有人不能或不愿再接受该占有者，得请求返还于自己(第 1 项)。 一件物依第 931 条透过返还请求权之让与而移转者，其占有人得以其对抗该让与之请求权的抗辩权，对抗新所有权人(第 2 项)。
第 959 条(善意占有人变为恶意占有人) 善意占有人，于本权诉讼败诉时，自其诉讼拘束发生之日起，视为恶意占有人。 **第 958 条**(恶意占有人之返还孳息义务) 恶意占有人，负返还孳息之义务。其孳息如已消费，或因其过失而毁损，或怠于收取者，负偿还其孳息价金之义务。	**第 987 条**(诉讼系属后之用益) 占有人应将其自诉讼系属时起取得之用益返还所有权人(第 1 项)。 占有人自诉讼系属时起，因有过失而未收取其依通常经济规则可能收取之用益者，对于所有权人负赔偿义务(第 2 项)。
	第 988 条(无偿占有人之用益) 占有人无偿取得占有后，自居为所有权人，或为行使事实上不属于他之用益权而为占有者，就其在诉讼系属前取得之用益，对于所有权人应依不当得利之返还的规定返还。
	第 989 条(诉讼系属后之损害赔偿) 占有人自诉讼系属时起，对所有权人应就因其过失导致该物之毁损、灭失或因可归责于他之其他事由不能返还等所生之损害负责。

续表

“民法”	德国民法
第 956 条(恶意占有人之责任) 恶意占有人,或无所有意思之占有人,因可归责于自己之事由,致占有物灭失或毁损者,对于恢复请求人,负损害赔偿之责。	**第 990 条**(恶意占有人之责任) 占有人恶意取得占有者,对于所有权人自取得时起,应依第 987 条及第 989 条负责。占有人事后知其无权占有者,自知悉时起负相同责任(第 1 项)。 占有人因迟延而应负更大的责任不受影响(第 2 项)。
	第 991 条(间接占有人之责任) 占有人自间接占有人取得占有者,就用益,第 990 条之规定仅适用于第 990 条之要件亦存在于间接占有人或对其诉讼已系属的情形(第 1 项)。 占有人善意取得占有者,只要其对于间接占有人应负责,则自取得时起,就第 989 条所称之损害,也应对于所有权人负责(第 2 项)。
	第 992 条(恶意占有人之责任) 占有人以禁止之擅自行为或以犯罪行为取得占有者,应依侵权行为之损害赔偿的规定对于所有权人负责。
第 952 条(善意占有人之权利) 善意占有人,依推定其为适法所有之权利,得为占有物之使用及收益。 **第 953 条**(善意占有人之责任) 善意占有人,因可归责于自己之事由,致占有物灭失或毁损者,对于恢复请求人,仅以因灭失或毁损所受之利益为限,负赔偿之责。	**第 993 条**(善意占有人之责任) 不备第 987 条至第 992 条之要件者,占有人就依通常经济规则不当成该物之孳息收成的果实应依不当得利的规定返还;此外,他不再负用益的返还或损害赔偿的义务(第 1 项)。 就占有人得为用益之期间,第 101 条对其适用之(第 2 项)。
第 954 条(善意占有人之必要费用求偿权) 善意占有人,因保存占有物所支出之必要费用,得向恢复请求人请求偿还。但已就占有物取得孳息者,不得请求偿还。	**第 994 条第 1 项**(必要费用) 占有人得对于所有权人请求偿还对于该物所支出之必要费用。但就其得为用益之期间支出之习惯上的维持费用不得请求偿还。
第 957 条(恶意占有人之必要费用求偿权) 恶意占有人,因保存占有物所支出之必要费用,对于恢复请求人,得依关于无因管理之规定,请求偿还。	**第 994 条第 2 项**(必要费用) 占有人在其于诉讼系属后或第 990 条所定责任开始后为必要费用之支出者,依无因管理之规定决定所有权人之偿还义务。

续表

“民法”	德国民法
	第 995 条(负担) 占有人为除去该物之负担而支付之费用亦属于第 994 条意义下之必要费用。就其得为用益之期间,占有人仅得请求偿还此种应记入该物原始成本之非常负担的费用。
第 955 条(善意占有人之有益费用求偿权) 善意占有人,因改良占有物所支出之有益费用,于其占有物现存之增加价值限度内,得向回复请求人,请求偿还。	**第 996 条**(有益费用) 占有人就必要以外之费用,只有在其于诉讼系属前及第 990 条所定责任开始前为之,且因之所生物之价值的增加于所有权人再取得该物时现存者为限,始得请求。
	第 997 条(取回权) 占有人将其物作为他物之成分结合者,得将该物分离并再成为自己所有。第 258 条适用之(第 1 项)。 占有人依第 994 条第 1 项第 2 句不得请求偿还费用,或分离对其无用,或对其补偿该成分在分离后对他可能有之最低价值者,无分离权(第 2 项)。
	第 998 条(农地之耕种费用) 农地应返还者,占有人对尚未收成,但依通常经济规则在经济年度结束前将予收成之果实支出之费用,只要与通常之经营相当,且不超出该果实之价值,所有权人应偿还之。
	第 999 条(前占有人之费用的偿还) 占有人应返还该物时,就其由之取得占有之前占有人的费用,在前占有人得向其请求之相同范围,得请求偿还(第 1 项)。 所有权人应偿还之费用的义务及于其成为所有权人前发生之费用(第 2 项)。
	第 1000 条(占有人之留置权)占有人在应对其偿还之费用满足前,得拒绝返还该物。占有人以故意之侵权行为占有该物者,无留置权。